Springer-Lehrbuch

Springer-Verlag Berlin Heidelberg GmbH

Wolfgang H. Janko

Informations-wirtschaft 1

Grundlagen der Informatik
für die Informationswirtschaft

Zweite, überarbeitete und
erweiterte Auflage

Mit 286 Abbildungen

Springer

Prof. Dr. Wolfgang H. Janko
Wirtschaftsuniversität Wien
Institut für Informationsverarbeitung
und Informationswirtschaft
Abteilung Angewandte Informatik
Augasse 2-6
A-1090 Wien

Die Deutsche Bibliothek – CIP-Einheitsaufnahme
Janko, Wolfgang H.: Informationswirtschaft 1: Grundlagen der Informatik für die Informationswirtschaft / Wolfgang H. Janko. – Berlin; Heidelberg; New York; Barcelona; Budapest; Hongkong; London; Mailand; Paris; Singapur; Tokio: Springer, 1998
(Springer-Lehrbuch)

ISBN 978-3-540-64812-3   ISBN 978-3-642-58958-4 (eBook)
DOI 10.1007/978-3-642-58958-4

Dieses Werk ist urheberrechtlich geschützt. Die dadurch begründeten Rechte, insbesondere die der Übersetzung, des Nachdrucks, des Vortrags, der Entnahme von Abbildungen und Tabellen, der Funksendung, der Mikroverfilmung oder der Vervielfältigung auf anderen Wegen und der Speicherung in Datenverarbeitungsanlagen, bleiben, auch bei nur auszugsweiser Verwertung, vorbehalten. Eine Vervielfältigung dieses Werkes oder von Teilen dieses Werkes ist auch im Einzelfall nur in den Grenzen der gesetzlichen Bestimmungen des Urheberrechtsgesetzes der Bundesrepublik Deutschland vom 9. September 1965 in der jeweils geltenden Fassung zulässig. Sie ist grundsätzlich vergütungspflichtig. Zuwiderhandlungen unterliegen den Strafbestimmungen des Urheberrechtsgesetzes.

© Springer-Verlag Berlin Heidelberg 1993, 1998
Ursprünglich erschienen bei Springer-Verlag Berlin Heidelberg New York 1998
Die Wiedergabe von Gebrauchsnamen, Handelsnamen, Warenbezeichnungen usw. in diesem Werk berechtigt auch ohne besondere Kennzeichnung nicht zu der Annahme, daß solche Namen im Sinne der Warenzeichen- und Markenschutz-Gesetzgebung als frei zu betrachten wären und daher von jedermann benutzt werden dürften.

SPIN 10487042   42/2202-5 4 3 2 1 0 – Gedruckt auf säurefreiem Papier

Dank (2. Auflage)

Es ist mir eine Freude, an dieser Stelle insbesondere jenen zu danken, ohne die dieses Buch nicht geschrieben worden wäre, bzw. die mir bei der Abfassung des Manuskriptes Anregungen und Ratschläge gegeben haben. Die Motivation zur Erstellung des Manuskriptes entsprang der Meinung des Autors, daß StudentInnen der Wirtschaftswissenschaften grundlegende und dauerhafte Kenntnisse aus dem Bereich der Informatik haben sollten. Es wird erwartet, daß sie mit diesem Wissen die Möglichkeiten der automatisierten Informationsverarbeitung besser und präziser beurteilen und dieserart günstige Einsatzmöglichkeiten erkennen und die Einsatzgrenzen abschätzen können.

Ich danke meinen Mitarbeitern an der Abteilung für Angewandte Informatik insbesondere Betriebsinformatik des Institutes für Informationsverarbeitung und Informationswirtschaft an der Wirtschaftsuniversität Wien für die Erstellung der Übungsbeispiele und für zahlreiche Anregungen bzw. Korrekturvorschläge. Ich danke insbesondere Herrn Dr. Mitlöhner, der das Kapitel über Netzwerke in Zusammenarbeit mit dem Autor ergänzt hat und einige weitere Aktualisierungen und Verbesserungen zu den Abschnitten 7 und 9 beitrug, sowie die Zusammenstellung der Übungsbeispiele und ihrer Lösungen vornahm. Insbesondere danke ich aber meinem Sekretariat für die Unterstützung bei der Abfassung von verschiedenen Zeichnungen und Teilen des Manuskriptes und in erster Linie Frau Dr. Ernst für die weitgehend selbständige Gestaltung des Satzes dieses Manuskriptes mit Hilfe des Satzsystems LaTeX. Herrn Dr. Dipl. Wirt. Ing. Wolfgang Faber sei für die Erstellung des Sachindexes sowie einiger Übungsbeispiele gedankt. Dem Springer Verlag danke ich für eine gute Zusammenarbeit und die weitgehende Ermöglichung einer freien Gestaltung des Satzes dieses Buches. Meinen Studenten danke ich für das Auffinden einiger Fehler in der ersten

Auflage, die nunmehr korrigiert wurden.

Herr Dr. Dipl. Wirt. Ing. Faber hat dieses Buch aus der LaTeX-Form in eine Hypertextform übertragen. Diese Hypertextversion ist unter `http://wwwai.wu-wien.ac.at/inf_wirt/Inhalt.html` im Internet-Knoten der Abteilung für Angewandte Informatik an der Wirtschaftsuniversität Wien verfügbar.

Inhaltsverzeichnis

1	**Zur Organisation der Reihe und des Bandes**	**1**
2	**Einleitung**	**7**
	2.1 Die PCisierung des Computermarktes	9
	2.2 Die Auswirkungen auf den Betrieb	15
3	**Die Codierung und Darstellung von Daten in Speichern**	**21**
	3.1 Zahlensysteme	21
	3.1.1 Einführung	21
	3.1.2 Das binäre Zahlensystem	22
	3.1.3 Das hexadezimale Zahlensystem	26
	3.2 Die rasterorientierte Vercodierung von Zeichen und Bildern	27
	3.3 Die Vercodierung von Textzeichen	28
	3.3.1 Vercodierung und Datenkompression	31
	3.3.2 Die Huffman-Vercodierung	32
	3.3.3 Arithmetische Vercodierung	34
	3.4 Fehlerentdeckende und fehlerkorrigierende Codes	40
	3.5 Gleitpunktzahlen (engl. 'Floating Point Numbers') . . .	44
	3.6 Tondaten und ihre Verarbeitung	46

	3.6.1	Grundzüge der Tonverarbeitung	46
	3.6.2	Inhaltsverarbeitung	50
	3.6.3	Digitale Signalverarbeitung	52

4 Datenspeicher   65

- 4.1 Einführung … 65
- 4.2 Halbleiterspeicher und Prozessortechnologie, RAM-, ROM- und Flash-Speicher … 67
  - 4.2.1 Halbleiterspeicher und Prozessortechnologie … 67
  - 4.2.2 VLSI-Technologie im Halbleiterspeicher- und Prozessorbau … 78
  - 4.2.3 Nur-Lesespeicher (ROM) … 100
  - 4.2.4 Schreib-/Lesespeicher (RAM) … 100
  - 4.2.5 Flash-Speicher … 101
- 4.3 Magnetische Datenspeicher … 103
  - 4.3.1 Magnetplatten und Disketten … 103
  - 4.3.2 Plattenarrayspeicher (RAID) … 105
  - 4.3.3 Magnetbänder und Kassetten … 112
  - 4.3.4 DAT-Bänder (*Digital-Audio-Tape*) … 114
- 4.4 Optische Speicher … 117
  - 4.4.1 Nur lesbare optische Speichermedien (ROM) am Beispiel von Standard-CD-ROM Einheiten … 120
  - 4.4.2 WORM-Speichereinheiten … 126
  - 4.4.3 Magnet-optische Speichermedien … 127
  - 4.4.4 Medien mit phasenwechselnder Technologie … 131
  - 4.4.5 CD-R- und DVD-Platten … 136
  - 4.4.6 Sonstige optische Speichermedien … 141
- 4.5 Die Zukunft magnetischer und optischer Speichermedien 146

5 Datenstrukturen und Datenorganisation   155

5.1	Speicherrepräsentation	156
5.2	Lineare Felder	158
5.3	Bäume	162
	5.3.1 Binäre Bäume	166
	5.3.2 Die Verwendung von Baumstrukturen zur Modellierung von Datenstrukturen	167
5.4	Gestreute Speicherung	168
5.5	Dateiorganisation	170

6 Die Entwicklung einer Problemlösung — 175

6.1	Vorgangsweise	175
6.2	Die Ermittlung des größten gemeinsamen Teilers (ggT)	177
6.3	Flußdiagramme	183
6.4	Struktogramme	186

7 Die Korrektheit von imperativen Programmen — 195

8 Der Aufbau von elektronischen Datenverarbeitungsanlagen — 207

8.1	Die Struktur einer elektronischen Datenverarbeitungsanlage	207
8.2	Die Teilsysteme eines Computers	208
	8.2.1 Speicherwerk	209
	8.2.2 Rechenwerk	211
	8.2.3 Steuerwerk	212
8.3	Die Arbeitsweise eines Computers	214
	8.3.1 Speicherreservierungen	216
	8.3.2 Maschinennahe und mnemonisch vercodierte Befehle	217
	8.3.3 Das Bussystem	223

8.4 Der Entwicklungsstand moderner Digitalcomputer . . . 225

    8.4.1 RISC versus CISC 230

    8.4.2 Benchmarks 232

8.5 Neuere Entwicklungen in der Computerkonzeption: Molekulares Computing und Quantencomputer 234

9 Der Betriebsmittelverbrauch von algorithmischen Problemlösungen   243

9.1 Die Zeitkomplexität T(n) eines Algorithmus 244

9.2 Die Mikroanalyse von Programmen 248

9.3 Uniforme und logarithmische Zeitbedarfsmessung 250

10 Systemsoftware: Betriebssystem, Übersetzer und Dienstprogramme   253

10.1 Einführung 253

10.2 Das Betriebssystem (*Operating System*) 255

    10.2.1 Das Zwiebelmodell eines Betriebssystems 259

    10.2.2 Mikrokernel 263

    10.2.3 Personalities 264

10.3 Compiler und Interpreter 267

    10.3.1 Formale Sprachen und Programmiersprachen . . 267

    10.3.2 Regelgrammatiken 269

    10.3.3 Klassen moderner Programmiersprachen: imperative, funktionale, objektorientierte und logische Sprachen 274

11 Anwendungssoftware: Informationssysteme   281

11.1 Die Entwicklung von Methoden und Einsichten bei der Lösung von Problemen mit Computern 281

12 Nichtsequentielle parallele Verarbeitung   291

12.1 Parallele Verarbeitung 292

12.2 Kommunizierende Prozesse 298

12.3 Parallele Verarbeitung auf Maschinen mit beschränkter Anzahl von Prozessoren 302

13 Netzwerke 309

13.1 Netzwerkstrukturen 311

    13.1.1 Punkt-zu-Punkt 311

    13.1.2 Rundsendetechnik 312

13.2 Netzwerkarchitekturen 313

13.3 Das OSI-Referenzmodell 314

13.4 Instanzen und Dienste 317

13.5 Einige Netze und Netztechnologien 319

    13.5.1 Öffentliche Netzwerke 319

    13.5.2 ARPANET 319

    13.5.3 USENET und Internet 319

    13.5.4 MAP und TOP 322

    13.5.5 BITNET 323

    13.5.6 SNA 323

    13.5.7 ATM 323

13.6 Digitale Signaturen und Verschlüsselung von Dokumenten 325

14 Kommerzielle Datenmodelle und Datenbanken 335

14.1 E-R-Modell oder Entitäten-Beziehungsmodell (Entity-Relationship-Model) 335

14.2 Entitäten- und Beziehungsrelationen 342

15 Datennormalisierung und ihre Vorteile 347

15.1 1. Normalform 349

15.2 2. Normalform 352

15.3 3. Normalform und höhere Normalformen 354

15.4 Datenbanksysteme 359

15.5 Relationale Datenbanksysteme und relationale Query-Sprachen (SQL) 363

15.6 Netzwerk- und hierarchische Datenbanksysteme 369

16 Datenmodellierung mit dem erweiterten E-R-Modell[1] 373

16.1 Einführung 373

16.2 Erweitertes E-R-Modell (Phase 1) 381

16.3 Die Überführung des E-E-R-Modells in Relationen (Phase 2) 384

16.4 Die Normalisierung der Relationen (Die Phase 3) . . . 398

17 Eine hypothetische Maschine: Die Turingmaschine 403

17.1 Einleitung 403

17.2 Die deterministische Turingmaschine 404

17.3 Die nichtdeterministische Turingmaschine und ihre Problemlösungskraft 412

18 Die Grenzen der Lösbarkeit von Problemen mit Computern 417

18.1 Einführung 417

18.2 Maschinell unlösbare Probleme 418

A Grundbegriffe der Graphentheorie 423

B Lösungen der Beispiele 443

Literatur- und Quellenverzeichnis 463

Index 469

Kapitel 1

Zur Organisation der Reihe und des Bandes

Die besondere Rolle der Information als Einflußgröße im Wirtschaftsgeschehen fordert die Heraushebung von Information als speziellen Gegenstand betriebswirtschaftlicher Forschung. Die Objektbereiche einer derartigen informationswirtschaftlich orientierten Forschung sind vielgestaltig. Hierher zählt das Studium der wirtschaftlichen Effekte, die Information und Informationstechnik bewirken. Ebenso gehört hierher das Studium der Prozesse und der Maßnahmen zur effizienten Nutzung von Information und zur Gestaltung effizienter Informationsverarbeitung. Des weiteren sollten auch besondere Erkenntnisse und formale Theoreme im Informationsverarbeitungsbereich, die zeitlos und informationsbezogen sind und sich auf diese wirtschaftlichen Effekte sowie auf die Gestaltung der Prozesse und daher auf die zu treffenden Maßnahmen auswirken, hierher zählen.

Information weist im betrieblichen Geschehen drei zu unterscheidende Phasen auf:

1. die Phase der Informationsbeschaffung bzw. die Phase der Informationserzeugung,
2. die Phase der Informationsorganisation und der gezielten Verteilung der Information zum richtigen Zeitpunkt an die richtigen Stellen, das sogenannte Informationsmanagement, und
3. die Phase der Informationsverwertung.

Dem Studium von Informationsmärkten kommt somit, um Beschaffung, Erzeugung und Verwertung kompetent zu realisieren, ebenso eine wesentliche Rolle zu. Das Fachgebiet Informationswirtschaft umfaßt daher das Gebiet Wirtschaftsinformatik, wenn man unter der Wirtschaftsinformatik die Wissenschaft von den Informationssystemen der Unternehmen versteht. Da Informationssysteme in der Regel computergestützt sind, entstehen sie im Normalfall durch das Zusammenwirken von personellen Aufgabenträgern mit technischen Systemen, die gewöhnlich im Verbund kooperieren. In Ergänzung zu den heute üblichen Inhalten der Wirtschaftsinformatik sieht jedoch die Informationswirtschaft auch Themenbereiche, die nicht unmittelbar auf Informatik basieren und dennoch in der Bewertung und Beurteilung bzw. in der Organisation und im Management von Informationssystemen berücksichtigt werden müssen, als ihren Forschungsgegenstand an. Hierher gehören insbesondere auch Bereiche der Organisations- und Entscheidungslehre. Auf der anderen Seite ist gerade die Informationswirtschaft nicht frei vom Gebrauch von Erkenntnissen aus dem Bereich der Informatik. Dementsprechend wird in diesem ersten Band zum Forschungsbereich Informationswirtschaft versucht, die Grundkenntnisse aus der Informatik den an Informationswirtschaft Interessierten näher zu bringen und damit die Voraussetzungen zu einer tieferen Auseinandersetzung mit diesem Thema zu schaffen.

Informationswirtschaft befaßt sich mit der Frage der wirtschaftlichen Beschaffung bzw. Produktion, Verwaltung, Organisation und dem Management sowie der zielgerechten Verwertung von Informationen in Organisationen. Unter Organisation verstehen wir die methodische Zuordnung von Menschen und Sachen, um ein bestmögliches, kontinuierliches Zusammenwirken im Betriebsablauf im Sinne einer dauerhaften Erreichung der gesetzten Ziele zu ermöglichen und somit einen Wirkungszusammenhang für betriebliche Entscheidungsprozesse zu gewährleisten. Wesentlich ist unter anderem das Merkmal der Dauerhaftigkeit dieser Zuordnungen und Regelungen. Unter Organisation verstehen wir daher von einem anderen Blickpunkt aus auch die Bindung eines Systems aus Komponenten, die selbst Subsysteme sein können und die auf atomistischer Ebene als Organisationsträger Individuen und Sachobjekte aufweisen. Der Zweck der Bindung dieser Objekte besteht im wesentlichen in der Erledigung der Aufgaben, die den Individuen zugeteilt sind. Die Aufgabenerledigung erfolgt mit Sachobjekten und Information. Damit erkennen wir als Basiselemente einer Organisation

die Individuen, die Sachobjekte, die Aufgaben und die Informationen.
Das Studium sich verändernder Organisationen fokussiert je nach Betrachtungsmittelpunkt auf die statische Struktur oder auf die darin stattfindenden Abläufe. Dementsprechend unterscheiden wir zwischen dem Studium der Struktur einer Organisation, der sogenannten Aufbauorganisation und dem Studium des Ablaufs in einer Organisation, der sogenannten Ablauforganisation. Spezielle Themenbereiche der Ablauforganisation betreffen die Büroorganisation bzw. andere EDV-gestützte Organisationsfragen. Unter Aufbauorganisation stellen wir uns ein organisatorisches Gebilde als ein Konglomerat aus Stellen vor, die ihrerseits zu Stellenmehrheiten, Abteilungen, Unterabteilungen, Gruppen u.ä. zusammengefaßt sind, und denen Aufgaben zugeordnet sind. Zur Erledigung dieser Aufgaben werden Sachmittel und wird Information herangezogen. Reale und informationelle Kommunikations- und Transportwege erlauben, Sachmittel und Information zwischen Stellen und Stellenmehrheiten, wie z.B. Abteilungen u.ä. zu transportieren.

Eine Verstärkung der horizontalen und vertikalen Kommunikationswege infolge verstärkter Datenverarbeitungsunterstützung erfordert in Aufbauorganisationen allerdings auch eine Neuverteilung der Aufgaben je Stelle und eine Veränderung der Aufgabenverteilung auf die Stellen. In dieser Veränderung der Aufgabenverteilung kommt es zu verstärkter Unterstützung des Fachwissens und des Gedächtnisses und zur Delegation von Entscheidungen an weitere Instanzen. Weiters bemerken wir eine Veränderung der Organisationstrukturen von arbeitsteilig und industriell organisierter Bearbeitertätigkeit in kundenorientierte Organisationsformen, die jenen der vorindustriellen Phase gleichen. Während diese Phänomene primär auf der Ebene des unteren Management festgestellt werden können, finden wir auf der Ebene des Topmanagements und des mittleren Managements häufiger ein Bedürfnis zur bedarfsgerechten, schnellen und flexiblen Informationsauswertung, die keine stabile und permanente Form aufweist. Dementsprechend werden in diesen Bereichen im Gegensatz zur Erstellung von Informationssystemen mit dauerhafter Form Systeme Verwendung finden müssen, die die Erlangung von Daten und deren Verarbeitung in eingeschränkter Form durch Endbenutzer unterstützen.

In dem vorliegenden Band 1 werden in erster Linie konzeptionelle und methodische Grundkenntnisse aus dem Bereich der Informationsverarbeitung vermittelt, damit ein Verständnis über die Probleme der Speicherung von Daten, ihre Verarbeitung und ihren Transport entsteht.

Basis jeder Auseinandersetzung mit maschineller Informationsverarbeitung ist nach Ansicht des Autors ein Verständnis der Problematik der Übersetzung einer eingeschränkten Darstellung der realen Welt (d.s. Daten) in eine maschinell verarbeitbare und speicherbare Form. Deshalb wird der Vercodierung von Daten ein Abschnitt gewidmet. Um zu verstehen, wie schnell und unter welchen Bedingungen Daten in vercodierter Form gespeichert und wieder verwendet werden können, ist eine Kenntnis moderner Speichereinheiten unerläßlich. Da zudem die Bauteile und die Produktionstechnik moderner Halbleiterspeicher denen moderner Prozessoren weitgehend entsprechen, wird zugleich in die elementaren Grundlagen der Realisierung logischer Schaltungen mit Halbleiterbauelementen eingeführt.

Die Programmierung ist das zentrale Thema der Informationsverarbeitung. Die weiteren Abschnitte widmen sich daher der Einführung in die Entwicklung von Problemlösungen mit Unterstützung von Computern. Insbesondere wird der Frage der Darstellung solcher Problemlösungen mittels graphischer Unterstützungsmethoden und der nachweislichen Korrektheit der entwickelten Lösungen Bedeutung zugemessen. Die darauf folgenden Kapitel beschäftigen sich mit der funktionalen Grundkonzeption von elektronischen Datenverarbeitungsanlagen. Zu diesem Zweck wird eine hypothetische Maschine entworfen und ein Maschinenbefehlssatz vorgestellt. An diesem Beispiel wird die Funktionsweise von bzw. der Ablauf in Computern dargestellt. Es wird illustriert, daß auch maschinelle Transformationen von Informationen in andere Darstellungsformen, sogenannte Problemlösungen, Ressourcen konsumieren und daher nach dem Wirtschaftlichkeitsprinzip beurteilt werden müssen. Im weiteren wird einfach konzeptionell in einige Grunderkenntnisse aus dem Bereich der Informatik und in die Möglichkeit und die Effizienz der Parallelverarbeitung eingeführt und über die Grenzen der Lösbarkeit von Problemen mit Computern informiert. Es muß daher ein Gedankenmodell, die sogenannte Turingmaschine, kurz besprochen werden. Diese dient u.a. zur Klassifikation von Problemlösungen nach dem Speicher- und Zeitbedarf. Ein kurzer Einblick in die allgemein verfügbare System- und Anwendungssoftware und ihre Konzeption wird ebenso gegeben. Aufgrund der Schwierigkeit der Modellierung der realen Welt mittels Daten wird dieser Frage besonderer Raum gewidmet.

Dementsprechend kommt dem Bereich der Datenmodellierung und damit den Datenbanken als zentralen unternehmerischen Sammelstellen der in geeigneten Darstellungen gesammelten Informationen eines Unternehmens eine große Bedeutung zu. Da solche Sammlungen von Informationen naturgemäß unvollständig sind, muß die Frage der Abbildung der realen Welt in die Miniwelt der computerunterstützten Informationsverarbeitung untersucht werden.

Band 2 beschäftigt sich mit dem Projektmanagement und der strategischen Informationssystemplanung in Unternehmen. Eine besondere Betonung wird auf die Herauslösung automatisierbarer Problemlösungen aus den vorhandenen Problemen einer Organisation gelegt. Auf die methodische Seite wird ebenso kurz eingegangen.

Um die Problematik der Entwicklung von Informationssystemen zu verstehen, muß ein Basisverständnis von Aufbauorganisation und Projektorganisation vorhanden sein. Daher wird ein erheblicher Abschnitt des 2. Bandes diesem Thema gewidmet. Insbesondere werden im Rahmen der Projektorganisation auch die wichtigsten Zeit- und Kostenplanungsverfahren der Projektorganisation dargestellt. Es wird die Betrachtung von Information und Informationssystemen in der betriebswirtschaftlichen Entscheidungstheorie vorgestellt und das Problem der Bewertung von Informationssystemen diskutiert. Anschließend wird auf neuere Ansätze der strategischen Informationssystemplanung eingegangen.

Als spezifische Systemanalyseverfahren werden das SADT-, das ISAC-Verfahren und objektorientierte Verfahren in Band 3 dargestellt. In Band 3 werden weiters spezielle Informationssysteme, die sich durch Struktur und Einsatzbereich von allgemein betrieblichen Informationssystemen klar unterscheiden, diskutiert, ohne jedoch auf inhaltliche Differenzierungen nach dem funktionalen betrieblichen Einsatzbereich einzugehen. Auch die Nützlichkeit des Biocomputing kognitiver Berechnungsparadigma wird untersucht.

Durch die Vorgangsweise der Einbeziehung von Theorie und Praxis bei der Behandlung des Stoffes aus der Informationswirtschaft soll erreicht werden, daß dieses Werk ausreichende konzeptionelle und funktionale Grundkenntnisse der Informatik für Wirtschaftswissenschaftler und

Wirtschaftstreibende und ausreichende Kenntnisse über die Probleme und Fähigkeiten von Computern im Einsatz für betriebliche Problemlösungen vermittelt. Ergänzendes Faktenwissen aus dem Bereich der Informationswirtschaft steht in Werken anderer Autoren (vgl. z.B. [Hansen 1992]) den Lesern und Leserinnen zum Nachlesen bereits zur Verfügung. Der Einsatz dieses Buches ist sowohl in Teilen als auch im Rahmen fortlaufender Unterrichtsunterstützung gemeinsam mit anderen Werken oder allein möglich.

Kapitel 2

Einleitung

Die moderne Informationsverarbeitungstechnologie, welche computerbasiert erlaubt, kommerzielle, technische und sogar kulturelle Probleme ganz oder teilweise zu lösen, ist eines der wenigen Wissensgebiete, dessen theoretische Grundlagen weitgehend unabhängig von ihren Produkten erarbeitet wurden. Während ein universeller Computer bereits Anfang der 30er Jahre mathematisch definiert worden war (Turingmaschine), gehen die Anfänge der industriellen Entwicklung eines derartigen Rechengerätes unabhängig davon erst in die 40er Jahre zurück (wenn man von der im 19. Jahrhundert von Babbagge entwickelten singulären Konstruktion - die nicht gebaut wurde - absieht). Die Erstentwicklungen, welche turnsaalgroßen Röhrenmonstern entsprachen, wurden nach Erfindung des Transistors sehr bald teil- und volltransistorisiert, sodaß Ende der 50er Jahre im wesentlichen transistorisierte Maschinen den Markt beherrschten. Das Erkennen der Dominanz kommerzieller Applikationen und der Wichtigkeit der Aufwärtskompatibilität sowie ein verkaufsorientiertes Management sicherten zu Ende der 60er Jahre dem bekannten Hersteller IBM zunehmend die Marktdominanz. Einige weitere Firmen konnten sich etablieren. Unter ihnen Digital Equipment, Hewlett Packard, Univac, Bull, Siemens, Nixdorf und einige andere. Die Ära war getragen von geringer Kompatibilität, von geringem Know-How in der Problemlösung und einer Verkaufsstrategie, in der Hardware gemeinsam mit Software und Systemintegrations- sowie Systementwicklungs-Know-How gebündelt an Kunden verkauft wurde. Die Kunden, die sich bei Heranziehung des bekannten mehrstufigen EDV-Entwicklungsschemas in Organisationen von [Nolan 1979] zumeist in der ersten oder zweiten Stufe befanden (Initiierung und ungehemmte Verbreitung), litten in der Regel selbst am Fachkräftemangel und am Mangel an Erfahrung im Bereich der Entwicklung und des Einsatzes von automatisierten Problemlösungen. Die Entwicklung relationaler Datenbanken zu Beginn der 70er Jahre durch [Codd 1973], und des semantischen Datenmodells Mitte der 70er Jahre durch [Chen 1976] sowie die zunehmende Einführung von Datenbanken in Unternehmen (zumeist auf Basis des vernetzten und hierarchischen Datenmodells) und einer Selbstbeschränkung in der Programmierung durch strukturierte Programmierung, welche zu besserer Dokumentation, besserer Wartbarkeit und leicht erhöhter Produktivität führte, erhöhte die Leistungen und den Komfort der automatisierten Datenverarbeitung. Auch im Hardware- und Systemsoftwarebereich nahm die Leistung erheblich zu, konnte aber dennoch kaum mit den Erwartungen und dem Bedarf Schritt halten. Auf der anderen Seite waren die Kosten dieser Geräte und der Software beträchtlich. Speziell für Branchen und Länder mit starker klein- und mittelbetrieblicher Struktur verbot sich vielfach die extensive Nutzung automatisierter Informationssysteme im Unternehmen aus Kostengesichtspunkten. Hiebei war die Frage der Personalkosten zunehmend bedeutender als jene der Kosten der reinen Hardware und Software. Fast unbemerkt hatte ein *Spin-Off* eines amerikanischen Unternehmens aus einer (glücklicherweise) verzögerten Auftragsentwicklung zu Ende der 60er Jahre ein Produkt, das niemand haben wollte, verbreitet: die Datenstation auf einem Chip. Es war die Weiterentwicklung dieses Produktes, welche zu Ende der 70er Jahre und in den 80er Jahren den Computermarkt zu beflügeln begann. Während in den 80er Jahren vom Standpunkt der Gewinne der proprietären Großrechnerhersteller eine Scheinblütezeit entstand, war das nahe Ende schon 'vorprogrammiert'. Die Großrechnerhersteller waren auf Grund der Notwendigkeit der Herstellung verläßlicher Produkte zumeist vertikal integrierte Unternehmen und erzeugten vom Silikonchip (Prozessoren und Speicherchips) angefangen bis hin zu Datenstation und allen peripheren Geräten sowie zu Software und Systemsoftware quasi alle Produkte selbst. Es handelte sich dabei also um vertikal sehr hoch integrierte Unternehmen, die diese Integration durchaus zu Recht angestrebt hatten. Mangels Verläßlichkeit von Zulieferern war es in den 70er Jahren kaum möglich gewesen, eine breite Palette zuverlässiger Systeme, bestehend aus Hardware, Systemsoftware und Anwendungssoftware durch Zulieferung zu assemblieren.

Dementsprechend wurden Entwicklung, Produktion und Vertrieb für proprietäre Rechnergruppen selbst organisiert und realisiert. In den 80er Jahren begann der PC in großer Stückzahl die Märkte zu erobern, die bis dahin kaum oder gar nicht unterstützt worden waren: den individuellen Arbeitsplatz des Freiberuflichen, die Kleinbetriebe, den Schüler- und den Studentenarbeitsplatz und sogar den Haushalt. Über die bald entwickelten Fähigkeiten der PCs, zugleich als Datenstationen zu dienen, konnten die *Economies of Scope* und *Scale* zunehmend auch dem Großrechnermarkt zur Verfügung gestellt werden, in dem leistungsfähige Datenstationen mit einem gewissen Ausmaß interner Intelligenz mit Großrechnerlösung zusammenarbeiteten. Womit allerdings bis dahin niemand, schon gar nicht die Hersteller proprietärer Maschinen, die bis dahin den Markt beherrschten, gerechnet hatte, das trat nun ein: die Größe des Marktes im PC-Bereich, und als Folge die große Anzahl von Menschen, die sich mit Weiterentwicklungen in diesem Bereich beschäftigten, trieb den technologischen Fortschritt in diesem Bereich weiter enorm an. Nicht so im Bereich der proprietären Großrechner. Multichip-Prozessoren hatten hohe Entwicklungszeiten, da sie hohe Komplexität aufweisen, und zudem waren diese Applikationen auf eine relativ kleine Anzahl von Betrieben beschränkt. Die Voraussetzungen für einen grundlegenden Strukturwandel waren hiemit gegeben. Die PCisierung des Computermarktes begann. Wir wollen uns hier zunächst mit der PCisierung des Computermarktes und ihren Auswirkungen auf Betriebe befassen. Die Frage der Offenheit von Software im allgemeinen und von Systemsoftware im besonderen sowie die Frage der Auswirkung dieser Entwicklung auf traditionelle Hersteller proprietärer Systeme und auf Betriebe wird uns kurz beschäftigen.

2.1 Die PCisierung des Computermarktes

Die typische Computer-Herstellungs- und -Vertriebsorganisation war zum Zeitpunkt des Beginns der PCisierung des EDV-Marktes charakterisiert durch eine proprietäre Systemarchitektur und durch eine vertikal integrierte Produktions-, Wartungs- und Vertriebsphilosophie. IBM als charakteristischer Anbieter proprietärer Systeme hatte eine vertikale Organisationsform, die geprägt war durch die Herstellung einer kompletten Produktpalette: Silikonwafers, Silikonspeicherchips, Prozessoren, Platteneinheiten, Bandeinheiten, Datenstationen, Betriebssysteme, Compiler, Standardanwendungen und Branchenlösungen. Die Vertriebsorganisation war direkt, das heißt, es wurde unmittelbar unter den Veränderungen von einer sparten- auf eine kundenorientierte Organisation der Absatz organisiert. Besonders reizvoll war die Ergänzung der Basisprodukte durch eine Reihe sehr lukrativer *Value Added*-Produkte: spezielle Anwendungssysteme wie Netzwerksysteme, Datenbanksysteme, Programmierwerkzeuge sowie Speichermedien, Drucker u.ä.m. Da die eigentlichen Bauteilkosten von Großrechnern, verglichen mit ihrem Endpreis, relativ gering waren (geschätzt 3-10 %), und der Markt allmählich fast monopolistisch durch IBM beherrscht wurde, konnten die Hersteller derart produzierter und vertriebener Systeme bzw. von deren Bauteilen bequem unter dem 'Schirm' des Quasi-Monopolisten leben, indem sie Preisabstriche in Kauf nahmen. Diese Abstriche betrugen üblicherweise 10-25 % vom Verkaufspeis, je nach Produkt und Hersteller. Der PCM(*Plug Compatible Machine*)-Markt blühte, genauso wie der Gebrauchtcomputer-Markt, und Hersteller für gezielte Marktnischen konnten sich im Hardware- und Softwarebereich positionieren. IBM hatte in Spitzenzeiten einen Weltmarktanteil von fast 40 % des IT-Marktes. Der Quasi-Monopolist konnte sich aufgrund der hohen Margen die Innovationsführerschaft auch weiterhin sichern und diese noch ausbauen. Parallel zu diesem sehr lukrativen Markt der proprietären Rechner entwickelte sich der PC-Markt anfangs nur zögernd. Erstmals verblüffte der PC-Markt die traditionellen Hersteller mit dem Umstand, daß sogenannte Netzwerk-Externalitäten dazu führten, daß im wesentlichen nur eine Betriebssystemvariante von DOS und im wesentlichen ein Prozessor (INTEL 80x86) begannen, den kommerziellen Markt zu beherrschen, obwohl auf demselben Prozessor eine Vielzahl von ähnlichen und zumindest gleichwertigen Systemsoftwareprodukten (Varianten von DOS und andere) ablauffähig waren. MS-DOS, welches sehr bald zu Anfang den größten Marktanteil hatte, begann sich durchzusetzen, da es die meisten Softwarehersteller vorzogen, sich auf das stärkste und den Markt beherrschende Betriebssystem MS-DOS zu stützen, anstatt auf einer Palette von Versionen von DOS ihre Programmpakete verfügbar zu machen. Hiedurch konnte sich dieses Betriebssystem überproportional verbreiten, und alle anderen Varianten von DOS verschwanden zunehmend vom Markt. Gleichzeitig mit dem Betriebssystem konnte sich der Prozessorhersteller, der dieses Betriebssystem stützte, nämlich Intel, selbst als Spin-Off entstanden, infolge des zunehmenden Prozessorbedarfs einen immer größeren Marktanteil im Prozessorbau sichern. Es gab allerdings noch einen ernstlichen Konkurrenten, der einen Technologievorsprung aufwies: das Unternehmen Apple mit den Macintosh PCs. Apple hatte mit seiner graphischen Benutzerschnittstelle und mit seinen Programmiervorgaben für Anwendungssoftware eine Systemumgebung geschaffen, welche müheloser, einfacher und suggestiver zu bedienen war als die kommerziell vorherrschende DOS-Umgebung. Insbesondere waren Betriebssystemkenntnisse infolge der Abbildung gewohnter Schreibtischumgebungen in graphischer Form als Betriebssystem nicht erforderlich. Die Vorherrschaft der DOS-Umgebung war noch von den proprietären Herstellern begründet worden, und unter dem Eindruck dieses technologischen Vorsprunges von Apple begann der marktbeherrschende Systemsoftwareentwickler Microsoft eilig auch eine ähnliche Benutzeroberfläche für sein Betriebssystem MS-DOS zu entwickeln. Die Firma Apple hatte sich allerdings den Innovationsvorsprung ihrer Macintosh-Rechner immer mit rund 20 % Mehrkosten - verglichen zur Leistung unter DOS - abgelten lassen. Auch Apple erlag also der Verlockung der Erreichung kurzfristiger technologischer Scheingewinne. Anstatt diese Situation zu nutzen und sich eine möglichst breite marktbeherrschende Stellung durch geringen Preis und gute Technologie zu sichern, blieb man auch bei Apple bei der Hochpreispolitik und kann in fast allen Ländern heute jeweils höchstens nur 3-15 % des PC-Marktes für sich beanspruchen. Das Betriebssystem selbst war nur auf Motorola-Prozessoren lauffähig und stellte daher für Investoren im PC-Bereich keine Alternative dar. Da das Betriebssystem auch nicht lizensiert wurde, blieben Apple-Benutzer weitgehend unter sich, und das Produkt dominierte aufgrund der besseren Graphikoberfläche und der besseren Interaktionsstützung durch eine exzellente Benutzerschnittstelle sehr bald den Markt der Desk-Top-Publishing-Systeme und zur Zeit den Markt der Mediasysteme. Eine Verbreiterung der Nutzerpalette im kommerziellen Massenmarkt blieb dem Produkt jedoch weitgehend versagt. Wie zu erwarten war, gelang es den Software-Herstellern zunehmend, die Vorteile der Macintosh-Benutzeroberfläche wettzumachen. Dem ehrgeizigen Projekt von IBM, gemeinsam mit Microsoft ein hochwertiges Betriebssystem zu entwickeln, welches als Betriebssystem nicht mehr die Nachteile von DOS betreffend Adressierung und Speicherverfügbarkeit aufwies und dennoch leicht zu bedienen war, sowie *Multi-tasking* und Kommunikation besser unterstützen würde, war zunächst kein Erfolg beschieden. Bei verzögerter Entwicklung dieses Produktes (OS/2) entwickelte hingegen Microsoft zugleich sein eigenes Produkt Windows weiter, welches alsbald marktbeherrschende Stellung bekam.

Zudem hatten Mitte der 80er Jahre die Nutzer die Vorteile binärer Kompatibilität zum ersten Mal kennengelernt. Es war zunehmend egal, in wessen Rechner man die Diskette schob, entscheidend war, daß DOS oder DOS mit Windows darauf installiert waren. Es waren *Economies of Scale* und *Scope*, die den Preis pro Leistungseinheit, sei dies nun in SpecInt, SpecFtp's, Linpack's oder TPC-A, -B und -C gemessen, stark senkten. Parallel dazu nutzten viele Hersteller die Möglichkeit, billige Prozessoren mit einer relativ guten Leistung zur Verfügung zu haben, um mittels Parallelverarbeitung Einzelleistungen zu erreichen, die bislang dem proprietären Großrechnerbereich vorbehalten waren. Dieselbe Erscheinungsform beobachtete man an der Peripherie. Durch matrixartigen Einsatz von schnellen PC-orientierten Platteneinheiten konnten sogenannte RAID Geräteeinheiten (*R*edundant *A*rrays of *I*nexpensive *D*iscs) gebildet werden, die durchaus mit dem Speichervolumen und der Geschwindigkeit sowie der Sicherheit von Großrechnerplatteneinheiten konkurrieren konnten, jedoch wesentlich billiger waren. Die erweiterte Leistung erlaubte es der PC-Welt sehr bald, mit den Minicomputern zu konkurrieren, die Anfang der 90er Jahre vom Markt verschwanden. Nun schickten sich die PCs an, zunehmend auch Systemsoftware zur Verfügung zu stellen, die dem Anspruch großer Netzwerke und einer Vielzahl von Datenstationen pro Einheit gerecht wurden: als wesentlichstes Betriebssystem sind Unix und seine Varianten zu nennen. Parallel dazu waren proprietäre Hersteller unter dem Eindruck der Entwicklung dazu übergegangen, selbst Betriebssysteme zu entwickeln, welche ebenso *Multi-processing-*, *Multi-user-* und *Multi-tasking*-Fähigkeiten aufwiesen. Die Entwicklung, insbesondere zunächst durch Unix eingeleitet, führte zunehmend zu Konfigurationen, in denen spezielle Hochleistungsworkstations, die aus dem technischen in den kommerziellen Markt migriert waren, eine neue Art von Prozessor, der wesentlich leistungsfähiger und entwicklungsfähiger war, als die herrschenden PC-Prozessoren, in den Markt einbrachten: die RISC-Workstation.

Unter Kombination von RISC-Workstations und CISC-orientierten PCs wurden alsbald Client-Server-Lösungen geschaffen, die durch vergleichsweise leistungsfähige lokale Netzwerke verbunden wurden, und sowohl individuelle Datenverarbeitung als auch transaktionsorientierte Datenverarbeitung simultan unterstützten.

Gleichzeitig mit dem Auftauchen von Client-Server-Lösungen zu Beginn der 90er Jahre war klar geworden, daß sich die heutigen Betriebssysteme auf PCs nur wenig dazu eignen, große Netzwerke effizient zu unterstützen und zu verwalten. Daher begannen Anfang der 90er Jahre die Herstellerfirmen bisheriger Betriebssysteme, allen voran IBM und Microsoft, aber auch AT&T und andere Organisationen, Betriebssysteme zu entwickeln, die sich wesentlich besser für die Verwaltung von Netzwerken und für den Betrieb hochwertiger Workstations, PCs und Palmtops infolge leichter Portierbarkeit eigneten. Die Ergebnisse dieser Bemühungen sehen wir in OS/2.2, der neuen Version von OS/2, aber insbesondere auch in Windows NT und in Betriebssystemen, die 1995 und später auf den Markt kommen werden, wie z.B. Workplace OS, Taligent, MS-Chicago u.a.m. Diese Betriebssysteme zeichnen sich teilweise schon durch sogenannte Mikrokernelarchitektur, die eine leichtere Portierbarkeit dieser Systeme von einem Rechner auf einen anderen erlauben, und eine bessere interne Organisation zur Verteilung der Arbeit sowie sogenannte Fremdpersonalias aus. Sie erlauben dadurch auch den Betrieb von traditionellen PC-Betriebssystemen, wie z.B. ein Macintosh-Betriebssystem und ein Windows-System auf *Multi-User*-Betriebssystemen wie UNIX. Zudem werden zunehmend Erfolge auf der Softwareintegrationsseite erzielt. Eine Reihe von Standards und Quasi-Standards, die die Integration von Softwarewerkzeugen erlauben, erlauben zunehmend die Applikationsentwicklung durch Endbenutzer, die keine traditionellen Programmierkenntnisse aufweisen. Tabellenkalkulations-Pakete, spezielle Applikationstreiber wie Expertensysteme, können mit Bildschirmentwurfssystemen und externen und internen Datenbanken zunehmend kombiniert werden, um mächtige Applikationen zu entwickeln. Leistungsfähige Werkzeuge zu relationalen Datenbanksystemen wie Informix, Oracle u.ä. erlauben, eine Vielzahl von Applikationen, wie Listen, Reports u.ä., unmittelbar datenbankgetrieben zu schaffen.

Der Zusammenschluß von lokalen Netzen, das ungeheure Wachstum der Leistungsfähigkeit nationaler und internationaler Datenverbindungen (MAN, Satellitenverbindungen etc.) und die zunehmende Mediafähigkeit preisgünstiger Datenleitungen macht die EDV zunehmend medienfähig und erlaubt damit die Übermittlung und Gestaltung von hochwertigen Benutzerschnittstellen, wie Farbbildern mit Text, in einer realistischen Zeit und zu realistischen Kosten. Die Anzahl der verfügbaren Prozessoren ist stark zurückgegangen, zur Zeit dominieren neben Intel's und Motorola's CISC-Prozessoren wenige RISC-Prozessor-Architekturen (MICROSPARC-II, PowerPC-Chip, DEC-Alpha-Chip, MIPS-Chips, HPs-PA-Architektur) den Markt. Die einzige Rechnergruppe, die sich bislang der PCisierung entzogen hatte, waren die Höchstleistungsrechner (Jumbo-Computer) aus dem wissenschaftlich-technischen Bereich. Diese Zeit geht nun zu Ende. Auch hier kommen neue Modelle als Parallelrechner auf RISC-Prozessorbasis auf den Markt.

Ein ähnlich enormer technologischer Fortschritt wie bei den Prozessoren ist auch im Bereich der Peripherspeicher und Datenkanäle zu finden. Anwendungssoftwareseitig hat diese Entwicklung allerdings auch negative Seiten. Wenn die Systemsoftware teilweise durchaus der Tendenz zur *lean* Produktionsmethodologie gefolgt war, so entwickelte sich die Anwendungssoftware zur *fat* Software. Endbenutzerwerkzeuge wie Textverarbeitungssysteme, Tabellenkalkulation, graphische Software etc. werden mit Funktionen überfrachtet. Zusätzliche Eigenschaften wurden zu System- und Anwendungssoftware immer wieder hinzugefügt, sodaß diese Software schneller mehr Speicher und Prozessorleistung verbrauchte, als der technologische Fortschritt bereitzustellen imstande war. Die Fehlerhaftigkeit von Software wurde so selbstverständlich, daß zunächst in Probeversionen ausgeliefert wird (z.B. β-Versionen), um die gröbsten Fehler zu entdecken und eventuell zu beheben. *Hot-lines*, schlechte Benutzerhandbücher und ein Mangel an Schulung schaffen neue Abhängigkeiten. Gut durchdachte und korrekte Software wird seltener. Der Schutz des Konsumenten ist gering. Der Schutz der Softwarehersteller ist durch ein modifiziertes Urheberrecht unzumutbar verstärkt. Die Produktivität in der Software-Erstellung ist weiterhin nieder, und neue Technologien täuschen einen Fortschritt vor, der in dem vermittelten Ausmaß nicht existiert (KI, Objektorientierung, CASE). Softwareprojekte sind weiterhin riskant, und Methoden zur Kostenvorhersage weisen eine beachtliche Streuung von mehreren 100 % auf und werden kaum eingesetzt. Die 'Neue Klasse' der Hersteller von proprietärer Software (Microsoft u.a.m.) versucht, quasi-monopolistische Marktsituationen zu schaffen und zu bewahren, indem verbreitete Software schneller weiterentwickelt wird, als die Konkurrenz der Entwicklung folgen kann. Die Geheimhaltung von

Schnittstellen von eigenen Produkten dient ähnlichen Zwecken. Proprietäre Großrechnerhersteller sind und bleiben teilweise weiter in der Verlustzone (z.B. IBM 1993: - 8,1 Mrd $), da die neuen Produkte (PCs, Workstations, Prozessoren) wesentlich geringere Gewinnspannen aufweisen, als dies früher der Fall war. Nur Produktivitätssteigerungen versprechen eine Besserung der Situation.

2.2 Die Auswirkungen auf den Betrieb

Grundsätzlich wird mit dieser Entwicklung für die Betriebe zunehmend die Möglichkeit geschaffen, ein eventuelles Organisations- und Planungsdefizit preiswerter als je zuvor zu beheben. Dies impliziert allerdings entsprechende Vorbildung in diesen Unternehmen und den Willen zu Transparenz in der Auftragskalkulation, in Produktion und Verwaltung sowie im Ein- und Verkauf. Weiters bedeutet es eine Behebung der oft erheblichen Organisationsdefizite. Die Frage, wie weit dies Betriebe selbst versuchen sollen, oder ob sie besser externe Berater 'zukaufen', und wie weit eine überregionale Institution, wie sie in Deutschland z.B. die DATEV darstellt, dies übernehmen soll, ist individuell zu entscheiden. Erst mit einer straffen Organisation und der Kenntnis von Planungsmodellen kann höhere Produktivität erreicht werden. Dies geht zumeist einher mit Geschäftsprozeßreorganisation und parallel dazu natürlich mit einer Reorganisation der Informationssysteme im Unternehmen. Die Reorganisation von Informationssystemen im Unternehmen verlangt Kenntnis der Fachbereichsdatenmodelle, noch bevor das Unternehmen in den entsprechenden Bereichen über computergestützte Informationssysteme verfügt. Durch die Verbilligung von Hardware und Software und durch die Entbündelung der Gesamtleistungen von Hardware- und Softwarelieferanten ist eine selektive und preiswerte Einführung geeigneter Kombinationen möglich. Allerdings ist die erzielte Produktivitätssteigerung sorgfältig zu überdenken, um nicht durch den Mehrbedarf an Personal und Geräten die erzielten Produktivitätseinsparungen zunichte zu machen. Gefordert allerdings sind auch überregionale Institute, wie Kammern, freiwillige Selbstzusammenschlüsse von Unternehmen einer Branche u.ä.m., die Datenmaterial sammeln und in Datenbanken ihren Mitgliedern bzw. externen Stellen zu Vergleichszwecken z.B. mittels Kennzahlen zur Verfügung stellen sollen. In vielen Fällen sind erst durch Vergleiche Produktivitätsschwächen erkennbar und schneller und wirtschaftlicher zu beheben.

Durch zunehmende Normung und Quasi-Normung wird auch der zwischenbetriebliche Datenaustausch vereinfacht. Auf dem EDV-Markt selbst entstand durch Normung und Quasi-Normung von Produkten, Leistungsmaßen (Benchmarks) von Maschinen, Prozessorelementen sowie Softwarewerkzeugen eine erhöhte Transparenz. Erhöhte Transparenz (durch vereinfachte Beschreibung) bedeutet verringerte Transaktionskosten. (Unter Transaktionskosten verstehen wir im wesentlichen die Kosten der Marktpartnerzusammenführung (Käufer und Verkäufer), des Vertragsabschlusses u.ä.m.) Verringerte Transaktionskosten führen zu mehr Markt und in einer sich schnell entwickelnden Branche durchaus zu einer Vielfalt kleiner Unternehmen, die in der Technologiespitze ihre Marktnische, zumindest vorübergehend, finden. Die großen Konzerne, welche zunehmend zu Vertriebsapparaten werden, können bei schnell wechselnder Technologie nicht mehr in derselben Geschwindigkeit folgen und haben höhere Anpassungszeiten. Für Betriebe heißt dies wiederum, daß die Markttransaktionskosten durch zwischenbetriebliche Informationssysteme quasi in jeder Branche gesenkt werden können. Dies führt nur dann zu kleineren Unternehmen und einer größeren Anzahl von Unternehmen, wenn andere Effekte wie Netzwerkexternalitätseffekte und *Agency*-Kosten (unter *Agency*-Kosten verstehen wir die Kosten jenes Managements, welches die eigentliche Zielfunktion der Eigentümer nur teilweise teilt (Agent)) keine gegenläufigen Tendenzen erzeugen, die wiederum das Großunternehmen stärken. Daher wird die Auswirkung dieser transaktionskostensenkenden Umstände zwar durchaus zu mehr elektronischer Marktkommunikation führen, jedoch in den einzelnen Branchen verschieden sein. Netzwerkexternalitäten können jedoch auch bei Betrieben wieder durch vertragliche Kooperationen und organisatorische Funktionszusammenfassungen (z.B. Einkauf) geschaffen werden. Die Übernahme von Marktfunktionen im Rahmen von elektronischen Netzwerken bzw. die Entwicklung elektronischer Märkte als Gesamtes wird ganze Branchen von Informationsvermittlern mit zunehmender Etablierung von Endgeräten bei den Kunden dieser Unternehmen weitgehend eliminieren. Zu denken ist hier z.B. an Reisebüros, die sich auf Flugticket-Vermittlung spezialisiert haben. Man denke auch an Makler im weitesten Sinne (Gebrauchtwagenhändler, Bootshändler, Häusermakler u.a.m.). Vertriebsapparate mit Massenkundengeschäft wie Banken und Versicherungen, aber auch spezialisierte Anbieter von Dienstleistungen wie z.B. im Reisegeschäft, werden in diesen Branchen elektronische Netzwerke und damit quasi elektronische Märkte kreieren, welche diese Vertriebsapparate massiv unterstützen und präzisere und bessere Information an die Vertriebsaußenstellen bringen. Der individuelle Klein- und Mittelbetrieb wird dann trotz reduzierter Transaktionskosten auf diesem Markt aufgrund der Netzwerkexternalitätseffekte auf der Strecke bleiben. Andere Informationsvermittler (z.B. pharmazeutische Informationsvermittler über Drogenwirkungsgrade, Generikaleistungen und Einkaufsbedingungen), die Information sammeln und verteilen, entstehen und werden zukünftig in noch größerer Dichte gegründet werden. Diese Unternehmen schöpfen die Möglichkeiten der automatisierten Datenverarbeitung und der damit verbundenen Informationsverwertung zur Schaffung neuer Produkte und Märkte zunehmend aus. In regionalen Märkten bleibt zudem aufgrund regionaler Besonderheiten bei den entsprechenden Unternehmen (z.B. Handel) ein erhöhter Dienstleistungsbedarf im Informationstechnologiegeschäft selbst, aber auch im Dienstleistungsgeschäft der Kunden großer Konzerne (z.B. Systemintegration, Wartung). Langfristig sollte in vielen Branchen eine Tendenz zur Individualisierung der Arbeit bestehen, da die Infrastrukturkosten und die Kosten der physischen Mobilität zunehmen. Tendenzen, wie wir sie in Kalifornien verstärkt infolge der Angst vor Naturkatastrophen beobachten und die erst durch neue Kommunikationstechnologie möglich werden, nämlich zunehmende Verstärkung der Heimarbeit (Unternehmensorganisation in kleineren dezentralen Einheiten, denen Heimarbeiter elektronisch zuarbeiten), werden auch verstärkt in Europa zu beobachten sein. Mit der Einführung des *Roadpricing* und ähnlicher Maßnahmen, in denen die physischen Mobilitätskosten verstärkt auf die Verursacher abgewälzt werden, wird es auch hier zu infrastrukturellen Verschiebungen kommen. Elektronisch darstellbare und beschreibbare Leistungen werden den Konsumenten zunehmend via Datennetz erreichen, und Konferenzen werden zunehmend via Datennetz abgehalten. All dies ist im wesentlichen heute schon möglich, teilweise jedoch nicht etabliert, teilweise nicht installiert und teilweise organisatorisch bzw. verhaltensmäßig nicht unterstützt.

In der Planung bringt das bessere Verständnis der Geschäftsprozesse und die Internationalisierung der Märkte sowie aggressiveres Wettbewerbsverhalten einen Trend zu umfassenderer und langfristigerer

Planung. Verzahnung von Datenbanken mit räumlichen Informationen, wie z.B. im Bauwesen, die Verzahnung von CAD-Entwürfen und den Behörden im Baubewilligungsverfahren und mit Expertensystemen zur Kostenschätzung und Projektplanung erlauben hier und auf ähnliche Weise in anderen Branchen eine zunehmende integrierte Sicht in der Produkterstellung. Die Simulation von Betriebsabläufen durch die Schaffung eines virtuellen Unternehmens, die Simulation von Märkten durch die Schaffung virtueller Märkte bzw. die Schaffung virtueller Welten im allgemeinen, sei dies nun in der Forschung, in der Entwicklung, in der Produktion, in der Vermarktung oder anderen Bereichen, erlauben unter Einbindung der Szenariotechnik eine höhere Vorhersagegenauigkeit in den Auswirkungen unternehmerischer Entscheidungen. All dies ist allerdings nur dann realisierbar und führt auch nur dann zu erhöhter Produktivität und Leistungsfähigkeit, wenn die Fähigkeiten der Mitarbeiter ausgebildet werden, die zunehmend abstrakten Resultate zu begreifen und umzusetzen. Um dies zu schaffen, ist eine ständige Fortbildung der Mitarbeiter notwendiger denn je. Dies nicht nur auf EDV-technischem Gebiet, sondern insbesondere auch auf dem Gebiet der Betriebswirtschaftlehre. Hierdurch wird das Schlagwort von der Demokratisierung der Information nicht nur eine leere Phrase bleiben. Denn Demokratisierung von Information nützt nichts, wenn es sich in Wirklichkeit um Demokratisierung von Daten handelt. Erst die Wandlung von Daten zu Information durch Interpretation und der Blick über den Schreibtisch hinaus auf die Umgebung, der die Arbeitsergebnisse zur Weiterbearbeitung übergeben werden sollen, erlaubt eine Umsetzung und eine Zuordnung in die Wertschöpfungskette des Unternehmens. Dies erhöht das Verantwortungsbewußtsein, das selbständige Arbeiten und verbessert die Einbindung der Mitarbeiter ins Team. Dieserart werden die *Agency*-Kosten reduziert, und Mitarbeiter werden zu Mitunternehmern. Um Überforderungen zu vermeiden sind Limits gemeinsam zu definieren, und die relevanten Informationen für die jeweiligen Entscheidungsträger Schritt für Schritt bereitzustellen. Dies ermöglicht eine EDV-gestützte Arbeitsorganisation. Derartige Arbeitsstrukturen führen zu höherer Flexibilisierung der Arbeitsorganisation. Dies verlangt eine erhöhte Bereitschaft und Beweglichkeit der Beschäftigten. Eine solche wird in erster Linie durch eine verbesserte Ausbildung und einen breiteren Kenntnisstand erzielt. Die Einführung von Informationssystemen wird zunehmend mit organisatorischen Maßnahmen abgestimmt sein müssen, um im Unternehmen entsprechend wirksam zu werden. Einer der Fehler der Vergangenheit liegt sicher in dem Umstand, daß EDV-Organisationen existierenden Organisationen angepaßt wurden, und eine organisatorische Veränderung weitgehend vermieden wurde.

Zusammenfassend ist zu erwarten, daß bei positiver Entwicklung der IT-Märkte interaktiver Informationsaustausch und gezielte Informationsauswertung auch in den Betrieben eine höhere Produktivität bringen und eine Voraussetzung zum Existenzerhalt darstellen. Je nach Branchenstruktur und Produkteignung wird es zu Zentralisationseffekten kommen, die eine hohe Flexibilität in den Betriebsbereichen erfordern. Durch gesunkene Transaktionskosten wird der Kleinst- und Kleinbetrieb in vielen Branchen aufleben (von Heimarbeit über den Außendienst bis zum Zulieferer von hochwertigen Gütern wie künstlerischen Entwürfen, Musik und Software). Berufe werden sich wandeln (Berater) und neue Branchen werden vor allem in der Informationsdienstleistung entstehen. Die Zukunft gehört auch hier der Dienstleistung. In den Unternehmen selbst wird die Ausbildung der Mitarbeiter zur zentralen Frage der Erhaltung der Wettbewerbsfähigkeit. Computermodelle des Unternehmens und der Märkte werden den Unternehmen eine realistische Leistungs- und Marktanalyse ermöglichen, und integrierte Produktions- und Vertriebsinformationssysteme werden eine koordinierte Unternehmenspolitik unterstützen. Die oft zitierte Erhöhung des IQ in den Schulen hat zwar keine Erhöhung der Intelligenz zu bedeuten, zeigt jedoch deutlich auf, daß die öffentlichen Bildungsinstitutionen teilweise schon reagiert haben: die Humanressourcen sind durch eine bessere Ausbildung zu aktivieren, wenn das BNP steigen soll. Ebenso korreliert das Bruttonationalprodukt mit der volkswirtschaftlichen Investition in die Informationstechnologie (= IT). Analoges gilt im mikroökonomischen Bereich des Unternehmens. Die gestalterische Kraft jedes Unternehmens ist hier gefordert. Um die entsprechende allgemeine und branchenbezogene Information über IT auch richtig einordnen und bewerten zu können, sind möglichst zeitlose Kenntnisse über Funktions- und Arbeitsweise moderner Soft- und Hardware unerläßlich. Der Vermittlung dieser Kenntnisse sind diese Bände gewidmet.

Kapitel 3

Die Codierung und Darstellung von Daten in Speichern

Ziel:
Die Studierenden sollen Grundkenntnisse über die Vercodierung von Daten und die Darstellung des Codes von Zahlen mit Binärzahlen erwerben, mit der Methode fehlerkorrigierender Codes vertraut gemacht werden und Verständis für den Einsatz und die Verarbeitung von Tondaten bekommen.

3.1 Zahlensysteme

3.1.1 Einführung

Unter Daten verstehen wir Zeichenfolgen, Lautfolgen oder Bildfolgen, denen aufgrund von Vereinbarungen Bedeutungsinhalte zugewiesen werden können. Zum Beispiel verstehen wir die Bedeutung des Verkehrsschildes im Straßenverkehr oder die Bedeutung der Zeichenfolgen 'HAUS' oder 'HONGKONG'. (Abb. 3.1)

Daten werden durch die Zuordnung von Bedeutungsinhalten zu Information. Die Datenverarbeitung beschäftigt sich mit der Manipulation von Zeichen-, Laut- oder Bildfolgen in einer Art und Weise, daß auch die Resultate dieser Manipulation im Sinne der Manipulationsabsicht interpretiert werden können. Damit wird Datenverarbeitung erst zur Informationsverarbeitung.

Abbildung 3.1: Verkehrsschild

Um Daten in elektronischen Rechenanlagen manipulieren zu können, müssen wir sie in elektronisch lesbare Form umsetzen. Ähnlich wie wir z.B. in Automobilen technische Systeme, die zwei Zustände annehmen können, wie z.b. das Ölwarnlicht, als Informationsquelle verwenden, gehen wir auch in digitalen Computern vor. Wir verwenden in diesen Rechnern nur eine große Zahl derartiger zweiwertiger Systeme, die wir einzeln als **Bit**, in Achtergruppen als **Byte** und in computerspezifischen Gruppierungen (32-er Gruppen, 48-er Gruppen u.a.m.) als **Worte** bezeichnen. Durch Interpretation der beiden Zustände als die Ziffern 0 und 1 können wir mit Gruppen von solchen technischen Systemen große Binärzahlen darstellen, die dann z. B. zur Vercodierung von Zeichen, Zahlen, Grau- und Farbtönen von Bildern und verschiedenen Tonhöhen verwendet werden können.

Kommerzielle Datenverarbeitung beschäftigt sich in erster Linie mit der Verarbeitung von codierten Texten und Zahlen (*Coded Information*). Wir werden uns daher in erster Linie mit der Codierung von numerischer und alphabetischer Information befassen.

3.1.2 Das binäre Zahlensystem

Wie werden Daten im Computer gespeichert? Beim Übergang von mechanischen Rechenmaschinen zu elektronischen Rechenanlagen mußte für die Ziffern eine Darstellung durch Spannungspegel gesucht werden. Die nächstliegende Methode bei sogenannten Digitalrechnern war, die Ziffern als verschieden hohe Spannungspegel zu repräsentieren.

Information läßt sich am einfachsten und wirtschaftlichsten in den zwei

Zuständen *High* (kurz: *H* oder 1) und *Low* (kurz: *L* oder 0) darstellen. So lag es nahe, die kleinste Einheit einer binären Zahl, das Bit, zur Darstellung des zweiwertigen Zustandes eines technischen Systems heranzuziehen. Ein Bit stellt daher eine Abkürzung für <u>*Binary Digit*</u>, d.h. binäre Ziffer oder auch Binärstelle, dar und bezeichnet eine Stelle einer binären Zahl (die in EDV-Anlagen durch ein technisches System, das zwei Zustände annehmen kann, repräsentiert wird).

Wir kennen derartige Vercodierungen von zwei unterschiedlichen Informationszuständen durch technische Systeme, die zweier Zustände fähig sind, aus dem Alltag: Die schon erwähnte Ölwarnleuchte oder die Batteriewarnleuchte, welche in fast jedem Automobil dem Fahrer Information über Ölstand und Stromversorgung geben, sind derartige Systeme. Bei Aufleuchten zeigen sie den Warnzustand an. Ansonsten befinden sie sich in einem unkritischen Zustand.

Wir verwenden zum Rechnen im Alltag ein dekadisches System. Im dekadischen Zahlensystem stehen die Ziffern von $0-9$ für eine Zahlenstelle zur Verfügung. Im Computer werden dekadische Zahlen durch binäre Zahlen dargestellt. Das Binärsystem sieht für eine Zahlenstelle nur die Ziffern 0 und 1 vor. Die Schreibweise dekadischer Zahlen, an die wir uns in der Schule gewöhnt haben, ist eine abgekürzte Schreibweise für die Darstellung des tatsächlichen Gesamtwertes. Zum Beispiel schreiben wir 342 und meinen $3 \times 100 + 4 \times 10 + 2 \times 1$. (Übrigens haben wir uns auch daran gewöhnt, die Multiplikation vor der Addition auszuführen, sonst müßte man $(3 \times 100) + (4 \times 10) + (2 \times 1)$ schreiben!)

Durch die positionsabhängige und vereinbarte Stellenbewertung der einzelnen Stellen von 3, 4 und 2 mit 100, 10 und 1 ist es uns möglich, die abgekürzte Schreibweise richtig zu interpretieren (Abb. 3.2):

abgekürzte Schreibweise	3	4	2
Stellenwerte	10^2	10^1	10^0
nicht abgekürzte Schreibweise	$3 \times 10^2 + 4 \times 10^1 + 2 \times 10^0$		

Abbildung 3.2: Dekadische Zahl

Die Anzahl der möglichen Ziffern je Stelle bezeichnen wir als **Basis**

b des Zahlensystems. Beim dekadischen Zahlensystem ist b gleich 10. Aufgrund der Häufigkeit seiner Verwendung war es zweckmäßig, für jede Ziffer ein Zeichen vorzusehen. Beim binären Zahlensystem ist b gleich 2. Als Ziffern sind 0 und 1 vereinbart. Analog zu den dekadischen Zahlen können wir nun unsere Binärzahlen anschreiben (Abb. 3.3; 'abgek.' steht für abgekürzt und 'gleichw.' steht für gleichwertig):

abgek. Schreibweise	1	0	1	1	0
Stellenwerte	2^4	2^3	2^2	2^1	2^0
gleichw. dekad. Zahl	$1 \times 2^4 + 0 \times 2^3 + 1 \times 2^2 + 1 \times 2^1 + 0 \times 2^0$				

Abbildung 3.3: Binäre Zahl

Wir vergleichen nun die dekadische mit der binären Darstellungsform (Abb. 3.4); (Hinweis: Die als Subskript gesetzte Zahl zeigt das jeweilige Zahlensystem an):

$0_{10} = 00_2$	$4_{10} = 100_2$	$8_{10} = 1000_2$	$12_{10} = 1100_2$
$1_{10} = 01_2$	$5_{10} = 101_2$	$9_{10} = 1001_2$	$13_{10} = 1101_2$
$2_{10} = 10_2$	$6_{10} = 110_2$	$10_{10} = 1010_2$	$14_{10} = 1110_2$
$3_{10} = 11_2$	$7_{10} = 111_2$	$11_{10} = 1011_2$	$15_{10} = 1111_2$

Abbildung 3.4: Dekadisch = Binär

Mit einer zweistelligen Binärzahl können die dekadischen Zahlen 0 – 3, mit einer dreistelligen Binärzahl die Zahlen 0 – 7 und mit einer vierstelligen Binärzahl die Zahlen 0 – 15, also 16 unterschiedliche Werte, dargestellt werden. Eine Binärzahl mit 8 Stellen bezeichnet man auch als **Byte**. Mit einem Byte können die Zahlen von 0 – 255 dargestellt werden (Abb. 3.5):

$$000_{10} = 00000000_2$$
$$255_{10} = 11111111_2$$

Abbildung 3.5: Dekadisch = Binär

Wir fassen zusammen: Mit einer k-stelligen Binärzahl lassen sich 2^k Zahlen darstellen. Eine praktisch wichtige Frage für uns lautet: Wie gewinnen wir eine Binärzahl aus einer dekadischen Zahl? Als eine einfache Methode bietet sich die wiederholte Division mit Rest an. Dieses Verfahren sei an einem Beispiel erläutert. Wir nehmen an, 245_{10} soll als Binärzahl dargestellt werden (Abb. 3.6).

$245 : 2 = 122$	(Rest:1, $b_0 = 1$)
$122 : 2 = 61$	(Rest:0, $b_1 = 0$)
$61 : 2 = 30$	(Rest:1, $b_2 = 1$)
$30 : 2 = 15$	(Rest:0, $b_3 = 0$)
$15 : 2 = 7$	(Rest:1, $b_4 = 1$)
$7 : 2 = 3$	(Rest:1, $b_5 = 1$)
$3 : 2 = 1$	(Rest:1, $b_6 = 1$)
$1 : 2 = 0$	(Rest:1, $b_7 = 1$)
Ergebnis: $245_{10} = 11110101_2$	

Abbildung 3.6: Divisionsverfahren

Verfahren:
Wir dividieren wiederholt durch 2 und schreiben den Rest (0 oder 1) an, bis der Dividend 0 wird. Die Binärzahl, welche aus den angeschriebenen Resten gebildet wird, ist die gesuchte Binärzahl.

Die einzelnen Bit, die wir mit $b_0 - b_7$ bezeichnet haben, werden nach ihrem Stellenwert wieder von rechts nach links angeschrieben. Bit 0 ist also ganz rechts, Bit 7 ist ganz links. Bit 0 weist den geringsten Stellenwert (2^0), Bit 7 den höchsten Stellenwert auf. Die Umwandlung einer Binärzahl in eine dekadische Zahl ist eher einfach. Wir wollen die Binärzahl 11110101 in eine dekadische Zahl verwandeln. Wir wissen nun, daß die einzelnen Stellenwerte einer dekadischen Zahl nach Zehnerpotenzen gewichtet sind:

$$245_{10} = 5 \times 10^0 + 4 \times 10^1 + 2 \times 10^2$$

Nun gehen wir analog vor, um den Wert der Stellen einer Binärzahl zu ermitteln. Wir suchen die Zweierpotenzen für jede Stelle und addieren diese Stellenwerte nach Multiplikation mit den Stellenwerten der Binärzahl:

$$\begin{aligned} 11110101_2 &= 1 \times 2^0 + 0 \times 2^1 + 1 \times 2^2 + 0 \times 2^3 + 1 \times 2^4 \\ &+ 1 \times 2^5 + 1 \times 2^6 + 1 \times 2^7 \\ &= 1 + 4 + 16 + 32 + 64 + 128 = 245_{10} \end{aligned}$$

245_{10} ist unser Ergebnis im dekadischen System.
(Zum Addieren mit Binärzahlen siehe auch Kapitel 4.)

3.1.3 Das hexadezimale Zahlensystem

Im sogenannten **Hexadezimalsystem** werden 4 Binärziffern zu einer Gruppe zusammengefaßt (eine solche Vierergruppe wird auch Halbbyte genannt):

$$245_{10} = 11110101_2 = [1111][0101]_2$$

Entsprechend der Wertigkeit der einzelnen Stellen werden wir die Einteilung in Vierergruppen bei Bit 0 beginnen. Wir teilen die Binärzahl von rechts nach links in Vierergruppen ein. Wir müssen 16 Symbole für die Unterscheidung folgender 16 unterschiedlicher Vierergruppen

0000, 0001, 0010, 0011, 0100, 0101, 0110, 0111

1000, 1001, 1010, 1011, 1100, 1101, 1110, 1111

auswählen. Zunächst stehen uns als Ziffern die Ziffern des dekadischen Systems 0 − 9 zur Verfügung. Für die verbleibenden Vierergruppen verwenden wir die Buchstaben A - F in der folgenden Zuordnung:

0	für	0000
1	für	0001
2	für	0010
3	für	0011
4	für	0100
5	für	0101
6	für	0110
7	für	0111
8	für	1000
9	für	1001
A	für	1010
B	für	1011
C	für	1100
D	für	1101
E	für	1110
F	für	1111

Setzen wir die Symbole 0 – 9 und A - F entsprechend der Einteilung in Vierergruppen ein, und bleiben nach links Stellen offen, so sind diese als 0 zu lesen:

$$245_{10} = 11110101_2 = [1111][0101]_2 = F5_{16}$$

$$41_{10} = 101001_2 = [0010][1001] = 29_{16}$$

3.2 Die rasterorientierte Vercodierung von Zeichen und Bildern

Auf dem Datensichtgerät (=Bildschirm) des Computers werden Ziffern, Buchstaben und Sonderzeichen dargestellt. Die Ziffern, Buchstaben und Sonderzeichen werden dazu in Punkteraster (= Punktematrix) zerlegt. Wir verwenden als Beispiel eine 8 × 8-Punktematrix als Raster für Zeichen. Eine 8 × 8-Punktmatrix besteht aus 8 Zeilen und 8 Spalten, in denen das Zeichen als Muster darzustellen ist. (Abb. 3.7)

Die Buchstaben unseres Punkterasters können als Binärmuster in einem Speicher abgelegt werden. Für jeden Buchstaben würde bei diesem einfachen Verfahren ein Speicherplatz von mindestens 8 Byte (für jede Zeile der Matrix ein Byte) benötigt.

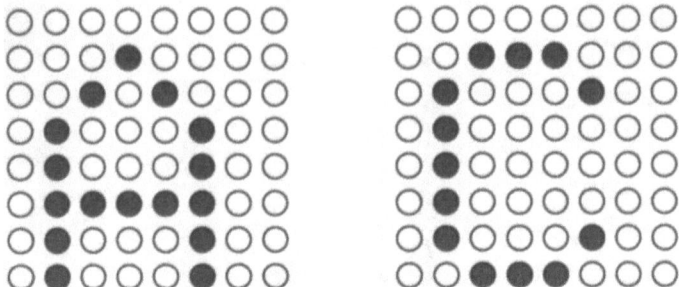

Abbildung 3.7: Punktematrix

Geräte, die derartige Muster als Zeichen ausgeben, nennt man rasterorientierte Ausgabegeräte. Das Zeichen wird in diesem Fall als Bild für das Punktmatrix-orientierte Ausgabegerät gespeichert. Derartige Geräte sind u. a. Matrixdrucker, Tintenstrahldrucker, Laserdrucker, Lichtsatzgerät, Bildschirmgeneratoren. Bei Wahl von unterschiedlichen Grautönen und Farbschattierungen je Punkt bzw. Punktgruppe können dieserart schwarz-weiß-Bilder und Farbbilder dargestellt werden. Diese Darstellungsform ist jedoch (offensichtlich) sehr speicheraufwendig, wenn die Anzahl der Punkte je cm^2 (häufig auch je Zoll angegeben) hoch ist; (Laserdrucker weisen z.B. zur Zeit eine Dichte von 200 − 1000 Punkte je Zoll auf; Matrixdrucker und Tintenstrahldrucker jedoch höchstens ca. 300 Punkte je Zoll; 1 Zoll $\sim 2,54$ cm).

3.3 Die Vercodierung von Textzeichen

Eine andere Art, Zeichen zu vercodieren, besteht darin, einer sortierten Folge von Zeichen fortlaufend Zahlen zuzuordnen. Einer der bekanntesten derartigen Codes ist der ASCII-Code. Mit dem ASCII-Zeichencode (_A_merican _S_tandard _C_ode for _I_nformation _I_nterchange) können 128 verschiedene Zeichen (Buchstaben groß/klein, Ziffern, Satzzeichen, Sonderzeichen) dargestellt werden. Dieser Zeichensatz benötigt also eine Speicherkapazität von mindestens 128 × 7 Bit; aus Einfachheitsgründen verwendet man meist ein Byte (= 8 Bit) und erweitert den Code um 128 besondere Zeichen nach Wahl. Dieses Vorgehen ist umso sinnvoller, als andere Codes (z.B. der EBCDIC-Code)

ebenso 8 Bit benötigen. Die ersten 32 Zeichen des ASCII-Codes entsprechen Steuersymbolen, welche nicht Teil der Information sind, sondern nur gerätetechnische Bedeutung haben (Abb. 3.8 und 3.9).
Erklärung der in den Tabellen verwendeten Abkürzungen:
Zchn = Zeichen, Dez = Dezimal, Bin = Binär, Okt = Oktal und Hex = Hexadezimal.

Zchn	Code			Zchn	Code			Zchn	Code		
	Dez	Bin	Okt	Hex		Dez	Bin	Okt	Hex		Dez	Bin	Okt	Hex
NUL	0	00000000	000	00	,	44	00101100	054	2C	X	88	01011000	130	58
SCH	1	00000001	001	01	-	45	00101101	055	2D	Y	89	01011001	131	59
STX	2	00000010	002	02	.	46	00101110	056	2E	Z	90	01011010	132	5A
ETX	3	00000011	003	03	/	47	00101111	057	2F	[	91	01011011	133	5B
EOT	4	00000100	003	04	0	48	00110000	060	30	\	92	01011100	134	5C
ENQ	5	00000101	005	05	1	49	00110001	061	31	]	93	01011101	135	5D
ACK	6	00000110	006	06	2	50	00110010	062	32	^	94	01011110	136	5E
BEL	7	00000111	007	07	3	51	00110011	063	33	_	95	01011111	137	5F
BS	8	00001000	010	08	4	52	00110100	064	34	`	96	01100000	140	60
HT	9	00001001	011	09	5	53	00110101	065	35	a	97	01100001	141	61
LF	10	00001010	012	0A	6	54	00110110	066	36	b	98	01100010	142	62
VT	11	00001011	013	0B	7	55	00110111	067	37	c	99	01100011	143	63
FF	12	00001100	014	0C	8	56	00111000	070	38	d	100	01100100	144	64
CR	13	00001101	015	0D	9	57	00111001	071	39	e	101	01100101	145	65
SO	14	00001110	016	0E	:	58	00111010	072	3A	f	102	01100110	146	66
SI	15	00001111	017	0F	;	59	00111011	073	3B	g	103	01100111	147	67
DLE	16	00010000	020	10	<	60	00111100	074	3C	h	104	01101000	150	68
DC1	17	00010001	021	11	=	61	00111101	075	3D	i	105	01101001	151	69
DC2	18	00010010	022	12	>	62	00111110	076	3E	j	106	01101010	152	6A
DC3	19	00010011	023	13	?	63	00111111	077	3F	k	107	01101011	153	6B
DC4	20	00010100	024	14	@	64	01000000	100	40	l	108	01101100	154	6C
NAK	21	00010101	025	15	A	65	01000001	101	41	m	109	01101101	155	6D
SYN	22	00010110	026	16	B	66	01000010	102	42	n	110	01101110	156	6E
ETB	23	00010111	027	17	C	67	01000011	103	43	o	111	01101111	157	6F
CAN	24	00011000	030	18	D	68	01000100	104	44	p	112	01110000	160	70
EM	25	00011001	031	19	E	69	01000101	105	45	q	113	01110001	161	71
SUB	26	00011010	032	1A	F	70	01000110	106	46	r	114	01110010	162	72
ESC	27	00011011	033	1B	G	71	01000111	107	47	s	115	01110011	163	73
FS	28	00011100	034	1C	H	72	01001000	110	48	t	116	01110100	164	74
GS	29	00011101	035	1D	I	73	01001001	111	49	u	117	01110101	165	75
RS	30	00011110	036	1E	J	74	01001010	112	4A	v	118	01110110	166	76
US	31	00011111	037	1F	K	75	01001011	113	4B	w	119	01110111	167	77
SP	32	00100000	040	20	L	76	01001100	114	4C	x	120	01111000	170	78
!	33	00100001	041	21	M	77	01001101	115	4D	y	121	01111001	171	79
"	34	00100010	042	22	N	78	01001110	116	4E	z	122	01111010	172	7A
#	35	00100011	043	23	O	79	01001111	117	4F	{	123	01111011	173	7B
$	36	00100100	044	24	P	80	01010000	120	50			124	01111100	174	7C
%	37	00100101	045	25	Q	81	01010001	121	51	}	125	01111101	175	7D
&	38	00100110	046	26	R	82	01010010	122	52	~	126	01111110	176	7E
'	39	00100111	047	27	S	83	01010011	123	53	DEL	127	01111111	177	7F
(	40	00101000	050	28	T	84	01010100	124	54					
)	41	00101001	051	29	U	85	01010101	125	55					
*	42	00101010	052	2A	V	86	01010110	126	56					
+	43	00101011	053	2B	W	87	01010111	127	57					

Abbildung 3.8: US ASCII-Zeichensatz

Die 128 Zeichen des erweiterten ASCII-Codes werden je nach Erweiterungsziel verschieden gewählt. Hier wurde die romanische Erweiterung gewählt, da diese in einem vereinten Europa vermutlich einige Bedeutung erlangen wird.

Zchn	Code			Zchn	Code			Zchn	Code		
	Dez	Bin	Okt	Hex	Dez	Bin	Okt	Hex	Dez	Bin	Okt	Hex
	128	10000000	200	80	¯	172	10101100	254	AC	Ù	216	11011000	330	D8
	129	10000001	201	81	Ù	173	10101101	255	AD	ì	217	11011001	331	D9
	130	10000010	202	82	Û	174	10101110	256	AE	Ö	218	11011010	332	DA
	131	10000011	203	83	£	175	10101111	257	AF	Ü	219	11011011	333	DB
	132	10000100	204	84	‾	176	10110000	260	B0	É	220	11011100	334	DC
	133	10000101	205	85	Ý	177	10110001	261	B1	Ï	221	11011101	335	DD
	134	10000110	206	86	ý	178	10110010	262	B2	ß	222	11011110	336	DE
	135	10000111	207	87	°	179	10110011	263	B3	Ô	223	11011111	337	DF
	136	10001000	210	88	Ç	180	10110100	264	B4	Á	224	11100000	340	E0
	137	10001001	211	89	ç	181	10110101	265	B5	Ã	225	11100001	341	E1
	138	10001010	212	8A	Ñ	182	10110110	266	B6	ã	226	11100010	342	E2
	139	10001011	213	8B	ñ	183	10110111	267	B7	Ð	227	11100011	343	E3
	140	10001100	214	8C	¡	184	10111000	270	B8	đ	228	11100100	344	E4
	141	10001101	215	8D	¿	185	10111001	271	B9	Í	229	11100101	345	E5
	142	10001110	216	8E	¤	186	10111010	272	BA	Ì	230	11100110	346	E6
	144	10010000	220	90	¥	188	10111100	274	BC	Ò	232	11101000	350	E8
	145	10010000	221	91	§	189	10111101	275	BD	Õ	233	11101001	351	E9
	146	10010010	222	92	ƒ	190	10111110	276	BE	õ	234	11101010	352	EA
	147	10010011	223	93	¢	191	10111111	277	BF	Š	235	11101011	353	EB
	148	10010100	224	94	â	192	11000000	300	C0	š	236	11101100	354	EC
	149	10010101	225	95	ê	193	11000000	301	C1	Ú	237	11101101	355	ED
	150	10010110	226	96	ô	194	11000010	302	C2	Ÿ	238	11101110	356	EE
	151	10010111	227	97	û	195	11000011	303	C3	ÿ	239	11101111	357	EF
	152	10011000	230	98	á	196	11000100	304	C4	Þ	240	11110000	360	F0
	153	10011001	231	99	é	197	11000101	305	C5	þ	241	11110001	361	F1
	154	10011010	232	9A	ó	198	11000110	306	C6	·	242	11110010	362	F2
	155	10011011	233	9B	ú	199	11000111	307	C7	μ	243	11110011	363	F3
	156	10011100	234	9C	à	200	11001000	310	C8	¶	244	11110100	364	F4
	157	10011101	235	9D	è	201	11001001	311	C9	3/4	245	11110101	365	F5
	158	10011110	236	9E	ò	202	11001010	312	CA	—	246	11110110	366	F6
	159	10011111	237	9F	ù	203	11001011	313	CB	1/4	247	11110111	367	F7
space	160	10100000	240	A0	ä	204	11001100	314	CC	1/2	248	11111000	370	F8
À	161	10100001	241	A1	ë	205	11001101	315	CD	ª	249	11111001	371	F9
Â	162	10100010	242	A2	ö	206	11001110	316	CE	º	250	11111010	372	FA
È	163	10100011	243	A3	ü	207	11001111	317	CF	»	251	11111011	373	FB
Ê	164	10100100	244	A4	Å	208	11010000	320	D0	■	252	11111100	374	FC
Ë	165	10100101	245	A5	Î	209	11010001	321	D1	«	253	11111101	375	FD
Î	166	10100110	246	A6	Ø	210	11010010	322	D2	±	254	11111110	376	FE
Ï	167	10100111	247	A7	Æ	211	11010011	323	D3		255	11111111	377	FF
´	168	10101000	250	A8	å	212	11010100	324	D4					
`	169	10101001	251	A9	î	213	11010101	325	D5					
^	170	10101010	252	AA	ø	214	11010119	326	D6					
¨	171	10101011	253	AB	æ	215	11010111	327	D7					

Abbildung 3.9: Die Roman-8 Erweiterung

3.3.1 Vercodierung und Datenkompression

Unter Datenkompression verstehen wir die Transformation von Nachrichten in einer vercodierten Form in eine andere vercodierte Form, die mit weniger Zeichen des gewählten Darstellungsalphabets dieselbe Nachricht darzustellen vermag. In der Datenverarbeitung verwenden wir zur Vercodierung in der Regel Bit-Folgen. Daher reduziert sich das Problem in der Datenverarbeitung meist darauf, eine Bit-Folge in eine andere Bit-Folge zu transformieren, sodaß zwar die Information wieder vollständig hergestellt werden kann, jedoch die transformierte Folge von Bits eine wesentlich geringere Länge hat. Datenkompression hat ihren Ausgang in einer Reihe von ad hoc-Techniken gehabt, wie z.B. das Einfügen von Tabulatorwerten anstelle von Leerzeichen, die Verwendung spezieller Codes für gebräuchliche Worte u.ä.m. (vgl. [Held 1984]). Diese Techniken stehen in einem gewissen Gegensatz zu modernen modellbasierten Paradigmen für die Vercodierung, die von einer Inputzeichenkette von Zeichen und einem Modell ausgehend einfach eine vercodierte Zeichenkette erzeugen, die eine komprimierte Version des Inputs darstellt. Der Decodierer muß Zugang zu demselben Modell haben, mit dem vercodiert wurde und regeneriert die identische Inputbitkette aus der vercodierten Zeichenkette. Die Inputzeichen stellen gewöhnlich eine Teilmenge des ASCII-Zeichensatzes oder Binärzeichen dar. Die Kompression wird im allgemeinen erreicht, indem man die wahrscheinlicheren Zeichen mit weniger Bits vercodiert als die weniger wahrscheinlichen. Die Huffman-Vercodierung ist ein typisches Beispiel hiefür. Kein Kontext wird dabei mit einbezogen. Die Wahrscheinlichkeiten können durch einfaches Abzählen der Häufigkeiten in entsprechenden Stichproben des Textes ermittelt werden. So ein Modell wird geläufighin als fixes Modell bezeichnet, und beiden, Vercodierer und Decodierer, wird dieses Modell mitgeteilt und wird von diesen verwendet. Als Alternative haben wir die Möglichkeit, die Wahrscheinlichkeiten in einem adaptiven Modell anzupassen. Dies kann symbolbereichsweise oder symbolgruppenweise erfolgen. In Abhängigkeit von den aufgetretenen Symbolhäufigkeiten ändert sich dann die Vercodierung und die Decodierung. In diesen Fällen sehen wir keine Notwendigkeit für die Erhebung einer repräsentativen Stichprobe als Text, da jede Nachricht als unabhängige Einheit übertragen wird. Das Modell des Vercodierers ändert sich mit jedem übertragenen oder vercodierten Symbol, und der Decodierer ändert sein Modell ebenso. Komplexere Modelle können genauere probabilistische Voraussagen machen und damit eine größere Kompression erreichen. Auf diese Art und Weise ist es mit verschiedenen Modellen gelungen, einen englischen Text mit einer Durchschnittslänge von 2,2 Bits je Zeichen zu vercodieren.

Ein weiteres, hier nicht behandeltes Problem stellt die Kompression von Ton- und Bilddaten dar. Während erfahrungsgemäß die Kompression von Tondaten nur sehr beschränkt möglich ist, ist die Kompression von Bilddaten mit den angegebenen Methoden (z.B. mit arithmetischer Vercodierung (vgl. [Langdon, Rissanen 1981])) sehr erfolgreich möglich. Andere Verfahren benützen z.B. die sogenannte Chaos-Theorie zur Vercodierung. Kompressionsraten von über 1:100 sind damit erzielt worden. Unter Einbeziehung von einfachen und naheliegenden Techniken der partiellen Erneuerung von bewegten Bildern ist trotz relativ geringer Bandbreiten öffentlicher Nachrichtennetze die bewegte Bildübertragung erst durch effektive Datenkompression in greifbare Nähe gerückt. Videokonferenzen, Videotelephone, d.h. die gesamte Szene des audiovisuellen Computing kann erst durch expansive und innovative Anwendung von Datenkompressionsalgorithmen Realität werden. Deshalb kommt diesen Techniken zunehmend große Bedeutung zu.

3.3.2 Die Huffman-Vercodierung

Andere, raffiniertere Codes als die ASCII-Vercodierung von Textzeichen erlauben, die Binärzahl, welche zur Verschlüsselung verwendet wurde, bei Verlust eines oder mehrerer Bit wieder zu rekonstruieren. Wir nennen diese Codes selbstkorrigierende Codes (*Error Correcting Codes*).

Neben Codes fester Länge liegt es natürlich nahe, Codes mit unterschiedlicher Länge je Zeichen zu verwenden.

Nehmen wir zum Beispiel an, daß ein Text nur neun häufige Buchstaben eines deutschsprachigen Textes (und zwar E, N, R, I, S, T, U, D, A) und das Leerzeichen umfasse.[1] Wir benötigen bei fester Länge mindestens 4 Bit, um diese 10 Zeichen zu vercodieren. Nun sei die

---
[1] Das Leerzeichen wird zur Unterscheidung von **keinem** Zeichen alleinstehend mit ⌴ bezeichnet, um es sichtbar zu machen.

Wahrscheinlichkeit, daß in dem Text diese Zeichen auftreten, wie folgt gegeben (Abb. 3.10):

Wahrscheinlichkeit	1/3	1/4	1/12	1/12	1/24	1/24	1/24	1/24	1/24
für das Zeichen	␣	E	N	R	I	S	T	U	D	A

Abbildung 3.10: Wahrscheinlichkeiten von Zeichen

Wir vercodieren die Zeichen nun folgendermaßen: Bei den Zeichen mit den niedersten Wahrscheinlichkeiten beginnen wir Paare zu bilden und wiederholen diesen Vorgang, indem wir die verwendeten Zeichen entfernen und das Paar als neues Element mit einer Wahrscheinlichkeit, die der Summe der Einzelwahrscheinlichkeiten entspricht, einführen. (Wir geben in den Kreisen nur den Zähler an, da der Nenner immer gleich 24 ist; Abb. 3.11).

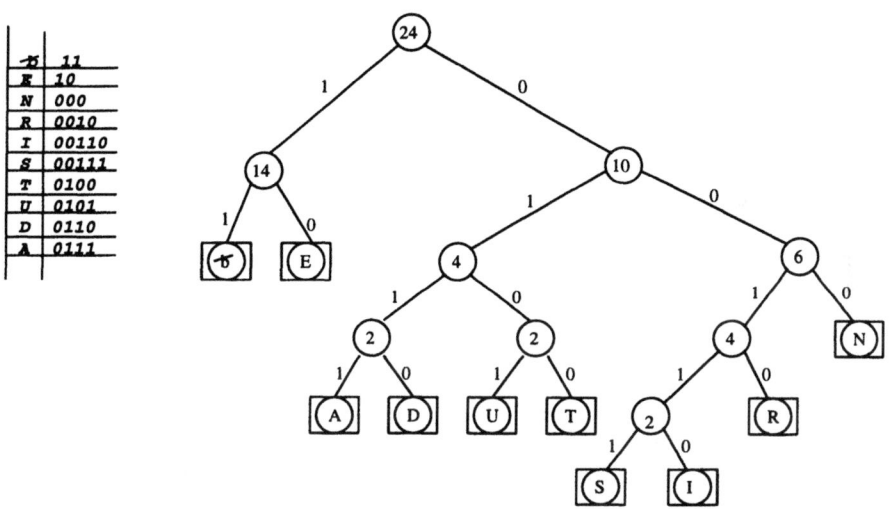

Abbildung 3.11: Vercodierungsbaum nach Huffman

Jeder linke Zweig des Baumes (vgl. Kapitel 5, Abschnitt 3: Bäume) steht für eine 1 und jeder rechte Zweig für eine 0 in dem resultierenden

Code.[2]

Um den Code eines Zeichens zu erhalten, folgen wir dem Pfad ausgehend vom obersten Punkt der Graphik entlang den Linien bis zum gewünschten Buchstaben. Die Folge der 1− und 0−Werte an den Linien am Wege zum gesuchten Buchstaben stellen in der Reihenfolge des Aufsuchens von oben nach unten den Binärcode dar. Zum Beispiel würden wir zur Feststellung des Codes des Buchstabens E entlang des Pfades den Code 10 ablesen (Abb. 3.11). Die durchschnittliche Vercodierungslänge der dieserart vercodierten Zeichen beträgt 2,83 Bit. Bei fester Codelänge hätten wir mindestens 4 Bit benötigt. Der Vercodierungsaufwand ist also bei variabler Länge des Codes und bei geschickter Wahl unter Umständen deutlich geringer als bei fester Länge. Allerdings muß der resultierende Code nicht eindeutig sein, da mehr als ein Paar dieselbe kleinste Wahrscheinlichkeitssumme ergeben kann.

Man kann zeigen, daß diese Vorgangsweise zu einem Code minimaler Länge führt. Man nennt das Vorgehen **Huffman-Vercodierung** und den dieserart erzeugten Code **Huffman-Code** (vgl. z.B. [Knuth 1973]). Allerdings ist eine Verwendung dieses Codes in EDV-Anlagen nicht mehr so einfach wie die Verwendung von Codes fester Länge. Deshalb wird diese Vercodierung auch nur in besonderen Fällen verwendet.

3.3.3 Arithmetische Vercodierung

Eine platzsparende Codierung von Zeichen kann - wie gezeigt - mit einem Modell nach Huffman erfolgen; es gibt jedoch auch andere effiziente Modelle und Verfahren. Eines der anderen in Frage kommenden effizienten Modelle ist arithmetische Vercodierung. Während die Huffman-Codierungsmethode häufig als die bestmögliche Technik zur Reduktion des zu vercodierenden Datenstroms angesehen wird, ist Arithmetische Vercodierung weniger bekannt. Huffman-Vercodierung ist allerdings nur dann optimal, wenn alle Wahrscheinlichkeiten ganzzahlige Potenzen von 1/2 sind. Dies ist gewöhnlich nicht der Fall. Tatsächlich kann die Vercodierung bis zu einem Mehrbit pro Symbol benötigen. Der ungünstigste Fall für die Codierung tritt ein, wenn ein

---

[2]Es spielt prinzipiell keine Rolle, wenn wir für den rechten Zweig eine 1 und für den linken Zweig eine 0 wählen. Wir erhalten dann den unserem Code komplementären Code (1 wird durch 0 und 0 durch 1 ersetzt).

Symbol eine Wahrscheinlichkeit nahe 1 hat. Symbole, die von einer derartigen Informationsquelle ausgehen, liefern fast keine Information, erfordern jedoch dennoch ein Bit an Codierungs- bzw. Übertragungsvolumen. Die arithmetische Codierung hingegen hebt die Beschränkung, daß jedes Symbol in eine ganzzahlige Anzahl von Bit vercodiert werden muß, auf und erlaubt auf diese Art und Weise eine wirksamere Vercodierung. Arithmetische Vercodierung geht auf Elias zurück (vgl. [Abramson 1963]; die wesentlichen Arbeiten zu diesen Themen stammen allerdings aus der zweiten Hälfte der 70er Jahre und aus späteren Beiträgen (vgl. [Rissanen, Langdon 1979] und [Langdon 1984])).

Bei arithmetischer Vercodierung wird eine Nachricht durch ein Intervall von reellen Zahlen zwischen 0 und 1 repräsentiert. Mit zunehmender Länge der Nachricht muß das Intervall, das diese Nachricht repräsentiert, kleiner und kleiner werden, und die Anzahl der Bit, die gebraucht wird, um dieses Intervall zu spezifizieren, nimmt zu. Aufeinanderfolgende Zeichen einer Nachricht reduzieren die Größe des Intervalls in Übereinstimmung mit den Zeichenwahrscheinlichkeiten, die durch das Modell generiert werden. Die Symbole mit größerer Wahrscheinlichkeit im Auftreten reduzieren die Intervallgröße geringer als die weniger wahrscheinlichen Zeichen und addieren auf diese Art und Weise weniger Bit zur Nachricht.

Bevor nun etwas vercodiert oder übertragen wird, ist die Breite des Intervalls das [0,1) Einheitsintervall. Das Intervall ist halboffen. Mit der Vercodierung jedes einzelnen Symbols wird die Breite des Intervalls auf jenen Teil reduziert, der dem angegebenen Symbol zugewiesen werden kann. Nehmen wir z.B. an, daß wir es mit dem Alphabet e, n, r, i, s, ? und einem Modell mit fixen Wahrscheinlichkeiten zu tun haben (siehe nachfolgende Tabelle und Abb. 3.12).

Modellalphabet:

Symbol	Wahrscheinlichkeit	Breite
e	0.2	[0. , 0.2)
n	0.3	[0.2, 0.5)
r	0.1	[0.5, 0.6)
i	0.2	[0.6, 0.8)
s	0.1	[0.8, 0.9)
?	0.1	[0.9, 1.0)

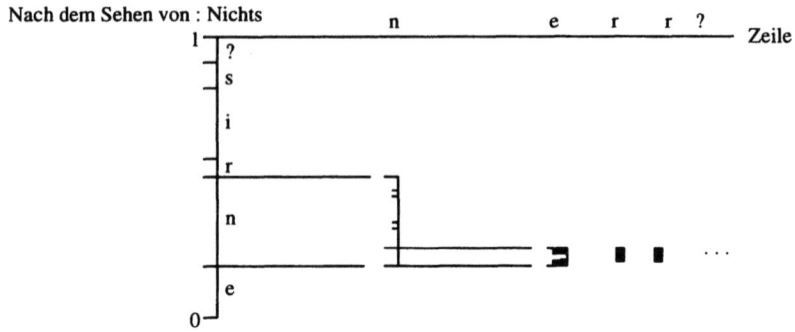

Abbildung 3.12: Darstellung des Vercodierungsprozesses

Stellen wir uns nun vor, daß wir die Nachricht n e r r ? übertragen wollen. Anfänglich wissen beide, der Vercodierende und Decodierende, daß die Breite des Intervalls [0, 1) ist. Nachdem das Erstsymbol n präsentiert wurde, kann der Vercodierende das Intervall auf [0.2, 0.5), nämlich auf die Breite, welche das Modell dem Symbol n zuweist, einengen. Das zweite Symbol e wird die neue Breite des Intervalls auf das erste Fünftel desselben einengen, da e ja der Bereich [0, 0.2) zugewiesen wurde. Dies erzeugt das Intervall [0.2, 0.26), da die Breite des vorigen Intervalles genau 0.3 Einheiten lang ist und ein Fünftel von 0.3 desselben 0.06 beträgt. Dem nächsten Zeichen r war das Intervall [0.5, 0.6) zugeordnet, welches, wenn es auf das kleinere Intervall [0.2, 0.26) skaliert wird, das Intervall [0.23, 0.236) ergibt. Fährt man in dieser Art und Weise weiter fort, so wird die vorliegende Nachricht folgendermaßen vercodiert (vgl. Abb. 3.13: Darstellung der arithmetischen Vercodierung mit der revidierten Intervallskalierung nach jedem Schritt).

Beispiel zur arithmetischen Codierung:

Anfänglich	[0.	1.)
nach Sehen von		
n	[0.2,	0.5)
e	[0.2,	0.26)
r	[0.23,	0.236)
r	[0.233,	0.2336)
?	[0.23354,	0.2336)

Die Vorgangsweise zur Vercodierung einer Nachricht kann auf eine formale Arte beschrieben werden. Nehmen wir an, das ursprüngliche Intervall sei

$$[x_u, y_u) \text{ mit der Intervallbreite } b_u = y_u - x_u.$$

Das Intervall, auf das das Modell das nächste zu lesende Zeichen der Nachricht abbildet, sei

$$[x_z, y_z)$$

Dann ergibt sich das neue Intervall als

$$[x_n, y_n) = [x_u + (y_u - x_u)x_z, x_u + (y_u - x_u)y_z) = [x_u + b_u x_z, x_u + b_u y_z)$$

Wenn wir noch einmal das obige Beispiel mit Hilfe dieser Formel betrachten, dann ergeben sich die folgenden Berechnungen:

Ursprungs-intervall	n.Z.	I.d.n.Z.	Neues Intervall
[0, 1) b=1	n	[0.2, 0.5)	[0+(1-0)0.2, 0+(1-0)0.5) =[0 + 1 × 0.2, 0 + 1 × 0.5) =[0.2, 0.5)
[0.2, 0.5) b=0.3	e	[0, 0.2)	[0.2+(0.5-0.2)0, 0.2+(0.5-0.2)0.2) =0.2 + 0.3 × 0, 0.2 + 0.3 × 0.2) =[0.2, 0.26)
[0.2, 0.26) b=0.06	r	[0.5, 0.6)	[0.2+(0.26-0.2)0.5, 0.2+(0.26-0.2)0.6) =[0.2 + 0.06 × 0.5, 0.2 + 0.06 × 0.6) =[0.23, 0.236)
[0.23, 0.236) b=0.006	r	[0.5, 0.6)	[0.23+(0.236-0.23)0.5, 0.23+(0.236-0.23)0.6) =[0.23 + 0.006 × 0.5, 0.23 + 0.006 × 0.6) =[0.233, 0.2336)
[0.233, 0.2336) b=0.0006	?	[0.9, 1)	[0.233+(0.2336-0.233)0.9, 0.233+(0.2336-0.233)1) =[0.233 + 0.0006 × 0.9, 0.233 + 0.0006 × 1) =[0.23354, 0.2336)

(n.Z. = neues Zeichen; I.d.n.Z. = Intervall des neuen Zeichens.)

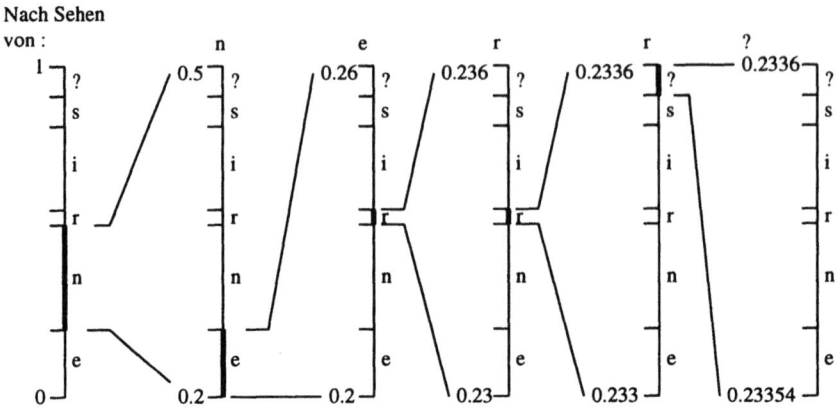

Abbildung 3.13: Darstellung der arithmetischen Vercodierung

In obigen Abbildungen sehen wir eine Darstellung des Vercodierungsprozesses. Die Striche in Abb. 3.12: Darstellung des Vercodierungsprozesses repräsentieren die Zeichenwahrscheinlichkeiten, die durch das Modell angegeben werden. Nach der Verarbeitung des ersten Zeichens wird das Modell, wie dargestellt, auf den Bereich [0.2, 0.5) neu skaliert. Das zweite Symbol skaliert dieses Intervall wieder in den Bereich [0.2, 0.26). Dieses Bild kann jedoch nicht in dieser Art und Weise fortgesetzt werden, ohne ein Vergrößerungsglas zu Hilfe zu nehmen. Folglich sehen wir in Abb. 3.13 die Darstellung der Codierung mit der revidierten Intervallskala nach jedem Schritt. Die Intervalle werden jeweils auf die volle Breite des Ursprungsintervalls gedehnt, da es sich nur um eine Skalierungsänderung handelt.

Nun beschäftigen wir uns mit dem Decodieren. Nehmen wir an, wir wüßten, daß von der Nachricht das letzte Intervall, das bei der Vercodierung erzielt wurde, nämlich [0.23354, 0.2336) übermittelt wurde. Hieraus können wir unmittelbar schließen, daß der erste Buchstabe ein n ist, da die Gesamtbreite des Intervalls völlig innerhalb des Intervalls für den Buchstaben n liegt. Nun können wir die Vorgangsweise des Vercodierers bei der Decodierung simulieren. Das ursprüngliche Intervall [0,1) wurde nach Sehen von n zu [0.2, 0.5). Nun ist es klar, daß der nächste Buchstabe e ist, da dieser das Intervall [0.2, 0.26) produzieren würde und unser Intervall [0.23354, 0.2336) genau in diesem Intervall liegt. Wir sehen daher von e das neuerliche Intervall [0.2, 0.26). Wenn wir weiter in dieser Art vorgehen, kann man beim Decodieren die gesamte zu ermittelnde Nachricht ermitteln. Es ist natürlich nicht notwendig, daß der Decodierer beide Enden des Intervalls, welches durch den Vercodierer produziert wird, kennt. Statt dessen genügt es, wenn er eine einzelne Zahl innerhalb des Intervalls, z.B. 0.23356 kennt, welche genügen würde. Das gilt auch für alle anderen Zahlen, wie z.B. 0.23354, 0.23358 oder 0.23355326. Allerdings hat der Decodierende ein Problem: er muß das Ende der Nachricht feststellen. Um festzustellen, wann das Ende der Nachricht erreicht wurde, wird gewöhnlich ein spezielles Zeichen eingeführt, das sowohl Vercodierer als auch Decodierer benutzen. In unserem Beispiel sei dies das Fragezeichen (?), welches dazu verwendet werden soll, das Ende der Nachricht anzuzeigen. Ein längerer Text wird mittels mehrerer Nachrichten codiert. Die Länge einer Nachricht hängt insbesondere von der Rechengenauigkeit der Maschine ab; je genauer die Maschine, desto länger kann eine einzelne Nachricht sein.

Die obige Darstellung dient nur der Erläuterung des Verfahrens. Bezüglich der Beurteilung der Wirtschaftlichkeit des Verfahrens wird der Leser auf die Literatur verwiesen. Da der Codierungsaufwand dieses Verfahrens wie auch des Huffman-Verfahrens von der Wahrscheinlichkeitsverteilung abhängig ist, die Wahrscheinlichkeitsverteilung sich aber über die Zeit oder in den verschiedenen Nachrichtenräumen ändert, gibt es bessere Modelle, die sich diesen Änderungen anzupassen in der Lage sind, die sogenannten adaptiven Modelle, auf die hier nicht weiter eingegangen wird (vgl. [Gallager 1978], [Cormak, Horspool 1984] und [Cleary, Witten 1984]).

Nachteile der arithmetischen Vercodierung und der Huffman-Vercodierung liegen in dem algorithmischen Aufwand. Hier ist arithmetische Vercodierung und Huffman-Vercodierung einfachen Verfahren manchmal unterlegen. Im Normalfall dürfte auch Huffman-Vercodierung einfacher zu implementieren sein, als arithmetische Vercodierung.

3.4 Fehlerentdeckende und fehlerkorrigierende Codes

Viele Verwendungsformen binär vercodierter Daten sind sehr störanfällig.[3] Bit in der vercodierten Datendarstellung werden in diesen Fällen häufig unbeabsichtigt verändert. Optische Speichermedien (4) haben aufgrund ihrer Transportabilität und ihrer ungeschützten Verwendung einen besonders hohen Anspruch an Selbstreparaturfähigkeit. Die Einführung von *Parity*-Bit zur Erhöhung der Sicherheit wäre in solchen Fällen zu wenig. Mit der Datendichte von optischen Platten von ca. 100 Millionen Bit pro cm^2 besetzt jedes Bit ungefähr die Fläche eines Quadratmikrons (μm^2). Ein auch nur mikroskopischer Fehler oder ein Staubpartikel auf der Platte kann daher Hunderte von Bitfehlern verursachen. Die Entwicklung von CD-ROM-Speichermedien stellt daher ein besonderes Problem dar, weil die Fehlergenauigkeit im Vergleich zu den Audio-CD-Platten um mindestens das Tausendfache verbessert werden mußte. Auf einem Audio-CD-Spieler stellt ein Sektor die Daten für eine fünfundsiebzigstel Sekunde des Musikstückes zur Verfügung. Sollten Fehler in den Daten dieses Blockes vorkommen, so kann das Abspielgerät einfach den vorherigen Sektor für diesen fehlerhaften Sektor einsetzen, ohne daß der Hörer dies merkt. Bei CD-Rom-Speichermedien muß im Gegensatz dazu die Datengenauigkeit wesentlich höher sein. Eine Massenspeichereinheit wie eine CD-ROM-Platte muß in der Lage sein, Daten praktisch ohne Fehler an einen Rechner zu liefern. In der Praxis werden für derartige Peripherspeichereinheiten Fehlerraten von einem Fehlerbyte per 10^{12} Datenbyte akzeptiert. D.h. daß man für 2000 CD-ROM-Platten mit nur einem Fehler rechnen müßte. Die Methode, die bei diesen Speichermedien angewandt wird, um die mangelnde Perfektion dieses Mediums zu kompensieren, ist die Verwendung von fehlerkorrigierenden Codes. Fehlerkorrigierende Codes sind redundante Codes, die neben der eigentlichen Dateninformation noch Information enthalten, um eventuelle fehlerhafte Bit im Code zu korrigieren.

Zunächst besteht bei fehlerkorrigierenden Codes das Problem der **Fehlerentdeckung**. Bei Entwicklung eines fehlerkorrigierenden Codes muß sich der Entwickler sehr wohl Rechenschaft darüber geben, wie-

---

[3]Zum Beispiel in der Telekommunikation bei störanfälligen Übertragungsleitungen und bei der ungeschützten Verwendung von Datenträgern.

viele Bit er zur Fehlentdeckung und wieviele Bit er zur Fehlerkorrektur verwenden will. Ein einfaches Verfahren zur Fehlerentdeckung ist das **Prüfsummenverfahren**. Nehmen wir an, die zu speichernden Daten bestünden aus acht zweistelligen Dezimalzahlen. Eine neunte zweistellige Dezimalzahl bestünde aus dem Rest, der sich nach Aufaddition der acht Zahlen bei Division durch 100 ergibt.

Beispiel:

Daten	Summe	Prüfsumme
34, 56, 78, 90, 12, 23, 45, 57	395	95

Werden nun die ursprünglichen Zahlen und die Prüfzahl auf einer Speichereinheit gespeichert und später gelesen, so kann jeder 1-Bit-Fehler in den Daten durch die Berechnung der Prüfsumme entdeckt werden, indem man nach Einlesen der Daten die Prüfsumme nach demselben Verfahren neu berechnet und mit der angegebenen Prüfsumme vergleicht. Sollte sich z.B. das vierte Element von 90 auf 80 fehlerhafterweise geändert haben, so hätten wir eine Prüfsumme von 85 und wir würden feststellen, daß die von uns gelesenen Daten nicht mit den ursprünglich gespeicherten Daten übereinstimmen. Dies stimmt allerdings nicht mehr, wenn wir mehr als einen Fehler zulassen. Z.B. könnte sich sehr wohl die vierte Zahl 90 fehlerhafterweise auf 80 geändert haben. Wenn sich zudem die erste Zahl von 34 auf 44 geändert hätte, so würde die Prüfsumme wieder 95 betragen, obwohl die Daten zwei Fehler enthalten. Ein derartiges Fehlerentdeckungsschema ist daher nicht hundertprozentig sicher. Wenn indes Fehler nur eher selten auftreten, kann man damit eine sehr hohe Fehlersicherheit erreichen. Zudem ist das geschilderte Prüfziffernverfahren nur zur **Fehlerentdeckung** nützlich. Es werden in der Praxis wirksamere Verfahren verwendet, um Fehler zu entdecken und diese zugleich auch korrigieren zu können.

Um Fehler zu korrigieren, ist es notwendig, zum Code zusätzlich vier Bit hinzuzufügen. Um Fehlerkorrektur zu erklären, verwenden wir den **Hamming-Code**. Der Hamming-Code ist ein binärer fehlerkorrigierender Code, der in der Lage ist, 1-Bit-Fehler in einem 4-Bit-Datenwort zu korrigieren. Dieser Code erfordert drei Korrekturbit, die vor Speicherung berechnet werden müssen und zu dem Datenteil des Codes hinzugefügt werden. Dieserart erhalten wir einen 7-Bit-Code unter Einbeziehung der drei Korrekturbit. Jedes Korrekturbit ist das Restbit bei Division von der Summe dreier Datenbit durch 2:

Datenbit

a1, a2, a3, a4

Korrekturbit

(Ein eventueller Übertrag werde vernachlässigt; ci bezeichne die 'Einerstelle' (i = 1,2,3))

$$c1 = a1 + a2 + a3$$
$$c2 = a2 + a3 + a4$$
$$c3 = a1 + a2 + a4$$

Schreiben wir nun den aus a1, a2, a3, a4, c1, c2, c3 bestehenden 7-Bit-Code auf das Speichermedium, so können wir nach Lesen die Korrekturbit aufgrund der uns bekannten Rechenvorschrift aus den ersten vier Datenbit neu berechnen. Addiere ich nun die gelesenen Korrekturbit zu den Bitsummen, aus denen sie berechnet wurden, so müßte bei Division durch 2 immer ein Rest von 0 bleiben. Wenn in den Daten ein fehlerhaftes Bit vorkommen sollte, so wird zumindest eines der dieserart berechneten Prüfbits 1 sein.

	Neues Prüfbit (neu berechnet)	Altes Prüfbit (vom Speicher gelesen)
e1 =	(a1 + a2 + a3)	+ c1
e2 =	(a2 + a3 + a4)	+ c2
e3 =	(a1 + a2 + a4)	+ c3

Wir können dann unter Verwendung folgender vorberechneter Tabelle einfach feststellen, in welchem Bit der Fehler vorkam:

e1	**e2**	**e3**	**Fehler war bei:**
0	0	0	Kein Fehler
0	0	1	c3
0	1	0	c2
1	0	0	c1
0	1	1	a4
1	0	1	a1
1	1	0	a3
1	1	1	a2

Wir betrachten nun das folgende numerische Beispiel:

Datenbit 0001

Diese Datenbit werden mit den Korrekturbit auf die Platte geschrieben, und wir erhalten

$$a1 = 0, \quad a2 = 0, \quad a3 = 0, \quad a4 = 1$$
$$c1 = a1 + a2 + a3 = 0 + 0 + 0 = 0$$
$$c2 = a2 + a3 + a4 = 0 + 0 + 1 = 1$$
$$c3 = a1 + a2 + a4 = 0 + 0 + 1 = 1$$

Nehmen wir nun an, daß wir beim Zurücklesen einen Fehler in a1 hätten. D.h. statt $a1 = 0$ erhalten wir $a1 = 1$ zurück. Alle anderen Daten und Korrekturbit seien korrekt zurückgelesen. Wir erhalten dann $a1 = 1, a2 = 0, a3 = 0, a4 = 1, c1 = 0, c2 = 1, c3 = 1$.
Berechnen wir nun die Prüfbits neu, so erhalten wir folgendes Ergebnis:

$$e1 = a1 + a2 + a3 + c1 = 1 + 0 + 0 + 0 = 1$$
$$e2 = a2 + a3 + a4 + c2 = 0 + 0 + 1 + 1 = 0$$
$$e3 = a1 + a2 + a4 + c3 = 1 + 0 + 1 + 1 = 1$$

Aus dem Umstand, daß die Prüfbits nicht alle 0 sind, ersehen wir, daß unsere Bit einen Fehler enthalten. Suchen wir nun das Prüfbitmuster von 101 in unserer Fehlertabelle auf, so sehen wir, daß der Fehler in a1 liegen muß. D.h. da a1 gleich 1 ist, muß die korrekte Version a1 ist gleich 0 lauten. Ein 1-Bit-Fehler kann auf diese Art und Weise korrigiert werden. Für Einzelbitfehler ist der Hamming-Code ein Code, der mit hundertprozentiger Sicherheit den Fehler entdeckt und ihn auch zu korrigieren erlaubt. Sollten allerdings mehrere Bit falsch gelesen werden, so versagt dieser Code. Es gibt auch fehlerkorrigierende Codes, die mehr als ein Bit zu korrigieren erlauben. Jedoch folgen alle diese fehlerkorrigierenden Codes im wesentlichen unserem geschilderten Beispiel: Eine Rückinformation wird nach einem vorgegebenen Rechenschema berechnet und mit den Daten gespeichert. Diese Information wird verwendet, um die Prüfbits nach dem Lesen neu zu berechnen. Dieses Prüfbitmuster nach dem Lesen wird verwendet, um den Ort und die Werte von Fehlern zu erkennen. CD-ROM-Speichermuster verwenden den **Reed-Solomon-Code**, der eine Fehlerrate von einem Fehler auf 10^9 Byte liefert. Während diese Fehlerrate für Audio-CD-Platten durchaus akzeptabel ist, genügt uns diese Fehlerrate in der Datenverarbeitung nicht. Eine Akzeptanz dieser Fehlerrate würde bedeuten, daß jede zweite CD-ROM-Platte fehlerhaft wäre. Um die Verläßlichkeit von CD-ROM-Daten daher zu erhöhen, werden nun die bereits mit fehlerkorrigierenden Codes versehenen Daten noch mit einem zweiten Fehlerkorrekturschema vercodiert, welches vereinfacht ausgedrückt einer zweidimensionalen Variation der *Reed-Solomon-Codierung* bei sektorweiser Anwendung entspricht. Mit diesem Korrekturschema gelingt es, die Fehlerhäufigkeit auf eine Fehlerrate von 10^{13} Byte zu reduzieren und damit eine ca. zehnmal so hohe Fehlersicherheit als bei Magnetplatten zu erreichen [Lambert, Ropiequet 1986].

3.5 Gleitpunktzahlen (engl. 'Floating Point Numbers')

Die Darstellung von gebrochenen Zahlen kann im Computer auf verschiedene Weise mit Hilfe zweier ganzer Zahlen erfolgen; z.B. unter Verwendung der Division (Abb. 3.14) oder unter Verwendung der Multiplikation (Abb. 3.15).

16	5	$\Longleftrightarrow$	16/5	= 3.2
32	10	$\Longleftrightarrow$	32/10	= 3.2
320	100	$\Longleftrightarrow$	320/100	= 3.2

Abbildung 3.14: Darstellung durch Dividend und Divisor

| .32 | 10 | $\Longleftrightarrow$ | $0.32 \times 10 = 0.32\text{E}+01 = 3.2$ |

Abbildung 3.15: Darstellung durch Multiplikation

Die Schreibweise $0.32E + 01$ wird auch **Gleitpunktdarstellung** genannt. Das Zeichen E dient als Trennzeichen. Diese beiden Darstellungsformen können gleichzeitig in einer Form vereint werden, wenn man nur den Exponenten des Divisors als zweite ganze Zahl verwendet und einen negativen Exponenten zuläßt (Abb. 3.16):

Die darzustellende Zahl wird hiebei zerlegt in eine Vorzahl oder **Mantisse** (VZ) (z.B.: 0.32) und in einen **Exponenten** (z.B.: +01), die sogenannte **Charakteristik** (CH), die den Stellenwert der Mantisse angibt (Abb. 3.17).

| 32 | −1 | $\Longleftrightarrow$ 32×10^{-1} = 32/10 = 3.2
| 320 | −2 | $\Longleftrightarrow$ 320×10^{-2} = 320/100 = 3.2
| 0.32 | 1 | $\Longleftrightarrow$ 0.32×10^{1} = 0.32×10 = 3.2

Abbildung 3.16: Kombinierte Darstellung

In jedem Falle müssen wir bei einer gebrochenen Zahl zwei Informationen mitführen:

- die Zifferninformation
- die Information über die Stellung des Dezimalpunktes.

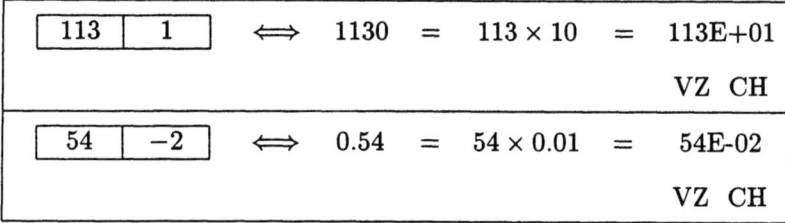

Abbildung 3.17: Mantisse und Exponent

Diese Zerlegung einer Dezimalzahl in Mantisse und Exponent ist jene Form, welche zur Zeit fast ausschließlich verwendet wird. Für die Mantisse und den Exponenten wird gewöhnlich ein zusätzliches Bit zur Darstellung des Vorzeichens verwendet.

Eine Gleitpunktzahl wird somit im Computer durch zwei Zahlen, die Mantisse und den Exponenten, ausgedrückt. Sowohl Mantisse als auch Exponent können ein positives oder negatives Vorzeichen aufweisen.

Wir müssen daher bei Gleitpunktzahlen sehr genau zwischen der **Größe einer Zahl** (Wert des Exponenten) und der **Darstellungsgenauigkeit** (Anzahl der gespeicherten Ziffern) unterscheiden.

Nehmen wir an, wir hätten eine Maschinendarstellung einer Gleitpunktzahl gewählt, die uns erlaubt, eine mit Vorzeichen versehene Mantisse mit maximal 8 Stellen (dezimal) und einen mit Vorzeichen versehenen Exponenten mit maximal 2 Stellen (dezimal) darzustellen. Wollten wir nun die beiden Zahlen 3.7421891×10^0 und $0.27843216 \times 10^{-6}$ addieren, so würden wir zunächst bei beiden Zahlen denselben Exponenten durch ein Verschieben des Punktes schaffen (man spricht von der **Normalisierung** der Zahlen). Nach der Normalisierung ist die Addition leicht durchführbar. Wir verlieren hierbei jedoch bei 8 Stellen Genauigkeit - die letzten 7 signifikanten Stellen des Resultats - mangels Speicherungsmöglichkeit:

$$
\begin{array}{r}
3742189.1 \times 10^{-6} \\
+ 0.27843216 \times 10^{-6} \\
\hline
\text{Resultat:} \quad 3742189.3 \times 10^{-6}
\end{array}
$$

Wie wir sehen, würden wir mangels Genauigkeit sieben Ziffern in unserem Additionsresultat verlieren. Um Zahlen im Bereich von 10^{-99} bis 10^{99} ohne Genauigkeitsverlust darstellen zu können, würden wir ca. 200 Dezimalstellen zuzüglich der Vorzeichenstellen benötigen. Ganz analog sind die Probleme bei Verwendung von binär dargestellten Gleitpunktzahlen. Die meist beträchtlich unter der Größe der Zahl liegende Genauigkeit der Darstellung kann beim Rechnen mit Gleitpunktzahlen zu erheblichen Ungenauigkeiten führen. Dasselbe Problem treffen wir natürlich schon bei der Zahlendarstellung selbst. Eine Null kann z.B. nur mit einer durch die Genauigkeit bestimmten Anzahl von Nullen dargestellt werden und müßte eigentlich unendlich viele Nullen in der Mantisse aufweisen. Zum Beispiel können wir bei 8−stelliger Genauigkeit 0.000000001, 0.000000009 und 0.00000000...0 nicht unterscheiden. Ein weiteres Problem besteht in der Darstellung im Zahlensystem selbst. Zum Beispiel kann die gebrochene Zahl 0.2 zwar einfach dezimal, aber nur unvollständig binär dargestellt werden.

3.6 Tondaten und ihre Verarbeitung

3.6.1 Grundzüge der Tonverarbeitung

Ton in der sogenannten "wirklichen" Welt besteht aus kleinen Änderungen des Luftdrucks über und unter dem normalen atmosphärischen Druck. Wurde ein Objekt z.B. in irgendeiner Weise geschlagen oder gekratzt, sodaß es zu vibrieren beginnt, so erzeugt es eine Vibration der

Luft rund um dasselbe, und die Luftmoleküle vibrieren in einem ähnlichen Muster. Die Qualität oder die Höhe dieses Tones, sei er nun hoch, nieder, laut oder leise ist ausschließlich durch die Frequenz und Intensität dieser Vibrationen bestimmt. Erreicht die vibrierende Luft unsere Ohren, so übertragen dünne Membranen unseres Trommelfelles den Wechsel im Luftdruck über dünne Knochen an unsere Gehörnerven, die ihrerseits über Nervenimpulse diese Veränderungen an das Gehirn melden. Die über die Gehörnerven übertragenen Signale werden in unserem Gehirn als unterscheidbare Töne interpretiert. Der Charakter dieser Vibrationen, ob diese nun in einer speziellen geordneten Weise oder in zufälliger Weise auftreten, beeinflußt die Qualität des Tones, den wir empfangen. Geordneten Ton bezeichnen wir in der Regel als harmonisch oder angenehm und "zufällige" Vibrationen als "Lärm". Wollen wir nun Ton aus der wirklichen Welt aufzeichnen, so geschieht dies durch zwei aufeinanderfolgende Transformationen:

1. Die vibrierenden Luftmoleküle setzen die Membran eines Mikrophones in Bewegung. Die vibrierende Membran des Mikrophones erzeugt unterschiedliche elektronische Spannungen.
2. Ein Aufzeichnungsgerät zeichnet diese wechselnden Spannungen (in der Regel durch Erzeugung eines fluktuierenden magnetischen Feldes) auf.

Wir alle sind mit der Methode der analogen Aufzeichnung in der Schule vertraut gemacht worden. Analoge Aufzeichnung verwendet eben diese stetig variierenden Spannungen und setzt sie direkt in Magnetisierungsmuster auf einem Magnetband oder in Rillen auf einer Schallplatte um. Analog heißt in diesem Fall, daß Information durch Schaffung eines unmittelbaren Äquivalents, d.h. eines Analogons aufgezeichnet wird. Um analoge Medien abzuhören, verwenden wir Schallplattenspieler oder Bandabspielgeräte, die diese kontinuierlich aufgezeichneten Spannungsänderungen wiederum abnehmen und in Schwingungen der Luft mit Hilfe eines Lautsprechers umsetzen. Unglücklicherweise ist aber gerade dieser Umsetzungsprozeß sehr verzerrungs- und fehleranfällig. Dadurch wird die Qualität der Wiedergabe des Tones sehr negativ beeinflußt. In den siebziger Jahren wurde, um einige Probleme in der Aufzeichnung von Ton mit analogen Medien zu vermeiden, eine digitale Aufzeichnung eingeführt, die eine zusätzliche Transformation von Signalen in numerische Daten erfordert. Die heute vorherrschende digitale Aufzeichnungsmethode hat analoge Aufzeichnungsmethoden weitgehend verdrängt. Das gebräuchlichste Medium für derart aufgezeichneten Ton ist die Compact-Diskette.

Die Übertragung aus der analogen in die digitale Welt wird mit Hilfe von drei elektronischen Geräten bewerkstelligt. Das erste dazu notwendige Gerät ist ein Niederpassfilter, der nur niedere Frequenzen passieren läßt und zufällige Störtöne, den sogenannten Lärm, auf diese Weise nicht übernimmt.

Das nächste dazu notwendige Gerät ist ein Schaltkreis zur Stichprobenentnahme und Wertspeicherung der jeweiligen Momentanfrequenz (Sample-and-Hold-Circuit). Dieses Element nimmt in einem geeigneten Moment die Spannungshöhe des Signals ab und überträgt diese zum nächsten Gerät, nämlich dem Analog-Digital-Konverter. Der Analog-Digital-Konverter (A/D oder ADC) konvertiert die Daten, die die Spannungsebene angeben, vom "Sample & Hold"-Circuit in eine Reihe von Einsen und Nullen, die ihrerseits die Amplitudenhöhe des Signals zu einem speziellen Zeitpunkt repräsentiert. Diese Einsen und Nullen werden dann auf ein Speichermedium - wie z.B. ein Magnetband oder eine Platte bzw. ein anderes Medium - geschrieben. Der wesentliche Unterschied besteht schließlich darin, daß digitale Daten aus einer Reihe von Zahlen bestehen, die im Gegensatz zu einer z.B. stetig sich verändernden Form von Magnetisierung bei analoger magnetischer Aufzeichnung stehen. Die Stichprobenhäufigkeit, in der die Frequenzhöhe des Tones gemessen wird, bestimmt weitgehend die Qualität des aufgezeichneten Tones. Gewöhnlich werden pro Sekunde einige tausend Stichproben genommen. Die Häufigkeit, in der die Daten durch digitale "Schnappschüsse" in Zahlen verwandelt aufgezeichnet werden, nennen wir Stichprobenhäufigkeit. Die Aufzeichnung ist analog zu einer Filmaufzeichnung durch Bildfolgen. Ein wesentlicher Unterschied im Vergleich zur filmischen Aufzeichnung besteht darin, daß bei Filmen das Bild mit einer Häufigkeit von fünf bis dreißig Bildern pro Sekunde aufgezeichnet wird, während die Tonaufzeichnungshäufigkeiten aus 5.000 bis zu 48.000 und mehr Stichprobenelementen pro Sekunde bestehen. Die Qualität der digitalen Wiedergabe von Ton ist nicht nur von der Stichprobenrate, sondern auch von der Anzahl der möglichen unterschiedlichen Werte jeder Stichprobe abhängig. Hierfür ist insbesondere die Quantifizierungsebene wichtig. Höhere Quantifizierungsebenen sind in der Lage, mehr Information zu speichern. Auf diese Art und Weise wird Ton genauer beschrieben, also kann er auch genauer wiedergegeben werden. Heutige Mikrocomputer verwenden häufig eine 8 Bit Quantifizierungsebene. Das heißt, daß eine Stichprobe der Tonhöhe auf einem derartigen Computer nur 256 diskrete Werte zuordnen kann (Abb. 3.18).

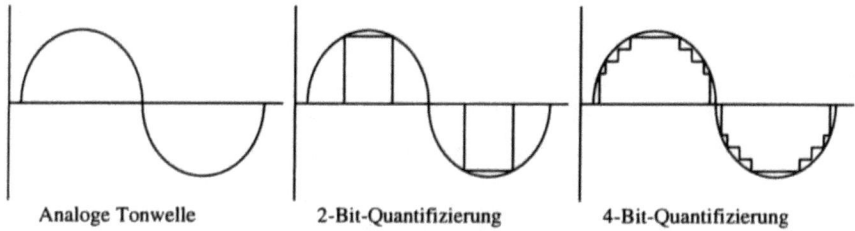

Abbildung 3.18: Quantifizierungsebenen

Die Qualität von CD-Platten verwendet dagegen eine Quantifizierungsebene von 2^{16} oder 65.536 möglichen Werten (Abb. 3.19). Wie man aus der Abbildung ersieht, ist es sehr wohl ein Unterschied, ob eine Sinuswelle mit 2 Bit Quantifizierung oder mit 4 Bit Quantifizierung dargestellt wird. Je höher die Anzahl der Bit der Quantifizierungsebene, desto eher ähnelt die dargestellte Welle der ursprünglichen Sinuswelle. Das gilt analog auch für Tonwellen.

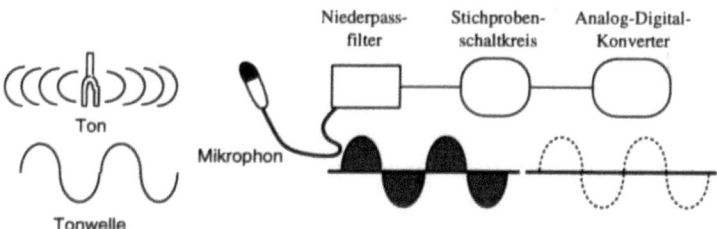

Abbildung 3.19: Tondigitalisierung

In den 80er Jahren haben Computer und insbesondere Arbeitsplatzrechner einen starken Rollenwandel erfahren. Ursprünglich war die Berechnungs- und eigentliche Datentransformationsaufgabe im Vordergrund gestanden. In den letzten zehn Jahren haben PCs, Arbeitsplatzrechner bzw. die Datenstationen moderner Großrechner mehr und mehr eine zentrale Rolle als Kommunikationseinheiten angenommen.

Die Interaktion zwischen Sprache in Tonform und Informationsverarbeitung kann viele Formen aufweisen. Diese Formen, die bisher unter dem Namen Ton-/Datenintegration angesprochen wurden, beschränkten sich häufig auf die Frage "Wie können Tondaten und digitale Informationen gemeinsam über eine Leitung transportiert und codiert werden?". Interaktion zwischen Ton- und Informationsverarbeitung ist aber ein wesentlich reicherer Punkt. Sprachbe- und -verarbeitungstechnologien, die für den Informationsverarbeitungsprozeß von Bedeutung sind, können in drei Hauptkategorien gruppiert werden:

1. **Inhaltsverarbeitung:** darunter versteht man die Manipulation des Gehalts eines Tonkanals; Teilprobleme sind Tonkanaldigitalisierung und digitale Signalverarbeitung, Sprachsynthese und Spracherkennung;
2. **Verbindungskontrolle:** darunter versteht man die Herstellung und Manipulation von Verbindungen zwischen sprachverarbeitenden Geräten; Teilbereiche sind Telefonsignalverarbeitung und Punkt-zu-Punkt-Befehlsverbindungen;
3. **Sprachorientierte Softwarearchitekturen:** darunter versteht man die Organisation von Systemsoftware zur Erleichterung der Herstellung von tongebundenen Applikationen; Teilprobleme umfassen die abstrakte Modellierung von Tonressourcen und den verteilten Zugriff zu Tonressourcen.

3.6.2 Inhaltsverarbeitung

Unter Inhaltsverarbeitung verstehen wir die Schaffung, Manipulation und Analyse der Information eines Tonkanals. Die inhaltsverarbeitende Technologie ist wohl die erste, an die wir denken, wenn von Sprachverarbeitung die Rede ist. Eines der Probleme darin ist die digitale Vercodierung des Inhalts eines analogen Tonkanals. Die Reduktion eines analogen Tonsignals zu einer Digitaldarstellung ist ein wichtiges Element moderner digitaler Telefonie. Fast alle modernen Telefonverbindungsausstattungen bzw. Telefonschaltwerke arbeiten auf dem Prinzip der Reduktion von analogen Tonsignalen in digitale Bitströme. Die in der Telefonie übliche Praxis verwendet die sogenannte **8-Bit-PCM-Vercodierung** (*Pulse-Code-Modulation*) und erzeugt hiermit einen digitalen Datenstrom von 64 KB/Sekunde. Dieser einfache Ansatz reicht aus, um ausreichend genau analoge Wellenformen, die üblicherweise im Telefonkanal vorkommen, darzustellen. Die Basistechnologie wird lineare PCM-Technik genannt und besteht in der Vercodierung einer Wellenform durch die Definition von gleichabständigen Amplitudenwerten sowie in der Darstellung dieser Werte in binärem Code. Die Eingabewellenform wird dabei in Intervallen **gleicher Länge** stichprobenartig gemessen und der Wert der Amplitude aus dieser Messung wird in entsprechende vercodierte Form übersetzt.

Etwas raffiniertere Vercodierungsmethoden können nun entweder die Bitrate bei gleichbleibender Sprachqualität senken oder die Qualität der Reproduktion bei der gleichen Bitrate erhöhen. Insbesondere sind hier **nichtlineare PCM-Vercodierung** und **adaptive PCM-Vercodierung** zu nennen. Bei nichtlinearer PCM-Vercodierung wird die Welle nicht mehr in gleichgroßen Zeitabständen stichprobenartig hinsichtlich des Amplitudenwertes gemessen, sondern der Zeitabstand zwischen diesen Messungen hängt von der Höhe des Amplitudenwertes ab. Bei adaptiver PCM-Vercodierung wird auf die erwartete Breite für Amplitudenwerte Rücksicht genommen und diese erwartete Breite durch einen Lernalgorithmus adaptiert. **Differentielle PCM-Vercodierung** unterscheidet sich von den bisher genannten Vercodierungsarten im wesentlichen durch die Aufzeichnung des Steigungsgrades der Wellenkurve anstelle der Kurve selbst. Es konnte festgestellt werden, daß der Wechsel im Anstieg der Wellenkurve häufig eine geringere Variabilität aufweist als die Kurve selbst. Derartige Vercodierungstechniken sind häufig in Hardwareeinheiten, sogenannte **Codecs** (**Co**der - **Dec**oder) gekleidet. Mit der heute verfügbaren Technologie kann man ausreichende Qualität bei der Vercodierung von Wellen bis zu einem Mindestvolumen von 16 KB/Sek. aufzeichnen. Läßt man das Aufzeichnungsvolumen weiter sinken, so ist unterhalb von 5 KB/Sek. eine Aufzeichnung der Wellenform nicht mehr in zufriedenstellender Form möglich, um eine verständliche Reproduktion zu ermöglichen. In diesen Fällen ist eine parameterische Vercodierung, bei welcher die Parameter der mathematischen Funktion, die eine Welle approximativ wiedergibt, und nicht die Welle selbst aufgezeichnet wird, eine nützlichere Vercodierungsform. Um eine Stunde Ton mit 64 KB/Sek. aufzuzeichnen und zu speichern benötigt man 230 MB. Verwendet man hingegen eine Aufzeichnungsmethode, die nur 16 KB/Sek. an Datenvolumen produziert, so benötigt man nur 57 MB. Man sieht hieraus, daß die verwendete Aufzeichnungsmethode von entscheidender Bedeutung ist, um Ton in Computerprogramme integrieren zu können und gleichzeitig den Speicherbedarf in Grenzen zu halten.

3.6.3 Digitale Signalverarbeitung

Mathematische Transformationen können auf ein digitales Signal in der Ausgangsform einer Welle angewandt werden. (Hierdurch entsteht ein Effekt, welcher dem der Filterung eines Analogsignals durch einen oder mehrere Filter entspricht.) In vielen Fällen können Signalverarbeitungsfunktionen einfacher und genauer mit digitalen Techniken als mit analogen Verfahren durchgeführt werden. Als weiterer Vorteil kommt eine erhöhte Flexibilität der digital simulierten Filter hinzu, da ein einfacher Parameterwechsel oder ein Softwarewechsel genügt, um den Filter bzw. die Komponenten auszuwechseln. Derartige Verarbeitungstechniken digitaler Signale werden heute sehr erfolgreich im Bereich der Signalanalyse durch **Modems** (Modulator - Demodulator), Verschlüsselungstechniken, Telefonanwahltechniken und Anrufverarbeitungstechniken sowie in der Sprachsynthese und in Spracherkennungssystemen verwendet. In all diesen Aplikationen ist es vor allem die Flexibilität, die durch digital simulierte Filter in der Verarbeitung gegeben ist, welche einen herausragenden Vorteil gegenüber traditionelleren Methoden darstellt. Programmgesteuerte Signalverarbeitung ist heute bereits in vielen PCs und Arbeitsplatzrechnern integriert.

Text-Sprachsynthese

Die Übersetzung von Text in Sprache, kurz als Text-Sprachsynthese bezeichnet, ist die Fähigkeit, elektronisch dargestellte Texte in verständlicher, menschlicher Sprache in der Form von Ton auszugeben. Diese Möglichkeit wird eine zunehmend wichtige Komponente in der Informationsverarbeitung. Erste derartige kommerzielle Systeme bestanden einfach darin, Sequenzen von zuvor aufgezeichneten Sätzen, Wörtern, Silben oder Morphemen aneinanderzuhängen und auszugeben. Das Resultat glich gewöhnlich nicht gesprochener Sprache, sondern bestand im wesentlichen in der "intelligenten" Anordnung von Sprachteilen. Dies stört bei einem geringen Vokabularumfang von wenigen Wörtern und bei beschränkter Applikationsbreite kaum. Will man jedoch Sprachaufgaben auf eine breitere Basis stellen, so ist eine direkte Ausgabe beliebigen Textes in Sprachform zweckmäßig. Heute sind derartige Sprachsynthesesysteme verfügbar, die direkt von einem Eingabetext ausgehend einen hörbaren sprachlichen Ausdruck produzieren. Der Unterschied zwischen derartigen Systemen hinsichtlich ihrer Leistungsfähigkeit ist groß. Die besten derartigen Systeme sind in der Lage, beliebigen Text in entsprechende Sprachausgabe umzusetzen und dabei unter Umständen noch auf den Akzent des fiktiven Sprechers bzw. auf die semantisch korrekte Interpretation von Abkürzungen Rücksicht zu nehmen.

Als Komponente weist Sprachsynthese einen Tongenerator, dessen Funktion analog zu der des menschlichen Vokaltraktes ist, auf. Zur Simulation benötigen wir ein Modul, dessen Eingabe der Text oder linguistische Information in einer anderen Form ist, welche gesprochen werden soll und deren Output einen Tongenerator treibt. In moderner Technologie sind sowohl Tongenerator als auch die Übersetzung von Text im Input für diesen Tongenerator programmgetriebene Komponenten. Durch die Flexibilität von Software ist es daher leicht möglich, entsprechende Anpassungen vorzunehmen. Hierbei haben wir zwei Fälle zu unterscheiden:

1) die Simulation des Vokaltraktes,
2) die Simulation der Wellenform, die durch entsprechende Verformung des Vokaltraktes und das Hindurchströmen von Atemluft entsteht.

Die übliche Parameterisierung in diesem Arbeitsbereich wird in der Form der Messung von Resonanzen und Antiresonanzen vorgenommen. In diesem Modell wird der Sprachproduktionsprozeß durch zwei Wellenformen simuliert:

a) eine Hauptwelle, welche die Basissprachwelle darstellt und
b) einen Filter, welcher die oralen Einflüsse repräsentiert.

Der wichtigste akustische Parameter der Sprachsynthese ist die Grundfrequenz der Hauptwelle und die Frequenzen der ersten Reihe engerer Resonanzwellen. Bei der typischen männlichen Stimme ist die Hauptwelle im Bereich einer Oktav und beträgt ca. 120 Hertz (Schwingungen pro Sekunde), während die ersten drei Resonanzwellen im Bereich von 500 und 502 Hertz angesiedelt sind. Bei einer weiblichen Stimme bewegt sich die Hauptwelle im Bereich von 200 Hertz, während die Resonanzwellen, die in Beziehung zur Kopfgröße stehen, ungefähr 10

Prozent höher liegen als bei Männern. (Dies ist allerdings nur eine Form der möglichen Parameterisierungen des Sprachproduktionsmechanismus.) Eine verbreitete Implementation einfacher Algorithmen zur Tonerzeugung besteht in der Herstellung von geeigneten Chips. Einer der ersten derartigen Chips kam 1978 auf den Markt und ist heute noch im Bereich der sprechenden Spielzeuge verbreitet. Eine synthetische Sprachausgabe besteht im wesentlichen aus folgenden Phasen. Ein Applikationsprogramm wie ein Textverarbeitungsprogramm, ein elektronisches Mailsystem, ein Datenbanksystem oder ein Leseprogramm für optische Zeichen (Text) liefert uns den Eingabetext. Dieser Eingabetext wird in der ersten Phase durch ein Textnormalisierungsprogramm in einen Buchstabenstrom konvertiert, der keine Ziffern und keine Abkürzungen mehr enthält. Beim Entwurf derartiger Normalisierungsprogramme ist es sehr hilfreich, den Einsatzbereich des Sprachausgabeprogrammes zu kennen, um auf die Besonderheiten dieses Bereiches eingehen zu können. Derartige Normalisierungsprogramme sind in der Regel sehr komplexe Programme, da auch Abkürzungen aus dem Kontext heraus verstanden werden sollen. In einer zweiten Phase werden mit Hilfe von Wörterbüchern Silben und Wortgruppen unterschieden, welche nicht nach den Normalregeln einer Sprache ausgesprochen werden, sondern Ausnahmen darstellen. Diese Ausnahmen wurden zuvor in solchen Verzeichnissen gespeichert. In der dritten Phase werden Buchstaben durch Phonem-Regeln ersetzt, um die natürliche Aussprache in Phonembeschreibungen, die eine exaktere Darstellung der Betonung und Aussprache darstellen, umzuwandeln. Wurden die Buchstaben in Phoneme gewandelt und grammatikalisch signifikante Änderungen als solche identifiziert, so wird es notwendig, den Rhythmus eines Satzes festzulegen. Alle Text-Sprachsynthesesysteme haben etwas Roboterhaftes in ihrer Aussprache, da Computer anders als menschliche Sprecher relativ strengen und wenig variablen Regeln folgen. Dennoch können natürlich Benutzer besondere Betonungseffekte wie Dialektaussprache oder Charakteristiken eines Sprechers einbringen. Die Feinarbeit in der Entwicklung der Aussprache findet in der nun folgenden Anwendung phonetischer Regeln statt. Dasselbe Phonem wird häufig in unterschiedlichen Wörtern auch unterschiedlicher ausgesprochen. Dieses Fein-"Tuning" desselben Tones, je nach Wort oder Satzstellung, kann auch individuell von außen gesteuert werden. Ein Spracherzeugungsmodul wandelt Phoneme in mehrere tausend kleinere Spracheinheiten um, die ihrerseits dann in Sprachparameter konvertiert werden. Die Parameterisierung erlaubt die Erzeugung einer fast unbeschränkten Anzahl von Stimmen. Über Kopfmodelle und Sprachparameterisierungsmodelle hat man eine ungeheure Simulationsbreite der auszugegebenden Sprache. Eine Unterbrechungsbehandlungseinheit sendet nun den entsprechenden Bitcode an die Output-Hardware in gleichen Intervallen von wenigen Millisekunden. Verschiedene Formen von Output-Hardware steht zur Verfügung, um den Ton selbst zu erzeugen.

Text-Sprachsyntheseprogramme stehen heute von Großrechnern bis zu Personal Computern zur Verfügung. Wenngleich die Qualität von Personal Computern noch teilweise zu wünschen übrig läßt, so ist zu erwarten, daß aufgrund der zunehmenden Verarbeitungsstärke dieser Rechner diese sehr bald mit der Qualität hochwertiger Soft- und Hardware aufschließen. Mit der Verbesserung von z.B. optischer Zeichenerkennung, Spracherkennungssystemen und maschinellen Übersetzungsprogrammen, stehen damit eine Fülle von neuen Anwendungsgebieten der Computertechnik zur Verfügung.

Spracherkennung

Unter Spracherkennung verstehen wir die Fähigkeit von Computern, gesprochene Sprache in elektronisch vercodierten Text umzusetzen. Der Einsatzbereich von Spracherkennung ist vielfältig: die Steuerung von Computern in Umgebungen, in denen die Beschäftigten Hände zur Bedienung einer Tastatur nicht frei haben, kann ein Einsatzbereich sein. Ein anderer Einsatzbereich ist die Verwendung von Computern durch Behinderte oder die sogenannte "automatische" Sekretärin, daß heißt ein PC oder ein Arbeitsplatzrechner, dem man beliebigen Text diktieren kann. Spracherkennung durch Telefonsysteme ist natürlich deshalb von besonderer Nützlichkeit, da hunderte von Millionen Telefonen heute in Benützung stehen und mithilfe von Spracherkennungs- und -syntheseausstattung diese Telefonverbindungen durch eine Computerapplikation als Eingabe-/Ausgabeeinheiten verwendet werden könnten. Damit würden alle Telefonbenutzer potentielle Computerbenützer.

Sehr nahe verwandt mit Spracherkennung ist **Sprechererkennung**. Bei Sprechererkennung macht man sich den Umstand zunutze, daß jeder Sprecher ein sehr charakteristisches Sprachbild aufweist, anhand dessen man ihn erkennen kann.

Beschränkte Formen der Spracherkennung sind heute bereits auf portablen Computern und Arbeitsplatzrechnern verfügbar. Spracherkennung hat sich in der Ziffernerkennung bei mündlichen Telefonanfragen bereits als nützlich erwiesen. Bei der Dateneingabe während der Inspektion technischer Einheiten eines komplexen technischen Systems, wie z.B. eines Flugzeuges, von Bahnsystemen oder anderen technischen Anlagen erweist sich Spracherkennung als nützlich.
Sprechererkennung wird hingegen vielfach unter besonderen Umständen bei hohen Sicherheitsansprüchen erfolgreich eingesetzt. Bei Sprechererkennung ist zwischen Verifikation und Identifikation zu unterscheiden. Unter Verifikation versteht man die Bestätigung, daß ein Sprecher mit einem vorgegebenen Sprecher übereinstimmt; unter Identifikation versteht man das Erkennen der Identität einer Person aus einer Menge von bekannten Sprechern. Sprecherverifikation/-identifikation ist heute besonders dann erfolgreich, wenn die Sprecher eine feste Wortfolge zur Verifikation bzw. Identifikation sprechen müssen. Die Sprechererkennung anhand eines beliebigen Wortmusters, welches mit einem bereits gespeicherten Wortmuster oder einem analysierten Wortmuster nicht übereinstimmt, ist noch sehr fehleranfällig.
Sprach- und Sprechererkennung hat generell besonderes Interesse als Eingabe- bzw. Verifikations-/Identifikationsform gewonnen. Obgleich die Erkennung beliebiger Wortfolgen durch beliebige Sprecher durch ein einziges System noch relativ schwierig ist, so wird das Erkennen von Text, bei dem entweder die Anzahl der gesprochenen Wörter oder die Anzahl der Sprecher limitiert ist, bereits sehr erfolgreich eingesetzt. Die Leistung derartiger Systeme hängt von verschiedenen Faktoren, welche die Spracherkennung vereinfachen bzw. zu kontrollieren gestatten, ab:

1. **Isolierung der Wörter:** Sprache, welche aus isolierten Wörtern (das sind Wörter, welche durch kurze Abstände der Stille getrennt sind) besteht, ist wesentlich einfacher zu erkennen als Fließsprache, bei welcher die Wortgrenze mitunter sehr schwer zu erkennen ist. Fehlerraten können also deutlich reduziert werden, wenn von den Sprechern eine kleine Pause zwischen den Wörtern verlangt wird. Verschiedene Studien haben gezeigt, daß Fehlerraten hierdurch um bis zu 9 % gesenkt werden können. Allerdings wird durch das Sprechen isolierter Wörter die Sprachgeschwindigkeit und damit die Eingabegeschwindigkeit gesenkt und die Eingabeflexibilität reduziert. Fließsprache umfaßt eine Eingabe-

geschwindigkeit von 150 bis 250 Wörter/Minute. Bei der Eingabe von isolierten Wörtern wird diese Geschwindigkeit auf 20 bis 100 Wörter/Minute gesenkt.

2. **Sprecherzahl:** Sprache von einem einzelnen Sprecher ist wesentlich leichter zu erkennen als Sprache von einer Vielzahl von Sprechern, da die meisten parameterischen Darstellungen der Sprache sehr sensitiv hinsichtlich der Charakteristiken spezieller Sprecher sind. Daher ist häufig die Verwendung von Mustern aus dem Sprachumfang eines Einzelsprechers zur Erkennung von Wörtern eines anderen Sprechers sehr effizienzreduzierend. Aus diesem Grund sind sehr viele auf dem Markt und in Entwicklung befindliche Systeme sprecherabhängig. Das heißt, sie werden für die Verwendung mit jedem Benutzer neu trainiert und sollten dann nur von diesem Benutzer verwendet werden. Nur wenige Spracherkennungssysteme können von verschiedenen Benutzern ohne Einschränkung benutzt werden. Im allgemeinen hat man die Erfahrung gemacht, daß sprecherunabhängige Systeme drei- bis fünfmal so hohe Fehlerraten haben als sprecherabhängige Systeme.

3. **Vokabularumfang:** Der Umfang des Vokabulars von zu erkennenden Wörtern ist ebenfalls von großer Bedeutung für die Erkennungsgenauigkeit. Große Vokabularien weisen eine größere Mehrdeutigkeitswahrscheinlichkeit auf und führen naturgemäß zu einer höheren Fehlerhäufigkeit. Daneben ist natürlich auch das Aufsuchen von Referenzmustern für Sprachelemente in Datenbanken ein zeitbeeinflussender Faktor.

4. **Grammatik:** Die Grammatik des Wortbereichs, der Gegenstand der Erkennung sein soll, definiert die zulässige Folge von Wörtern. Eine sehr stark beschränkende Grammatik ist daher eine, die die Anzahl der Wörter, die zulässigerweise aufeinander folgen können, gering hält. Systeme bei denen diese Komplexität also gering gehalten werden kann, sind daher naturgemäß weniger fehleranfällig als solche, die hier wesentlich mehr Freiheit zulassen müssen.

5. **Umgebung:** Hintergrundlärm, Wechsel in der Charakteristik des verwendeten Mikrophons und Lautstärke können dramatische Effekte auf die Erkennungsgenauigkeit ausüben. Viele Erkennungssysteme haben nur dann relativ niedrige Fehlerraten, wenn die Hintergrundgeräusche sehr niedrig gehalten werden kön-

nen. Übereinstimmung des Umgebungsgeräusches oder der Umgebungsgeräuschintensität mit der Trainingsintensität ist ein weiterer Parameter, welcher selbst bei niederen Nebengeräuschen von entscheidender Bedeutung für die Fehleranfälligkeit sein kann.

Die meisten Computersysteme zur Spracherkennung weisen folgende fünf Komponenten auf:

1. **Spracherfassungsgerät:** Dieses Gerät besteht üblicherweise aus einem Mikrophon und einem analogen Digitalkonverter, welcher die digitale Vercodierung der Sprachwellen vornimmt.
2. **Digitales Signalverarbeitungsmodul:** Das digitale Signalverarbeitungsmodul trennt Sprache von "Nichtsprache" und konvertiert die Wellenform in eine Frequenzbereichsdarstellung. Weiters werden verschiedene Techniken wie Filterung und Datenkompression hier eingesetzt. Das Ziel der Verarbeitung ist, nur jene Komponenten in die interne Darstellung zu übernehmen, die für den Erkennungszweck benötigt werden und somit das Volumen der zu speichernden und weiter zu verarbeitenden Information zu reduzieren.
3. **Speicher für vorverarbeitete Signale:** Der Speicher wird verwendet, um das vorverarbeitete Sprachsignal für die Weiterverarbeitung durch den Erkennungsalgorithmus zwischenzuspeichern.
4. **Referenzsprachmuster:** Um gespeicherte Sprachmuster zu erkennen, werden diese mit Bezugssprachmustern, die vorher gespeichert worden sind, verglichen. Dementsprechend muß ein derartiger Satz von Sprachmustern oder Parametern zur Erzeugung von Sprachmustern gespeichert werden, um darauf im Erkennungsalgorithmus zugreifen zu können.
5. **Mustervergleichsalgorithmus (Pattern-Matching-Algorithmus):** Der Mustervergleichsalgorithmus errechnet ein Maß an Übereinstimmungsgüte zwischen den vorverarbeiteten Signalen des Eingabetextes in Sprachform und den gespeicherten Wortmustern in entsprechender Form.

Von den in Fage kommenden Sprachmustern wird jenes Muster als vorliegend angenommen, welches die höchste Ähnlichkeit zu dem Eingabemuster aufweist. Mehrere Berechnungsparadigmen sind in diesem Mustererkennungsprozeß heute in Anwendung. Zudem werden häufig linguistische Erfahrung und spezielle Fachkenntnisse in solchen Algorith-

men eingesetzt, um die Verarbeitungsgüte über jenen einer reinen Mustererkennung zu erheben (vgl. [Shaughnessy 1987] und [Lee 1989]). Die drei Haupttechniken sind entweder stochastischer Natur und basieren auf sogenannten Markoffprozessen, oder sie verwenden dynamische Optimierung zur optimalen Angleichung der Muster und nachfolgender Abweichungsfeststellung. Eine sehr junge Form des Design der Algorithmen besteht darin, ein neuronales Netz zu trainieren, welches derartige Muster erkennt. Auf dem Markt befindliche Spracherkennungssysteme können nach der Anzahl der einschränkenden Bedingungen, welches dieses der zu erkennenden Sprache auferlegt, unterschieden werden. Am unteren Ende der Menge von Systemen finden wir die einzelsprecherorientierten Systeme, welche nur ein kleines Vokabular zulassen und die zulässige Grammatik sehr weit einschränken, sowie Pausen zwischen Wörtern angeben. Am oberen Ende haben wir die sprecherunabhängigen Fließtexterkennungssysteme, die große Vokabularien zulassen und bezüglich der zulässigen Grammatik praktisch keine Einschränkung angeben. Letzere sind weitgehend noch im Forschungsstadium. Die erfolgreichsten Systeme erkennen bis zu 10.000 Wörter, sind sprecherunabhängig und lassen Fließtext zu. Nach Angabe der Hersteller ist bei derartigen Systemen gewöhnlich mit ca. 5 % Fehlern zu rechnen. Höhere Genauigkeit bei breiteren Vokabularien erzielt man bei Einführung von Wortpausen bzw. bei der Einschränkung der zulässigen Sprecher. Derartige Systeme sind heute sowohl für Arbeitsplatzstationen als auch für PCs auf dem Markt.
Sprechererkennungssysteme hatten bis heute nur beschränkten Einsatzerfolg. Empirische Versuche haben bei wortunabhängigen Sprecheridentifikationssystemen die Fehlerwahrscheinlichkeit auf ca. 4 % drücken können (vgl. [Markel, Davis 1979]). Von praktisch größerer Bedeutung ist heute die sprachabhängige Sprecherverifikation. Mit kürzeren Eingabetextfolgen steigt natürlich die Instrumentwahrscheinlichkeit rapide an. Viele Großunternehmen setzen diese bereits in Sicherheitsbereichen zur Erkennung ein. Mit großem Erfolg werden derartige Systeme auch bereits über Telefonverbindungen eingesetzt, um Datenbankzugriffe, Informationen und ähnliches autorisiert abrufen zu können.

Verbindungskontrolle

Unter Verbindungskontrollen verstehen wir die Schaltung von Tonkanälen zur Verbindung von tonverarbeitenden Geräten bzw. Tonspeichern in Netzen. Da sprachverarbeitende Ausstattung relativ teuer ist, muß eine Applikation in der Lage sein, den Zugriff zu derartigen Geräten anzusteuern. Dies wird in den meisten Fällen mit einer Telefonschaltvorrichtung erreicht. Derartige Schaltvorrichtungen sind geeignet, Verbindungen aufzubauen, Verbindungen von einer Telefonendstelle zu einer anderen zu transferieren, Anrufe mit vorgesprochenen Antworten zu beantworten, Anrufe zu unterbrechen, Konferenzschaltungen herzustellen, Anrufe in einen vorübergehenden Wartestatus zu schalten, diese Anrufe wieder zu aktivieren, Informationen über Telefon zu geben bzw. Teilnehmer über besondere Ereignisse telefonisch zu informieren u.a.m..

Softwarearchitekturen für Sprachapplikationen

Die Herstellung von Computerprogrammen, die Sprache in Eingabe und Ausgabe einbinden sollen bzw. Sprache zwischenspeichern sollen, verlangt nicht nur den Zugriff zu entsprechenden Spracheingabeeinheiten und Sprachausgabeeinheiten, sondern insbesondere auch die Einbindungsmöglichkeit von Sprache in vercodierter Form in eine computerinterne Darstellungsform von Applikationsdaten. Nun sind Anwendungsprogrammierer nicht daran gewöhnt, mit den Details einer Maschine, auf der ihre Anwendungssoftware laufen soll, konfrontiert zu werden. Üblicherweise werden diese Ressourcen durch das Betriebssystem (das ist das Verwaltungssystem eines Computers) modelliert. Der Programmierer, der die Anwendungssoftware erstellt, arbeitet nur mit virtuellen Ressourcen und nicht mit realen. Daher kann Software geschrieben werden, die auf einem großen Spektrum von unterschiedlichen Maschinen eingesetzt werden kann, ohne daß diese Software wieder umzuschreiben wäre. Dasselbe sollte und kann auch für Tonressourcen, die Anwendungsprogrammierern zur Verfügung stehen, gelten. Da der Aufwand der Anwendungsprogrammierung meist den Aufwand für die Ausgabe- und Eingabehardware für Tonressourcen übersteigt, ist es zweckmäßig, derartige Applikationen für eine maschinelle Umgebung zu schaffen, in der Ton auch eingebunden werden kann. Das heißt, derartige Anwendungen müssen in der Lage sein, abstrakte Tonressourcen

und nicht physische Tondateien zu manipulieren, und diese Ressourcen
auch bei Ausführung auf entsprechenden Geräten unterschiedlichster
Natur ausführen zu können. So sollte ein Anwendungsprogrammierer
zum Beispiel in der Lage sein, einen abstrakten Befehl abzusetzen, um
einen Anruf durch den Computer tätigen zu lassen. Er sollte nicht
mit den Fragen von Netzwerkprotokollen, um spezielle Telefonschalt-
anlagen zu steuern, befaßt sein. Eine wesentliche Stellung bei dieser
Entwicklung nimmt also industrielle Normung ein. Wenn man die Bedeutung von abstrakten Tonressourcenmodellen in solchen Applikationen betrachtet, so erscheint Normung für solche Abstraktmodelle fast
noch notwendiger als die heute teilweise bereits vorhandenen Normen
für die physischen Ressourcen sowie für Befehle und Protokolle.
Applikationen, die die Sprache einbinden, benötigen verteilten Zugriff
zu derartigen Ressourcen, da die Vernetzung von Computern die Regel
und nicht die Ausnahme wird. Dies erfordert eine verteilte Architektur nach der Art eines Servers, welcher Tonressourcen nach Bedarf
an verschiedenste Applikationen verteilen kann. Applikationen sollten
sich also nicht mit der Problematik der Verteiltheit von Tonressourcen auseinandersetzen müssen, sondern mit einfachen Zugriffsmecha-
nismen, die genormt sind, auf diese Bezug nehmen können. Es wäre
zweckmäßig, durch eine standardisierte Zugriffssprache die Verwendung derartiger Ressourcen zu regeln. Der Ausbau von Datenbanken auf objektorientierte Datenbanken, welche sowohl Ton- als auch
Bildsätze enthalten können, könnte auch hier eine neue Möglichkeit
eröffnen und ist in Arbeit.

Übungsbeispiele

1. Auf einer Forschungsreise nach Zwrt entdecken Sie das sagenum-
   wobene Götterbuch "Skrip-Tum" der Zwrtek. Ebendiese kennen
   342 verschiedene Schriftzeichen mit Wochentags-, Festtags- und
   Geheim-Notation für jedes Zeichen. Häuptling Wehajot plant die
   Umstellung der Tempelbibliothek auf EDV. Der gerade neu er-
   beutete Bambusrechner Zumbitsu-2000 verfügt über keinen frei-
   en Speicher mehr. Speichererweiterungen werden nur vom weit
   entfernten Stamm der Han-Sens gefertigt, wobei eine binäre Speichereinheit der Marke SupaMerk 693 Bit faßt und 4 Muscheln
   kostet. Wieviele Muscheln muß Häuptling Wehajot mindestens
   auslegen, damit das Götterbuch mit seinen 23.498 Zeichen im
   Rechner gespeichert und damit den Gläubigen jederzeit zugäng-

lich gemacht werden kann?

2. Was versteht man unter einer Hexadezimalstelle?

   (a) Eine Stelle, an der Hexen im Mittelalter verbrannt wurden
   (b) die Stelle einer Zahl zur Basis 16
   (c) die Stelle einer Zahl zur Basis 6
   (d) ein Zeilenende in einem altgriechischen Vers

3. Am 6. 3. 1990 um 8.05 Uhr mußte der Operator des Rechenzentrums der Wirtschaftsuniversität feststellen, daß im Laufe der Nacht ein unbekannter Hacker in einen Großrechner eingedrungen war und diesen zum Absturz gebracht hatte. Beim Systemdrucker fand der Operator einen hexadezimalen Speicherauszug des letzten Systemzustandes. Das Register, das die Zeit in Sekunden angibt, die seit Mitternacht verstrichen ist, enthielt die hexadezimale Zahl 4712. Wann wurde der Rechner zum Absturz gebracht?
   Geben Sie die Uhrzeit in Stunden, Minuten und Sekunden an.

4. Was ist die Basis des hexadezimalen Zahlensystems und welche Symbole werden verwendet?

5. Stellen Sie die Dezimalzahl 117 als Hexadezimalzahl (Basis 16) dar.

6. Stellen Sie die Dezimalzahl 317 als Binärzahl dar und geben Sie die Anzahl der Zeichen "1" dieser Binärzahl an.

7. Stellen Sie die Hexadezimalzahl "F4" als Dezimalzahl dar und wandeln Sie diese in eine Binärzahl um. Wieviele Stellen hat die Binärzahl?

8. Stellen Sie die Hexadezimalzahl "FAD" als Dezimalzahl dar, wandeln Sie diese in eine Binärzahl um und geben Sie die Anzahl der Zeichen "1" der Binärzahl an.

9. Welches ist die größte vorzeichenlose Dezimalzahl, die in rein dualer Form in einem Rechner mit 5 Bit pro Zahl dargestellt werden kann?

   (a) 33

(b) 31
(c) 30
(d) 32
(e) 29

10. Ein Maschinenwort eines 32-Bit Rechners hat eine Länge von

    (a) 32 MB
    (b) 4 Byte
    (c) 32 KB
    (d) 0.4 Byte
    (e) 0.32 Byte

Kapitel 4

Datenspeicher

Ziel:
Die LeserInnen sollen Grundbegriffe zur Unterscheidung der Vorteilhaftigkeit der verschiedenen Datenspeicher nach dem Gesichtspunkt der Wirtschaftlichkeit und nach deren wesentlichen Eigenschaften erwerben. Bei Halbleiterspeichern soll die Bedeutung des Technologiefortschrittes durch zunehmende Miniaturisierung für die Prozessor- und Speichertechnologie verstanden werden.

4.1 Einführung

Datenspeicher oder Datenträger werden zur Aufbewahrung von codierten Daten benutzt. Nach dem Benutzungszweck unterscheiden wir

- Speicher, die die Daten zur unmittelbaren Verwendung im Rahmen der laufenden Verarbeitung durch den Computer enthalten,
- Speicher, die die Daten für einen gesamten Verarbeitungsauftrag enthalten und
- Speicher, die Daten für spätere Verarbeitungsvorgänge enthalten.

Dem Verwendungszweck entsprechend sind die Speicher vom ersten Typ jene Speicher, die schnelles Lesen und Schreiben von Daten ermöglichen. Derartige Speicher bezeichnen wir als **Register(speicher)**. Die Schreib-Lese-Geschwindigkeit von Speichern bestimmt allerdings deren Kosten. Dementsprechend sind Registerspeicher sehr kostenintensiv. Man verwendet daher als Speicher für Daten, die nicht unmittelbar vor Verarbeitung stehen, kostengünstigere Technologien. Diese Speicher lassen sich nach der Möglichkeit, die gespeicherten Daten wieder aufzufinden, in fünf Gruppen unterteilen:

1. Speicher mit **wahlfreiem** Zugriff (*Random-Access-Memory* (RAM)): Bei diesen Speichern ist jeder festen Gruppe von Bit eine feste und eindeutige Adresse zugeordnet, sodaß die Bit dieser sogenannten Speicherzelle innerhalb eines festen Zeitintervalls aufgefunden werden können. Die Auffindezeit ist von der Lage **unabhängig**. (Typische Vertreter dieses Speichertyps sind Halbleiterspeicher moderner Produktion wie z. B. Speicherchips.)

2. Speicher mit **halbdirektem** Zugriff: Bei diesen Speichern ist das Auffinden von einer größeren Gruppe von Bit-Gruppen, die ihrerseits in der Regel dem Speichervolumen einer Speicherzelle mit wahlfreiem Zugriff entsprechen, über einen Adressierungsmechanismus möglich. Die Zeit zum Auffinden eines Speicherplatzes ist hiebei sehr wohl von der Adresse abhängig. Das Auffinden selbst eines Speicherplatzes besteht aus einer Folge von Suchschritten, wobei zunächst über einen direkten Zugriff die größere Gruppe von Bit aufgesucht wird, und innerhalb dieser größeren Gruppe von Bit über sequentielles Suchen die gesuchten Speicherzellen bzw. Bit-Gruppen tatsächlich aufgefunden werden. (Typische Vertreter dieses Speichertyps sind Magnetplattenspeicher, Disketten u.ä.)

3. Speicher mit **sequentiellem** Zugriff. Bei Speichern mit sequentiellem Zugriff sind die Daten durch ihre Anordnung charakterisiert. Das Aufsuchen eines Datenelementes erfolgt in Bezug zu einer relativen Anfangsposition unter fortlaufendem Zählen, sodaß die Position relativ zu dieser Anfangsposition ermittelt werden kann. Hiebei ist es notwendig, alle dazwischenstehende Datenelemente aufzusuchen, bevor das eigentlich gesuchte Element gefunden werden kann (= sequentielles Suchen). Typisch für Speicher dieser Gattung sind Magnetbänder.

4. Speicher mit **nur lesendem** Zugriff (*Read-Only-Memory* (ROM)): Bei diesen Speichern handelt es sich um Speicher mit wahlfreiem Zugriff, die jedoch nicht oder nur beschränkt beschrieben werden können. Unter diesem Namen subsumieren wir auch Varianten wie **programmierbaren** ROM (PROM), **lösch-**

baren ROM (EPROM) u. a.

5. **Assoziativspeicher**: Bei Assoziativspeichern handelt es sich um Speicher mit wahlfreiem Zugriff, die über eine Hardwareeinrichtung erlauben, die Adressen bzw. Speicherplätze von Datenelementen festzustellen, die einem vorgegebenen gesuchten Datenelement, dem sogenannten Schlüssel entsprechen. Diese Feststellung ist immer innerhalb eines festen Zeitintervalles möglich.

Da speziell die Speicher von Typ 1 bis 3 in dieser Reihenfolge immer kostengünstiger werden, spricht man häufig von **Speicherhierarchien**.

Charakteristiken von Speichertypen sind das **Speichervolumen**, die sogenannte **Speicherkapazität**, die in Bit, Byte oder Worten gemessen wird, die **Zugriffszeit** (d.i. die Zeit zwischen dem Absenden des Lesebefehls bis zur Bereitstellung der gewünschten Daten durch den Speicher) und die **Datenrate** (Anzahl der Datenelemente, die in einem bestimmten Zeitraum gelesen bzw. geschrieben werden können). Bei Speichern mit wahlfreiem Zugriff kennen wir als weiteres Charakteristikum die sogenannte **Zykluszeit**. Dies ist die Zeit, mit der der Speicher mit wahlfreiem Zugriff (in der Regel der Hauptspeicher der Rechenanlage) Lese- und Schreibkommandos entgegennimmt. Diese Zeit ist gewöhnlich größer als die eigentliche Zugriffszeit.

4.2 Halbleiterspeicher und Prozessortechnologie, RAM-, ROM- und Flash-Speicher

4.2.1 Halbleiterspeicher und Prozessortechnologie

Wenngleich der Aufbau moderner Computer einen sehr deutlichen Unterschied zwischen Speichern und Prozessoren macht, so sind doch die Elemente, die die Funktionsweise der Speicherchips und der Prozessorchips bestimmen, gleich, da beide Chips auf Halbleiterbasis hergestellt werden. Zugleich stellen Speicherelemente und Prozessoren auf Halbleiterbasis einen zunehmend häufig verwendeten Bestandteil fast aller modernen industriellen Geräte - sei dies nun ein Elektroherd oder ein Photoapparat, ein Fernseher oder ein Industrieroboter u.a.m. - dar. Die Elemente der Halbleitertechnik werden durch ein Wissensgebiet, welches sich **Schaltkreistheorie** bezeichnet, systematisch zu höheren

Funktionsbausteinen verbunden, die ihrerseits die Funktion moderner Computer bestimmen. Um daher die Funktion grundlegender Bausteine moderner Computer verstehen zu können, ist eine Einführung in die Grundgedanken der Schaltkreistheorie notwendig.

Elemente des Schaltkreises und das Relais

Um uns zunächst mit dem Fluß elektrischen Stromes auseinanderzusetzen, fragen wir zuerst nach dessen Quelle. Eine **Batterie** dient als Stromquelle. Eine Batterie stellen wir uns als **Elektronenpumpe** vor. Elektronen sind kleine negativ geladene Partikel, deren Fluß elektrischen Strom ausmacht.

Veranschaulichen wir uns, wie eine Taschenlampe schematisiert funktioniert (Abb. 4.1):

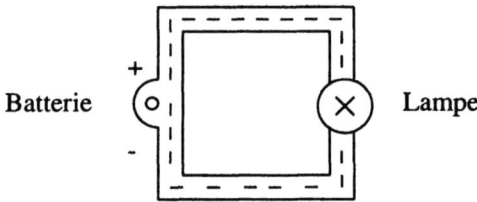

Abbildung 4.1: Schema der Funktionsweise einer Taschenlampe

Unsere Batterie nimmt als Elektronenpumpe die verfügbaren Elektronen von der mit + bezeichneten Seite und versucht, sie auf die mit − bezeichnete Seite auszustoßen. Die Elektronen in elektrischen Leitern (z.B. Kupferdraht) fließen dann entlang dieses Leiters bis zur Engstelle, welche die Lampe darstellt. Da die Stelle sehr schmal ist, müssen die Elektronen dort in großer Geschwindigkeit passieren, wodurch diese Stelle erhitzt wird und zu glühen beginnt. Unsere Batterie übernimmt also die Rolle einer ruhelosen Pumpe, die die Elektronen auf der Plus-Seite ständig auf die Minusseite in den elektrischen Leiter zwingt und dadurch die Engstelle ständig zum Glühen bringt. Aus darstellungstechnischen Gründen ist es zweckmäßig, für solche Stromquellen ein Symbol zu wählen. Dieses Symbol wird in folgender schematisierter Zeichnung unseres Beispiels benützt (Abb. 4.2). (Die Elektronen 'ausstoßende' Seite unserer Stromquelle, im Bild links, weist den kleinen

Querstrich und die positive Seite den langen Querstrich auf!)

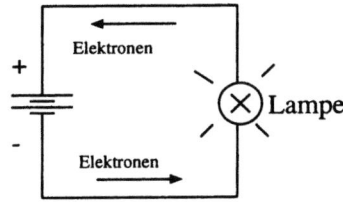

Abbildung 4.2: Elektronenfluß

Unter einem **Schalter** verstehen wir eine Unterbrechungsstelle, die entweder 'offen' oder 'geschlossen' - also in einem von zwei Zuständen - sein kann. Schalter werden von einer Feder offen gehalten, wenn sie nicht durch Druck geschlossen werden (Abb. 4.3):

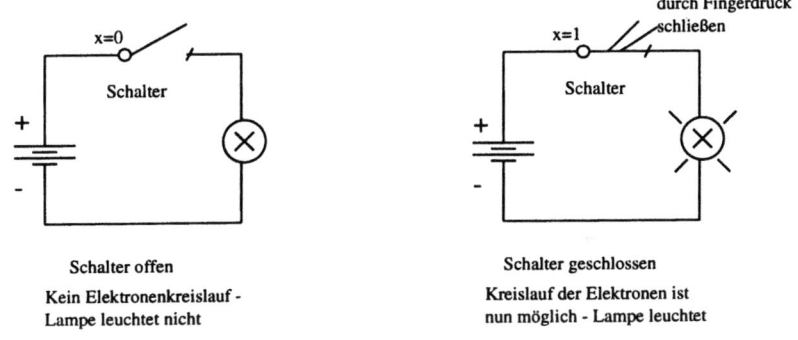

Abbildung 4.3: Funktion des Schalters

Damit haben wir bereits ein technisches System, welches Information vermitteln kann. Z.B. werde der Schalter geschlossen, wenn der Motorölstand zu nieder sei. Dieserart wird z.B. dem Autofahrer diese Information vermittelt, indem die Lampe noch hinter einer entsprechenden Ölwarnlichtstelle verborgen würde. Wir führen nun eine Variable x_i ein, welche den Wert 1 aufweise, wenn der Schalter 'geschlossen' sei und den Wert 0 aufweise, wenn der Schalter 'offen' sei. x_i steht dann für eine binäre Variable, die durch das obige technische System realisiert werden kann.

Dieses Gerät ist jedoch noch keine komplexe informationsverarbeitende Maschine. Wir können allerdings auch mehr als einen Schalter kombinieren und dieserart binäre Funktionen realisieren (Abb. 4.4):

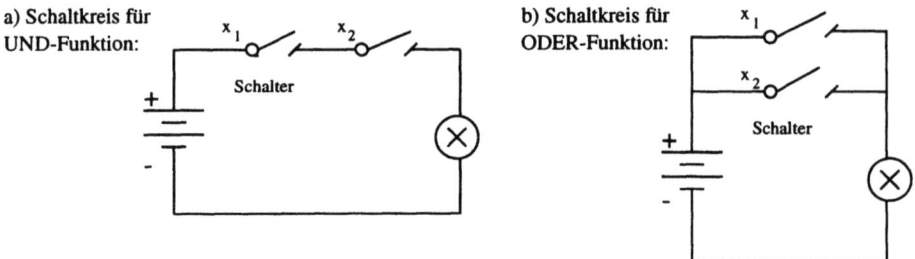

Abbildung 4.4: Stromkreis mit zwei Schaltern

Wir sehen nun in Zeichnung a) einen Schaltkreis, welcher bei Schließen beider Schalter die logische **UND-Funktion** realisiert, da die Lampe nur leuchtet, wenn gleichzeitig beide Schalter geschlossen sind, oder in anderen Worten wenn beide Variablen (x_1 und x_2) den Wert von 1 aufweisen (Abb. 4.5).

x_1	x_2	$f_{UND}(x_1, x_2)$
0	0	0
1	0	0
0	1	0
1	1	1

Abbildung 4.5: UND-Funktion

Der Übergang zum Kalkül der Aussagenlogik ergibt sich aus der Interpretation von 1 und 0 als die Wahrheitswerte *WAHR* und *FALSCH* für einfache Aussagen. Z.B. bezeichne x_1 den Wahrheitswert der Aussage 'Der Ölstand ist für den Betrieb zu nieder' und x_2 den Wahrheitswert der Aussage 'Der Benzintank weist keinen Benzin mehr auf'. Unsere Warnleuchte würde in diesem Fall genau dann bei Verknüpfung nach der UND-Funktion aufleuchten, wenn sowohl der Benzinstand als auch der Ölstand für den Betrieb zu nieder sind, und nicht wenn z.B. nur der Ölstand zu nieder wäre. Wollten wir eine derartige Warnleuchte konstruieren, so müßten wir eine Schaltung nach der **ODER-Funktion** realisieren, für die gilt (Abb. 4.6):

x_1	x_2	$f_{ODER}(x_1, x_2)$
0	0	0
1	0	1
0	1	1
1	1	1

Abbildung 4.6: ODER-Funktion

Wenn hier nur einer der beiden Schalter geschlossen ist, können die Elektronen fließen und die Lampe würde leuchten.

Wir benötigen nun noch einen Schaltkreis zur Realisierung der **NICHT-Funktion**, die nur ein Argument aufweist (Abb. 4.7):

x	$f_{NICHT}(x)$
0	1
1	0

Abbildung 4.7: NICHT-Funktion

Um diese Funktion zu realisieren, stellen wir uns einen Schalter vor, der geöffnet wurde, wenn man ihn betätigt und sonst von einer Feder geschlossen gehalten würde (Abb. 4.8):

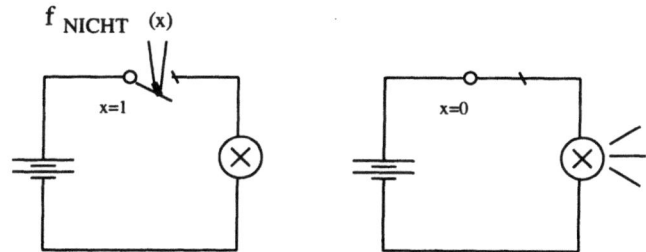

Abbildung 4.8: Schaltkreis für die NICHT-Funktion (Inverter)

Mit den drei Funktionen **UND**, **ODER** und **NICHT** kann man unter Kombination und mehrfacher Anwendung derselben jede Funktion von

Variablen, die nur die Werte 0 und 1 annehmen können, realisieren. Die Frage, die sich nun stellt, ist: Wer wird diese Schalter betätigen? Zu diesem Zweck ziehen wir einen Magnet heran. Es ist dem Leser wahrscheinlich bekannt, daß, wenn wir isolierten Draht um ein Stück Eisen wickeln, sobald durch den Draht Strom fließt, aus dem Stück Eisen ein Magnet wird, der seine Magnetisierung dann wieder weitgehend verliert, wenn der Strom wieder ausgeschaltet wird. Stellen wir uns den Schalter nun mit einem Stück leitenden Metalls versehen vor und ordnen den Magnet darunter an (Abb. 4.9):

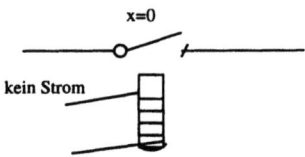

Abbildung 4.9: Magnetisch funktionierender Schalter (offen)

Bei entsprechender Stärke des Magneten wird die Kraft desselben die Kraft der Feder übertreffen und den Schalter schließen (Abb. 4.10):

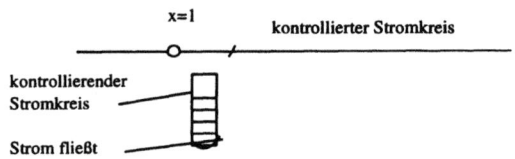

Abbildung 4.10: Magnetisch schließender Schalter

Auf diese Art und Weise können alle bisher vorgestellten Schalter mittels elektrischer Stromkreise kontrolliert werden. Betrachten wir nun z.B. die Berechnung folgender binärer Funktion $f(x_1, x_2, x_3) = (\textit{NICHT-}x_1)\ \textit{UND-}x_2\ \textit{UND-}x_3$-Schaltkreis; (Abb. 4.11 und Abb. 4.12).

Ersetzen wir die Lampe mit einem weiteren Magnet, der selbst wieder einen Schalter kontrolliert, so können wir uns veranschaulichen, wie auch komplexe binäre Funktionen realisiert werden können.

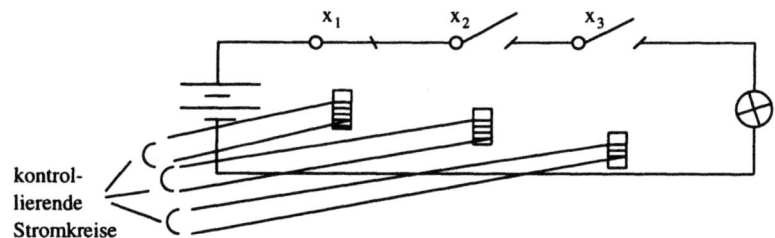

Abbildung 4.11: Magnetisch schließende Schalter

x_1	x_2	x_3	$f(x_1, x_2, x_3)$
0	0	0	0
0	0	1	0
0	1	0	0
0	1	1	1
1	0	0	0
1	0	1	0
1	1	0	0
1	1	1	0

Abbildung 4.12: Berechnung

Schaltkreise zur Informationsspeicherung

Die Schaltkreise, die bisher gezeigt wurden, haben einen Fehler: nach Anlegen der kontrollierenden Spannung kehren diese wieder in den Ausgangszustand zurück, ohne sich eine Systemänderung zu 'merken' und somit Speicherfähigkeit aufzuweisen. Um Informationen zu speichern, benötigen wir Systeme, die mindestens zweier Zustände fähig sind. Um solche Systeme herzustellen, benötigen wir eine permanente Energiequelle und eine spezielle Kombination von Schaltern (Abb. 4.13):

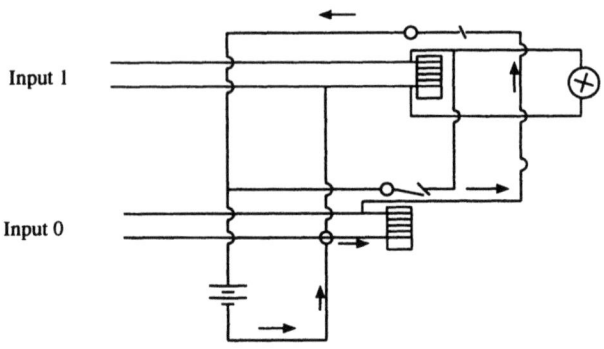

Abbildung 4.13: Erweiterter Schaltkreis

Strom (Elektronen) fließt aus der Batterie und hält das untere Relais offen; er fließt weiter über den oberen im Ruhezustand geschlossenen Schalter wieder in die Batterie zurück. Dies ist der Ruhezustand, in dem sich das System im 0-Zustand befindet und die Lampe nicht brennt, da der Strom über das geschlossene obere Relais in die Batterie zurückfließt. Betrachten wir nun wieder das obere Relais. Legen wir nur dort Spannung an, so bewirkt das Fließen von Strom die Öffnung des oberen Relais; ein Öffnen desselben bewirkt Stromfluß über die Lampe und den mittlerweile geschlossenen unteren Schalter zurück in die Batterie, da der Stromfluß zurück in die Batterie ja durch Öffnen des oberen Schalters unterbrochen wurde (Abb. 4.14).

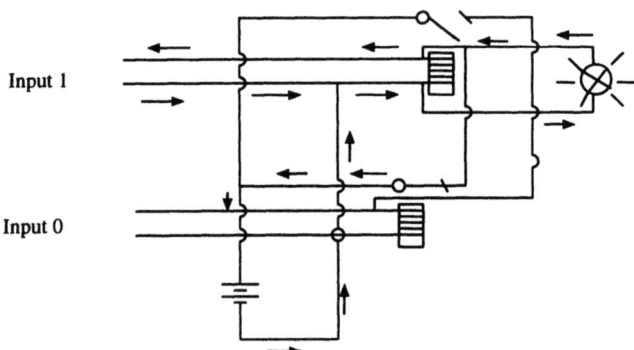

Abbildung 4.14: Stromrückfluß in die Batterie

Das obere Relais erhält zunächst Strom aus zwei Quellen: aus dem kontrollierenden Input 1-Stromkreis und aus der Batterie. Liegt daher nach dem Impuls bei Input 1 kein Strom mehr an, so hält der Strom aus der Batterie das obere Relais offen, und die Lampe brennt, d.h. wir befinden uns im Systemzustand 1, ohne Spannung an Input 1 oder Input 0 anlegen zu müssen. Um nun den Systemzustand zu ändern, lassen wir Strom über Input 0 fließen. Das untere Relais wird geöffnet, der Stromfluß zur Batterie über das untere Relais unterbrochen, das obere Relais daher geschlossen, und wir befinden uns wieder in Systemzustand 0 (die Lampe brennt nicht).

Zwei Relais, die auf diese Art und Weise zusammenarbeiten, stellen ein System dar, das bei Vorliegen einer permanenten Spannung (Batterie) zweier Zustände, welche wir mit 1 und 0 bezeichnen, fähig ist. Daher können wir ein derartiges System als Speicherzelle für ein Bit einsetzen. Legen wir Spannung an Input 1, befindet es sich im 1-Zustand, bei Spannung im Input 0 wechselt es immer in den 0-Zustand. (Bei Spannung in Input 1 und Input 0 ist der Zustand nicht definiert, da ein Anlegen dieser Spannungen gleichzeitig nicht vorgesehen und daher nicht zulässig ist.)

Ein derartiger Schaltkreis wird auch als **Flip-Flop** bezeichnet. Da wir nun wissen, wie ein 1-Bit-Speicher funktioniert, führen wir eine symbolische Darstellung ein, die ein Flip-Flop darstellt[1](Abb. 4.15). In den heute üblichen Computern werden Flip-Flops zusammengefaßt zu Gruppen von 16, 32 und mehr Bit als sogenannte Registerspeicher eingesetzt. Daher ist es auch üblich, Daten und Zahlen in binärer Form in Computern zu speichern und nicht in der uns geläufigen Digitaldarstellung. Auch größere Speicherbausteine können natürlich mit Flip-Flop-Schaltkreisen realisiert werden.

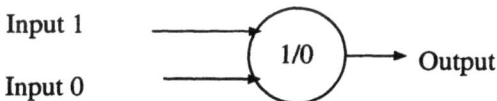

Abbildung 4.15: Flip-Flop

---

[1]Es gibt viele Darstellungen und Schaltungen von Flip-Flops [Bartee 1972].

Schaltkreise zur Informationstransformation

Computer versorgen uns mit Daten, indem dieselben gespeichert werden und häufig nach selektiven Suchmethoden entsprechend gruppiert bereitgestellt werden. Computer erlauben jedoch auch, Daten zu transformieren. Eine grundlegende und doch komplexe Transformationsform von Daten ist das Rechnen mit (Binär)Zahlen. Wie wir zeigen können, kann Subtrahieren durch Addieren ersetzt werden, wenn man das sogenannte binäre Komplement eines Summanden bildet und dieses addiert. Weiters besteht Multiplikation aus wiederholter Addition, und Division aus wiederholter stellenverschobener Subtraktion. Wir besehen uns daher zunächst die Addition von binären Zahlen (vergl. auch Kapitel 3). Nehmen wir an, die Zahlen 3 und 5 seien zu addieren: 3 wird (4-stellig) durch 0011 und 5 (4-stellig) durch 0101 dargestellt. Addiert wird wie bei Dezimalzahlen, indem man an der 'Einerstelle' beginnt. Bei Aufeinandertreffen zweier Einsen wird der Übertrag 1 auf die nächst höhere Stelle weitergegeben und dort zu den Summanden addiert. Der Stellenwert des Summanden an der Stelle, an der die beiden Einsen aufgetreten sind ist dann 0; d.h. $1 + 1 = 10$:

Dezimale Addition		Binäre Addition der Einerstelle			
	Übertrag			1	0
					+
3		0	0	1	1
+					+
5		0	1	0	1
					0

Bei den nächsthöheren Stellen gehen wir analog vor:

	Übertrag	1	1	1	
		+	+	+	
3		0	0	1	1
+		+	+	+	
5		0	1	0	1
8	binär	1	0	0	0

Subtrahieren durch Komplementäraddition:

Komplementäraddition - d.s. Additionen, die mit den Komplementärzahlen ausgeführt werden und dieserart ein Subtrahieren gestatten - können in jedem Zahlensystem durchgeführt werden. Während allerdings z.B. das Komplement einer **zwei**stelligen Digitalzahl, deren Differenz auf 99, einer dreistelligen Digitalzahl, deren Differenz auf 999 usw. ist, können wir das Komplement einer Binärzahl einfach durch Umwandlung der Einsen in Nullen und der Nullen in Einsen gewinnen. Numerisch gesehen entsteht bei einer 4-stelligen Binärzahl hiedurch eine Binärzahl, die den Wert der Differenz auf 15 ergibt; bei einer 5-stelligen Binärzahl erhalten wir dieserart den Wert der Differenz auf 31 usw. Da wir also bei einer Basis b und n Stellen jeweils nur die Differenzen auf $b^n - 1$ bilden, ist nach Addition eine 1 (technische Eins) zu addieren:

	Digital		Positiver Wert	Argument d. Operation	
	23			10111	
	−11		−01011		
Komplement von 11:					
	+88		+10100	10100	+
	Summe: ⚹11			01011	Summe
	weglassen 1	+1		1	+ techn. Eins
	12			01100	Differenz

Um technisch 2 Bit zu addieren, verwenden wir 4 Flip-Flops $x_{on}, x_1, x_2, x_{\ddot{u}}$ und zwei Schaltkreise, die wir als logische Funktionen beschreiben; (x_1 und x_2 bezeichnen die beiden zu summierenden Bit, und $x_{\ddot{u}}$ das Übertragsbit von der jeweils vorhergehenden Stelle). Unsere binäre Funktion $f_{\ddot{u}}$ berechnet den Übertrag, und f_s das Ergebnis der Summation:

x_u	x_1	x_2	x_{on}	f_s	$f_{\ddot{u}}$
0	0	0	1	0	0
0	1	0	1	1	0
0	0	1	1	1	0
0	1	1	1	0	1
1	0	0	1	1	0
1	0	1	1	0	1
1	1	0	1	0	1
1	1	1	1	1	1
n.d.	n.d.	n.d.	0	0	0

(x_{on} ist eine Variable, um den Addierer auf- und abzudrehen; 'n.d.' steht für 'nicht definiert' (Abb. 4.16)).

Sollen nun mehrere Bit addiert werden, die ein Register bilden, so werden mehrere Einzelbitaddierwerke aneinandergehängt (Abb. 4.17):

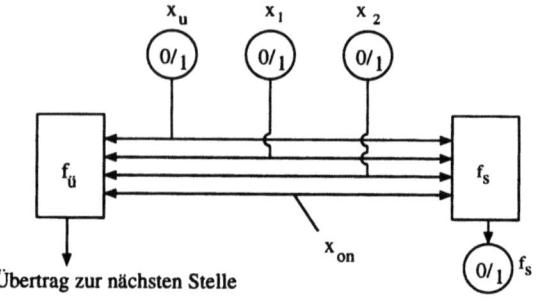

Abbildung 4.16: Graphische Darstellung der Funktion $f_{\ddot{u}}$

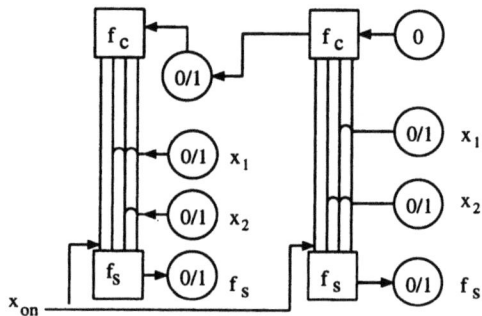

Abbildung 4.17: Einzelbitaddierwerke aneinandergehängt

Es bleibt nun die Frage offen, wie ein Addierwerk zur Addition des Inhalts zweier Register aktiviert wird. Dies erfolgt durch einen geeigneten Maschinenbefehl, der seinerseits vom Speicher in ein spezielles Register, das **Instruktionsadreßregister**, geladen wird.

4.2.2 VLSI-Technologie im Halbleiterspeicher- und Prozessorbau

Bisher haben wir die Grundelemente zum Aufbau von Speichern und die Verwendung von Schaltern, insbesondere Relais zum Aufbau von Addierwerken u.a. Prozessorelementen mittels binärer Funktion kennengelernt. Die Verwendung von Relais ist allerdings eine Technologie, welche uns heute nicht genügen würde, um die Geschwindigkeit moderner Rechner zu erreichen. Relais schalten in der Regel höchstens hundertmal pro Sekunde und sind in ihrer Bauweise nicht so klein zu halten, daß wir damit ausreichend miniaturisierte Speicher- und Prozessoreinheiten bauen könnten. Erst die Entwicklung von Transistoren und ihre Weiterentwicklung im Rahmen der sogenannten **VLSI**- (*Very-Large-Scale-Integration*-) Technologie haben erlaubt, Speichereinheiten und Prozessoren der heutigen Bauweise zu bilden.[2]

Die Atome der chemischen Elemente sind relativ geordnet aufgebaut. Die Protonen und Neutronen eines Atoms bilden eng zusammenhängend den sogenannten Atomkern. Um diesen Atomkern kreisen in festen Bahnen Elektronen. Jede Bahn kann nur eine maximale und für jedes Element gleich beschränkte Anzahl von Elektronen aufnehmen. Wir sprechen davon, daß die Elektronen nur in diskreten Energieebenen vorkommen können (Abb. 4.18).

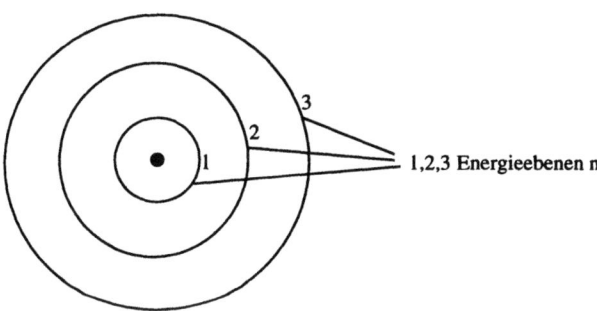

Abbildung 4.18: Energieebenen

In jeder Energieebene können wir nur eine maximale Anzahl von Elektronen unterbringen. Die Anzahl der negativ geladenen Elektronen eines Elements entspricht der Anzahl der Protonen des Elementkerns. Dementsprechend hat Wasserstoff ein Elektron, Helium zwei Elektronen, Lithium drei Elektronen u.s.w., die jeweils in den verschiedenen Energieebenen angeordnet sind. Diese Energieebenen haben nun die Eigenschaft, daß man nur eine maximale Anzahl von Elektronen je Energieebene unterbringen kann. Wird diese Anzahl überschritten, so

---

[2]Vergl. [Biermann 1990].

ist der Rest der Elektronen in der nächst höheren Energieebene zu finden. Diese Energieebenen werden von der ersten Energieebene ausgehend solange sukzessive aufgefüllt, bis entweder die Energieebene ihr Maximum an Elektronen erreicht hat, oder keine Elektronen mehr unterzubringen sind. Dieser Sachverhalt wird in nachfolgender Tabelle deutlich (Abb. 4.19). Anzumerken ist, daß die Eigenschaft der Elemente offenbar besonders von der Anzahl der Elektronen, die in der äußersten Energieebene angeordnet sind, abhängen. Die Farbe der Elemente, ihre elektrische Leitfähigkeit und ihre Wärmeleitfähigkeit, ihre chemischen Verbindungseigenschaften u.v.a. Charakteristiken hängen primär von der Anzahl der Elektronen in der äußersten Energieebene ab. Insbesondere ist für uns die Eigenschaft interessant, daß Elemente mit nur einem Elektron in der äußersten Energieebene (mit Ausnahme von Wasserstoff) überwiegend Metalle sind, in ihrem Erscheinungsbild glänzen und vor allem gute Leiter von Wärme und Elektrizität sind. Dementgegen sind Elemente mit einer eher voll besetzten äußeren Energieebene in der Regel eher schlechte Energieleiter. Zudem kann man bei Metallen mit nur einem Elektron in der äußersten Energieebene feststellen, daß dieses Elektron offenbar nicht allzu fest an seinen Atomkern gebunden scheint. In einem Metallstück, welches aus Kupfer besteht, sind die äußeren Elektronen in der Lage, frei von Atom zu Atom zu fließen u.zw. derart, daß jedes Atom zu jeder Zeit gerade ein derartiges Elektron in der äußersten Energieebene aufweist, solange das Material nicht elektrisch positiv oder negativ geladen ist. Derartige Metalle kann man also eher als einen See von Elektronen sehen, in dem Elektronen in der Lage sind, von den äußeren Energieebenen zueinander überzufließen. Verwenden wir nun eine Batterie, und schließen ein derartiges Stück Metall in einen Energiekreis ein, so wird nur eine kleine Anzahl von Elektronen aus diesem Stück Metall entweichen, da dieses Metall dann eine überwiegend positive Ladung annimmt, und diese positive Ladung die restlichen Elektronen bindet. Die einzige Möglichkeit, einen starken Stromdurchfluß durch dieses elektrisch leitfähige Metall zu erhalten, besteht darin, die auf der einen Seite des Materials abfließenden Elektronen durch neue Elektronen auf der anderen Seite zu ersetzen (Abb. 4.20).

Element	Anzahl der Protonen im Kern	Anzahl der Elektronen in der Energieebene			
		1	2	3	4
Wasserstoff	1	1			
Helium	2	2			
Lithium	3	2	1		
Berillium	4	2	2		
Bor	5	2	3		
Kohlenstoff	6	2	4		
Stickstoff	7	2	5		
Sauerstoff	8	2	6		
Fluor	9	2	7		
Neon	10	2	8		
Natrium	11	2	8	1	
Magnesium	12	2	8	2	
Aluminium	13	2	8	3	
Silizium	14	2	8	4	
Phosphor	15	2	8	5	
⋮	⋮	⋮	⋮	⋮	
Kupfer	29	2	8	18	1
⋮	⋮	⋮	⋮	⋮	⋮

Abbildung 4.19: Tabelle der Elemente

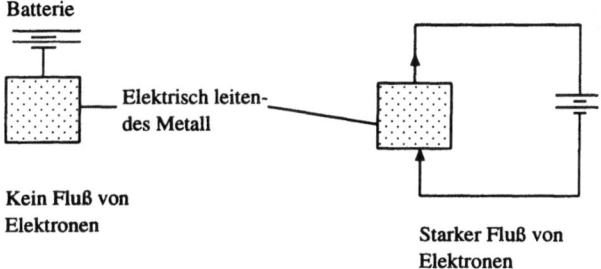

Abbildung 4.20: Elektronenfluß

Nehmen wir anstelle des leitenden Metalls nun einen Block aus Silizium, so werden wir feststellen, daß kein Strom fließen kann. Silizium weist in der äußeren Hülle vier Elektronen auf. Es neigt dazu, sich kristallin derart anzuordnen, daß jedes Atom seine äußere Energieebene mit einem Nachbar teilt. Dementsprechend hat jedes Atom in einem derartigen Kristall vier Nachbarn, und wir haben eine gittergleiche Anordnung der Atome. Da in dieser Anordnung keine Elektronen frei sind, und diese acht Elektronen, welche gleichzeitig jedes Atom umgeben, durch die Struktur fest zwischen den Atomkernen gehalten werden, sind keine Elektronen für die Leitung von Strom verfügbar. Wenn wir also eine Batterie anlegen, wird äußerst geringer Strom durch dieses Material fließen. Ein wesentlicher Grund hierfür ist der Mangel an nichtgebundenen Elektronen. Wenn wir nun in Tabelle 1 nachsehen, so finden wir nach dem Material Silizium das Material Phosphor, welches in der äußersten Energieebene fünf Elektronen aufweist. "Verunreinigen", d.h. *dopen* wir nun unser Siliziumkristall mit Phosphorunreinheiten, so stellen wir fest, daß sich dieses Phosphoratom sehr harmonisch in die Kristallstruktur des Siliziums einfügt. Es wird fast alle Eigenschaften dieser Struktur teilen. Insbesondere wird es vier seiner Elektronen in der äußersten Energieebene mit den Nachbarn teilen. Das fünfte Phosphorelektron hat allerdings keine Stabilität in dieser Struktur und kann bei Anlegen einer elektrischen Kraft bewegt werden (Abb. 4.21).

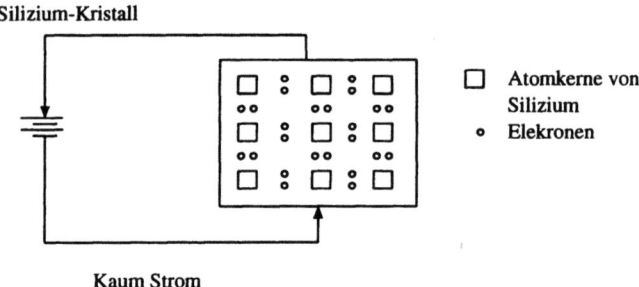

Abbildung 4.21: Silizium-Kristall

Wenn solche Phosphorunreinheiten auch mit einer sehr geringen Dichte hinzugefügt werden, so bleiben doch genug leitende Elektronen, die in der Lage sind, einen bedeutenden Stromfluß herzustellen. Dieserart wird das Siliziumkristall zu einem elektrisch leitfähigen Material durch Hinzufügen von Phosphor-Unreinheiten gemacht. Wir nennen derartige Kristalle auch $n-$Typ dotierte Materialien (Abb. 4.22).

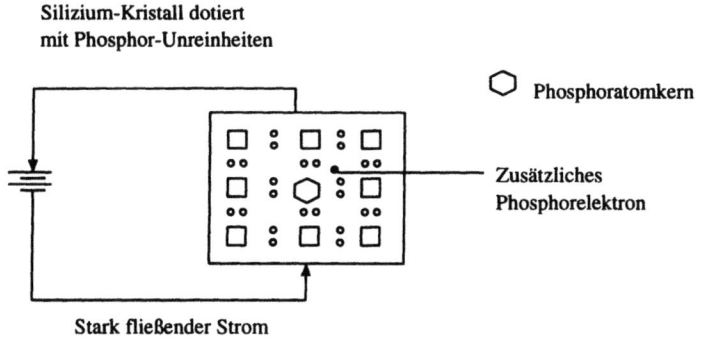

Abbildung 4.22: Mit Phosophor dotiertes Silizium-Kristall

Anstelle von Phosphorunreinheiten können wir das Siliziumkristall auch mit Borunreinheiten versehen. Ein Boratom weist in der äußeren Energieebene drei Elektronen auf. Auch Boratome haben die Eigenschaft, daß sie sich sehr gut in das kristalline Gefüge des Siliziums einfügen. Anstelle eines überzähligen Elektrons haben wir nun gewissermaßen ein Loch in der Struktur an der Stelle, an der in einem normalen Siliziumkristall ein weiteres Elektron gebunden wäre. Durch die Anlegung von Spannung können durch sukzessives Auffüllen dieser Löcher Elektronen zum Wandern gebracht werden, und damit fließt ebenso Strom. Wir nennen derartige Siliziumkristalle Kristalle mit Unreinheiten vom p−Typ oder einfach p−Typ dotiertes Material. Werden nun die beiden Materialien aneinander angelegt, so können einige der freien Elektronen auf der n−Seite auf die p−Seite wandern und dort vorhandene "Löcher" an der Grenzstelle auffüllen. D.h. daß das Zusammenbringen von p−Typ-Material und n−Typ-Material an den Grenzstellen eine Region entstehen läßt, die durch schlechte elektrische Leitfähigkeit gekennzeichnet ist (Abb. 4.23).

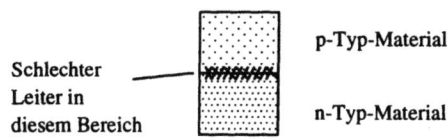

Abbildung 4.23: Grenzschicht-Erscheinung

Legen wir nun eine Batterie an, sodaß Strom zuerst über das p-Typ-Material und dann in das n-Typ-Material fließen soll, so stellen wir wenig Leitfähigkeit fest. Die Elektronen, die die Batterie liefert, werden in solchen Fällen sozusagen die "Löcher" im p-Typ-Material auffüllen und die Leitfähigkeit weiter reduzieren. Wenn hingegen die Batterie umgekehrt angelegt wird, wird erheblicher Strom fließen, da die Elektronen, die vom n-Typ Material in das p-Typ-Material fließen durch die Batterie ersetzt werden, und die "Löcher" im p-Typ-Material permanent durch die Batterie wieder geleert werden (Abb. 4.24).

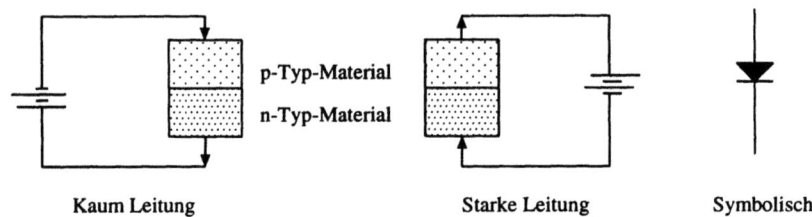

Abbildung 4.24: Leitfähigkeit

Durch die Verbindung von p-Typ und n-Typ-Material haben wir also ein Material bekommen, welches nur quasi in einer Richtung leitfähig ist und Ventilfunktion übernehmen kann. Ein derartiges Element wird eine **Diode** genannt. Dioden sind wichtige Bauelemente in vielen Schaltkreisen. Dioden finden wir in Decodern aber auch in vielen Bauelementen für Geräte des Funksprechverkehrs u.v.a. Geräten der Elektronikindustrie.

Im nächsten Bild (Abb. 4.25) sehen wir die Struktur eines sogenannten $n-p-n$--Transistors. Legen wir an ein "Sandwich" - bestehend aus n-Typ-Material, p-Typ-Material und n-Typ-Material - eine schwache Spannung aus einer schwachen Batterie derart an, daß wir das p-Typ-Material und das n-Typ-Material in diesen Kreis geeignet einbeziehen, so fließt schwacher Strom, da wir unsere Diode, die aus den unteren beiden Schichten besteht, leitfähig gemacht haben (Abb. 4.25, Bildteil a)). Führen wir hingegen in den Stromkreis, welcher die untere Schicht unseres Sandwiches bestehend aus $n-$ und p-Schicht mit dem schwachen Stromkreis der Batterie verbindet, einen Schalter ein und betten diesen kleinen Stromkreis in einen Stromkreis mit einer starken Batterie ein, welche den Gesamttransistor einschließt, so stellen wir fest, daß bei Unterbrechen des schwachen Stromkreises kein Strom fließen wird, da die oberen zwei Schichten, nämlich die **Basis-** und die **Kollektorschicht** unseres Transistors in diesem Falle wie eine den **Stromfluß sperrende** Diode wirkt (Bildteil b)). Diese Wirkung können wir beseitigen, indem wir diesen Schalter schließen und zwischen Emitter und Basis Strom fließen lassen (Bildteil c)). Dadurch kommt es zu einer Versorgung der Basis mit einer Vielzahl von Elektronen, welche ihrerseits ebenso in den Kollektor überwandern und infolge des Nachschubs durch die starke Batterie das Fließen von Strom durch den Transistor mit sich bringen.

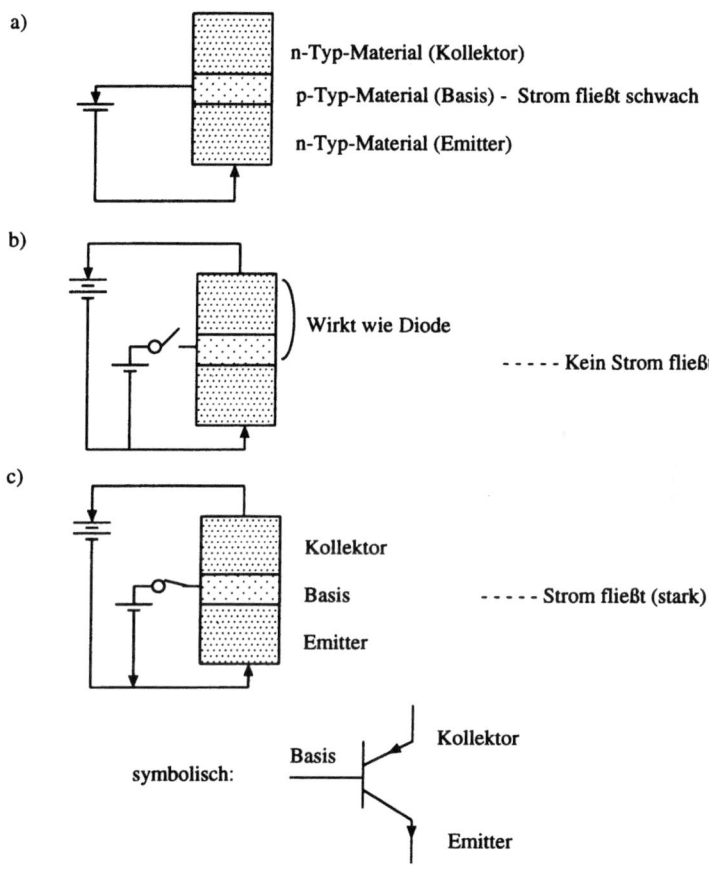

Abbildung 4.25: $n - p - n$-Transistor

Dieses Bauelement ist also zweier Zustände fähig, je nachdem, ob man an die Basis einen schwachen Stromkreis anlegt oder nicht. Wird er nicht angelegt, so leitet unser Transistor nicht, wird er hingegen angelegt, so ist unser Transistor leitfähig. Unser $n-p-n$--Transistor kann also wie ein **Relais** wirken. Gehen wir nun umgekehrt vor und fügen wir eine $n-$Schicht als Basis zwischen zwei $p-$Schichten ein, so können wir mit Hilfe des schwachen Stromkreises einen $p-n-p$--Transistor konstruieren, bei dem Kollektor und Emitter aus $p-$Typ-Material bestehen und die Basis aus $n-$Typ-Material (Abb. 4.26).

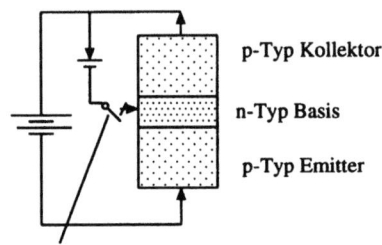

Schalter offen: Emitter-Basis-Schicht wirkt als sperrende Diode
Schalter geschlossen: Elektronen fließen in Kollektor über

Abbildung 4.26: $p-n-p$-Transistor

Alle binären Funktionen, die wir bisher zur Errichtung von Schaltkreisen kennengelernt haben (UND, ODER) können von einer einzigen binären Funktion namens **NICHT-ODER** (NOR) ebenso gebildet werden (Abb. 4.27):

x_0	x_1	$f_{NOR}(x_0, x_1)$
0	0	1
0	1	0
1	0	0
1	1	0

Abbildung 4.27: NICHT-ODER-Funktion

Aus diesem Grunde beschäftigen wir uns mit einem Schaltkreis bestehend aus Transistoren, welcher uns erlaubt, eine NOR-Funktion zu realisieren (Abb. 4.28). Gelingt uns dies, so können wir einen Schaltkreis, der mit UND- bzw. ODER-Funktionen gebildet wurde, mit NOR-Schaltkreiselementen ebenso bilden. x_0, x_1 können Spannung aufweisen und werden mit Spannung als 1 gelesen. Liegt keine Spannung an, so werden x_0 und x_1 als 0 gelesen und der Output ist 1.

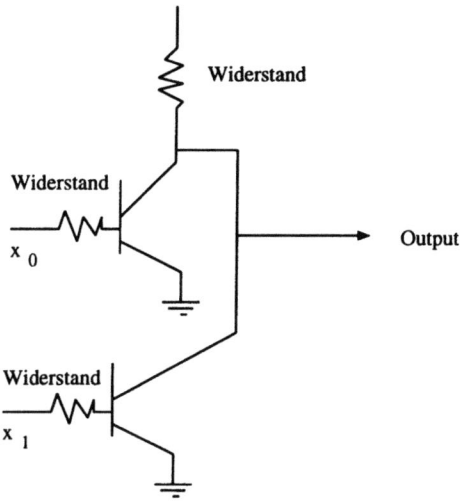

Abbildung 4.28: NOR-Schaltkreis

In obigem Bild sehen wir einen Schaltkreis mit zwei Transistoren. Als Input-Elemente finden wir x_0 und x_1, die selbst wiederum Schaltkreise oder auch andere Verbindungen darstellen können, die der Zustände 'stromleitend' und 'nichtstromleitend' fähig sind.

Beginnen wir die Analyse des Verhaltens dieses Schaltkreises. Wir nehmen an, daß x_o gleich 0 und x_1 ebenso gleich 0 sei. In diesem Fall werden Elektronen durch den Output abgegeben, da die Elektronen gewöhnlich den Weg mit dem geringsten Widerstand nehmen. Ist einer der beiden Inputs x_0 oder x_1 gleich 1 (oder beide), so sperren die Transistoren nicht, und der Output wird 0 sein.

Haben wir nun einen Schaltkreis für die NOR-Funktion, so wurde von uns behauptet, daß wir jeden anderen Schaltkreis für binäre Funktionen damit realisieren können. Wir führen symbolisch den NOR-Schaltkreis ein (Abb. 4.29):

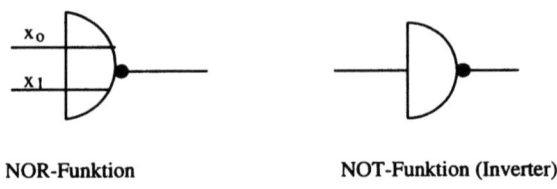

NOR-Funktion   NOT-Funktion (Inverter)

Abbildung 4.29: NOR- und NOT-Funktion

Kombinieren wir die NOR-Funktion, indem wir nach einer NOR-Funktion eine NOT-Funktion hinzufügen, so haben wir die ODER-Funktion realisiert. Kombinieren wir hingegen zwei NOT-Funktionen mit einer NOR-Funktion, indem wir die NOT-Funktion vorschalten, die Input-Leitungen, so haben wir eine UND-Funktion realisiert (Abb. 4.30):

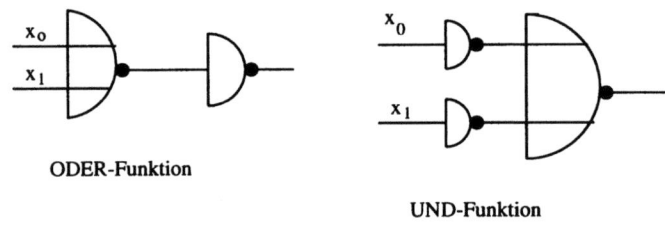

ODER-Funktion

UND-Funktion

Abbildung 4.30: ODER- und UND-Funktion in NOR-Funktion realisiert

Mit unserem NOR-Schaltkreis können wir daher alle Schaltkreise bilden, die wir in dem vorhergehenden Kapitel gebildet haben, und müssen in der Folge auch nicht weiter auf die Schaltkreisbildung eingehen. Es möge uns genügen, zu wissen, daß wir Transistoren verwenden können, um jeden beliebigen Schaltkreis, den wir mit Relais zur Realisierung binärer Funktionen bauen können, ebenso zu bilden.

Man kann Computer mit Hilfe von Relais bauen. Die Verwendung von Millionen von Relais würde eine ungeheure Größe und ungeheuren Energiebedarf von derartigen Maschinen schaffen. Transistoren, die relativ klein sind und ungeheuer schnell arbeiten können, haben die Entwicklung einer neuen Technologie, welche erlaubt, diese Schalter relativ klein und stromsparend zu halten, begründet. Es ist notwendig zu zeigen, daß man Transistoren in großer Menge auf relativ kleinen

Einheiten unterbringen kann, und damit den Nachweis zu erbringen, daß mit Hilfe von Transistoren und entsprechenden Leitungselementen eine hohe Packungsdichte von Schaltkreisen möglich ist. Es muß nunmehr hierbei nicht weiter beachtet werden, ob diese Schaltkreise nun zur Realisierung von Elementen von Prozessoren (Addierer, Multiplizierwerke u.a.m.) oder zur Realisierung von Speichern (Flip-Flop-Schaltkreise) verwendet werden, da beide nur aus den geeigneten Kombinationen von Transistoren in Schaltkreisen bestehen.

Very-Large-Scale-Integrierte Schaltkreise (VLSI-Schaltkreise)

Um komplexe Rechenaufgaben schnell genug zu erledigen, damit die damit verbundenen Probleme nicht bereits irrelevant sind, wenn diese Probleme endlich gelöst sind, benötigen wir sehr schnelle Rechner. Man denke nur an Probleme wie die Produktionssteuerung, die Wettervorhersage, die Flugzeugsteuerung u.ä. Probleme. Wie wir später sehen werden, gibt es allerdings auch Probleme, die wir nicht in vernünftiger Zeit lösen können, wenn nicht neue Algorithmen für diese Probleme gefunden werden. Es gibt jedoch eine Vielzahl von Problemen, die wir nur mit sehr schnellen Computern in vernünftiger Zeit lösen können. Wer wartet z.B. schon gerne einen Tag oder länger, um eine graphisch schön dargestellte Seite zu erzeugen? Oder wer wartet schon gerne mindestens ebenso lange, um ein Farbbild zu erzeugen? In diesen Bereichen haben wir z.B. noch sehr viele Möglichkeiten, heutige Computer derart zu beschleunigen, daß sie auch aufwendige Probleme in kurzer Zeit lösen. Vergleichen wir die Leistungsfähigkeit der heutigen Personal-Computer und Arbeitsplatzrechner mit jener der Großrechner vor fünf Jahren, so übertreffen sie diese an Rechengeschwindigkeit. Moderne Arbeitsplatzrechner rechnen schneller als universelle Großrechner. Wenngleich natürlich das Rechnen nicht allein jene Eigenschaft von Computern darstellt, welche ihre gesamte Leistungsfähigkeit ausmacht.

Um schnelle Rechner herzustellen, muß man die Speicher- und Verarbeitungseinheiten relativ klein halten, um die 'Wege' des Stroms kurz zu halten. Fließender Strom kann niemals schneller als die Lichtgeschwindigkeit sein, die ca. 300 Millionen Meter pro Sekunde beträgt. Tatsächlich ist in der derzeitigen Technologie fließender Strom nur in der Lage, ca. 100 000 Meter pro Sekunde zurückzulegen (d.i. etwa ein Dreitausendstel der Lichtgeschwindigkeit). Ein moderner Prozessor mißt ca. $2 \times 2\ cm$, und es ist hierbei erforderlich, daß der Strom den Prozessor ca. einmal umrundet. D.h. zur Durchführung einer Operation muß Strom ca. 8 cm zurücklegen. Wieviel Operationen können wir dann pro Sekunde durchführen?

Nun, in der Technologie der achtziger Jahre können wir ca. 1,25 Millionen Operationen pro Sekunde durchführen. Wollten wir hingegen in einer Sekunde bereits eine Milliarde Operationen durchführen, so dürfte der Strom nur mehr 0,08 Millimeter an Distanz zu überwinden haben, um diese Operation durchzuführen, damit dies machbar ist. Die Entfernung ist eine sehr wesentliche Komponente in der Beschleunigung unserer Rechenoperationen. Daher gilt es, Materialien zu finden, welche Strom mit höherer Geschwindigkeit leiten als die heute bekannten. Die Distanz zwischen den Prozessorelementen und ihren Verbindungen muß zudem noch kleiner gemacht werden, d.h. es gilt zu **miniaturisieren**.

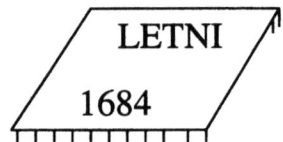

Abbildung 4.31: Chip (ungefähr natürliche Größe)

Ein Chip (Abb. 4.31) besteht derzeit aus einer Reihe von elektronischen Komponenten, die sich in erster Linie wieder aus Transistoren und deren Verbindungen zusammensetzen. Chips sind in der Regel nur einige Quadratmillimeter groß. Ihre Erscheinungsform ist aber viel größer, da Chips mit den sie umgebenden Elementen verbunden werden müssen, und mitunter zum Zwecke der Wärmeableitung ebenfalls eine größere Oberfläche gewählt werden muß.

Die Planung der Verwendung von Transistoren in Schaltkreisen ist aufwendig und es würde sehr lange dauern, um einen Prozessorchip und andere Chips zu entwerfen, wenn man dieserart vorginge. Designer denken besser in funktionellen Einheiten, um Chips zu entwerfen. Solche Einheiten sind z.B. Addierwerke, Multiplizierwerke, Vergleichswerke u.ä. Die Aufgabe eines Designers wird wesentlich vereinfacht, wenn man sich die Computer als eine Gesamtheit von funktionellen

Einheiten vorstellt und nicht als eine Ansammlung von Transistoren und Leitungen. Wenn alle diese Schalter und die sie verbindenden Leitungen gleichzeitig produziert werden könnten, würde die Aufgabe eines Designers wesentlich leichter, denn er könnte einen Chip als Gesamteinheit von funktionellen Einheiten entwerfen und diesen Entwurf dann automatisiert produzieren lassen. Genau dies leistet aber die VLSI-Technologie.

In der VLSI-Technologie werden alle Schalter und Verbindungen zwischen diesen Schaltern gleichzeitig produziert. Sehr viele funktionelle Einheiten werden auf einem integrierten Schaltkreis untergebracht. Die Funktionsweise eines Chips wird dann nur mehr durch die Kontrolle der Reaktion dieses Chips auf die Eingabebits getestet. Damit wird das Testen wesentlich vereinfacht und Fehlerkorrektur erleichtert. VLSI-Technologie hat die Computerindustrie revolutioniert und ist noch dabei, diese Computerindustrie täglich zu verändern. Darüberhinaus hat VLSI-Technologie jede Technologie, die sich elektronischer Bauteile bedient, und das sind heute der Automobilbau, der Haushaltsgerätesektor und viele andere technologische Bereiche, bei denen dies nicht unmittelbar zu ersehen ist, beeinflußt. Durch die wirtschaftliche Produktion und durch die hohe Flexibilität sowie die Anpassungsfähigkeit dieser Technologie findet diese Technologie in fast allen Produkten zunehmend Anklang und hält damit in fast allen Bereichen des täglichen Lebens Einzug. Obwohl daher dieser Produktionsbereich nur einen kleinen Anteil am Bruttonationalprodukt hat, kommt ihm doch eine entscheidende Bedeutung in der zukünftigen Entwicklung der Produkte einer Volkswirtschaft zu.

Tatsächlich werden wir es in der folgenden Darstellung nicht so sehr mit dem bisher beschriebenen Transistor sondern mit sogenannten **Feldeffekttransistoren** zu tun haben, die wir nun kurz beschreiben:

Der in den obigen Abschnitten beschriebene Transistor wird **bipolarer Transistor** genannt. Im Gegensatz dazu gibt es einen anderen Typ von Transistor, den sogenannten **Feldeffekttransistor**. Dieser Transistor ist heute dominant in der Konstruktion und im Bau von VLSI-Schaltkreisen. Die bekannteste Technologie, die sich der Feldeffekttransistoren bedient, ist die sogenannte **CMOS-** (*C*omplementary-*M*etal-*O*xyde-*S*emiconductor-) **Technologie**. CMOS-Technologie zeichnet sich insbesondere durch geringen Stromverbrauch und damit durch geringe Wärmeentwicklung aus. Da das Ausmaß des Stromverbrauchs das Ausmaß der Wärmeentwicklung über den Energieverbrauch impliziert, ist der Stromverbrauch ein wesentliches Merkmal von modernen Computerchips. Verglichen mit anderen Chips haben CMOS-Chips einen extrem niederen Stromverbrauch. Daher zieht man heute CMOS-Technologie sehr gerne der klassischen bipolaren Transistortechnologie vor.

Wir werden uns zunächst mit dem Unterschied von bipolaren und Feldeffekttransistoren befassen, um dann auf die VSLI-Herstellungsproblematik einzugehen (Abb. 4.32).

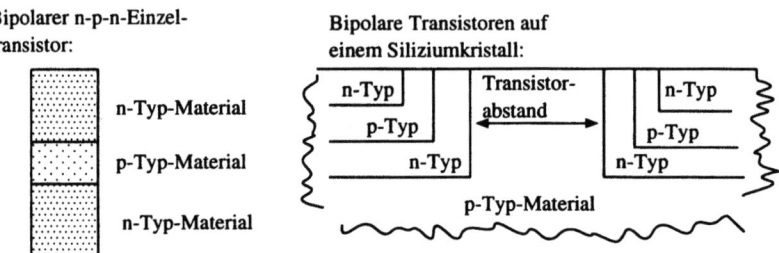

Abbildung 4.32: Bipolare Transistortypen

Bisher haben wir bipolare Transistoren als Einzeltransistoren betrachtet. Würde man derartige Einzeltransistoren miteinander verbinden, so hätte man erheblichen Platzbedarf. Um diesen Platzbedarf wesentlich zu reduzieren, ist es notwendig, eine Vielzahl von bipolaren Transistoren auf einem einzigen Siliziumplättchen unterzubringen. Hiebei geht man folgendermaßen vor: Man produziert ein Siliziumplättchen, welches mit Boratomen verunreinigt wird, um ein Material vom $p-$Typ herzustellen. Auf diesem Siliziumplättchen werden Inseln von $n-$Typ-Material geschaffen. Dies schafft man durch Verunreinigung des Siliziums an diesen Inseln mit Phosphoratomen. Diese Inseln werden sogenannte **Isolationsinseln** genannt und sie stellen die Kollektoren für jeden Transistor dar. Ein sehr wesentliches Problem stellt der Abstand zwischen zwei derartigen Inseln dar, da er die Packungsdichte der Transistoren auf dem Siliziumchip bestimmt. Hier muß eine Minimaldistanz eingehalten werden, um zu vermeiden, daß Strom von einer $n-$Schicht über die separierende $p-$Schicht zu der anderen $n-$Schicht zwei verschiedener Inseln fließt, und somit die elektrische Integrität der einzelnen Inseln zerstört. Auf diesem Eiland vom $n-$Typ Material wird nun eine $p-$Typ-Schicht gebildet, die wiederum eine Insel in der Insel darstellt. Diese $p-$Typ-Schicht wird die Basis unseres Transistors. Schließlich wird in dieser Insel eine weitere Insel von $n-$Typ-Silizium gebildet, die den Emitter unseres Transistors darstellt. Um die Transistoren dichter packen zu können, wurde eine Vielzahl von Untersuchungen durchgeführt. Im Rahmen dieser Forschungsversuche stieß man auf eine neue Art von Transistor, den sogenannten **Feldeffekttransistor**. Feldeffekttransistoren benützen die Erscheinung eines elektrischen Feldes. Innerhalb eines elektrischen Feldes eines positiv oder negativ geladenen Teilchens stoßen sich gleichartig geladene Teilchen ab. Ein elektrisches Feld nimmt mit der Distanz von dem Teilchen ab und weist einen Randbereich auf, an dem diese Abstoßung gleichartig geladener Teilchen nicht mehr wirksam ist. Der Umstand, daß die Distanz eines elektrischen Feldes durch einen Radius limitiert ist, und daß das elektrische Feld eines positiv geladenen Teilchens andere positiv geladene Teilchen abstößt und negativ geladene Teilchen anzieht, macht man sich bei der Konstruktion eines Feldeffekttransistors zunutze (Abb. 4.33).

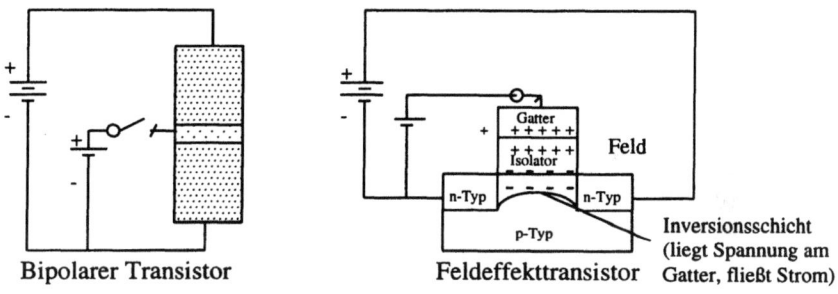

Abbildung 4.33: Bipolarer und Feldeffekttransistor

Der Unterschied zwischen $n-p-n-$Feldeffekttransistoren und bipolaren Transistoren vom $n-p-n-$Typ liegt in dem Fehlen einer unmittelbaren Verbindung zwischen der Spannung der kleinen Batterie und der $p-$Schicht, welche die Basis des Transistors darstellt. Vielmehr liegt die Spannung der kleinen Batterie am Körper an, und das **Gatter**, welches eine positive Ladung aufweist, erzeugt ein elektrisches Feld. Durch entsprechende Dimensionierung der Isolationsschicht reicht dieses elektrische Feld bis in das Material vom $p-$Typ, welches zugleich als Basis des Transistors wirkt. Durch die positive Ladung werden hier negativ geladene Teilchen angezogen, und in der sogenannten **Inversionsschicht** entsteht quasi $n-$Typ dotiertes Material, Strom kann hier vom Emitter zum Kollektor fließen.

Was ist nun der wesentliche Vorteil eines Feldeffekttransistors gegenüber bipolaren Transistoren? Feldeffekttransistoren müssen den Abstand zur Separation der Inseln vom $n-$Typ-Material nicht einhalten, um ein korrektes Funktionieren des Transistors zu sichern. Vielmehr können $n-$Typ Inseln relativ knapp in gleichen Abständen untergebracht werden, und nur der Umstand, daß zwischen zwei Inseln eine Isolationsschicht und ein Gatter installiert werden, bewirkt den Zusammenhang dieser beiden kleinen Inseln vom $n-$Typ als Transistor (Abb. 4.34).

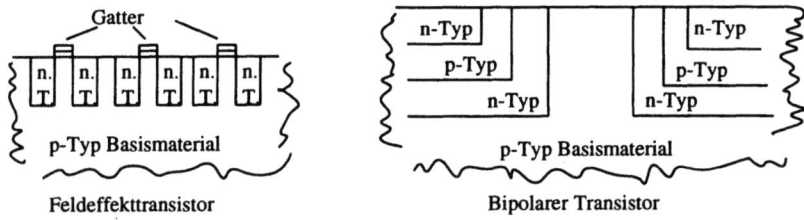

Abbildung 4.34: Feldeffekttransistor und bipolarer Transistor

Ebenso wie wir $n-p-n-$Transistoren in Feldeffekttechnologie bilden konnten, können wir auch $p-n-p-$Transistoren mit Feldeffekttechnologie bauen. Dasselbe gilt natürlich für Bipolartechnologie. In den letzten Jahren hat eine Technologie von sich reden gemacht, welche sich insbesondere durch extrem niederen Stromverbrauch auszeichnet. Dies ist die sogenannte **CMOS-Technologie**. CMOS-Technologie macht von $n-p-n-$ und von $p-n-p-$Transistoren gleichzeitig Gebrauch (auf ein und demselben Siliziumchip). Der niedrige Stromverbrauch und damit die geringe Hitzeentwicklung dieses Chips, die Designsymmetrie bei der Entwicklung dieses Chips durch gleichzeitige Verwendung von Transistoren vom $n-p-n-$Typ und vom $p-n-p-$Typ erlaubt einen Entwurfs- und Realisationsvorteil. Der Vorteil von CMOS-Technologie ist nicht so sehr im reduzierten Platzbedarf als vielmehr im reduzierten Stromverbrauch und in den Vorteilen der Entwurfssymmetrie zu sehen.

Grundkonzepte der VLSI-Chipproduktion

In der Herstellung von VLSI-Schaltkreisen hat man eine Vielzahl von Fabrikationsmethoden entwickelt. Die hier dargestellte ist also nur eine spezielle dieser Methoden. Unsere Darstellung wird sich auf Prinzipielles und dabei auf die Produktion von Chips mit Feldeffekttransistoren beschränken. Das Ausgangsmaterial fast aller heute praktisch verwendeten Chips ist Silizium. Silizium hat vier Elektronen in seiner äußeren Energieebene und wirkt als Halbleitermaterial. Durch Einführung von Phosphor- oder Boratomen, die wir als **Dotierungsmittel** bezeichnen, kann Silizium in ein leitendes Material, das entweder $n-$dotiert oder $p-$dotiert ist, verwandelt werden. Die Produktion von Silizium geschieht in der Form von sogenannten Siliziumblöcken, die die Form von langen schmalen Zylindern haben. Von diesen Zylindern werden Scheiben von ca. 75 bis 150 mm Durchmesser und ca. 1 mm Dicke abgeschnitten. Diese Scheiben werden *Wafer* genannt. Diese *Wafer* werden also von einem Block reinen Siliziums abgetrennt und werden entweder $n-$ oder $p-$dotiert, je nach Verwendungszweck des Basismaterials. Um nun Feldeffekttransistoren herzustellen, müssen wir innerhalb des *Wafers*, der selbst wieder gewöhnlich in quadratische Chips unterteilt wird, geeignet dotierte Bereiche schaffen, wobei noch die notwendige Isolationsschicht und das Gattermaterial hinzuzufügen sind, um Transistoren zu formen. Da mehrere Quadrate pro *Wafer* möglich sind, können wir aus einem *Wafer* mehrere Chips gewinnen. In der Herstellung von Chips spielen zunächst drei Materialschichten und die Herstellung einer **Glasmaske** eine besondere Bedeutung (Abb. 4.35).

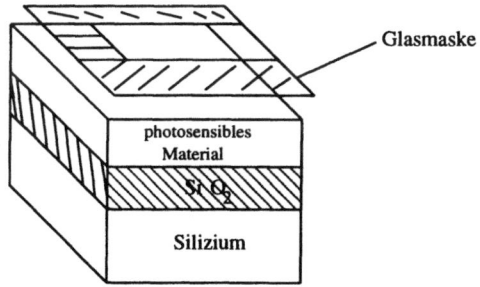

Abbildung 4.35: Chipbelichtung

Die Reihenfolge, in der diese Schichten aufgetragen und teilweise wieder entfernt werden, wird in der Folge kurz besprochen (Abb. 4.36).

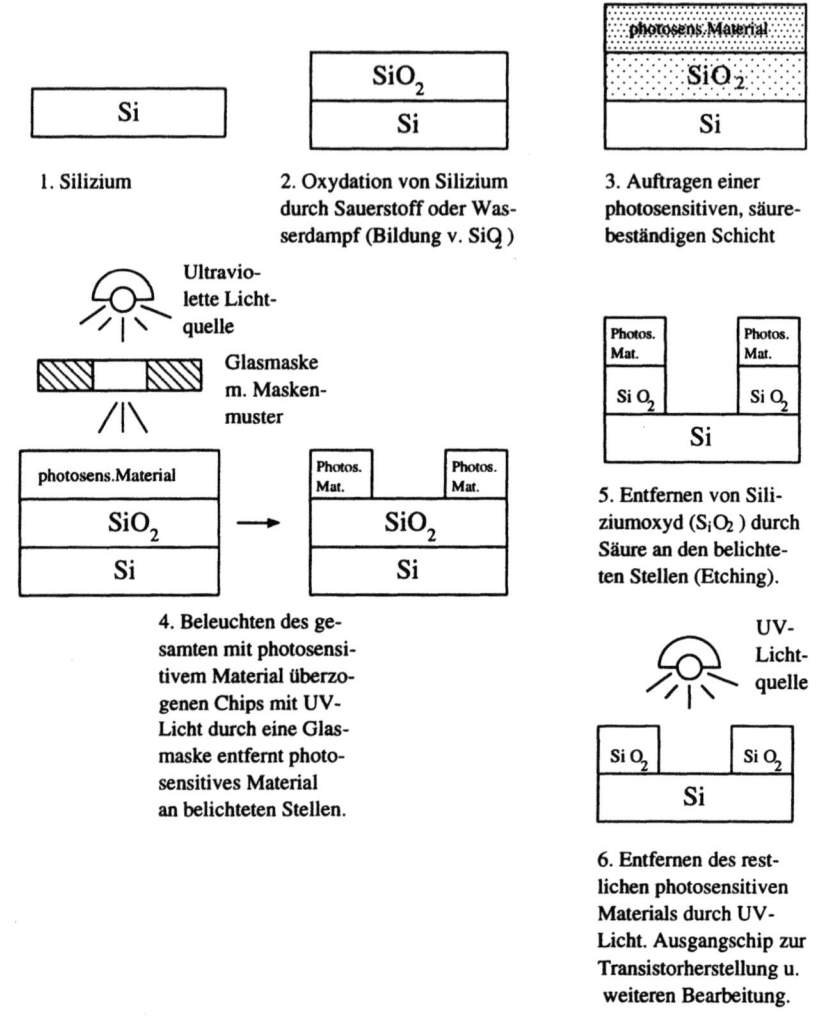

Abbildung 4.36: Herstellung des Ausgangschips

Zunächst wird das reine Silizium einer Oxydation durch Hinzuführung von Sauerstoff oder Wasserdampf ausgesetzt. Da SiO_2 mehr Volumen aufweist als Silizium selbst, quillt die Oberfläche, an der sich Siliziumoxyd (SiO_2) bildet, auf. Auf dieser *Wafer*-Oberfläche, welche nun gänzlich mit Siliziumoxyd überzogen ist, wird eine Schicht von **photosensitivem** Material aufgebracht. Dieses Material hat die Eigenschaft, daß es durch Bestrahlung mit ultraviolettem Licht entfernt werden kann. Um nun dieses photosensitive Material entsprechend den geplanten Leiterbahnen zu beseitigen, muß eine Glasmaske hergestellt werden, welche eben nur an diesen Leiterbahnen und an den beabsichtigten Stellen lichtdurchlässig ist. Diese Glasmaske wird über den *Wafer* gelegt und von oben mit ultraviolettem Licht bestrahlt. An den durchgängigen Stellen bewirkt das ultraviolette Licht die Entfernung des photosensitiven Materials. Nun wird die Oberfläche des Chips mit Säure behandelt, die Siliziumoxyd entfernt, jedoch weder das photosensitive Material noch Silizium entfernen kann (vergl. Abb. 4.36, 5.). Die verbleibende Schicht an photosensitivem Material wird sodann durch Bestrahlung des Chips mit UV-Licht entfernt (vergl. Abb. 4.36, 6.). Das Resultat ist der Ausgangschip zur Transistorherstellung und zur Weiterbearbeitung. Zum Zwecke der Transistorherstellung wird die nun freigelegte Schicht von Silizium, das geeignet dotiert wurde und das Basismaterial darstellt, weiterbehandelt. Nehmen wir an, daß das Siliziumbasismaterial unseres *Wafers* vom p−Typ, also mit Boratomen dotiert sei. Unser Ausgangschip wird nun im freigelegten Siliziumbereich erneut einer beschränkten Oxydation unterzogen und es bildet sich eine Schicht Siliziumoxyd, die zum Unterschied von der zuvor gebildeten Schicht, welche als Feldoxyd bezeichnet wird, Dünnoxyd genannt wird. Auf dieser, gegenüber dem Feldoxyd etwas dünneren Schicht von Dünnoxyd wird Polysilizium aufgetragen. Mit einem ähnlichen Prozeß, wie wir ihn zuvor zur Herstellung des Ausgangschips kennengelernt haben, wird nun die Dünnoxydschicht entfernt, und das nun ungeschützte Silizium-Basismaterial entsprechend dotiert, sodaß Inseln von n−Typ Material entstehen, zwischen denen ein Gatter aus Polysilizium, welches mittels einer Schicht Dünnoxyd gegen das Basismaterial isoliert ist, bestehen bleibt (Abb. 4.37). Die dieserart gebildeten Transistoren werden wiederum in einem Prozeß ähnlich dem Prozeß zur Herstellung des Basischips mit Metalleitern versehen, und dieserart die notwendigen Schaltkreise gebildet. Die Größe des Abstands zwischen Feldoxyd- und Dünnoxydschicht u.v.a. Faktoren stellen Parameter im Design von Chips und Transistoren dar. Wir werden in der Folge diese Designmerkmale nicht näher besprechen. Es wäre aber ohne Zweifel sehr mühsam für den Entwurf, wenn jeder Transistor getrennt geplant und verbunden werden müßte. Dementsprechend hat man höhere Einheiten im Design von Chips gebildet, welche den Entwurfsprozeß wesentlich vereinfacht haben. Die Vorgangsweise war hierbei ähnlich wie bei der Entwicklung von höheren Programmiersprachen. Anstelle von Maschinenbefehlen und Befehlen zum symbolischen Maschinencode hat man Transistoren in festgelegten Schaltungen, die spezifische Funktionen (logische Funktionen aber auch arithmetische Funktionen) erfüllen, zusammengefaßt zu Einheiten, in denen im Entwurf gedacht wird. Die Auflösung dieser Einheiten in Pfade und Transistoren nehmen Computer dann weitgehend selbständig vor. Ebenso wird die Festlegung der Schritte in der Produktion dieser Chips weitgehend selbständig durch Computer geplant. Auf diese Art und Weise können sich Designer auf die wesentlichen Eigenschaften der zu entwickelnden Chips konzentrieren, ohne in unnötigen Details denken zu müssen.

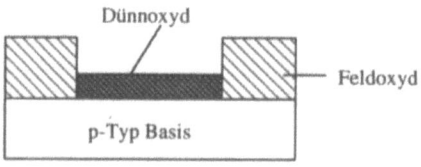

1. Bildung einer Dünnoxydschicht als Isolationsschicht.

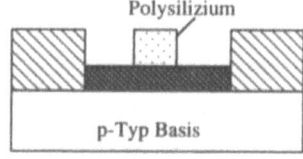

2. Auftragen von Polysilizium als Gatter.

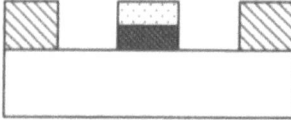

3. Entfernen der nichtgeschützten Dünnoxydschicht.

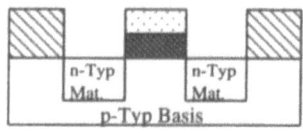

4. Dotierung des p-Typ Basismaterials mit Phosphoratomen.

Abbildung 4.37: Transistorherstellung auf vorbehandeltem Chip

Zusammenfassung

VLSI-Technologie hat die Elektronikindustrie und jede Industrie, für die die Elektronikindustrie Bauteile oder Leistungen liefert, revolutioniert. VLSI-Chips finden wir in unseren Photoapparaten, in unseren Kopiergeräten, in unseren Kameras und natürlich auch in unseren Computern oder anderen Steuerungen, wie wir sie z.B. in Automobilen, Motorrädern u.a. Hilfsgeräten vorfinden. Heute ist Silizium das fast ausschließlich verwendete Material. Allerdings wird an der Verwendung anderer Materialien, die wünschenswerte Eigenschaften haben wie Galliumarsenid, gearbeitet. Während 1990 pro Chip nur ca. 1 bis 2 Millionen Transistoren untergebracht werden konnten, rechnet man damit, daß man 1995 bereits 10 Millionen Transistoren auf einem Chip unterbringt, und anstelle von 4 Millionen Bit pro Chip bereits 100 Millionen Bit pro Chip speichern kann. Zu Ende des Jahrtausends rechnet man damit, daß man Prozessorchips entwickelt, welche jeden Arbeitsschritt zehnmal so schnell als zehn Jahre zuvor ausführen und eine Packungsdichte aufweisen, welche zwanzig- bis dreißigmal so groß ist.

Das Speichervolumen könnte schon Ende des Jahrtausends dreißig bis vierzig Megabyte pro Speicherchip betragen. Damit werden Halbleiterspeicher ernstliche Konkurrenten von Magnetplattenspeichern. In Zukunft ist vorherzusehen, daß der Entwurf und die Entwicklung von Computerchips flexibler und leichter zu handhaben sein werden, sodaß es auch kleinen Gruppen möglich wird, individuell Chips für ihre eigenen Zwecke zu entwerfen und produzieren zu lassen. Auf der anderen Seite werden neue Materialien allmählich erlauben, durch andere Grundkomponenten und physikalische Ausgangsvoraussetzungen höhere Geschwindigkeiten in der Verarbeitung zu erreichen. Damit steht VLSI-Technologie nicht am Ende ihrer Entwicklung, sondern vermutlich erst am Anfang.

Die heute grundsätzlich übliche Unterteilung von Halbleiterspeichern ist jene in **Nur-Lesespeicher** (_Read Only Memory_, ROM) und in **Schreib-/Lesespeicher** (_Random Access Memory_, RAM). Bei beiden Speichern haben wir die Möglichkeit des Direktzugriffs beim Lesen. Nur-Lesespeicher können nicht bzw. mitunter nur mit besonderen Einrichtungen und Geräten beschrieben werden.

4.2.3 Nur-Lesespeicher (ROM)

Nur-Lesespeicher werden je nach verwendeter Technologie weiter unterteilt. Man unterscheidet:

- Beim Herstellungsprozeß programmierte Nur-Lesespeicher (ROM),
- durch den Anwender mittels besonderer Geräte zu beschreibende Nur-Lesespeicher (*Programmable* ROM = PROM) und
- ROMs, die nach Löschung erneut beschrieben werden können (EPROM (*Erasable* PROM) und EEPROM (*Electrically Erasable* PROM)).

Die Funktionsweise eines ROM basiert darauf, die Verbindung zwischen einer Adreß- und einer Leseleistung aufzubauen oder zu zerstören [Rembold 1990].

4.2.4 Schreib-/Lesespeicher (RAM)

Schreib-/Lesespeicher werden je nach Funktionsweise und verwendeter Technologie in **statische Schreib-/Lesespeicher** (SRAM) und in **dynamische Schreib-/Lesespeicher** (DRAM) unterteilt. Während die Information in einem statischen RAM bei stetigem Fließen eines Ruhestroms aufrechterhalten bleibt, ist man bei dynamischen RAM gezwungen, die Ladungen zyklisch mit einem sogenannte *Refresh*-Impuls aufzufrischen, ohne allerdings einen ständig fließenden Ruhestrom zu benötigen. Dadurch wir die Information in ständig wiederholter Weise aufgefrischt und dieserart aufrechterhalten. Man spricht daher auch von einer dynamischen Speicherzelle. Die Nachteile des statischen RAMs liegen somit in dem ständigen Fließen eines Ruhestroms, der zum einen die Leistungsaufnahme dieses Speichertyps hoch hält und zum anderen zu unerwünschter Erwärmung führt. Dynamischer RAM weist somit im Gegensatz dazu den Vorteil einer geringeren Erwärmung und zudem noch den Vorteil einer höheren Integrationsdichte aufgrund seiner einfacheren Struktur auf. Im allgemeinen weist allerdings auch dynamischer RAM den Nachteil einer höheren Zugriffszeit im Vergleich zu statischem RAM auf [Rembold 1990].

Ein weiterer Typ des Halbleiterspeichers ist der **Ladungstransportspeicher** (*Charge Coupled Device*, CCD-Speicher). Es handelt sich bei diesem Halbleiterspeicher um einen **flüchtigen** Speicher, der analoge Daten speichert und auf den nur sehr speziell zugegriffen werden kann. Aus diesem Grund wird dieser Speicher hauptsächlich für die Speicherung des Grauwertes von Bildern und von Fernsehaufzeichnungen, wobei jeder Grauwert analog abgespeichert wird, verwendet.

4.2.5 Flash-Speicher

Bis zur Mitte der 70er Jahre waren SRAM (*Static* RAM), DRAM (*Dynamic* RAM) und ROM die einzige verfügbare Form von Halbleiterspeichern. Man hatte also zwischen **flüchtigen** und **nichtflüchtigen** Speichern zu wählen, wobei nichtflüchtige Speicher nur mit speziellen Apparaten beschrieben werden konnten. Einige Jahre, nachdem DRAM verfügbar war, kam EPROM (*E*rasable *P*rogrammable *R*ead *O*nly *M*emory) auf den Markt. EPROM ist wiederprogrammierbar und nichtflüchtig, hat allerdings einige erhebliche Nachteile. Um EPROM-Speicherchips zu beschreiben, muß man sie längere Zeit ultraviolettem Licht mit einer hohen Intensität aussetzen, dann beschreiben und wieder einbauen. EPROM ist daher keinesfalls ein ideales Speichermedium. Dennoch hat natürlich EPROM, da es dieserart wiederverwendbar und leichter zu beschreiben war, ROM-Speicher in Mikrocomputern weitgehend ersetzt. Eine Neuerung zu Ende der 70er Jahre stellte EEPROM (*E*lectrical *E*rasable *P*rogrammable *R*ead *O*nly *M*emory) dar. EEPROM ist wiederprogrammierbar und nichtflüchtig und kann daher wieder ohne Ausbau beschrieben werden. EEPROM ist jedoch gewöhnlich wesentlich teurer als DRAM und ist daher in seinem Einsatz limitiert. Wie EPROM und EEPROM verfügen FLASH-Speicher über die Eigenschaft der Nichtflüchtigkeit und der Beschreibbarkeit. Aber im Gegensatz zu den beiden ersteren haben sie nicht deren Nachteile. Sie sind im Gegensatz zu EEPROM relativ schnell und vor allem wesentlich billiger. Im Gegensatz zu EPROM können sie ohne Ausbau wiederbeschrieben werden. Im Vergleich zu DRAM weisen sie allerdings einen Nachteil auf: Auf Flash-Chips kann man nur mehrere Byte auf einmal ändern und kann nicht auf jedes Bit gezielt zugreifen. Flash-Speicher sind also auf Sektorebene wiederbeschreibbar und sind daher kein Ersatz für DRAM-Speicherchips. Flash-Speicher sind daher von ihrer Art ähnlich den Disketten und den Plattenspeichern. Deshalb können sie eher als Ersatz für derartige Speicher gesehen werden und anstelle der flüchtigen, auf RAM-Speicher simulierten Platteneinheiten (RAM-Disk) eingesetzt werden. Flash-Speicher können also dazu verwendet werden, Plattenspeicher zu emulieren. Mit geeigneten Softwaresystemen sind sie für den Benutzer nicht mehr zu unterscheiden.

Flash-Platten sind 125.000 bzw. bis zu 250.000 mal schneller im Zugriff als heutige Festplatten. In der Kapazität sind sie jedoch mit bis zu 40 MB limitiert, während Festplattenantriebe von 5 MB bis zu 1 Gigabyte und mehr an Speicherkapazität aufweisen können (Abb. 4.38).

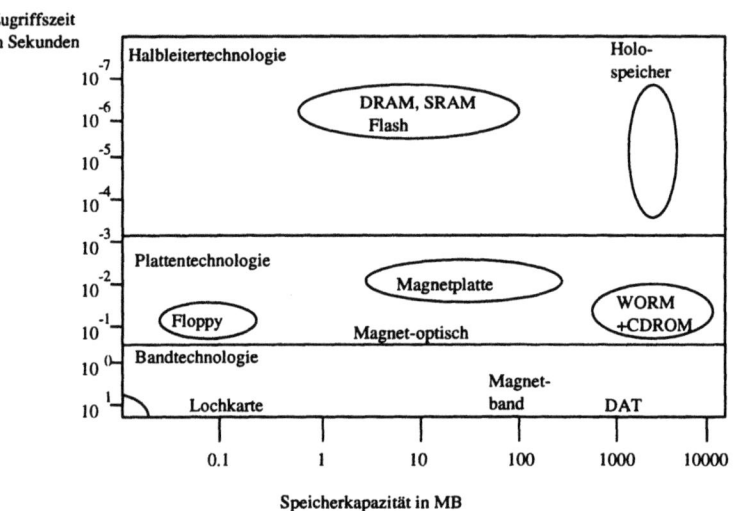

Abbildung 4.38: Massenspeicherung im Vergleich

Flash-Speicher können z.B. in Kreditkartengröße als emulierte Platteneinheit sehr nützlich sein. Jedoch ist auch die Packungsdichte von Flash-Speichern begrenzt. Dazu sind noch die wesentlich höheren Kosten von Flash-Speichern im Vergleich zu Magnetplatten in Betracht zu ziehen. Flash-Speicher werden als portable Hochleistungsspeicher, die bis zu einer Größe von einigen Megabyte durchaus kompakt gebaut werden können, verstärkt im Mikrocomputerbereich zu finden sein. Flash-Speicher sind auch als Zusatzspeicher für Laserdrucker und als Ersatz für Disketten einsetzbar. Diese Speichertechnologie verbindet die Vorteile von EPROM mit niederen Kosten und mit leichter Wiederbeschreibbarkeit mit den Vorteilen von EEPROM. Diese Vorteile machen Flash-Speicher zu einem wichtigen Speichermedium von

Arbeitsplatzrechnern und insbesondere portierbaren Rechnern bzw. *Note-Book*-Computern.

4.3 Magnetische Datenspeicher

Als Beispiele von Speichern mit halbdirektem und sequentiellem Zugriff wollen wir die **Magnetplatte** und die **Diskette** vorstellen. Das **Magnetband** dient als Beispiel für Speicher mit sequentiellem Zugriff.

4.3.1 Magnetplatten und Disketten

Die sogenannte **Magnetplatte** besteht aus einer oder mehreren Scheiben, die beidseitig magnetisierbare Oberflächen aufweisen (Abb. 4.39).

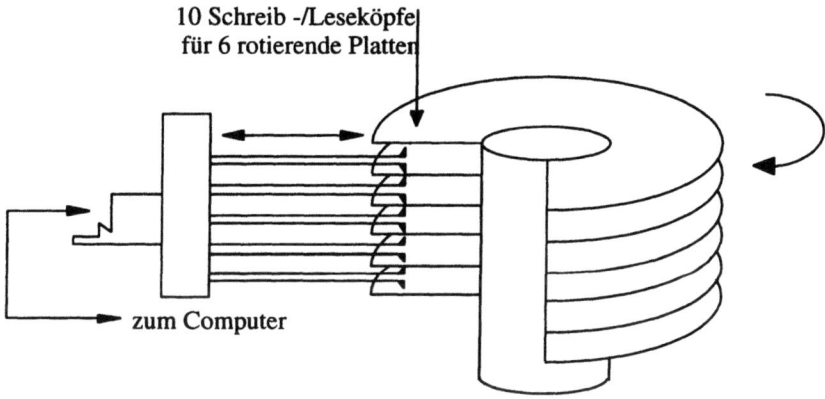

Abbildung 4.39: Plattenstapel

Die Scheiben werden durch eine gemeinsame Achse in Rotation gehalten. Der sogenannte Lese/Schreibkopf(kamm) bewegt die Lese- und Schreibköpfe in eine spezielle Position aus einer endlichen Anzahl von n Positionen. Durch die Rotation der Platte kann jeder Lese- und Schreibkopf in dieser Position auf der Platte einen Kreis von gewöhnlich **seriell** (eines nach dem anderen angeordnet) gespeicherten Bit

sequentiell (vom ersten Bit ausgehend über alle Nachfolger) lesen. Jeden derartigen Kreis nennt man eine **Spur**. Alle Spuren, die einer Position des Lese-Schreibkopf(kamm)es entsprechen, nennt man einen **Zylinder**. Die Lese- und Schreibzeit ist nun abhängig von der Zeit, die man bis zur Positionierung des Armes benötigt, zuzüglich der sogenannten Latenzzeit, d. i. die Zeit zum Auffinden der gesuchten Daten innerhalb der Spur. Die Lage der Bit sowie ihre Gruppierung nach Worten oder Byte wird hiebei durch eigene Spuren (Taktspur bzw. Wortmarkierungsspur) angezeigt. Der Anfang einer Spur wird durch eine Lücke in der Spur angezeigt. Jede Spur ist häufig weiter unterteilt in sogenannte **Sektoren**. Die Daten in einem Sektor sind in Gruppen, in sogenannten **Blöcken** organisiert.

Disketten sind Kunststoffscheiben mit magnetischer Schicht, deren typische Formate 5 1/4″ und 3 1/2″ betragen. Sie können immer ausgewechselt werden. Die Vorteile von Disketten sind ihre Auswechselbarkeit, die Möglichkeit des direkten Zugriffs, ihre Wiederverwendbarkeit und die kostengünstige Anschaffung, während die Nachteile in ihrer Fehleranfälligkeit, ihrer Beschädigungsanfälligkeit und der Unmöglichkeit der Verwendung als Urbeleg bestehen (Abb. 4.40 und Abb. 4.41).

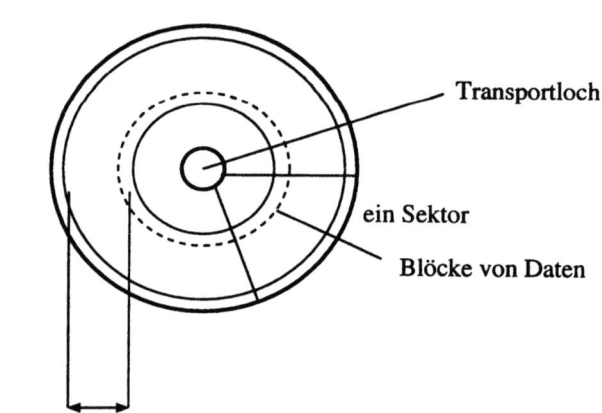

Aufzeichnungsbereich (Spuren)
Schreib-/Lesekopf liegt auf der Diskette

Abbildung 4.40: Diskette

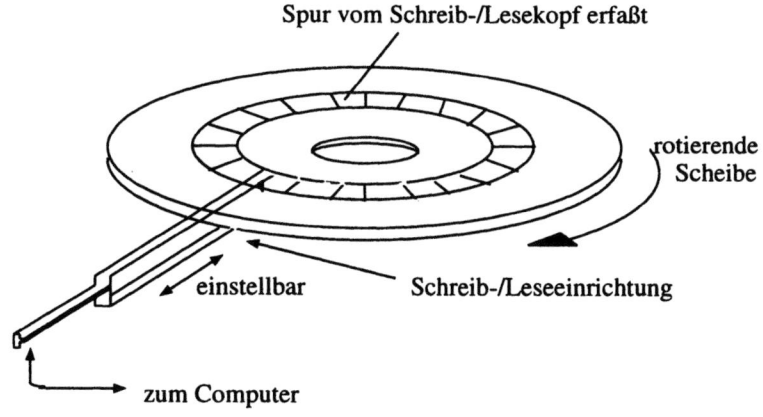

Abbildung 4.41: Diskettenzugriff

4.3.2 Plattenarrayspeicher (RAID)

Unter einem **Array** verstehen wir in der Informatik gewöhnlich eine Datenstruktur, die ganz ähnlich wie die Darstellung mit Matrizen in der Mathematik erlaubt, verschiedene Arten von Daten tabellenartig zu organisieren und zu speichern. Vereinfacht werden Arrays auch als **mehrdimensionale Tabellen** bezeichnet. Diese Bezeichnung ist nicht ganz zutreffend, da es auch rekursive Arrays und Arrays mit verschiedenen Axiomensystemen und daher verschiedenartigen semantischen Inhalten gibt, die durch diese einfache Definition nicht angesprochen werden (z.B. Arrays in den verschiedenen Versionen der Programmiersprache APL). Bei **Disk-Arrays** handelt es sich noch meist um die Verwendung von mehreren vektoriell angeordneten, preisgünstigen Platteneinheiten der PC- und Workstation-Technologien. In einer Zeit, in der 3 1/2-Zoll und 5 1/4-Zoll-Plattenlaufwerke bis zu mehrere Gigabyte Speichervolumen aufweisen und vergleichsweise preisgünstig, trotz eines hohen Datenvolumens und einer schnellen Zugriffszeit, erworben werden können, liegt es nahe, mehrere derartige preisgünstige Platteneinheiten zu einer einzigen Einheit zusammenzufassen. Diese Notwendigkeit wird noch besonders durch den Umstand unterstrichen, daß die Großrechnerwelten zunehmend durch Workstation-Welten nach dem sogenannten *Client-Server*-Konzept abgelöst werden, und die Applikationen bei diesen Welten im Speicherbedarf zunehmen. Dies gilt z.B. besonders für den Bereich der geographischen Informationssysteme, wird aber zunehmend in allen anderen Bereichen der kommerziellen Datenverarbeitung beobachtet. In verteilten Umgebungen, in denen bereits mehrere hundert Workstations auf spezielle Server wie Datenbankserver etc. zugreifen, werden Speicherstrukturen verlangt, die zum einen sehr große Datenmengen zu speichern in der Lage sind und zum anderen auch eine hohe Sicherheit und eine hohe Auslesegeschwindigkeit bzw. Schreibgeschwindigkeit bieten. Plattenarrays bieten genau diese Vorteile. Gegenüber dem Rechner erscheinen sie als ein einziges logisches Laufwerk, können jedoch interne Lese- und Schreiboperationen weitgehend parallel ausführen. Dieserart wird nicht nur die Speicherkapazität durch eine Zusammenfassung von Platteneinheiten maßgeblich erhöht, sondern auch die Lese- und Schreibleistung wird deutlich verbessert. Bislang hat die Erhöhung des Speichervolumens und der Lese- und Schreibleistung in der Regel zu einer Verringerung der Datensicherheit geführt. Umgekehrt haben erhöhte Sicherheitsmaßnahmen zu einer Reduktion des Speichervolumens und der Lese- und Schreibgeschwindigkeit geführt. Z.B. hat das klassische *Disk-Mirroring* (Plattenspiegelung), welches im wesentlichen in der doppelten Abspeicherung ein- und derselben Daten besteht, um die Datensicherheit zu erhöhen, zu einer Reduktion der Speicherkapazität um die Hälfte bei gleicher oder reduzierter Lese- und Schreibleistung geführt. Gerade hier bieten Plattenarrays entscheidende Vorteile, indem sie hohe Sicherheit mit hoher Datenkapazität und hoher Transferleistung verbinden. Von besonderer Bedeutung ist dies natürlich in Netzwerken und daher in den aufkommenden *Client-Server*-Architekturen. Bei Plattenarrays gibt es erhebliche Unterschiede in der Implementierung. Verwendet man für Plattenarrays nur einen einzigen Plattencontroller, dann ist auch der Plattenarray bei Ausfall des Controllers lahmgelegt. Verwendet man hingegen mehrere Controller parallel, so hat man im Normalfall den Vorteil, mehrere Datenwege verwenden zu können, und kann die Transferrate zwischen Prozessor und Speichermedium vervielfachen. Fällt nun ein Controller aus, so können andere Controller die Arbeit dieses einen Controllers übernehmen, und das System bleibt intakt, wenn auch seine Leistung reduziert wird. In den heutigen Plattenarrays werden fast ausschließlich SCSI-Controller verwendet. Als wesentlicher Grund dafür sind die sogenannten intelligenten Eigenschaften der SCSI-Verbindung zu sehen. Insbesondere die Möglichkeit, Laufwerkverbindungen kontrolliert ein- und auszuschalten, prädestiniert die SCSI-Schnittstelle für Plattenarrays. Ein Controller kann mehrere Plattenlaufwerke nacheinander ansprechen und muß nicht auf die Antwort warten, während er das nächste Plattenlaufwerk anspricht. Unabhängig kann er dann die Antwort abrufen und erkennen, in welchem Zustand sich dieses Plattenlaufwerk befindet, ohne wiederum auf die Antwort anderer Plattenlaufwerke zu warten. Diese Unabhängigkeit des SCSI-Controllers ist der eigentliche Vorteil, der zur starken Verwendung in Plattenarrays geführt hat.

Seit 1987 ist der Begriff **RAID** bereits in Verwendung. RAID steht für *Redundant Arrays of Inexpensive Disks* und ist ein Begriff, der im Gegensatz zu SLED (*Single Large Expensive Disks*) gebildet wurde, um technologische Unterscheidungsmerkmale von *Disk Arrays* im Gegensatz zu Einzelplatten und ihren wirtschaftlichen Vorteilen herauszuheben. Zugleich wurden fünf sogenannte RAID-Ebenen entwickelt, welche unterschiedliche Architekturen von Plattenarrays darstellen. Der Vorteil der RAID-Technologie liegt darin, daß Daten redundant abgespeichert werden und über Prüfdaten ein Fehlen von einzelnen Bit oder Byte ähnlich wie bei fehlerkorrigierenden Codes ergänzt werden kann. Zusätzlich verfügen derartige Arraysysteme in der Regel über Treibersoftware, welche in der Lage ist, defekte Laufwerke zu erkennen, anzuzeigen und u.U. Datensicherung während des laufenden Betriebes zu gewährleisten. Das System bleibt somit bei Plattenlaufwerkfehlern gewöhnlich betriebsbereit.

Es werden sechs RAID-Ebenen unterschieden: RAID-Ebenen 0 - 5.

Die **RAID-Ebene 0** ist die einfachste RAID-Ebene (Abb. 4.42). Die Daten werden hierbei ebenso wie bei den anderen Ebenen auf mehrere Platten verteilt (*data striping*). Es werden aber hierbei keinerlei redundante Werte verwendet, um eventuelle Fehlerquellen zu korrigieren. Die spezielle Technologie des Plattenarrays (*disk array*) trägt also hier noch nicht zu einer erhöhten Datensicherheit bei. Ganz im Gegenteil ist ein Plattenarray mit RAID-Ebene 0 wesentlich fehleranfälliger als die Einzelplatten, die, ansonst jeweils mit einem Controller an das System angehängt, unabhängig funktionsfähig wären. Bei ihrem Zusammenschluß mit einem Controller fällt das Gesamtsystem bei Ausfall eines Einzellaufwerkes aus, und die Betriebssicherheit nimmt damit ab. Die Verwendung der RAID-Ebene 0 ist daher nur dann sinnvoll, wenn es nicht auf große Datensicherheit ankommt. Der Vorteil der RAID-Ebene 0 ist der hohe Datendurchsatz durch Parallelzugriff. Daher können mit RAID-Ebene 0 bei reduzierter Sicherheit große Datenvolumina mit hohem Datendurchsatz verwaltet werden. Bei Plattenarrays mit n Laufwerken werden, solange n Laufwerke von den SCSI-Controllern unterstützt werden, n-fache Datentransferraten erzielt.

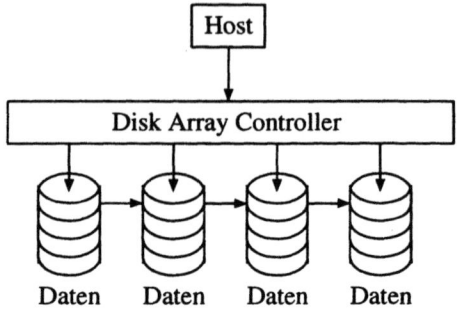

Abbildung 4.42: RAID-Ebene 0

Im Gegensatz zu RAID-Level 0 verwendet **RAID-Ebene 1** bereits zusätzliche Dateninformation, um Datenfehler eines Laufwerks beheben zu können (Abb. 4.43).

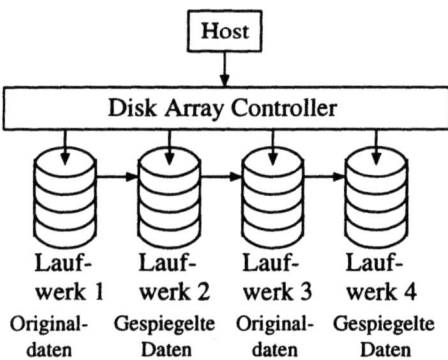

Abbildung 4.43: RAID-Ebene 1

Das gängigste Verfahren ist hier wiederum das sogenannte Platten-*Mirroring* oder *-Shadowing*. Dabei handelt es sich, wie schon erwähnt, um die doppelte Abspeicherung ein- und derselben Daten auf in der

Regel verschiedenen Plattenlaufwerken. Durch die Existenz eines Originals und des Duplikats wird die Speicherleistung auf die Hälfte reduziert, die Datentransferleistung jedoch in der Regel wesentlich erhöht.

Bei **RAID-Ebene 2** hingegen handelt es sich um ein RAID-Verfahren, das bereits wesentlich sparsamer mit dem Speicherplatz umgeht (Abb. 4.44). RAID-Ebene 2 wird sehr häufig bei Großrechenanlagen eingesetzt. Hierbei werden die Daten über mehrere Laufwerke verteilt, und ein eigenes Laufwerk für die Kontrolldaten verwendet. Bei Ebene 2 werden die Daten bitweise auf die Laufwerke verteilt. D.h. auf jedes Laufwerk einer Gruppe wird jeweils ein einziges Bit geschrieben, und zum Schluß ein Checkbit auf das Laufwerk für die Kontrolldaten. Als Nachteil dieses Verfahrens ist zu nennen, daß in der Regel bei hoher Plattenzahl mindestens 30 % der Speicherkapazität für Checkdaten zu verwenden sind. Besteht der Array aus weniger als 10 Laufwerken, kann der Speicherbedarf für die Checkdaten sogar auf über 50 % steigen. D.h. daß in diesem Falle *disk-mirroring* der RAID-Ebene 1 ökonomisch sinnvoller wäre.

Bei **RAID-Ebene 3** werden die Daten im Gegensatz zur RAID-Ebene 2 byteweise über die verschiedenen Laufwerke verteilt abgespeichert, und ein Kontrollbyte zur Datensicherung auf dem Laufwerk für Kontrolldaten abgelegt (Abb. 4.44). Kann nun auf der Platte ein Byte nicht mehr gelesen werden, so läßt es sich einfach aus den Kontrolldaten ergänzen. RAID-Ebene 3 ist besonders dann sinnvoll, wenn große sequentielle Dateien geschrieben und gelesen werden sollen. Durch besondere Effekte, die aus der Synchronisation der Plattenumdrehung konstruiert werden können, läßt sich der Datendurchsatz noch weiter erhöhen. Der Nachteil dieses Verfahrens der RAID-Ebene 3 liegt im wesentlichen darin, daß nach jeglicher Schreiboperation das Checkbyte auf dem Laufwerk für Kontrolldaten neu eingetragen werden muß. Hierdurch wird die Datendurchsatzrate erheblich reduziert, weil paralleler Datenzugriff nicht möglich ist.

Bei **RAID-Ebene 4** sind auch die Checkdaten auf einem eigenen Kontrolldatenlaufwerk abgelegt (Abb. 4.44). Allerdings werden die Daten nicht byteweise abgelegt, sondern in sogenannten Diskblöcken. Diese Blöcke sind je nach Betriebssystem unterschiedlich groß und betragen sehr häufig 500 und mehr Byte. Bei der Verarbeitung transaktionsorientierter Systeme bietet dies den Vorteil, daß bei einem einzigen Lesezugriff ein ganzer Datenblock einlesbar ist, wobei auf mehrere voneinander unabhängige Datenblöcke gleichzeitig zugegriffen werden kann. Der Schreibzugriff hingegen bietet Probleme. Da nach jeder Schreiboperation die Kontrolldatenplatte angesteuert werden muß, kann immer nur eine Schreiboperation auf einmal durchgeführt werden. Diese Leistungseinbußen sind hierbei sogar noch höher als bei RAID-Ebene 3, da bei einer einzigen Änderung eines Bit auf einem der Laufwerke ein ganzer Block an Checkdaten neu geschrieben werden muß.

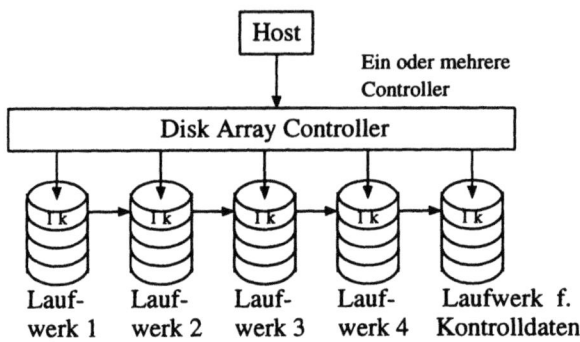

Abbildung 4.44: RAID-Ebenen 2/3/4

Die Nachteile der RAID-Ebenen 2/3/4 wurden erst mit der fünften Generation von RAID-Ebenen ausgeglichen. In der **RAID-Ebene 5** wurde ein Verfahren gefunden, das auf ein eigenes Laufwerk oder eigene Laufwerke für Prüfdaten verzichtet (Abb. 4.45).

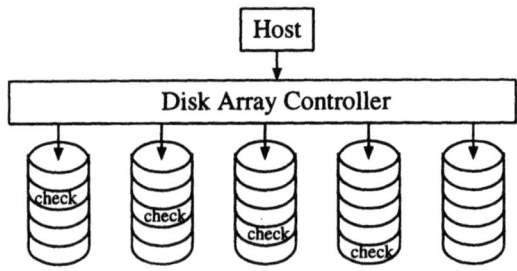

Abbildung 4.45: RAID-Ebene 5

Die Daten für die Fehlerkorrektur sind dabei über alle Festplatten verteilt. Da nun nach einer Schreiboperation nicht auf ein und dasselbe

Laufwerk für die Fehlerkorrekturdaten zugegriffen werden muß, läßt sich die Fähigkeit der Plattenarrays, auf alle Laufwerke gleichzeitig zuzugreifen, effizienter nützen. Die Problematik des Prüfdatenzugriffs ist insofern entschärft, als für eine Schreiboperation nur in besonderen Fällen eine parallele Durchführung nicht mehr möglich ist.

Die Prüfdatenerstellung erfolgt bei den RAID-Ebenen 3 bis 5 nach dem gleichen Prinzip. Aus allen zusammengehörigen Daten werden mittels der logischen Exklusiv-oder-Funktion (XOR) die Werte errechnet, die als Prüfdaten auf dem weiteren Laufwerk abgelegt werden. Wenn nun nur eines der Laufwerke ausfällt, kann aus den existierenden Prüfdaten der entsprechende Wert bestimmt werden, der den XOR-Wert korrekt setzt, womit die fehlerhaften Daten ergänzt werden können. Sollten allerdings während dieser Wiederherstellungsphase weitere Platten ausfallen, dann sind keine weiteren Prüfdaten vorhanden, um die Daten wiederherzustellen. Da dies allerdings sehr unwahrscheinlich ist, bieten Plattenarrays nach der RAID-Technologie eine erhebliche Sicherheit und dennoch hohe Zugriffs- und Durchsatzgeschwindigkeit. Dies noch dazu bei relativ geringen Kosten im Vergleich zur SLED-Technologie bei gleichem Datenvolumen. Durch die hohe Zugriffsparallelität wird bei RAID zudem die Transferrate vergleichsweise noch wesentlich erhöht. Insbesondere für den Einsatz von Workstationnetzen, also einer Computergeneration des mittleren Leistungsbereiches, die sich anschickt, sogenannte Großrechner und Jumborechner zu ersetzen, erweist sich diese Technologie als sehr erfolgreich und wird in vielen kommerziellen Applikationen bereits heute eingesetzt.

Plattenarrays fassen also mehrere SCSI-Plattenlaufwerke zu einer logischen Einheit zusammen. Sie reduzieren damit das Leistungsdefizit, das sich zwischen modernen Prozessoren und ihren peripheren Speichersystemen ergibt. Durch verschiedene Konfigurationsoptionen, die nach dem quasi Standard RAID 0 bis 5 genormt sind, können Durchsatz und Datensicherheit variabel eingestellt werden. Die auf dem Markt angebotenen Systeme unterscheiden sich vor allem durch unterschiedliche Treibersoftware sowie durch die Art der Datenverteilung auf die Einzelplatteneinheiten. Im Prinzip ist es gleichgültig, ob bei den Plattenlaufwerken nun optische oder magnetische Speicherverfahren eingesetzt werden.

4.3.3 Magnetbänder und Kassetten

Bei **Magnetbändern** werden die Datenbit in mehreren parallelen Spuren meist derart gespeichert, daß die vertikale Bitkombination ein codiertes Zeichen darstellen kann. Dementsprechend gibt es z.B. 6-spurige und 8-spurige Bänder. Hinzu kommt meist noch ein Prüfbit. Die Daten werden auf den Bändern seriell, d.h. Zeichen für Zeichen gespeichert. Da nur mit konstanter Geschwindigkeit gelesen und geschrieben werden kann, werden die zu speichernden Daten in **Blöcke** unterteilt, zwischen denen sich zur Erreichung der Anlaufgeschwindigkeit eine **Lücke (Kluft)** befindet. Dem Benützer bleibt es dabei überlassen, ob er mehrere oder nur eine logische Informationseinheit zu einem Block zusammenfaßt. Da die Lücken relativ groß sind, empfiehlt sich bei kürzeren Informationseinheiten eine Zusammenfassung von mehreren logischen Einheiten zu einem umfangreicheren Block. Bei Bandkassetten und anderen sequentiellen Speichermedien wird jedoch auch bitseriell, d.h. ein Bit nach dem anderen auf einer Spur, aufgezeichnet (Abb. 4.46).

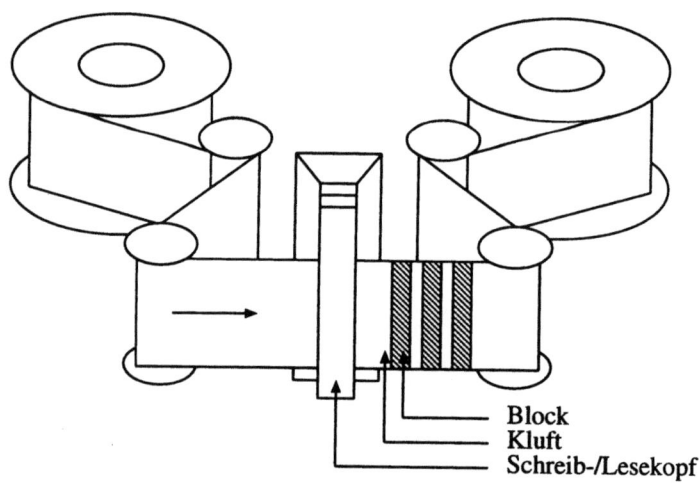

Abbildung 4.46: Magnetband

Magnetbänder bestehen aus Kunststoff mit Magnetbeschichtung, haben 7 bis 9 Spuren, deren Zeichendichte z.B. 640/1600/6250/12500 BPI (*Bytes Per Inch*) betragen kann, und befinden sich auf Spulen mit einer Bandlänge von gewöhnlich $730m - 1100m$ und einer Breite von meist 1/2 Zoll (= 1,27cm) (Abb. 4.47). Die Spuren enthalten in senkrechter Anordnung die 6 bzw. 8 Bit des Datencodes zuzüglich eines Paritäts-Prüfbits. Ein sogenanntes *Odd-Parity*-Prüfbit ergänzt die Anzahl der 1-Bit des Codes immer auf eine ungerade Gesamtanzahl von Bit. (Ein *Even-Parity*-Prüfbit ergänzt auf eine gerade Gesamtanzahl.) Die Schreib-/Lesegeschwindigkeit von Magnetbändern kann bis zu einigen Megabyte pro Sekunde (MB/Sek.)[3] betragen.

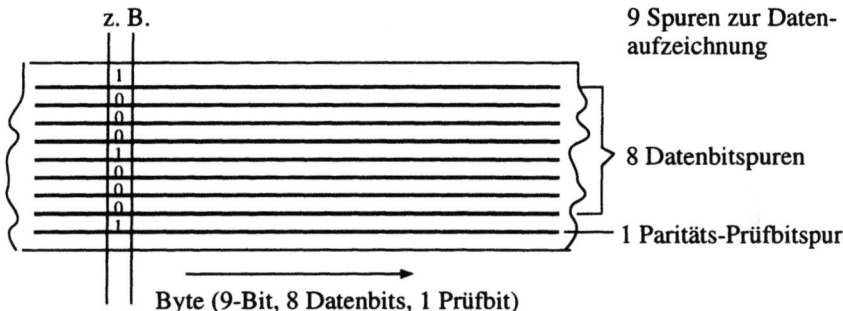

Abbildung 4.47: Magnetbandspuren

Beim Lese-/Schreibverfahren von Magnetbändern unterscheiden wir zwischen dem **Start-Stop-Verfahren**, das auf einer blockweisen Bearbeitung basiert, und der **Datenstrommethode**, im Englischen *Streaming Mode* genannt, die im folgenden ebenso kurz besprochen werden sollen.

Das **Start-Stop-Verfahren** besteht aus drei Phasen:

1. Band beschleunigen (in Start-Stop-Zeit)
2. Schreiben bzw. Lesen eines Blockes
3. Band stoppen.

Die Start-Stop-Zeit beträgt gewöhnlich weniger als 1 Millisekunde (ms).[4] Bei heutiger Technologie betragen die Blockzwischenräume

---

[3]Mit Kilobyte (KB) bezeichnet man 1024 Byte, mit Megabyte (MB) ca. 1 Million Byte, mit Gigabyte (GB) ca. 1 Milliarde Byte und mit Terabyte ca. eine Billion Byte.
[4]Eine Millisekunde (ms) bezeichnet eine Tausendstelsekunde, eine Mikrosekunde

(Kluft) ca. $1,5cm$ (bei 1600 BPI = Bytes Per Inch, d.h. Byte per Zoll) bzw. ca. $0,8cm$ (bei 6250 BPI), und der Blockungsfaktor (BF), d.i. die Anzahl der Datensätze, die zu einem Block zusammengefaßt sind, wird bei fester Satzlänge (SL) bestimmt durch die Gleichung (BL = Blocklänge):

$$BL = SL \times BF.$$

Je größer die Blocklänge, desto geringer ist der Speicherplatzverlust je Satz durch die **Kluft**. Der Hauptspeicherbedarf zur Zwischenspeicherung nicht benötigter Sätze steigt jedoch mit zunehmender Blocklänge.

Das **Streaming-Verfahren** ist ein kontinuierlicher Schreib-/Lesevorgang ohne Bildung von Blockzwischenräumen, bei dem im Gegensatz zum Start-Stop-Verfahren keine Kluft vorkommt. Es wird vor allem zur Datensicherung eingesetzt.

Zuletzt sei noch auf einen aussterbenden Datenträger eingegangen: Die **Magnetbandkassette**. Der Aufzeichnungsmodus der Magnetbandkassette ist bitseriell, und die Aufzeichnung erfolgt nur auf einer Spur. Die Vorteile dieses Datenträgers liegen in seiner Wiederverwendbarkeit, seiner hohen Schreib- /Lesegeschwindigkeit, sowie seiner Haltbarkeit und Kostengünstigkeit. Die Nachteile sind hingegen lange Zugriffszeit und Empfindlichkeit gegenüber externen Magnetfeldern.

Es sei auch darauf hingewiesen, daß sich magnetische Datenträger nicht zur Langzeitaufbewahrung eignen, da sich bei mehrjähriger Lagerung die Magnetisierung verflüchtigt.

4.3.4 DAT-Bänder (Digital-Audio-Tape)

Bandeinheiten werden heute überwiegend als Archivmedien verwendet, da sie nur sequentiell gelesen und beschrieben werden können. Mit der Einführung des DAT-Bandes durch die Musikindustrie zeichnet sich in der Verwendung von Bandeinheiten als Archivmedium eine Änderung zugunsten von DAT-Archivbändern ab. Bislang waren von den verfügbaren Bandeinheiten inbesondere die VHS-Bänder aus der Videotechnologie zur Verwendung als Speichereinheiten benutzt worden und hatten bei analogem Aufzeichnungsverfahren ein Aufzeichnungsvolumen von 2 Gigabyte erreicht. Moderne, wesentlich schmälere

---

(μs) bezeichnet eine Millionstelsekunde, eine Nanosekunde (ns) eine Milliardstelsekunde und eine Picosekunde eine Billionstelsekunde.

DAT-Bänder sind als Folge der Verwendung durch die Musikindustrie auf preisgünstigen Leseeinheiten verwendbar und erlauben dadurch eine wesentlich kostengünstigere Lösung als traditionelle Bandeinheiten.

Aufgrund der geringen Aufzeichnungsdichte von gewöhnlichen Magnetbändern als *Back-up*-Einheiten ist es notwendig, die Laufgeschwindigkeit dieser Bandeinheiten sehr hoch zu halten. Infolge der hohen Bandgeschwindigkeit ist die Abnützung des Bandes relativ hoch und die Verwendbarkeit des Bandes wird auf 100 bis 400 Durchläufe je nach Kapazität des Bandes (also Geschwindigkeit) beschränkt. Im Gegensatz dazu kann bei Verwendung eines DAT-Bandes als *Back-up*-Einheit eine Durchlaufhäufigkeit von 1000 Durchläufen überschritten werden, da deren Laufgeschwindigkeit geringer ist. Zwei Aufzeichnungsmethoden werden für DAT-Bänder genormt:

- DDS (*Digital Data Storage*) ist eine **Datenstrommethode**, die ähnlich wie bei konventionellen Magnetbändern realisiert wird.
- Die DATA/DAT-Methode bietet ein schnelles sequentielles Abspeichern und einen schnellen Dateizugriff durch Indizierung. Diese Methode bietet zudem einen Direktzugriffsschreibmodus, der bis zu 254 Partitionen des Bandes unterstützt.

DDS unterstützt Direktzugriffslesen, aber kein Schreiben im direkten Zugriff. DDS-Zugriff ist etwas schneller als DATA/DT-Zugriff, ist aber nicht geeignet, um Dateien auf dem Band zu ändern. DATA/DAT-Zugriff unterstützt block- und sektororientierte Operationen und erlaubt partielle Änderungen. Um auf Bändern, die zur Zeit 2,3 Gigabyte Speichervolumen bieten, eine verläßliche Datenaufzeichnung zu gewährleisten, ist die Verwendung von fehlerkorrigierenden Codes erforderlich. Unter Verwendung derartiger Codes wird eine Fehlerrate von 10^{15} Bit und damit eine im Vergleich zu konventionellen Bändern wesentlich reduzierte Fehlerrate (diese liegt bei ca. 10^8 Bit) erreicht. Bei dieser verbesserten Fehlerrate muß man ca. mit einem Fehler auf eine Million DAT-Bänder rechnen. Beide Aufzeichnungverfahren, DDS und DATA/DAT, unterstützen **Überlappung**. Überlappung vermeidet das Start-Stop-Phänomen der datenfreien Zone. Dieser Effekt wird durch Bufferung der Daten und nachfolgendes Schreiben kompletter Datengruppen, während sich das Band in voller Geschwindigkeit befindet, erreicht. Auf diese Art und Weise wird das Band von Anfang bis Ende beschrieben, ohne Start-Stopzeit abwarten zu müssen. Spezielle Techniken wie adaptives Überlappen reduzieren die Positionierungszeit noch weiter. Von den beiden Aufzeichnungsverfahren eignet sich das DDS-Format insbesondere bei der Verwendung der Bänder als *Back-up*-Speicher, während das DATA/DAT-Verfahren die Verwendung dieser Bandeinheiten als langsame Sekundärspeichereinheiten unterstützt.

DAT-Bänder unterstützen drei Zugriffsarten:

- Die Datenstrommethode,
- den Direktzugriff und
- die Satzänderung.

Mit der **Datenstrommethode** kann man Daten zum Band hinzufügen. Um eine Datei zu wechseln, schreibt man eine völlig neue Version derselben Datei neu auf das Band, alle vorhergehenden Versionen dieser Datei bleiben auf dem Band.

Mit der **Direktzugriffsmethode** kann man eine Datei auf dem Band mit 1 bis 2 Gigabyte Speichervolumen in weniger als 60 Sekunden finden. Dies wird bei Datensystemen ähnlich wie bei den üblichen blockorientierten Systemen wie Disketten oder Platteneinheiten erreicht. Ein Band wird hierbei in sogenannte Partitionen unterteilt, die vorformatiert werden müssen. Das formatierte Band oder die formatierte Partition wird nun Datengruppe genannt und kann überschrieben oder erneuert werden, ohne andere Sektionen auf dem Band zu ändern.

Im **Änderungsmodus** ist eine Kombination des Direktzugriffsmodus mit dem sequentiellen Zugriffsmodus zu verstehen. Hinzufügungs- und Überschreibmöglichkeiten werden gleichzeitig zur Verfügung gestellt, und eine Vorformatierung des Bandes ist nicht erforderlich.

Nicht zu vergessen ist, daß DAT-Speichereinheiten direkte Lesezugriffe im Gegensatz zu direkten Schreibzugriffen in allen drei Zugriffsarten unterstützen.

DAT-Bänder sind als effizientes, preisgünstiges Speichermedium für Archiv- und *Back-up*-Zwecke[5] äußerst nützlich und wirtschaftlich einsetzbar. Durch den Entwurf komplexer Anwendungssysteme ist es auch möglich, DAT-Bänder zur Speicherung von speicherintensiven Bild- und Tondaten gleichzeitig mit Programmen auf Magnetplatten zu ver-

---

[5]Unter *Back-up*-Kopien versteht man Sicherungskopien.

wenden und dieserart das Speichervolumen für derartige Applikationen preisgünstig anzubieten. Durch die Entwicklungen auf dem Musiksektor wird es möglich sein, DAT-Speichereinheiten ähnlich wie die CD-ROM-Speichereinheiten (siehe weiter unten) preisgünstig als portable Speichereinheiten für elektronische Bücher und *Note-Book*-Computer zur Verfügung zu stellen und diese in Einheiten von 2 Gigabyte und mehr preisgünstig als portablen wiederbeschreibbaren Speicher zur Verfügung zu haben. Der entscheidende Nachteil gegenüber Platteneinheiten ist sicherlich die Zugriffszeit. Durch die Normung und die Verfügbarkeit eines Direktzugriffsmodus wird allerdings dieser Nachteil der Hinzufügung als Billigspeichermedium weitgehend wettgemacht, solang ein relativ schneller Pufferspeicher zwischen Hauptspeicher und DAT-Speicher verfügbar ist.

4.4 Optische Speicher

Infolge der dramatischen Zunahme des Speicherbedarfs an peripheren Speichern hat man sich trotz der ständigen Zunahme der Speicherkapazität von Magnetplatten, Disketten, Magnetbändern u.a. magnetisch orientierten Speichermedien mit der Frage beschäftigt, welche Alternativtechnologie als Peripher- und Hauptspeicher für Computer in Frage käme. Für Halbleiterspeicher, die heute überwiegend als Hauptspeicher von Computern verwendet werden, hat man sich mit der Frage anderer Basismaterialien wie Galliumarsenid und der Möglichkeit von optisch arbeitenden Hauptspeichern auseinandergesetzt. Hierher zählt auch die Frage der Verwendung criogenischer Techniken, d.h. tiefgekühlter Rechner, die nahe an dem absoluten Nullpunkt arbeiten und daher einen minimalen Energieverbrauch und eine minimale Energieabstrahlung aufweisen.[6] Während diese Fragen noch weitgehend in Arbeit bzw. in Entwicklung sind, hat sich eine andere Klasse von Speichermedien, die überwiegend im Peripherspeicherbereich anzusiedeln sind, etabliert: die **optischen Speicher**.

Die ersten kommerziellen Produkte an optischen Speichern waren die Videoplatte und die CD-ROM-Platten (*Compact Audio Disc*). Insbe-

---

[6]Tatsächlich ist es bereits gelungen Materialien zu finden, die den Vorteil der criogenischer Verfahren auch bei höheren Temperaturen (-20 bis -100 Grad Celsius) aufweisen. Die Verarbeitung dieser Materialien enthält allerdings noch offene Probleme.

sondere CD-ROM-Platten war ein großer Erfolg beschieden. Optische Sekundärspeichermedien enthalten jedoch nicht nur optische Platten sondern auch optische Bänder und holographische Speicher.

Optische Plattenspeicher haben ihren Ursprung in den Videoplattensystemen, die Ende der siebziger Jahre eingeführt wurden. Die Verwendung von Laserdioden als wesentliche Teile der Leseköpfe ist charakteristisch für die Technologie mit Platten mit einer Größe von 3 1/2 bis ca. 10 Zoll und einer Kapazität von mehreren hundert Megabyte bis zu 100 Gigabyte. Auf optischen Platten werden die Daten auf der Oberfläche der Platte als eine Serie von Vertiefungen oder Veränderungen auf mehrfachen konzentrischen oder spiralförmigen Spuren aufgebracht. Es werden zwei Speichermethoden verwendet:

- Die Identifikation eines 1-Bit mit einer physischen Veränderung an einer Position des Speichermediums bzw. einer Änderung der speziellen **Magnetisierungsrichtung** an einer Position des magnetisierbaren Speichermediums
- und die Identifikation eines 1-Bit mit einer **Vertiefungskante** auf dem Speichermedium.

Im ersten Fall entspricht die kreisförmige Veränderung der Oberfläche einer digitalen 1, während im zweiten Fall die Position einer 1 durch die Kante einer beginnenden Vertiefung oder die Kante einer endenden Vertiefung angezeigt wird. Vertiefungskantenaufzeichnungsmodi erlauben Bit-Dichten und Datentransferraten, die zweimal so hoch sind wie die Positionsaufzeichnungsmethode [Saito et al. 1987]. Im Gegensatz zur CD-ROM-Aufzeichnungsmethode, die von ihrer Natur her dauerhaft ist, und die wir auch bei anderen dauerhaften optischen Speichermedien finden, werden lösch- und wiederbeschreibbare optische Platten sehr häufig durch Veränderung der optischen Eigenschaften des reflektierten Lichts (Intensität, Polarisierungsphase, etc.) beschrieben. Ein wesentlicher Vorteil optischer Speichermedien gegenüber magnetischen Speichermedien besteht in dem relativ großen Abstand (im Millimeterbereich) zwischen dem optischen Schreib-/Lesekopf und der Plattenoberfläche. Zudem ist bei vielen optischen Speichern die Oberfläche gewöhnlich noch mit einem durchscheinenden Schutzüberzug versehen.

Es gibt keine stärkere Beanspruchung als die ungeschützte Verwendung durch Konsumenten. Gerade diesem Anspruch zeigt sich die CD-ROM-

Platte gewachsen, wobei neben der 120 mm Platte die Minidisk mit 80 mm Durchmesser von großem Interesse ist (s. u.). Die Robustheit wird allerdings nicht nur durch physische Aufprägung der Bit und den Schutzüberzug erreicht, sondern es ist zusätzlich ein Code zu verwenden, der erlaubt, fehlende oder veränderte Bit infolge Zerstörung der Oberfläche zu ersetzen. Hierzu werden fehlerkorrigierende Codes (vergl. Kap. 1.4) herangezogen. Optische Speichermedien erlauben zudem durch die relativ starke Bündelungsmöglichkeit von Laserlicht Packungsdichten, die weit über jenen von magnetischen Speichermedien liegen (1 Million und mehr Bit pro mm^2). Durch relative Einfachheit und Kompaktheit werden natürlich auch die Kosten per Bit bei dieser Speicherform drastisch reduziert. Durch die Verwendung mehrfacher fehlerkorrigierender Codes wird eine hohe Fehlersicherheit erreicht. Durch den großen Abstand zwischen dem Schreib-/Lesekopf von der Plattenoberfläche werden Beschädigungen der Platte durch den Schreib-/Lesekopf vermieden, und optische Platten sind daher auswechselbar. Der Schutzüberzug aus transparentem Plastik verlängert das Leben des Mediums beträchtlich und erlaubt auch die Verwendung in nichtsterilen und nicht besonders geschützten Umgebungen. Zudem können in der Regel optische Platten relativ preisgünstig und schnell repliziert werden, Video- und Audiosignale können in die Daten integriert werden, und auf das Medium ist analog zur Magnetplatte wie auf einen Halbdirektzugriffsspeicher zuzugreifen. Einer der größeren Nachteile optischer Speichermedien war bisher ihre niedere Ein-/Ausgabetransferrate und ihre hohen Zugriffszeiten. Gerade in diesem Punkt wurden in der letzten Zeit erhebliche Fortschritte erzielt, sodaß lösch- und beschreibbare optische Speicherplatten heute in ihrer Zugriffsgeschwindigkeit den langsameren Magnetplatten nahezu entsprechen.

Optische Speichermedien können als

- nur lesbar (ROM),
- einmal beschreibbar und mehrfach lesbar (*Write Once - Read Many = WORM*)
- und lösch- und wiederbeschreibbare

Speichermedien klassifiziert werden. Die beste, bekannte Variante von optischen ROM-Speichern ist die CD-ROM-Platte. Bei der CD-ROM-Platte wird die gesamte Information durch den Hersteller aufgeprägt und kann nicht mehr durch den Benutzer verändert werden. Während CD-ROM-Platten weitgehend standardisiert sind, gilt dies nicht für optische Speichermedien der WORM-Kategorie. Speichermedien dieser Art, die nur einmal beschrieben werden und nachher nur mehr gelesen werden können, sind insbesondere für die Speicherung von weniger volatilen Daten und Applikationen zweckmäßig. Bei den lösch- und wiederbeschreibbaren optischen Platten hat man sich in den Verfahren zur Aufprägung von Bit-Strömen auf drei verschiedene Verfahren konzentriert:

a) Phasenwechsel des Materials durch 1-Bit,
b) plastische Deformation des Materials bei 1-Bit und
c) magnetoptische Kombinationen.

Neben dem technologischen Unterschied einer unterschiedlichen Aufzeichnungsmethodik und Beschreibbarkeit besteht ein wesentlicher Unterschied zwischen den Technologien in der Zugriffsgeschwindigkeit, die den Einsatzbereich weitgehend begrenzt. Eine Aufstellung möge diesen Unterschied veranschaulichen (Abb. 4.48).

	Standard-CD-ROM (120 mm)	WORM	Beschreibbare Platten (5.25 ")
Gigabytes je Platte	~ 0.6	$\lesssim$ 100	$\lesssim$ 100
Zugriffszeit in Sek.	0.5 - 1.5	0.15 - 0.8	~ 0.01 - 0.1
I/O Übertragungsrate (MB/Sek.)	0.15	$\lesssim$ 50	$\lesssim$ 100

Abbildung 4.48: Zugriffsgeschwindigkeit optischer Speicher

Die Zugriffsgeschwindigkeit erlaubt gewöhnlich nicht, CD-ROM-Platten und WORM-Platten in die Verarbeitung von Programmen miteinzubeziehen, da dies höherer Zugriffsgeschwindigkeiten ($\leq$ 0,1 ms) bedarf. Die Leistung von CD-ROM wird heute als ein Vielfaches der klassischen CD-ROM angegeben (z. B. dreißigfache Ausleserate).

4.4.1 Nur lesbare optische Speichermedien (ROM) am Beispiel von Standard-CD-ROM Einheiten

CD-ROM stellt einen bedeutenden Durchbruch in der Informationsspeicherungstechnologie dar. Bei CD-ROM handelt es sich um ein neues Medium zur Veröffentlichung von Informationsinhalten, das Gegenstand einer Vielzahl neuer Computerapplikationen werden kann und ein Basiswerkzeug für die Herstellung von Lehrkursen und die Verbreitung komplexer Ton-, Bild- und Textinformation im Rahmen interaktiver Computerapplikationen darstellt. CD-ROM ist das erste praktisch einsetzbare Produkt, das uns in die Lage versetzte, große digitale Datenbanken im Massenkonsum zu verteilen. Jede CD-ROM-Platte hat ein Speichervolumen von mindestens 550 Megabytes digitaler Daten mit einer Genauigkeit und Verläßlichkeit, die den besten Peripherspeichermedien von heutigen Computern entspricht. Um sich dieses Volumen vor Augen zu führen, denke man an 250 große Bücher, an scharf gestochen gespeicherte Bilder im Umfang von 15000 Seiten (z.B. Geschäftsgraphiken) oder an den Inhalt von 1000 Standard 3 1/2 Zoll Disketten.

Aufgrund relativ langer Zugriffszeiten und hoher Datentransferraten werden CD-ROM-Platten im Rahmen der Verbreitung interaktiver Applikationssysteme in erster Linie ähnlich wie Disketten zum Datentransport eingesetzt. Magnetische und magnetisch-optische Speichermedien werden überwiegend diese Daten für die Applikation übernehmen müssen, um einen schnellen Zugriff zu sichern. Auf der anderen Seite stellt CD-ROM ein sehr preiswertes Medium zur Speicherung von Daten mit hoher Dichte dar, welches für die Verbreitung von Daten, sei dies nun für Programme, Bilder, Ton oder Datenbanken, auf physischem Wege ideal ist. Einer der Gründe, warum CD-Platten ein derartiger Erfolg beschieden war, liegt in der frühen Einigung von Großherstellern über die Normierung der technischen Eigenschaften dieser Systeme: genormt wurden z.B. das Datenformat, die Adressierungsform, die verwendeten fehlerkorrigierenden Codes, die physische Struktur der Platte und die grundlegenden Eigenheiten der Kanäle und der Fehlerkorrektur. Der CD-ROM-Standard verwendet nun dieselbe Platten- und Laserscanningtechnologie, sowie dieselben Replikationsmethoden wie die Audio-CD-Platten. Erst die Massenverbreitung der Audio-CD-Platten hat CD-ROM in dem heutigen Preis-Leistungsverhältnis möglich gemacht. Ähnliches gilt für das Interesse der Medienindustrie an der DVD-Technologie.

Eine CD-ROM-Platte weist ca. 12 *cm* Durchmesser auf und ist 1, 2 *mm* dick. Sie weist in der Mitte ein Loch von 1, 5 *cm* auf. Die Information wird auf einer CD-ROM-Platte spiralförmig und nicht in konzentrischen Kreisen wie auf Magnetplatten aufgebracht. Die Bit werden durch Vertiefungen, die in die Oberfläche gepreßt werden, dargestellt. Die Oberfläche ist mit einer reflektierenden Metallschicht überzogen, die ihrerseits wiederum mit einer durchsichtigen Schutzschicht überzogen ist (Abb. 4.49). Die Vertiefungen sind ca. $0,12\mu m$ (Millionstel-Meter) tief und ungefähr $0,6\mu m$ breit. Die Distanzen zwischen den einzelnen Spuren in der Spirale sind ca. $1,6\mu m$ groß (Abb. 4.50).

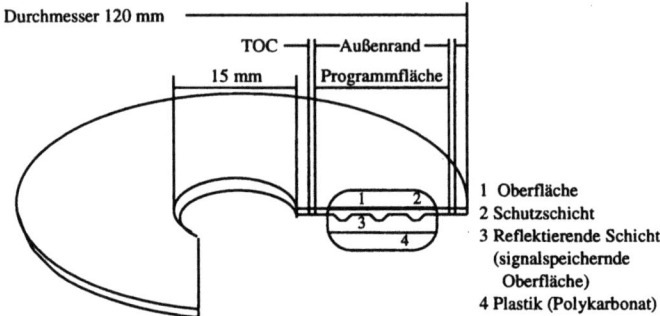

Abbildung 4.49: CD-ROM-Platte

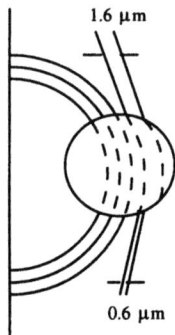

Abbildung 4.50: CD-ROM-Spuren

Die einzelnen Vertiefungen selbst sind auf den meisten CD-ROM-Platten mindestens 0,9 und höchstens 3,3 μm lang. Die Gesamtlänge einer Spur auf einer CD-ROM-Platte ist ca. 5 km, und die durchschnittliche Anzahl von Vertiefungen beträgt ca. 2 Milliarden. Eine CD-ROM-Platte weist Vertiefungen auf - wir nennen sie **Tiefen** - und nicht abgesenkte Ebenen, die wir **Land** nennen. Land und Tiefen wechseln sich auf einer CD-ROM-Platte ab. Die eigentlichen zu speichernden Daten müssen erst in eine spezielle Form gebracht werden, um in Land und Tiefen übersetzt werden zu können. Diesen Prozeß nennt man *Mastering*. Zu diesem Zweck wird eine spezielle **Masterplatte** belichtet. Von dieser Masterplatte wird sodann ein Negativ hergestellt, das seinerseits zur Herstellung von CD-ROM-Platten verwendet wird. Die Platten selbst sind aus Polycarbonat und werden mit transparenten Plastikoberflächen derart geschützt, daß eine praktisch ungeschützte Verwendung durch Konsumenten erst möglich wird. Auf fast allen optischen ROM-Speichermedien werden Galliumarsenidhalbleiterlaser, welche ihrerseits ovale Strahlen von fast infrarotem Licht erzeugen, verwendet. Dieser ovale Strahl wird in einen roten Strahl von ungefähr 1 μm im Durchmesser transformiert. Da die Breite dieses Strahls nicht wesentlich größer ist als die Wellenlänge des Lichts, ist entsprechende Sorgfalt angebracht. Um nun von CD-ROM-Platten reflektiertes Licht zu erkennen, sind hochwertige Linsensysteme im Einsatz (Abb. 4.51).

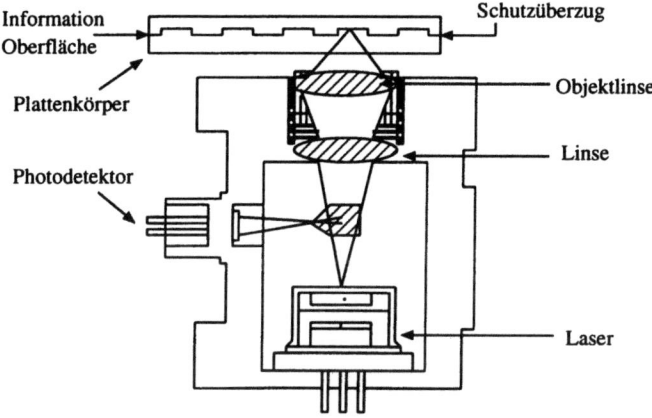

Abbildung 4.51: CD-ROM-Linsensystem (Objektiv)

Um die Information von einer CD-ROM-Platte zu lesen, wird ein Laserstrahl auf die spiralförmige Spur von Vertiefungen, d.h. von Tiefen und Ländern, angelegt und die Stärke des reflektierten Lichts gemessen. Licht, das eine der Kanten zu einer Vertiefung trifft, wird stärker gestreut und trifft daher nur mit einer stark verminderten Stärke wieder im Objektiv ein. Wenn indessen der Laserstrahl in dem flachen Gebiet zwischen den Kanten auftrifft, wird der Großteil seiner Energie in die Linse reflektiert. Es ist gerade jenes Signal, das durch diese Kombination von reflektiertem und gestreutem Licht dargestellt wird, welches tatsächlich den Informationsinhalt der Platte ausmacht (Abb. 4.52). Das reflektierte Licht trifft einen Photodetektor, der seinerseits Strom proportional zur Lichtintensität generiert. Das reflektierte Lichtsignal wechselt daher in seiner Stärke jedes Mal, wenn der Laserstrahl von einer Vertiefung zu Land oder umgekehrt wechselt. Durch den Decodierungsprozeß, welcher **Acht-zu-Vierzehn-Modulation** genannt wird, wird Information, welche von diesem variierenden Lichtsignal in 1 und 0 Bit übersetzt wird, in digital verwendbare Daten übersetzt. Um zu verstehen, wie Daten auf CD-ROM aufgetragen werden, sollte man sich zunächst vor Augen führen, was mit einem Byte passiert. Ein Byte wird von 8 Bit in einen Code von 14 Bit übersetzt.

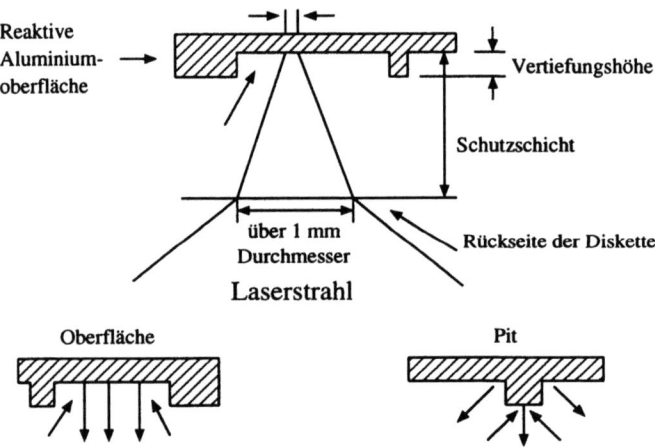

Abbildung 4.52: Lesen von der CD-ROM-Platte

Beispiel (Abb. 4.53):

Die Transformation der 8-Bit-Daten in einen 14-Bit-Code löst das Problem der minimal erforderlichen Anzahl von Nullen zwischen den Einsen bei CD-ROM. Dieses Problem besteht darin, daß zwei Einsen im Code nicht beliebig nahe beieinander vorkommen dürfen. Um die erforderliche Lesesicherheit zu gewährleisten, müssen zwischen zwei Einsen zumindestens zwei Nullen liegen. Man nennt dies die minimale Lauflänge von Nullen. Aus technischen Gründen gibt es auch eine maximale Lauflänge, die 11 Bit beträgt. D.h. die maximale Anzahl von Nullen zwischen zwei 1-Bit beträgt zehn. Ein 14-Bit-Code ist die minimale Anzahl von Bit, die erforderlich ist, um einen 8-Bit-Code dieserart zu vercodieren.

	Datenbit	**Übersetzte Bit**
0	00000000	01001000100000
1	00000001	10000100000000
2	00000010	10010000100000
3	00000011	10001000100000
4	00000100	01000100000000
5	00000101	00000100010000
6	00000110	00010000100000
7	00000111	00100100000000
8	00001000	01001001000000
9	00001001	10000001000000
10	00001010	10010001000000

Abbildung 4.53: Byteübersetzung bei CD-ROM-Vercodierung

Mit dieser Vercodierung lösen wir allerdings noch nicht das Problem der aneinanderstoßenden Codegrenzen. Hier könnten zwei 1-Bit wiederum benachbart sein. Deshalb führt man drei sogenannte Mischbits ein. Somit wird jeder 8-Bit-Code von Nutzdaten durch insgesamt 17 Bit auf der CD-ROM-Platte repräsentiert. Ein Satz von 24 dieser Einheiten wird kombiniert mit einem Synchronisationsbitmuster, einem Kontroll- und Darstellungsbitmuster und acht Fehlerkorrekturbitmustern, um einen sogenannten **Frame** zu bilden. Dies ist die Basiseinheit der Informationsspeicherung auf einer CD-ROM-Platte:

Synchronisationsbit	24	+3	Bit
Kontroll- u. Darstellungsbit	1 ×	(14+3)	Bit
Datenbit	24 ×	(14+3)	Bit
Fehlerkorrekturbit	8 ×	(14+3)	Bit

Ein **Frame**, der 24 Nutzbyte enthält, wird daher durch 588 Darstellungsbits vercodiert. Diese Bit werden nun derart auf die Masterplatte übertragen, daß eine Vertiefung immer genau dann beginnt oder endet, wenn eine 1 im Bitstrom vorkommt. *Frames* werden in Blöcken gruppiert, wobei 98 *Frames* einen **Block**, der auch als **Sektor** bezeichnet wird, bilden. Sektoren sind wiederum in **Sekunden** und Sekunden in **Minuten** organisiert. 75 Blöcke, von denen jeder 2352 Byte an Nutzdaten im CD-Standard hält, bilden eine **Sekunde**. 60 Sekunden machen eine Minute und 60 Sekunden sind daher zu einer **Minute**[7] organisiert. Das üblicherweise eingeführte 60-Minuten-Limit für CD-ROM ist nicht durch die Normung festgelegt. Da die Datenspirale im Inneren der Platte beginnt und nach außen verläuft, liegen die letzten vierzehn möglichen Minuten von der Spielzeit einer CD-Platte auf den äußeren 5 mm der Platte. Da dieser Bereich von der Pflege und von der Reinhaltung gesehen der am stärksten beanspruchte Bereich ist, hat man sehr häufig darauf verzichtet, diesen Bereich zur Speicherung heranzuziehen. Auf der anderen Seite gibt es doch einige Audio-Systeme, die auch diese vierzehn Minuten ausschöpfen. Es spricht daher prinzipiell nichts dagegen, auch für CD-ROMs diesen Bereich auch zur Datenspeicherung einzusetzen und damit die Anzahl der Minuten auf 74 zu erhöhen. Bei 60 Minuten ist die Gesamtanzahl der verfügbaren Sektoren auf einer CD-ROM-Platte gleich 270000. Häufig enthält jeder Sektor aus organisatorischen Gründen nur 2048 Byte zur Verwendung. Die insgesamt nutzbare Kapazität pro Platte beträgt dann 552960000 Byte. Bei 74 Minuten wäre die Anzahl von verwendbaren Byte 681984000, also ungefähr 682 Megabytes.

4.4.2 WORM-Speichereinheiten

WORM (*Write-Once-Read-Many*) besagt, daß wir diese Platten zwar einmal beschreiben können, aber danach nur mehr lesen können. Daher ist der Anwendungsbereich von WORM in erster Linie auf die Verwendung als Archivmedium beschränkt. WORM-Platten sind im allgemeinen nicht genormt und sind in unterschiedlichen Größen am Markt zu erhalten. WORM-Platten werden durch physische Veränderung der Plattenoberfläche beschrieben. Daten können nicht mehr geändert werden, da die Veränderung der Oberfläche permanent ist. Dementsprechend halten auch WORM-Platten mehrere Jahrzehnte. Diese Eigenschaft macht sie insbesondere für Behörden und andere Anwendungen im Rahmen von Dokumentationszwecken interessant. WORM-Platten werden überwiegend in 5 1/4, 12 oder 14 Zoll Größe angeboten, und das Speichervermögen beträgt von ca. 1/4 bis zu 10 Gigabyte und

---

[7]Die Bezeichnung ist vom Abspielverhalten von Audio-CD-Platten abgeleitet.

mehr. Die Zugriffszeit liegt in der Regel im Bereich von 0,15 bis 0,8 Sekunden. Die Datentransferrate liegt zwischen 0,3 und 40 Megabit. Im Vergleich dazu weist CD-ROM zwar ein Speichervolumen von 0,6 Gigabyte, aber eine Zugriffszeit von 0,2 bis 1,5 Sekunden und eine Basisdatentransferrate von 0,15 Megabyte pro Sekunde, die um das Dreißigfache und mehr unterschritten wird, auf. WORM-Platten sind damit im Zugriff schneller, im Speichervermögen beträchtlich größer und in der Transferrate ebenso erheblich schneller als klassische CD-ROM-Platten. Zudem werden WORM-Platten noch als sogenannte optische *Jukeboxes* angeboten. In derartigen Systemen wird eine große Anzahl von z.B. 60 bis 150 WORM-Platten in einer *Online*-Bibliothek zur Verfügung gestellt und mittels automatisierter Handhabungsmechanismen auf diese Platten zugegriffen. Damit kann jedes Datenelement in diesem Speicher mit etwa bis zu mehreren Terabytes Speichervolumen innerhalb von Sekunden gefunden werden.

WORM-Technologie bleibt aufgrund der ausgezeichneten Verwendbarkeit als *Online*-Archivmedium und der Permanenz der dieserart gespeicherten Daten sicher marktpräsent. Der Schwerpunkt der Erscheinungsform dürfte sich jedoch ändern. Eine jüngere Form ist bereits CD-R (CD-<u>R</u>ecordable). Hier wird bei nur einmaliger Phasenveränderung eine CD-ROM-kompatible Platte auf einem speziellen Ausgabemedium preisgünstig erzeugt.

4.4.3 Magnet-optische Speichermedien

Von allen genannten Aufzeichnungsverfahren hat sich bisher insbesondere die magnetoptische Kombination durchgesetzt. Dieses Verfahren basiert auf dem sogenannten **Kerr-Effekt**, welcher besagt, daß polarisiertes Laserlicht bei Reflexion von einer magnetisierten Oberfläche in seiner Rotationsrichtung gedreht wird. Die Richtung der Rotation des Lichtes ist bestimmt durch die Orientierung der Magnetisierung des Feldes auf der reflektierenden Oberfläche. Das Aufzeichnungsmedium ist eine dünne Schicht von vertikal magnetisiertem Material, welches zwischen einer durchscheinenden Polycarbonatschutzschicht und einer reflektierenden Schicht aufgetragen ist. Ursprünglich ist die Orientierung der Datenbit in einer unbeschriebenen Platte die gleiche und entspricht 0 in jeder Position. Bei Raumtemperatur benötigt die Ummagnetisierung eines lokalen Magnetfeldes von einer 0- zu einer 1-

Magnetisierung eine relativ sehr hohe Intensität des speziell vormagnetisierten Feldes. Wird nun das Material bis in die Nähe des Curie-Punktes angewärmt, so benötigen wir nur mehr ein sehr schwaches magnetisches Feld, um eine derartige Ummagnetisierung vorzunehmen. Um ein Bit daher zu schreiben, genügt es, die Temperatur des entsprechenden Punktes kurzfristig auf ca. 150 Grad Celsius [8] durch Laserstrahl zu erwärmen, und das darüberliegende magnetische Feld reicht aus, um eine Ummagnetisierung dieses Punktes vorzunehmen. Die Größe eines derart geschriebenen Bit ist abhängig vom Durchmesser des Laserstrahls und beträgt ca. ein μm (Mikron). Die Daten werden nun durch die Beleuchtung der zu lesenden Oberfläche mit einem polarisierten Lichtstrahl niederer Intensität gelesen. Die Polarisierung des reflektierten Lichtstrahls variiert je nach magnetischer Orientierung der beleuchteten Stelle und wird dementsprechend durch einen Photodetektor interpretiert. Das Löschen wird mit demselben Laserstrahl hoher Intensität vorgenommen, jedoch wird in diesem Fall das magnetische Feld, das die Magnetisierung[9] verursacht, wieder auf Null gesetzt. Durch den Umstand, daß das Lesen, Löschen und Schreiben nicht destruktiv ist, kann dieser Prozeß mehrere 100 Millionen Male wiederholt werden. Da dieses Medium im wesentlichen auch auf Magnetplattentechnologie basiert, wird jeder Fortschritt bei Magnetplatten sich auch als Fortschritt bei diesem System auswirken. In der ersten Generation derartiger Platten war die Zugriffszeit noch relativ hoch und betrug ca. 100 Millisekunden. Mittlerweile ist auch die Zugriffsgeschwindigkeit bei diesen Platten im Bereich von langsameren Magnetplatten angelangt. Derartige magnetoptische lösch- und wiederbeschreibbare Platten werden in Spuren ähnlich wie Magnetplatten bestehend aus konzentrischen Kreisen gelesen und beschrieben. Um eine Platte zu beschreiben, wird ein Laserstrahl zur Erhitzung eines Punktes auf der Platte verwendet, und die magnetische Polarität des magnetoptischen Materials wird gewechselt (durch die Erhitzung und durch den darüberliegenden schwachen Magnet). Die magnetoptische Platte ist hingegen fast unempfindlich gegen magnetische Felder, wenn sie nicht erhitzt wird. Dies ist ein großer Vorteil gegenüber Disketten und Magnetplatten. Anstelle der Hitze wird die Drehung des polari-

---

[8]Im Idealfall bis zum Curie-Punkt, d.i. jene Temperatur, bei welcher magnetisierte Speichermedien ihre magnetische Orientierung verlieren.

[9]Eine der häufigsten Zerstörungsquellen und Fehlerquellen von Magnetplatten neben Verunreinigung (wie durch Staub u.ä.).

sierten Laserlichtes zum Lesen verwendet. Ein Laserstrahl wird in eine von zwei Richtungen rotiert - je nach Polarität der magnetisierten reflektierenden Fläche auf der Platte. Da wiederum kein Magnet zum Lesen von magnetischen Feldern verwendet wird, kann der Lese- und Schreibkopf wesentlich weiter als ein Magnetkopf vom Medium entfernt sein. Daher gibt es weniger Abnutzung und Plattenverletzungen durch Kollision mit dem Lese-/Schreibkopf. Magnetoptische Platten werden in Zukunft noch wesentlich mehr Speicherkapazität aufweisen und einen schnelleren Zugriff erlauben. Statt der vielfach üblichen drei Durchgänge zum Schreiben von Daten genügen häufig schon zwei derartige Durchgänge. Sowohl das Speichervolumen als auch die Handhabbarkeit wird zunehmend verbessert (Abb. 4.54 und 4.55).

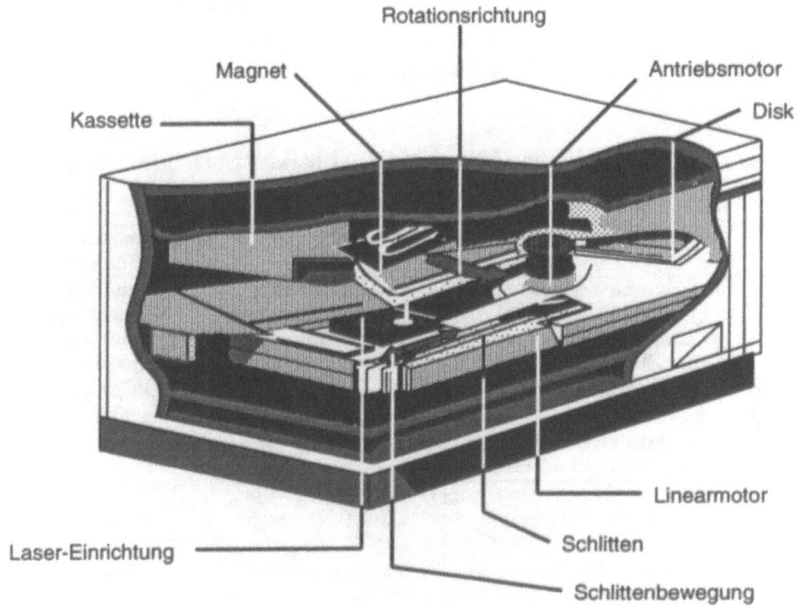

Abbildung 4.54: Löschbare optische Platte

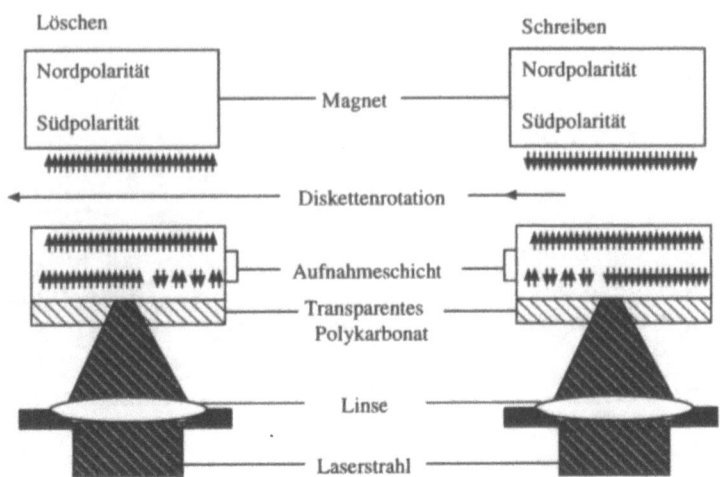

Abbildung 4.55: Lösch- und Schreibvorgang

Zuletzt zeige eine Tabelle die Vor- und Nachteile optischer Speichermedien.

	Vorteile	Nachteile	Beste Einsatzmöglichkeit
Löschbare optische Platten	1) Wiederbeschreibbar 2) enthält bis zu 1 GB 3) Datenstabilität bis mindestens 10 Jahre	1) Teure Hardware 2) langsam (nur M/O Technologie)	1) Sekundärspeicherung 2) Dokumentenverarbeitung
WORM	1) Datenstabilität bis zu 100 Jahre 2) einmal beschreibbar 3) enthält bis zu 10 GB	1) Nur einmal beschreibbar 2) teure Hardware	1) *On-line* Archivierung
Standard-CD-ROM	1) Auf versch. Systemen verwendbare Standardisierung 2) enthält 650 MB 3) dauerhafte Datenspeicherung 4) preiswerte Hardware und Medien	1) Langsamste optische Technologie 2) kann nur gelesen werden	1) Daten- u. Softwareverteilung im Einzelhandel 2) Datenverteilung lokal
CD-R/RW	1) Beschreibbar (CD-RW) 2) lesbar	1) Evtl. nur lesbar 2) beschränkt lagerfähig	Daten- und Tonverteilung und Speicherung
DVD-R/RW	Hohe Speicherdichte	Mangelnde Standards	*On-line* Daten-, Ton- und Filmarchivierung u. -verteilung

4.4.4 Medien mit phasenwechselnder Technologie

Einer der wesentlichen Nachteile von Platteneinheiten mit magnetisch-optischer Technologie besteht in ihrem zeitaufwendigen Schreibprozeß. Der wesentliche Unterschied zwischen magnetisch-optischen Technologien und Phasenänderungstechnologien besteht in der Art, wie die Bit dargestellt werden. Bei magnetisch-optischen Technologien wird zum Beschreiben der gesamte Bereich vor Auslegung der Platte auf Magnetisierung 0 gestellt. Die Platte kann nun durch Erhitzen der einzelnen Bitpunkte auf den Curie-Punkt und durch gegensätzliche Magnetisierungsrichtung des darüberliegenden Magnets in einzelnen Punkten auf 1 gesetzt werden. Dies ist auch die prinzipielle Schreibtechnologie. Um einen Sektor einer derartigen Platte zu beschreiben, wird generell davon ausgegangen, daß dieser Sektor auf 0 gestellt wurde. Alle Bit dieses Sektors werden dann wiederum neu eingetragen. Soll nun nur ein Teil dieses Sektors oder ein Bit dieses Sektors geändert werden, so ist zunächst die gesamte Information dieses Sektors zu lesen, der Sektor auf 0 zu stellen und dann der Gesamtsektor mit der veränderten Information neu zu beschreiben. Deshalb verlangen magnetisch-optische Medien für das Beschreiben mindestens zwei Durchgänge. Vermutlich werden also magnetisch-optische Platteneinheiten Magnetplatten in der Zugriffsgeschwindigkeit kaum jemals konkurrenzieren. Ein weiterer Nachteil magnetisch-optischer Technologie verglichen zur Phasenänderungstechnologie besteht darin, daß die Entdeckung der relativ geringen Polarisationsrichtungsänderung durch ein optisches Erkennungssystem einen relativ aufwendigen Lese- und Schreibkopf notwendig macht. Obwohl daher magnetoptische Platten mit derselben Umdrehungsgeschwindigkeit (ca. 3600 Umdrehungen pro Minute) rotieren wie magnetische, sind sie im Zugriff vier- bis sechsmal langsamer als magnetische Platten. Diesen Nachteil der optischen Technologie versprechen optische Platten, die auf Phasenänderungseffekten beruhen, zu vermeiden.

Jeder Aufzeichnungspunkt auf einer magnet-optischen Platte hat eine magnetische Orientierung, die entweder mit 0 oder 1 korrespondiert. Um die Orientierung an einem Punkt zu bestimmen, läßt das Lesesystem einen schwachen Laser von diesem Punkt reflektieren. Die Richtung der Polarisierungsrotation, die durch die magnetische Orientierung des Punktes dem reflektierten Strahl verliehen wird, verrät, ob der Punkt 0 oder 1 darstellt (Abb. 4.56).

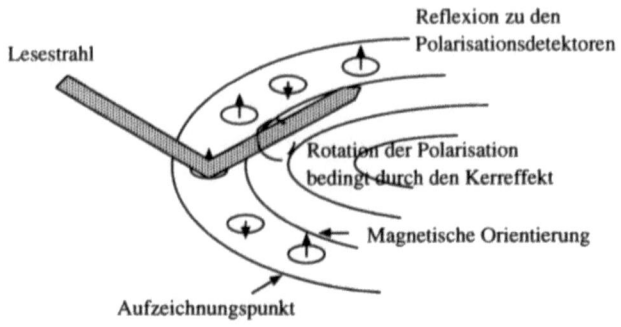

Abbildung 4.56: Der Lesevorgang

Um ein Bit auf eine magnet-optische Platte zu schreiben, muß die magnetische Orientierung eines Aufzeichnungspunktes eingestellt werden. Der Schreiblaser erhitzt den Punkt, während der darunterliegende Magnet ein Feld mit der neuen Orientierung des Punktes erzeugt. Wenn der Punkt erkaltet, nimmt er diese neue Orientierung an (Abb. 4.57).

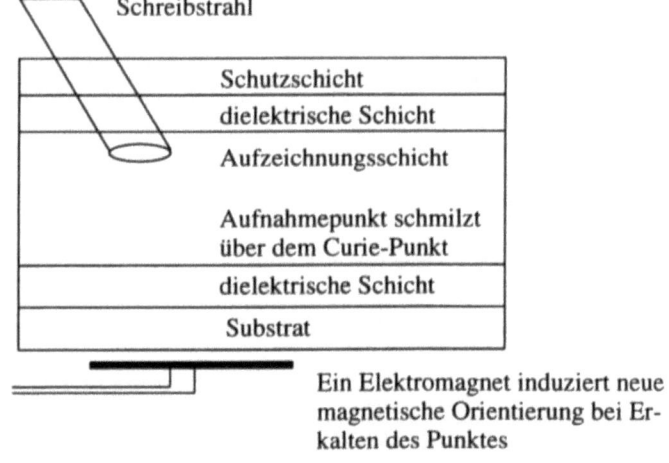

Abbildung 4.57: Der Schreibvorgang

Bei Phasenänderungstechnologie wird ungleich zu magnetoptischen Platten tatsächlich in einem Durchgang gelesen oder beschrieben. Die

Laserintensität bestimmt hierbei, ob gelesen oder beschrieben wird. Die Technologie basiert auf einer Schicht, die eingebettet zwischen Schutzschichten ca. 200-500 Angström dick ist und aus Tellur-, Selen- oder anderen Legierungen besteht. Dieses Material kann einen amorphen oder einen kristallinen Zustand annehmen. Ein Punkt in der Aufzeichnungsoberfläche kann also jeden dieser beiden Zustände annehmen. Ursprünglich befindet sich die Schicht bei einer Platte mit Phasenwechseltechnologie in amorphem Zustand. Um einen Zustandswechsel herbeizuführen, sind zwei Temperaturen entscheidend: die Übergangstemperatur vom amorphen in den kristallinen Zustand und die Übergangstemperatur in den geschmolzenen (amorphen) Zustand. Die dünne Oberfläche zur Aufzeichnung der Bit wechselt bei kurzer Bestrahlung mit einem schwachen Laserstrahl den Zustand von amorph in kristallin. Ändert man nun mit Verwendung eines starken Laserstrahles den Zustand in die Schmelzphase, so besteht die Besonderheit darin, daß das Material in den amorphen Zustand abkühlt. Hierbei ist es unerheblich, in welchem Zustand sich der Punkt auf der Aufzeichnungsoberfläche ursprünglich befand. Befindet sich daher die Aufzeichnungsoberfläche auf dem laserbestrahlten Punkt im kristallinen Zustand, so würde er bei Verwendung eines starken Laserstrahles in den amorphen Zustand übergehen, befindet er sich bereits im amorphen Zustand, so bleibt er im amorphen Zustand. Umgekehrt befindet sich ein bestrahlter Punkt bei Bestrahlung mit einem schwachen Laserstrahl im kristallinen Zustand, so bleibt er in demselben, befindet er sich in amorphem, so geht er in den kristallinen Zustand über. Hierdurch ist die Möglichkeit geschaffen, beliebig die Reflexionseigenschaften eines Punktes zu ändern. Gelesen wird durch Ausnützung des glücklichen Umstandes, daß die beiden Oberflächen - amorph und kristallin - sehr unterschiedliche Reflexionseigenschaften für Laserlicht aufweisen.

Die bemerkenswerte Eigenschaft von phasenverändernden Medien, nämlich auf einem bestimmten Energieniveau von amorphem in kristallinen Zustand überzugehen, und auf einem höheren Energieniveau von kristallinem in amorphen Zustand zu wechseln, ermöglicht die Verwirklichung direkten optischen Überschreibens (Abb. 4.58).

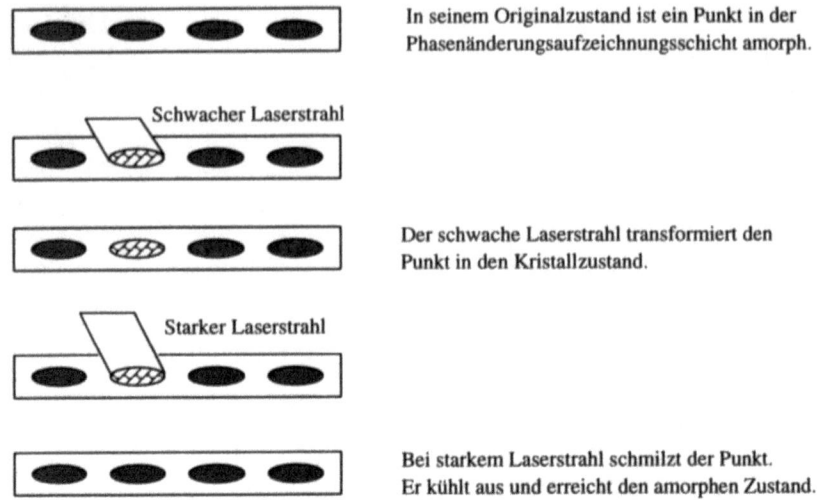

Abbildung 4.58: Der Phasenwechsel

Im Gegensatz zu magnet-optischen Antrieben, die die kleinen Veränderungen in der Polarisierung des Lesestrahls feststellen müssen, lesen phasenändernde Systeme die Information, indem sie die relativ großen Unterschiede in der Reflektivität amorpher und kristalliner Oberflächenstellen feststellen (Abb. 4.59).

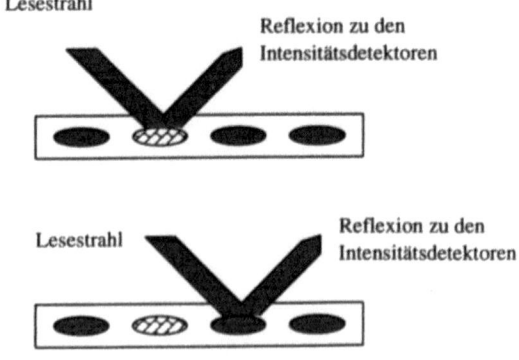

Abbildung 4.59: Das Lesen phasenändernder Platten

Diese Reflexionsunterschiede sind um Größenordnungen leichter zu erkennen als die Änderung der Rotation des Lichtes infolge des **Kerreffektes**. Daher können die Schreib-/Leseköpfe bei Phasenwechseltechnologie einfacher und leichter konstruiert werden. Dies findet in schnellerer Plattenkopfbewegung und daher in schnelleren Zugriffszeiten auf den Platten Niederschlag. Infolge dieser Eigenschaften können Platten mit Phasenwechseltechnologie zu einer erheblichen Konkurrenz von Magnetplatten mittlerer Packungsdichte und mittlerer Zugriffsgeschwindigkeit werden. Zudem verwendet Phasenänderungstechnologie dieselbe Lesemethode wir ROM- und WORM-Platten. Dies gestattet, sowohl CD-ROM-Platten, welche zur Zeit nicht nur Daten sondern auch Audioaufzeichnungen speichern können, und Platten, die mit Phasenwechseltechnologie beschrieben wurden, mit derselben Einheit zu lesen.

Mit dieser Technologie ist es also z.B. möglich, das portable elektronische geringen Kosten mit 600 und mehr Megabyte selbstaufgezeichneter Daten und Programme zu versorgen, indem man eine Variante des Audio-CD-Players neben dem *Note-Book*-Computer mit auf Reisen nimmt. Die Minidiskvariante mit nur 80 mm Durchmesser erscheint hier von besonderem Interesse.

4.4.5 CD-R- und DVD-Platten

Der Unterschied zwischen der Standard-CD und der CD-R bzw. der CD-RW-Platten besteht im wesentlichen darin, daß die CD-R-Technologie eine beschreibbare Schicht im Gegensatz zu Standard-CDs, bei denen Tal- und Land-Bits dargestellt werden, aufweist. CD-R- und CD-RW-Platten weisen im Gegensatz zu Standard CDs zwei spezifische Bereiche und zwar die 'Program Memory Area' (PMA) und die 'Program Calibration Area' (PCA) auf, welche Informationen über den Beschreibungsprozeß enthalten. In der PMA werden Spuradressen und die darauf gespeicherten Titel bzw. ihre Start- und Stoppunkte gespeichert. In der PCA wird eine Suchbeschreibung dazu verwendet, die Laserstärken zum Lesen bzw. zum Lesen und Lesen und Beschreiben zu optimieren. CD-R- und CD-RW-Platten haben dieselbe Grundstruktur. CD-R-Platten weisen eine farbenbasierte beschreibbare Schicht auf, während CD-RW-Platten auf dem Phasenänderungsverfahren basieren und eine niedrigere Reflexionsrate aufweisen. Beide haben zusätzlich reflektierende Schichten. Die Spuren sind bei beiden CDs analog zur Standard CD spiralförmig beschrieben. CD-R- und CD-RW-Platten haben dieselbe Spurbreite und dieselben Spurenabstände wie Standard-CDs und weisen daher dasselbe Speichervolumen auf.

Der Schreibprozeß bei CD-Rs ist dadurch gekennzeichnet, daß digitale Information in die beschreibbare Schicht mittels Laser eingebrannt wird. Bei der CD-RW-Platte handelt es sich dagegen um eine Phasenwechseltechnologie. Kennzeichnend ist für die meisten Platten dieser Technologie, daß die Anzahl der Wiederbeschreibungsmöglichkeiten beschränkt ist. Während CD-R-Platten nur einmal beschrieben werden können, können CD-RW-Platten zur Gänze oder nur teilweise gelöscht und wiederbeschrieben werden. Bemerkenswert ist, daß dieses Medium nicht nur vergleichsweise billig ist, sondern CD-R-Leser bzw. CD-RW-Lese/Schreibgeräte auch Standard-CDs lesen können. Ebenso kann auf CD-RW-Platten nicht nur Datenmaterial als Bitstrom sondern auch Audiomaterial in dieser Form in standardisierter Darstellung aufgebracht werden. Auf diese Art und Weise kann sich der individuelle Nutzer derartiger Platteneinheiten selbst Audio-CDs zusammenstellen. Bezüglich der Lagerfähigkeit von CD-R- und CD-RW-Platten wird eine Haltbarkeit von 30 Jahren und mehr genannt. Tests haben jedoch ergeben, daß unter ungünstigen atmosphärischen Bedingungen diese Lebensdauer stark reduziert wird. Ebenso sind die Medienpreise für CD-RW-Platten wesentlich höher als für nur einmal beschreibbare CD-R-Platten. CD-RW-Platten wie viele CD-R-Platten sind auf gewöhnlichen CD-Lesern lesbar, was die universelle Verwendung von audio-beschriebenen CD-RW-Platten möglich macht.

CD-R- und CD-RW-Medien entsprechen in der Aufzeichnungsdichte dem Standard. Eine Weiterentwicklung gewöhnlicher CD-R- und CD-RW-Platten stellt die DVD-Platte (Digital Versatile Disc) dar. Die DVD wurde und wird sehr stark von der Medienindustrie, insbesondere der Filmindustrie gefördert. Das Ziel dieser Industrie liegt darin, die klassischen Videokassetten abzulösen. Innerhalb der Medienindustrie gibt es allerdings bislang kaum Einigkeit über den Aufzeichnungsstandard. Ähnlich ist es im Bereich der PC-Anwender. Auch hier gibt es bislang noch keine Einigung über den Aufzeichnungsstandard. Zur Zeit sind auch hier zwei Technologien in Sicht. Die DVD-ROM, welche nur beschrieben werden kann, und die DVD-RAM, welche wiederholt gelesen und wiederbeschrieben werden kann. Bei gewöhnlichen DVD-ROM-Platten war zunächst eine Kapazität von 4,7 Gigabyte vorgesehen worden. Bei DVD-RAM-Platten (DVD/RW) war zunächst eine Speicherkapazität von 3 Gigabyte je Plattenoberfläche vorgesehen worden. Bei den DVD-Einheiten sind nach dem derzeitigen Stand der Dinge vier Varianten an Speichermöglichkeiten vorgesehen, je nachdem ob die Medien einseitig oder zweiseitig, einschichtig oder zweischichtig pro Seite beschrieben werden. Einseitig bespielbare einschichtige Platten sollen ein Volumen von 4,7 Gigabyte, einseitig bespielbare und zweischichtige Platten ein Volumen von 8,5 Gigabyte, beidseitig bespielbare einschichtige Platten ein Volumen von 9,4 Gigabyte und beidseitig bespielbare zweischichtige Platten ein Volumen von 17 Gigabyte aufweisen. Diese erhöhte Speicherdichte kommt in erster Linie durch einen reduzierten Spurabstand und eine wesentlich geringere Bitlänge zustande. Sowohl Spurabstand als auch Bitlänge werden zur Zeit mehr als halbiert. Eine weitere Erhöhung der Packungsdichte ist erfahrungsgemäß zu erwarten (Abb. 4.60 und 4.61).

Standard-CD-ROM: 682 MB

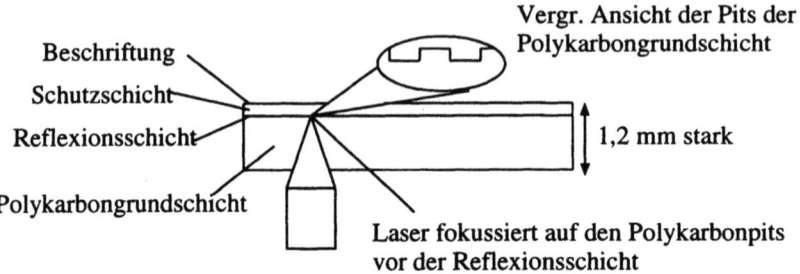

Einseitige, einschichtige DVD-ROM: 4,7 GB

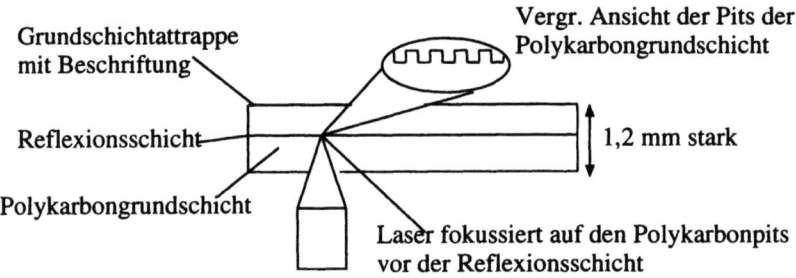

Einseitige, zweischichtige DVD-ROM: 8,.5 GB

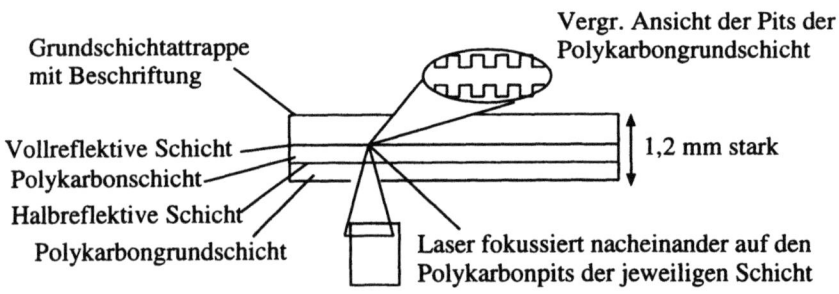

Abbildung 4.60: CD-ROM gegenüber DVD-ROM

Zweiseitige, einschichtige DVD-ROM: 9,4 GB

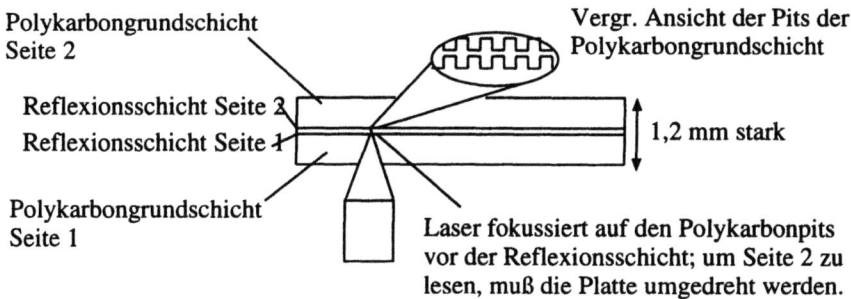

Zweiseitige, zweischichtige DVD-ROM: 17 GB

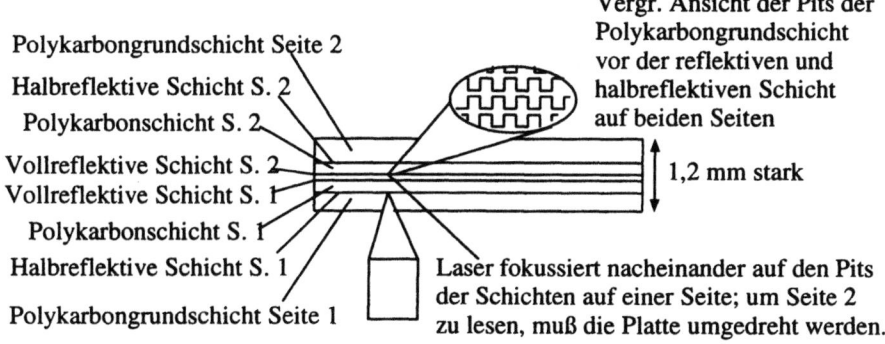

Abbildung 4.61: CD-ROM gegenüber DVD-ROM

Ziel der Medienindustrie ist, daß DVD-Einheiten in der Lage sein sollen, zwei Stunden von Videofilm in MPEG2-Komprimierungsformat zu speichern. Speziell für den Notebook-Markt ist auch das Minidiscformat von 80 mm im Gegensatz zum Standard-CD-ROM-Format von 120 mm für DVD-Platten interessant. Diese Platte würde ein Speichervolumen von 0,7 bis 5,3 Gigabyte aufweisen. Besonders bemerkenswert ist das zweischichtige Aufzeichnungsverfahren, welches eine neue Technik darstellt. DVD-ROM oder auch schon DVD-R genannt dominiert zur Zeit noch den Markt. DVD-RAM wird jedoch nach Überwindung der Anfangsschwierigkeiten zunehmend den Markt erobern (wird vielfach als DVD-RW bezeichnet). Eine weitere Erhöhung der Packungsdichte wäre durch mehr als zwei Schichten durch eine weitere Verringerung des Spurabstandes und der Bit-Größe möglich, Zudem wird eine Zugriffsbeschleunigung bei DVD-Drives durch Wechsel der Drehgeschwindigkeit von unterschiedlicher Geschwindigkeit je nach Spurlage auf eine gleiche Geschwindigkeit für jede Spurlage erfolgen, welche sich besonders günstig für große Datenmengen auf DVDs auswirken würde. DVD würde es auch möglich machen, in Filmen, die auf einem derartigen Medium komprimiert aufgezeichnet sind, unterschiedliche Tonspuren und interaktive Steuerungen aufzubringen, sodaß Filmmaterial interaktiven Spielen zugrundegelegt werden kann und multilingual verarbeitet werden könnte. Alles in allem erlaubt DVD den Übergang von der Megabyte CD-Ära in die Gigabyte CD-Ära und damit von Einzelbild- zu Bewegtbildaufzeichnung. Jukebox- und RAID-Speicher auf DVD-Basis würden mühelos die Terabyteebene erreichen.

Die höhere Aufzeichnungsrate der DVD (Digital Versatile Disc) möge die nachfolgende Abbildung veranschaulichen (Abb. 4.62). Die anschließenden Tabellen bringen einen ausführlichen Vergleich beider Technologien.

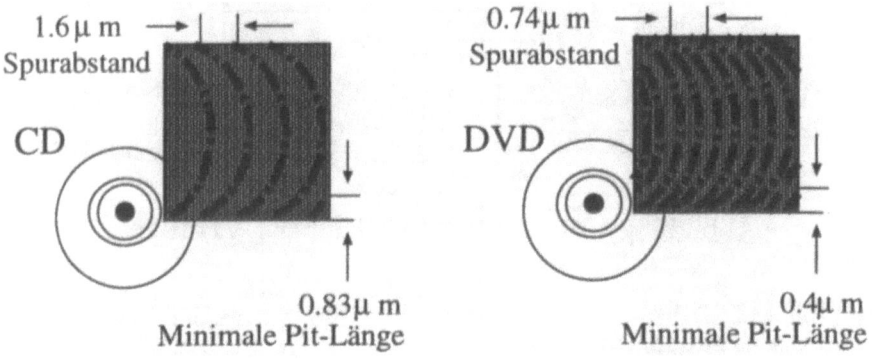

Abbildung 4.62: CD im Vergleich mit DV

	CD	DVD
Plattendurchmesser	120 mm	120 mm
Plattenstärke	1.2 mm	1.2 mm
Plattenstruktur	1 Grundschicht	2-geb. 0.6 Grundschichten
Laserwellenlänge	780 nm (infrarot)	650 und 635 nm (rot)
Numerische Öffnung	0.45	0.60
Spurentiefe	1.6 μm	0.74 μm
Kürzestes Pit/ Land-Länge	0.83 μm	0.4 μm
Datenschichten	1	1 oder 2
Datenkapazität	Ungef. 680 Megabyte	Einschichtig: 4.7 GB x 2 Zweischichtig: 8.5 GB x 2
Übertragungsrate	Modus 1: 153.6 KB/Sek. Modus 2: 176.4 KB/Sek.	1.108 KB/Sek. min.

	Video-CD	DVD-Video
Video-Datenrate	1.44 MB/Sek. (Video, Audio)	1-10 MB/Sek. variabel (Video, Audio, Untertitel)
Videokompression	MPEG1	MPEG2

4.4.6 Sonstige optische Speichermedien

Um die Leistung optischer Speichermedien insbesondere optischer Platten zu beschleunigen, wurden eine Vielzahl von Vorschlägen gemacht. Eine Reihe von Vorschlägen befaßt sich mit der Verwendung von festen Lese- und Schreibköpfen bzw. von anderen insbesondere durchscheinenden Materialien für die Platte selbst. Würde man anstelle eines reflektierenden Materials ein durchscheinendes Material verwenden, so wäre es möglich, große Teile einer Spur gleichzeitig zu lesen und damit den Datendurchsatz bedeutend zu erhöhen. Ebenso ist generell eine Beschleunigung des Lesens durch die Verwendung multipler Lese- und Schreibköpfe möglich.

Eine besondere und über das Laborstadium noch nicht hinausgehende Klasse von Speichermedien sind die sogenannten **Holospeicher**. Sie basieren auf der Technologie zur Aufzeichnung von **Hologrammen**. Um Hologramme zu erklären, ist es zweckmäßig, auf einen Vergleich mit der Photographie einzugehen. Photographie stellt eine Methode dar, um die Vielzahl von Wellen einer Lichtquelle durch eine Zusammenlegung dieser Wellen auf eine Objektwelle zweidimensional abzubilden. In dem photographischen Bild geht die Information über die Dreidimensionalität verloren. Holographie ist hingegen anders. Mit Holographie speichert man die Objektwellen selbst. Das Bild wird aus mehreren Objektwellen zusammengesetzt gespeichert. Die Wellen werden in einer Art und Weise gespeichert, daß eine nachfolgende Erhellung (Beleuchtung) dieses Speichermediums zu einer Rekonstruktion der Originalwellen führt. Bei Beobachtung dieser Wellen hat man denselben Eindruck wie bei der Originalszene. Der Unterschied zwischen Photographie und Hologrammen liegt daher in der Aufzeichnung der Originalwellen im Vergleich zur Aufzeichnung einer reduzierten Welle. Das Interesse an Holographie ist unter anderem durch den Umstand einer hohen Speicherdichte von Hologrammen motiviert [Berra et al. 1989].

Das optische Pendant zum DAT-Speichersystem ist das DOT (*Digital-Optical-Tape*)-Speichersystem. Derartige Bänder werden als WORM-Medien konzipiert. WORM-Technologie kann anstelle auf der Oberfläche einer Platte auch auf der Oberfläche eines Bandes physisch 'Löcher' anbringen. Eine Laserbandeinheit mit einem durchwegs sehr günstigen Medienpreis kann ca. 50 Gigabytes an Daten speichern; (das sind z.B. ca. 23000 Kopien des bekannten Werkes *Krieg und Frieden*). Dieserart ist zu erwarten, daß WORM-Speichermedien Speichervolumen im Terabytebereich (1 Terabyte = 10^{12} Byte) anbieten werden.

Holospeicher

Holospeicher basieren technisch auf den Ideen der **Holographie**. Der Ausdruck **Holographie** ist aus dem Griechischen *holos* abgeleitet, welcher für das Ganze oder die Ganzheit steht. Ein Hologramm zeichnet die gesamte Welleninformation einer Welle von jedem Punkt einer zweidimensionalen Fläche gesehen auf [Gabor 1969]. Durch die Möglichkeit, diese Wellenfront wieder einfach zu rekonstruieren, kann die dreidimensionale Information über die Welle nach Bedarf gelesen werden. Die Basistechnik der Erstellung und des Lesens eines **Hologrammes** ist in beiliegender Zeichnung dargestellt (Abb. 4.63).

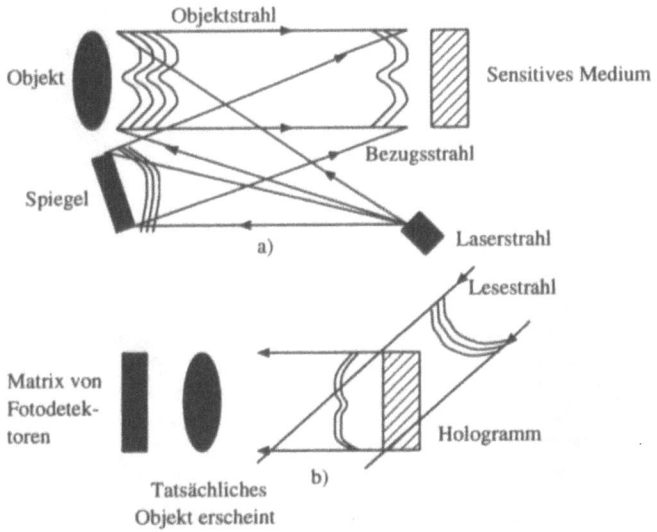

Abbildung 4.63: Erstellen und Lesen eines Hologrammes

Ein Laserlichtstrahl wird in zwei Lichtbündel geteilt. Eines dieser Bündel wird dazu verwendet, das Objekt, dessen Wellen aufzuzeichnen sind, zu beleuchten, und der andere wird als Bezugslichtquelle verwendet. Dementsprechend werden die beiden als **Objektstrahlen** und **Bezugsstrahlen** bezeichnet. Die Bezugsstrahlen werden derart geführt, daß sie mit den Objektstrahlen genau an jenem Ort überlappend, an dem sich **photosensitives** Material befindet, auftreten. Der Bezugs- und der Objektstrahl bilden auf dem Aufzeichnungsmedium ein *Interferenzmuster*. Das Interferenzmuster erhält man also durch die Überlappung von Objekt- und Bezugsstrahl. Gelesen wird ein Hologramm durch Beleuchtung mit einer Lichtquelle, die dieselben physikalischen Eigenschaften aufweist wie die Bezugsstrahlen, mit denen es aufgezeichnet worden war. Beim Durchgang durch das Hologramm wird der Lichtstrahl derart zerlegt, daß ein Abbild des Originalobjektes entsteht. Wird eine Photodetektormatrix am Ort des Ursprungsobjektes plaziert, dann kann das Objekt, wie in beiliegender Abbildung dargestellt, gelesen werden. Der Holospeicher überdeckt den Datenteil des Laserstrahles mit einem Muster von hellen und dunklen Punkten basierend auf den Digitaldaten. Die Daten werden als Muster gespeichert (Abb. 4.64).

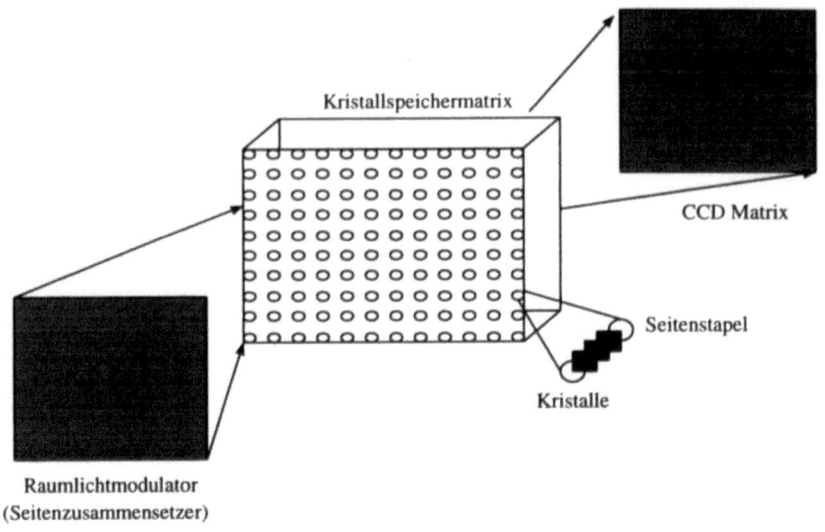

Abbildung 4.64: Holospeicher 1

Der Holospeicher weist eine kompakte Laserstrahlenquelle auf. Der Strahlenzersplitterer teilt die Laserstrahlen in getrennte Daten- und Bezugsstrahlen und steuert sie auf die Oberfläche eines Kristalles, um eine Datenseite zu speichern (oder wieder zu lesen) (Abb. 4.65).

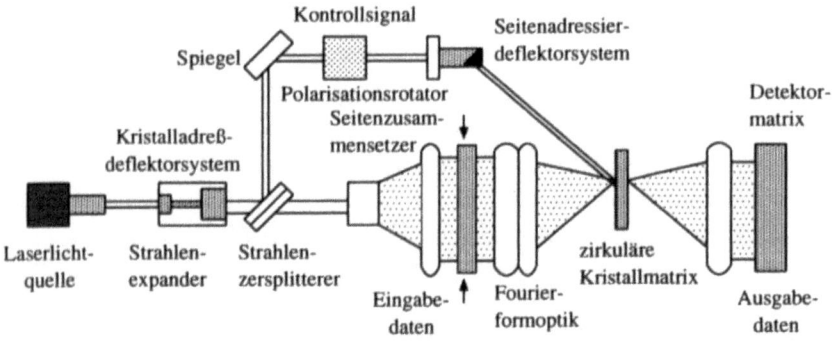

Abbildung 4.65: Holospeicher 2

Ein **Seitenhologramm** ist definiert als ein Hologramm, welches sich aus mehreren nichtüberlappenden **Subhologrammen** oder **Seiten** zusammensetzt. Dies entspricht der seitenweisen Speicherung von Daten in einem Computer. Mit einem seitenorientierten holographischen Speicher (<u>P</u>age-<u>O</u>riented <u>H</u>olographic <u>M</u>emory (POHM)) wird jede Seite getrennt gespeichert. Um eine Seite zu speichern, werden die Daten in den **Seitenkomposer** geladen. Dieser stellt ein elektrooptisches Schnittstellengerät dar. Dann wird ein kleiner Bereich des Aufzeichnungsmediums den beiden Lichtquellen des Objekt- und des Bezugsstrahls ausgesetzt, und dieserart das Hologramm in dem entsprechenden Bereich des Aufzeichnungsmediums aufgezeichnet. Um eine andere Seite nun aufzuzeichnen, wird ein anderer Teil des Aufzeichungsmediums durch Änderung des Einfallswinkels des Bezugsstrahls bzw. durch Änderung des exponierten Teils des Aufzeichnungsmediums zur Aufzeichnung herangezogen. Dieser Prozeß wird für jede Seite des Hologramms wiederholt.

Durch leichte Veränderung der Richtung des Bezugsstrahls kann dann die nächste Seite usw. aufgezeichnet werden.

Die Verwendungsstärke von Holospeichern liegt nicht so sehr in ihrer Kapazität, obwohl auch diese beträchtlich ist, sondern in erster Linie in der Erhöhung der Bandbreite in der Übertragung von Daten vom Holospeicher in den Arbeitsspeicher der Maschine bzw. direkt in den Prozessor. Durch diese besondere Fähigkeit des Holospeichers wird auch sein Einsatzbereich bestimmt.

Während schnelle Platteneinheiten heute in der Regel bis 100 Megabyte und mehr pro Sekunde übertragen können, benötigt man z.B. für bewegte Videobilder in einer interaktiven Computerumgebung Übertragungsraten von mehr als 20 Megabyte pro Sekunde (bei heutiger Technologie). Zukünftige Fernsehhochtechnologie (HDTV (<u>H</u>igh <u>D</u>efinition TV)) hat eine vierfache Auflösungsrate und eine doppelte Erneuerungsrate. Während heutige TV-Technolgie rund 25-30 Bilder pro Sekunde bringt, verlangt HDTV ca. 50-60 Bilder pro Sekunde. Um daher heute und in Zukunft interaktiven computergesteuerten Film wirkungsvoll zu unterstützen, brauchen wir eine Speichereinheit, die sich wie ein Direktzugriffsspeicher verhält und die die Kapazität und die Kosten optischer Medien anbietet. Andere Einsatzgebiete sind beim Einsatz in großen transaktionsverarbeitenden Systemen zu sehen, in denen viele Nachrichten in großer Geschwindigkeit verteilt und gesammelt werden müssen. Holospeicher werden je nach Technologie von der

Verwendung als Hauptspeicher oder Hochleistungsspeicherersatz bzw. -zusatz bis zu einem Medium zur Datenverteilung oder zum Ersatz des Mikrofilmes in vielen Bereichen als Zusatz zu den heutigen Halbleiterspeichern und als Bindeglied in der Speicherhierarchie zwischen Plattenspeichern und Halbleiterspeichern bzw. Plattenspeichern und langsamen Halbleiterspeichern überall dort eingesetzt werden können, wo es auf eine schnelle Aufzeichnung und auf ein schnelles Auslesen von relativ großen Datenmengen ankommt. Bei kleineren Datenmengen wie z.B. 4K- oder 8K- Byte, wie sie vielfach in Betriebssystemen heute üblich sind, ist ein Einsatz allerdings weniger wirtschaftlich.

4.5 Die Zukunft magnetischer und optischer Speichermedien

Magnetische Speichermedien, insbesondere Magnetplatten, werden sich in Zukunft auf dem schmalen Pfad zwischen der Vorteilhaftigkeit des Einsatzes optischer Platten und Speichermedien und der wesentlich schnelleren, aber immer noch teureren Halbleiterspeicher bewähren müssen. Eine Frage, die sich nebenbei stellt, lautet: wird aufgrund der heutigen Entwicklungen den magnetischen Speichermedien - insbesondere Magnetbändern als Archivspeicher und den Magnetplatten als Pseudodirektzugriffsspeicher - nicht der Lebensraum in der Welt der Sekundärspeicher zu eng werden, um langfristig bestehen zu können?

Magnetische Speicher werden daher von zwei Seiten herausgefordert: Auf der einen Seite ist es der Halbleitermassenspeicher, der zunehmend Plattenspeicher ersetzt bzw. ergänzt. Mit steigenden Packungsdichten von sogenannten DRAM (*dynamic* RAM) Speichern von 4 auf 16, 32, 64, 128 Megabit und mehr pro Chip und darüber sinken die Kosten per Bit. Daneben sind natürlich insbesondere sogenannte Flash-EPROM-Speicher zu beachten. Im Unterschied zu DRAM-Speichern sind Flash-EPROM-Speicher statisch, d.h. sie verlieren bei einem Energieverlust nicht ihren Informationsgehalt.

Dieserart kombinieren Flash-Speicher die Geschwindigkeit von Halbleiterspeichern mit der Permanenz von Magnetspeichern. Auf der anderen Seite werden Magentspeichermedien durch optische Plattenspeicher herausgefordert, wie z.B. CD-ROM und WORM. Insbesondere optische Platten mit Phasenwechseltechnologie stellen eine besondere Herausforderung dar. Da nun optische Plattenspeicher in der Regel Wechselplattensysteme darstellen, haben sie zudem noch den Vorteil, daß bei hoher Packungsdichte die Platten portabel sind, und das Speichervolumen durch automatische Handhabung bei Plattenwechselsystemen im Stile einer *Juke-Box* zu einem ganz beträchtlichen Gesamtspeichervolumen führen kann.

Eine Magnetplatte speichert die Daten durch Magnetisierung der Oberfläche der Platte an einem festgelegten Punkt. 1 und 0 Bit werden durch kleine Fleckchen an der Oberfläche, die in zwei umgekehrte Richtungen horizontal magnetisiert werden können, dargestellt. Der Lese-Schreib-Kopf besteht aus einem Elektromagneten, der bitweise auf die Platte schreiben kann und immer eine geeignete Orientierung des entsprechenden Punktes auf der Plattenoberfläche erzeugt. Magnetplatten speichern die Bit in konzentrischen Kreisen. Um die Kapazität einer Magnetplatte zu erhöhen ist es notwendig, die Anzahl der Spuren pro Zoll zu erhöhen. Um die Leistung der Platte zu erhöhen, kann man auch die Anzahl der Bit je Spur erhöhen. Beide Effekte verlangen ein technisch aufwendigeres Lesesystem und Hochleistungslese- und -schreibköpfe. Die Aufzeichnungsdichte auf Magnetplatten wird in erster Linie zur Zeit durch das verwendete magnetisierbare Medium bestimmt. Die ersten Magnetplatten wurden mit Ferritoxyd (Fe_2O_3), welches in einem plastischen Material verteilt war, beschichtet. Aufgrund der damals verwendeten relativ großen Lese-/Schreibköpfe war diese Technologie ausreichend. Um jedoch eine höhere Aufzeichnungsdichte zu erzielen, müssen Materialien verwendet werden, welche erlauben, das Bit auf der Plattenoberfläche kleiner zu gestalten und dieserart die Fehler und Beeinflußung der Bit durch gegenseitige Veränderung zu vermeiden. Ein Material, das diese Eigenschaften erfüllt, ist z.B. Gammaferritoxyd, welches mit Splittern von Kobalt versetzt wurde. Dadurch wird die Packungsdichte quasi verdoppelt. Diese Technologie hat sich bereits durchgesetzt, und die populären Materialien für Magnetplatten, welche auf die Aluminiumoberfläche der Trägerplatte in einer äußerst dünnen Schicht aufgebracht werden, bestehen häufig aus Kobalt-Nickel-Legierungen. Bei modernen Platten werden diese Oberflächen in der Regel auch noch durch eine Schutzfläche geschützt, welche dünn genug ist, um die Magentisierungsrichtung lesen zu können. Dieserart sind die Platten zunehmend vor Beschädigung infolge der Landung des Lese-/Schreibkopfes auf der Plattenoberfläche geschützt. Daher wird die Größe des Lese- und Schreibkopfes für die Magnetplattentechnologie zunehmend eine Technologiebeschränkung. Die Schwere und die Größe des Lese-/Schreibkopfes bestimmt somit die Packungsdichte auf den Magnetplatten und die Zugriffsgeschwindigkeit. Lese- und Schreibköpfe fliegen auf dem sich mitbewegenden Luftpolster der Plattenoberfläche in einer Höhe von ca. 100 Nanometern über der Platte und landen häufig beim Starten und Stoppen auf der Platte. Je näher der Plattenkopf an der Platte liegt, desto stärker sind die Impulse der vorüberziehenden Bit. Auch hier sind bedeutende Verbesserungen möglich. Eine Dichte von 1,8 bis bald schon 60 Millionen Bit pro Quadratmillimeter ist voraussichtlich erzielbar. Eine weitere Erhöhungen der Schreibdichte und damit der Kapazität der Magnetplatten ist durch die Einführung von konstanten Aufzeichnungsdichten, anderen Beschreibmethoden wie z.B. vertikaler Beschreibung der Platten u.ä.m. erzielbar. Daneben ist noch eine wesentliche Erhöhung der Aufzeichnungsdichte durch Vermeidung einer horizontalen Magnetisierung und Ersatz der horizontalen Magnetisierung durch eine vertikale Magnetisierung möglich. Unter Verwendung von z.B. Bariumferrit als Medium ist es möglich, die Magnetisierung der Plattenoberfläche gleichmäßiger zu gestalten, die Oberfläche selbst glatt zu halten und die Dichte der Bit in Folge vertikaler Magnetisierung drastisch zu erhöhen. Bei Bariumferrit als Medium zur Beschichtung werden die Partikel vertikal magnetisiert, u.zw. senkrecht zur Aufzeichnungsoberfläche. Beim konventionellen Oxydmedium werden die Partikel horizontal magnetisiert, wofür mehr Raum benötigt wird (Abb. 4.66).

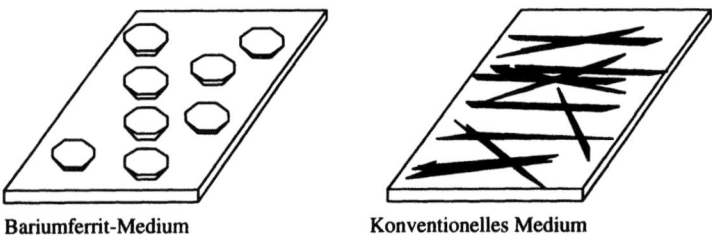

Bariumferrit-Medium   Konventionelles Medium

Abbildung 4.66: Unterschiedliche Magnetisierung

Da die Bariumferritpartikel vertikal magnetisiert werden, ist der magnetische Übergang zwischen den Partikeln, selbst bei hoher Dichte, scharf. Dies ist bei konventionellen Oxydpartikeln nicht der Fall (Abb.

4.67).

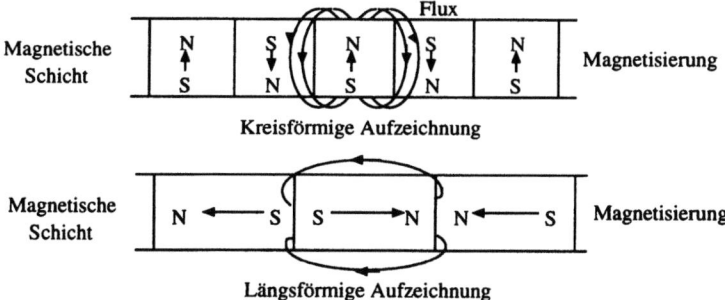

Abbildung 4.67: Unterschiedliche Aufzeichnungsmethoden

Bei Bariumferritpartikeln handelt es sich um flache Plättchen, wodurch eine relativ flache Datenoberfläche und ein starkes, kontinuierliches Lesesignal möglich sind. Die Mediumpartikel konventioneller Platten weisen jedoch unterschiedliche Magnetisierung und Formcharakteristiken, sowie ein fluktuierendes Lesesignal auf (Abb. 4.68).

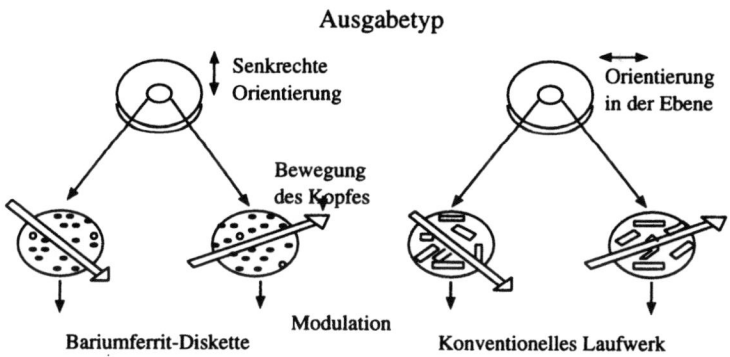

Abbildung 4.68: Output-Stärke und -Konstanz

Unter Verwendung dieses neuen Materials wäre man z.B. in der Lage, heute schon das Speichervolumen von Disketten zu vervielfachen und die Datenübertragungsrate ebenso wesentlich zu erhöhen.

Zusammen mit einer genauen Positionierungstechnologie können Disketten heutiger Größe ein Speichervolumen gängiger Magnetplatten erreichen. Neben dieser material- und technologiebezogenen Erhöhung können Platteneinheiten im Speichervolumen noch durch die Hinzufügung mehrerer Platten je Plattenkontrollprozessor erweitert werden. Dies entspricht einer Parallelisierung der Zugriffsarbeit, indem die Sektoren auf 4, 8 oder mehr Platten der physischen Einheit verstreut werden. Die Daten können dann quasi simultan parallel ausgelesen werden. Durch Hinzufügung von schnellen Pufferspeichern auf Halbleiterbasis, die nur einen Bruchteil der Gesamtplattenkapazität ausmachen und die am häufigst verwendeten Daten enthalten, kann zudem die durchschnittliche Durchsatzzeit erheblich reduziert werden, da nur jeweils dann auf die physische Platte zugegriffen wird, wenn es sich um Daten handelt, die nicht im schnellen Halbleiterspeicher der Platteneinheit verfügbar gehalten werden. Eine Erhöhung der Umdrehungszeiten auf 10000 Umdrehungen/Min. und mehr kann dazu beitragen, die Wartezeiten zu verkürzen.

Zusammenfassend bieten also magnetische Speichereinheiten noch ein erhebliches Potential und sind als dominierende Pheripherspeichereinheiten der Zukunft nicht wegzudenken. Vielmehr werden sie im unteren Leistungsbereich durch Hochleistungshalbleiterspeicher wie Flash-Speicher oder Speicher auf der Basis von DRAM-Bausteinen sowie eventuell Holospeicher - je nach Bedarf des Applikationstypus - ergänzt. Im Bereich der permanenten Speicher, der Archivspeicher oder der portablen Speichereinheiten wird das Spektrum magnetischer Speichereinheiten durch den magnetischen und zur Zeit auch durch den magnetoptischen Bereich in wünschenswerter Weise erweitert. Optische Speicher sind die billigsten transportablen Speichermedien. Eine ganz besondere Rolle spielt hier die Phasenwechseltechnologie aufgrund der Ermöglichung einer Wiederbeschreibbarkeit optischer Speichermedien.

Übungsbeispiele

1. Was verstehen Sie unter WORM-Platten?

    (a) Write often, read many - Platten
    (b) nur einmal beschreibbare und beliebig oft lesbare Platten
    (c) nur lesbare Platten
    (d) nur beschreibbare Platten

(e) Platten, die mit einer elektrischen Heizung versehen sind und erst nach einer gewissen Anwärmzeit verwendet werden können

2. Wie werden Daten auf CD-ROM aufgezeichnet?

   (a) durch Vertiefungen
   (b) durch Polarisierung des Lichts und Abtastung der Polarisationsrichtung (Kerr–Effekt)
   (c) durch Durchlöcherung
   (d) durch Kerben am Außenrand
   (e) durch buchstabenweise Abspeicherung auf konzentrischen Kreisen

3. Welches der folgenden Bitmuster kann auf einer CD-ROM nicht geschrieben und gelesen werden?

   (a) 0 0 0 0 0 0 1 0 0 0 0 0
   (b) 0 0 0 0
   (c) 0 1 0 1 0 1 0 1

4. Was wissen Sie über das Speichervolumen von CD-ROM?

   (a) Auf einer CD-ROM-Platte können etwa 600 Megabyte gespeichert werden
   (b) Auf einer CD-ROM-Platte können etwa 600 Gigabyte gespeichert werden
   (c) Auf einer CD-ROM-Platte können etwa 600 Terabyte gespeichert werden

5. Ordnen Sie folgende Speichermedien ansteigend nach ihrer Zugriffsgeschwindigkeit und begründen Sie dies kurz.

   (a) Disketten
   (b) Magnetbänder
   (c) Registerspeicher
   (d) Speicherchips
   (e) Magnetplattenspeicher

6. Ein Magnetplattenspeicher besteht aus einem Stapel von 6 Platten, die mit Hilfe eines aus 10 Schreib-/ Leseköpfen bestehenden Kamms gelesen und beschrieben werden können. Jede Oberfläche, die vom Schreib-/ Lesekamm bearbeitet werden kann, besitzt 40 Spuren. Jede Spur besteht aus 10 Sektoren mit jeweils 5 Blöcken. 1 Block faßt 1024 Byte. Berechnen Sie die Speicherkapazität der Magnetplatte in Byte.

7. Welcher Effekt wird bei magnet-optischen Platten verwendet?

    (a) der Kerr-Effekt
    (b) der Konversionseffekt
    (c) die Bachmannregel

8. Nachfolgend sind einige Listen von Datenträgern angegeben, die nach zunehmender Speicherkapazität geordnet sein sollen. Welche der Listen repräsentiert diese Anordnung am besten?

    (a) Diskette, Magnetplatte, Lochkarte, Magnetband
    (b) Lochkarte, Diskette, Magnetplatte, Magnetband
    (c) Magnetband, Lochkarte, Diskette, Magnetplatte
    (d) Lochkarte, Magnetband, Diskette, Magnetplatte

9. Vorteile von Magnetbändern sind

    (a) Hohe Speicherkapazität
    (b) Kurze Zugriffszeit
    (c) Unempfindlichkeit gegen Staub, Wärme und magnetische Umwelteinflüsse
    (d) Billiger Massenspeicher
    (e) Direkter Zugriff

10. Welche der folgenden Datenspeicher behalten auch bei völligem Stromausfall ihren Inhalt?

    (a) Eine CD-ROM Platte
    (b) Ein RAM
    (c) Ein ROM
    (d) Ein Register
    (e) Eine Magnetplatte

11. Welche der nachfolgend genannten englischen Abkürzungen, die auch bei uns gebräuchlich sind, ist/sind richtig übersetzt bzw. ausgeschrieben?

    (a) ROM Root Only Match
    (b) JCL Job Control Language
    (c) LAN Local Area Network
    (d) SQL Structured Query Language
    (e) CAD Computerunterstützter Entwurf

12. Bei einem Magnetplattenstapel mit 10 Platten und 600 Spuren pro Plattenoberfläche beträgt die Anzahl der Zylinder:

    (a) 6.000 (10 × 600)
    (b) 10.800 (18 Oberflächen mit je 600 Spuren)
    (c) 600 (Anzahl der Spuren)
    (d) 10 (Anzahl der Platten)
    (e) 18 (Anzahl der beschreibbaren Plattenoberflächen)

13. Auf einer Diskette ist eine indizierte Datei mit 800 Datensätzen gespeichert. Jeder Datensatz dieser Hauptdatei hat genau die feste Länge eines Sektors von 128 Zeichen. Der in der Indexdatei für jeden Satz gespeicherte alphanumerische Schlüssel ist 28 Zeichen, der Adreßverweis ist 4 Zeichen lang. Ein Sektor kann in 0.2 Sekunden gelesen werden. Wie lange dauert im Durchschnitt ein Zugriffsvorgang auf einen Datensatz der Hauptdatei, wenn die Indexdatei unsortiert ist?

    (a) 0.2 Sekunden
    (b) 2 Sekunden
    (c) 20 Sekunden

14. Beim sequentiellen Suchen in einer sortierten Datei mit 2000 Datensätzen sind bis zum Auffinden des gesuchten Datensatzes erforderlich:

    (a) durchschnittlich ca. 5 Zugriffe
    (b) durchschnittlich ca. 1000 Zugriffe
    (c) höchstens 10 Zugriffe
    (d) höchstens 2000 Zugriffe
    (e) mindestens 1 Zugriff

Kapitel 5

Datenstrukturen und Datenorganisation

Ziel:
Die Studierenden sollen mit dem Konzept einer Datenstruktur und mit für deren Aufbau grundlegenden Modellvorstellungen vertraut gemacht werden. Das Konzept von Dateien und Dateianlagen soll verstanden und mit dem Problem der Speicherung von Datenbanken in Verbindung gebracht werden können.

Relationen können zwei oder mehrere Mengen betreffen. Betrifft eine Relation nur zwei Mengen, so sprechen wir von einer **binären** Relation. Relationen sind neben Objektmengen Teil einer Datenstruktur und strukturieren das komplexe darzustellende Objekt aus seinen Komponenten (vergl. Abb. 5.1).

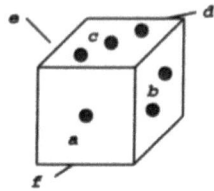

Abbildung 5.1: Würfel

Schreiben wir nun aRb für a **grenzt an** b und bezeichnen mit $a, b, c, d,$

e, f die Flächen des Würfels, so läßt sich dieser Würfel auch durch die Menge der Objekte (Flächen) $F = \{a, b, c, d, e, f\}$ und eine Menge von Relationen (die in unserem Falle nur die eine Relation **grenzt an** enthält) mit 12 Elementen repräsentieren:
$R = \{aRb, aRc, aRe, aRf, bRc, bRd, bRf, cRe, cRd, dRe, dRf, fRe\}$
Das Paar $D = (F, R)$ **verkörpert** somit die Datenstruktur. Zur genaueren Spezifikation können wir unseren Objekten noch Attribute wie FLÄCHENGRÖSSE und ANZAHL DER LÖCHER zuordnen. (Letzteres Attribut könnte z. B. auch implizit durch die Sortierreihenfolge $a < b < c < d < e < f$ angegeben werden.)
Datenstrukturen in der kommerziellen Datenverarbeitung sind häufig wesentlich komplexer als die hier angegebene und enthalten, wie wir im Abschnitt über Datenmodellierung sehen werden, meist wesentlich mehr Relationen. Wir beschränken uns in der Folge auf die grundlegenden Datenstrukturen, aus denen die komplexen Strukturen zusammengesetzt werden können. Hierher zählen vor allem:

- Lineare Felder (ein- und mehrdimensional),
- Baumstrukturen und
- beliebige n−äre Relationen (Dateien).

5.1 Speicherrepräsentation

Datenstrukturen sind in Speichern von Rechenanlagen (Hauptspeichern, Peripherspeichern) aufzubauen, um den Programmen den Zugang zur datenmäßigen Darstellung von Information über eingeschränkte Miniwelten aus der realen Welt zur Problemverarbeitung zu ermöglichen; (deren Modellierung und Umsetzung erfolgte über semantische Datenmodelle - wie z. B. das E-R-Modell.)
Speicher sind gewöhnlich in festen adressierbaren Bitgruppen (z.B. 32 Bit), die **Maschinenworte** genannt werden, organisiert. Die Länge des Maschinenwortes wird in Bit gemessen.
Datenstrukturen werden gewöhnlich in Vielfachen von Maschinenworten gespeichert. Die interpretierenden Programme - ob Datenbanksysteme oder (Standard-)Applikationssysteme - müssen dabei über die Vercodierung der Daten und ihre Aufteilung Bescheid wissen. Die Datenstruktur selbst besteht - explizit oder implizit - immer aus drei Teilen. Diese drei Teile sind:

- Identifikationsteil (Primärschlüssel)
- Datenteil (Attribute) und
- Relationsteil (gewöhnlich Adressen oder Identifikationsteile von anderen Daten)

Identifikationsteil	Datenteil	Relationsteil

Identifikationsteil und Relationsteil werden mitunter weggelassen, wenn sie durch Adressen und Relationen auf den Adressen ersetzt werden können.

Zur graphischen Darstellung von Relationen verwenden wir Pfeile (z.B. zur graphischen Darstellung von aRb):

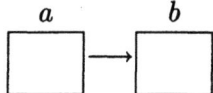

Adressierbare Speicherworte werden auch **Zellen** genannt (vergl. Abb.: 5.2).

Würfelnr.	Gewicht (g)	Seitenlänge (cm)	Relationen
1012	83	2.4	$(1,2),(1,3),(2,3),(3,5),(3,4),\ldots,(6,5)$
⋮	⋮	⋮	⋮

Abbildung 5.2: Datenstruktur für eine Würfeldarstellung

Zum Beispiel könnten wir in obigem Fall (Abb.: 5.2) die Datenstruktur zur Aufnahme von Rechtecken erweitern.

Es gibt zwei grundlegende elementare Datenstrukturen, von denen jeweils die einfachste zur Realisation herangezogen werden sollte. Diese zwei Grundstrukturen sind:

- lineare Datenstrukturen und
- Baumstrukturen.

5.2 Lineare Felder

Lineare Felder weisen eine einzige Relation, die **Nachfolgerrelation** auf. Jedes Datenelement weist (explizit oder implizit durch die Anordnung im Speicher) auf seinen Nachfolger:

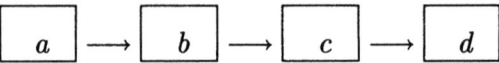

Es gibt zwei Arten der Implementation: Im Speicher **gestreut mit Verkettung** (vergl. Abb.: 5.3) und im Speicher **sequentiell** (vergl. Abb.: 5.4).

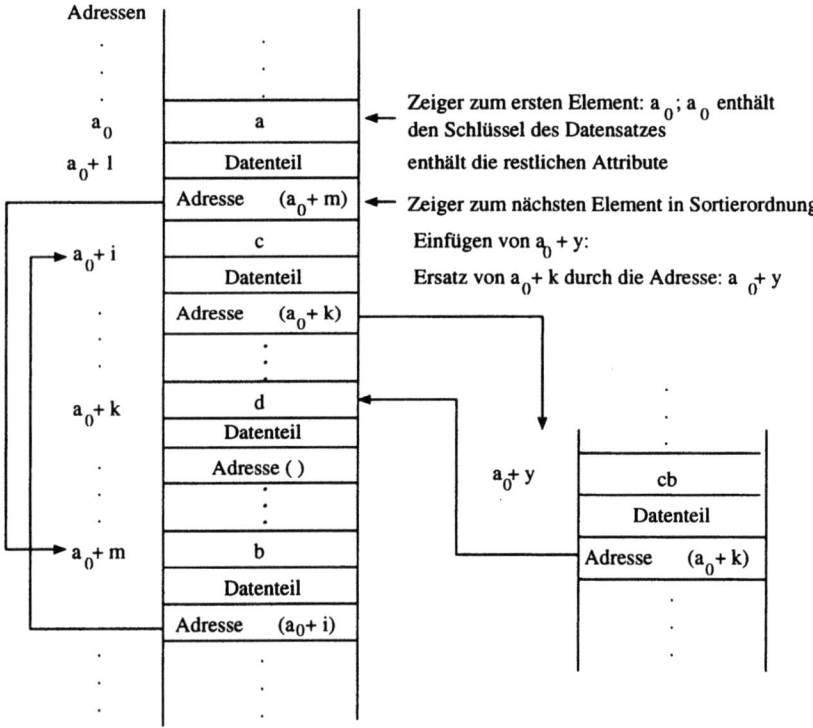

Abbildung 5.3: Implementation eines linearen Feldes mit Verkettung sortiert nach einem Schlüssel

Bei **verketteter** Implementation von linearen Feldern werden sogenannte **Zeigerfelder** dazu verwendet, die Adresse des ersten Feldes oder eines folgenden Feldes anzuzeigen. Ein spezieller **Adreßwert** gibt gegebenenfalls an, daß es keinen Nachfolger mehr gibt. Das Hinzufügen, Aufsuchen und Löschen eines linearen Feldes bei **sequentieller** Speicherung ist sehr mühsam. Speichern wir die Daten allerdings nach dem Suchbegriff sortiert, so können sehr schnelle Suchalgorithmen zum Aufsuchen des gesuchten Elements eingesetzt werden. Hinzufügen und Löschen sind dennoch infolge der erforderlichen Umspeicherungen sehr aufwendig. Zum Beispiel müssen bei sequentieller Speicherung beim Einfügen des Satzes mit dem Schlüssel cb alle Sätze mit einem Schlüssel $> cb$ verschoben werden.

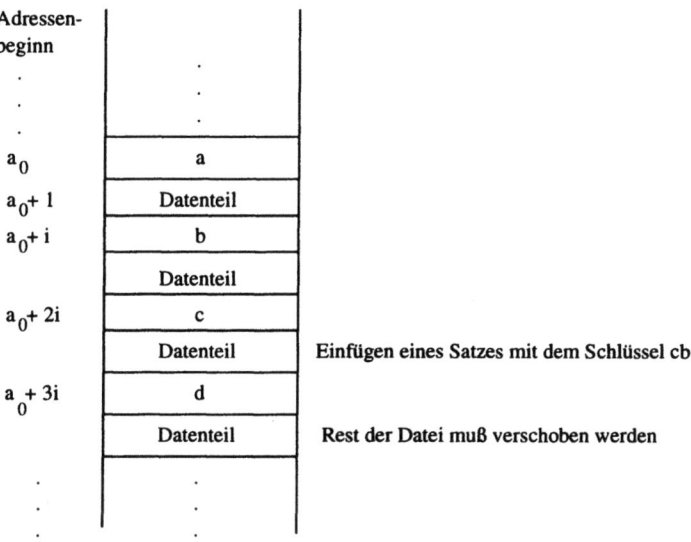

Abbildung 5.4: Sequentielle Implementation eines linearen Feldes sortiert nach einem Schlüssel

Bei verketteter Speicherung hingegen ist es im Gegensatz zur sequentiellen Speicherung möglich, Datenelemente über die Verkettung einzufügen und hinzuzufügen, ohne eine Verschiebung von Teilen der Datei oder der gesamten Datei vorzusehen. Während wir jedoch bei einer sequentiellen Speicherung eines linearen Feldes im Falle der sortierten Anordnung schnelle Suchalgorithmen, um ein Datenelement aufzusuchen, zur Verfügung haben, haben wir bei verketteter Speicherung nur die Möglichkeit, ein gesuchtes Element über die Verkettung aufzusuchen. (Ist allerdings die Datei auf benachbarten Speicherplätzen gespeichert, so gibt es dennoch schnelle Verfahren, diese trotz Verkettung aufzusuchen.) Bei häufigen Einfügungen und Löschungen entsteht allerdings Freispeicher, der in einem gesonderten Arbeitsgang eliminiert werden kann (*garbage collection*).

Zusammenfassend kann also festgehalten werden, daß es bei häufigen Einfügungen und Löschungen zweckmäßig ist, ein lineares Feld verkettet zu speichern, wobei von Zeit zu Zeit eine Reorganisation zur Elimination der entstandenen Freispeicherplätze notwendig ist. Die in diesem Fall zur Verfügung stehenden Suchverfahren sind nicht so effizient wie Suchverfahren im Falle einer sequentiellen Speicherung, vorausgesetzt, daß die Datensätze in Sortierordnung nach dem Suchbegriff angeordnet sind. Sollte dies nicht der Fall sein, so treffen wir eine für sequentielle Speicherung ungünstige Situation an. Haben wir in diesem Fall bei sequentieller Speicherung einen Satz einzufügen oder einen Satz zu löschen, so ist jeweils ein Teil der Datei zu verschieben. Das ist mit beträchtlichem Aufwand verbunden. Demgegenüber haben Einfügungen bei verketteter Speicherung den Vorteil, daß wir nur das Zeigerfeld des Vorgängers ändern und bei dem einzufügenden Satz die entsprechende Adresse des Nachfolgers aufnehmen müssen. Der Satz selbst kann physisch am Ende der Datei angefügt werden. Beim Löschen ist analog vorzugehen; es ist hier nur das Zeigerfeld des Vorgängers auf den Nachfolger des zu löschenden Satzes zu setzen.

Lineare Felder, bei denen bezüglich des Hinzufügens, Aufsuchens und Löschens spezielle Beschränkungen bestehen, haben aufgrund der Häufigkeit ihrer Verwendung Eigennamen erhalten. Dazu zählt der **Stapel**, zu dem Elemente nur **auf** die bereits vorhandenen jeweils ersten Elemente hinzugefügt und nur nach dem LIFO (*last-in-first-out*)-Prinzip entnommen werden können - analog dem Zugriff zu Zugwaggons in einem Sackbahnhof (vergl. Abb. 5.5).

Die speichermäßige Realisation eines Stapels nennen wir einen **Kellerspeicher**. Das Hinzufügen wird daher oft auch einfach **Kellern**, das Entnehmen einfach **Entkellern** genannt. Im Unterschied dazu kann bei der Datenstruktur vom Typ der **Schlange** die Entnahme nur nach dem FIFO (*first-in-first-out*)-Prinzip erfolgen, während das Hinzufügen gleich bleibt (vergl. Abb. 5.6).

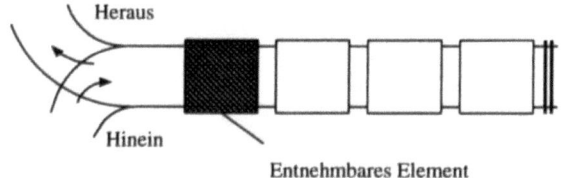

Abbildung 5.5: Das LIFO-Prinzip

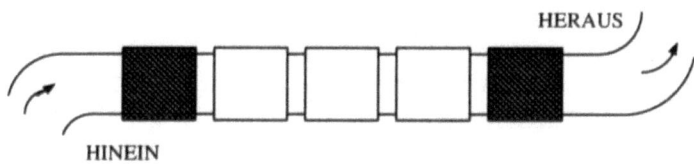

Abbildung 5.6: Das FIFO-Prinzip

Stapel sind im Design von Programmen sehr häufig verwendete Datenstrukturen. Daher ist es zweckmäßig, sich zu überlegen, wie man zwei oder mehr Stapel möglichst platzsparend speichern kann. Das Hauptproblem in der sequentiellen Speicherung von Stapeln liegt in dem unbestimmten Platzbedarf eines Stapels, der den Programmierer zwingt, für die maximale Anzahl von Elementen Platz zu lassen. Daher ist es bei zwei Stapeln zweckmäßig, sie sequentiell mit den Zu- und Abgangsfeldern zueinander zu speichern. Dadurch wird die Flexibilität wesentlich erhöht, da einer der Stapel erst dann überläuft, wenn **beide** Stapel keinen Platz mehr finden (Abb. 5.7).

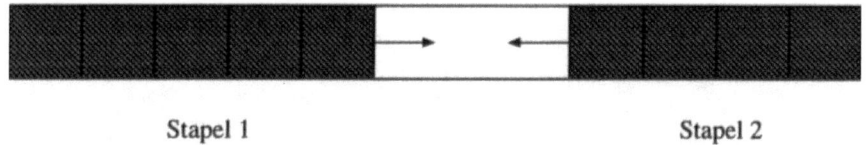

Stapel 1   Stapel 2

Abbildung 5.7: Stapel

Bei einer Schlange, die Hinzufügungen und Wegnahmen an verschiedenen Enden aufweist, ist es zweckmäßig, eine ringförmige Speicherungsform zu simulieren, um ein Wandern der Schlange durch den linearen Speicher zu verhindern (vergl. Abb. 5.8).

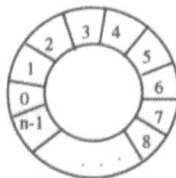

Abbildung 5.8: Simulierte ringförmige Speicherungsform

Berechnen wir die Ring-Speicheradressen mit $j' = j \bmod n$ so finden wir das Auslangen mit $n \times k$ Speicherzellen; (k = Anzahl der Speicherzellen für eine Komponente, n = maximal erwartete Anzahl von Komponenten in der Schlange.)

5.3 Bäume

Bäume beziehen ihren Namen aus ihrer Erscheinungsform in der graphischen Darstellung der Relation als Graph. Bezeichnen wir die Mengen, die einer binären Relation zugrunde liegen, mit V, und die Relation bestehe aus einer Teilmenge E von $V \times V$, dann besteht ein Graph G aus der Menge der Knoten V und der Kanten E. Z. B. gelte (vgl. Abb. 5.9)

$$G = (V, E) \text{ und}$$

$$V = \{a, b, c\}, \ E = \{(a, b), (b, c), (a, c)\}$$

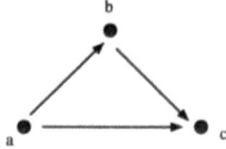

Abbildung 5.9: Gerichteter Graph

Wenn in der Relation ein Unterschied besteht, ob sie (a,b) oder (b,a) als Elemente enthält, so ist jede Verbindung zwischen zwei Knoten **gerichtet**. (Im Gegensatz dazu gibt es auch ungerichtete Graphen; vergl. Abb. 5.10.)

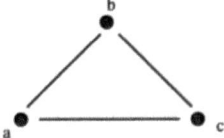

Abbildung 5.10: Ungerichteter Graph

Zwei Knoten heißen **benachbart**, wenn sie durch eine Kante verbunden sind. Bei der gerichteten Kante (a,b) bezeichnet der Knoten a den Anfangsknoten und der Knoten b den Endknoten der Kante. (Sogenannte Schlingen, d. s. Kanten der Form (a,a) seien ausgeschlossen.) Ein Knoten, zu dem keine Kante führt, heißt **Wurzelknoten** eines gerichteten Baumes (vgl. Abb. 5.11).

$$V = \{v_0, v_1, v_2, v_3, v_4, v_5, v_6\}$$
$$E = \{(v_0,v_1),(v_0,v_2),(v_0,v_3),(v_2,v_4),(v_4,v_5),(v_3,v_6)\}$$

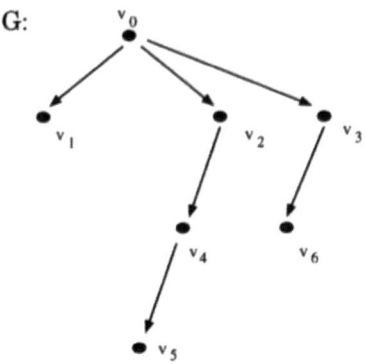

Abbildung 5.11: Wurzelknoten $= v_0$

Jeder Knoten, der von einem anderen Knoten v_i erreicht werden kann, indem man den Kanten in der Pfeilrichtung folgt, heißt **Nachfolger** von v_i. Die Menge der Nachfolger von v_i werde mit N_i bezeichnet. Alle Knoten, von denen aus v_j erreicht werden kann, heißen **Vorgänger** von v_j und werden mit V_j bezeichnet.

Zum Beispiel gilt für den Graphen in Abb.: 5.11 $N_3 = \{v_6\}$ und $V_3 = \{v_0\}$, $V_5 = \{v_0, v_4, v_2\}$ und $N_2 = \{v_4, v_5\}$. Zu jedem gerichteten Graphen G kann ein nicht gerichteter Graph G' angegeben werden, indem wir Kanten der Form (a, b) und (b, a) durch eine ungerichtete Kante $\{a, b\}$ ersetzen (vergl. Abb. 5.12).

Abbildung 5.12: Gerichteter Graph G und ungerichteter Graph G'

Nun ist der gerichtete Graph G kein gerichteter Baum. Der Graph G' hingegen stellt einen ungerichteten Baum dar. Wir erkennen dies aus den folgenden Definitionen.

Definitionen:
Ein **ungerichteter Graph** G' heißt **verbunden**, wenn zwischen je zwei Knoten mindestens eine Verbindung mittels Kanten (**Pfad**) existiert. Ein Pfad $v_i, v_{i+1}, \ldots, v_n$ in einem ungerichteten Graphen enthält einen **Zyklus**, wenn ein Knoten des Pfades $v_j (i \neq j)$ identisch mit dem Anfangsknoten v_i ist. Ein Pfad ist **einfach**, wenn - eventuell bis auf Anfangs- und Endknoten v_i und v_n - alle Knoten voneinander verschieden sind. Ein einfacher Zyklus ist analog definiert. Ein **ungerichteter Baum** B ist ein verbundener Graph ohne einfache Zyklen. Ein **gerichteter Baum** B' ist ein gerichteter Graph mit einem ausgezeichneten Knoten r, **Wurzel** genannt, und genau einem Pfad zwischen den Wurzelknoten und jedem Knoten $v (\neq r)$ mit r als Anfangsknoten und v als Endknoten des Pfades.

In einem gerichteten Baum nennen wir den unmittelbaren Nachfolger v_{i+1} eines Knotens v_i auch **Sohnknoten**, und v_i wird als **Vaterknoten** von v_{i+1} bezeichnet. Ein Knoten ohne Nachfolger wird auch als **Blatt-** oder **Endknoten** bezeichnet. Knoten, die keine Blattknoten sind, werden als **interne Knoten** bezeichnet. In einem gerichteten Baum ist jeder Knoten, der nicht Blattknoten ist, Wurzel eines **Un-**

terbaumes (vergl. Abb. 5.13).

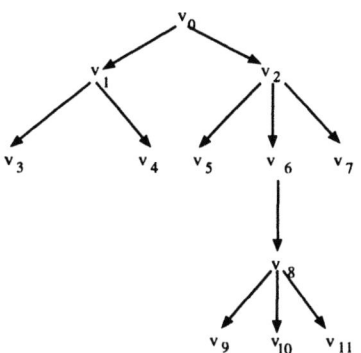

Abbildung 5.13: Baum B

In Abb. 5.13 ist v_1 z. B. Vaterknoten von v_3 und v_4. v_4 und v_3 sind Sohnknoten von v_1. v_0 ist Wurzelknoten. v_1 ist Wurzelknoten des Unterbaumes bestehend aus v_3 und v_4. $v_3, v_4, v_5, v_7, v_9, v_{10}, v_{11}$ sind Blattknoten. Alle anderen Knoten von B sind interne Knoten.

Bei einem gerichteten Baum unterscheiden wir die unterschiedlichen rechts-links-Anordnungen der Teilbäume nicht. Der gerichtete Baum B^* wird als identisch zu obigem Baum B bezeichnet, obwohl die Anordnung der Sohnknoten umgestellt wurde (vergl. Abb. 5.14).

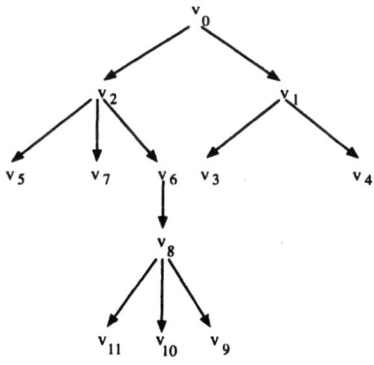

Abbildung 5.14: Baum B^*

Gerichtete Bäume, bei denen sehr wohl die durch unterschiedliche rechts-links-Anordnungen der aus den mit den jeweiligen Sohnknoten gebildeten Unterbäume unterschieden werden, nennt man **geordnete Bäume**.

Definition:
Ein **geordneter Baum** T weist eine endliche Menge von einem oder mehreren Knoten T auf, von denen ein Knoten den Wurzelknoten v darstellt, und die anderen Knoten $(T - \{v\})$ in $n \geq 0$ disjunkte Teilmengen $T_1, T_2, \ldots, T_n$ geteilt werden können, von denen jede wieder einen geordneten Baum bildet. Die T_i ($1 \leq i \leq n$) sind die Knotenmengen der Teilbäume T_i, wobei T_i als **links** von T_j bezeichnet wird, wenn $i < j$ gilt.

5.3.1 Binäre Bäume

Definition:
Ein **binärer Baum** besteht aus einer endlichen Menge von Knoten B, die entweder leer ist, oder aus einem Wurzelknoten v zusammen mit den Knoten von zwei binären Teilbäumen besteht, die linker und rechter Teilbaum genannt werden (vergl. Abb. 5.15).

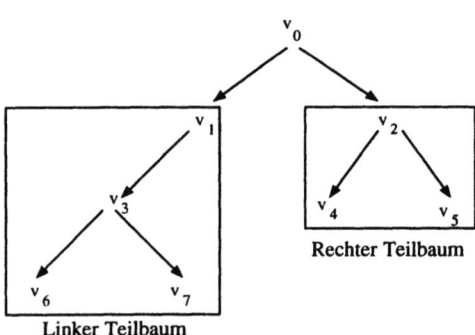

Abbildung 5.15: Binärer Baum

Ein Binärbaum wird voll besetzt genannt, wenn jeder Knoten entweder zwei nicht leere Teilbäume als Wurzel aufweist oder Blattknoten ist.

Die Anzahl der Binärbäume b_n mit n Knoten ($n \geq 0$) ist gleich

$$b_n = \frac{1}{n+1}\binom{2n}{n} \simeq 4^n/n\sqrt{\pi n} + O(4^n n^{-5/2})$$

(Mit $O(n)$ bezeichnen wir das große O der Eulerschen O-Notation) (Abb. 5.16).

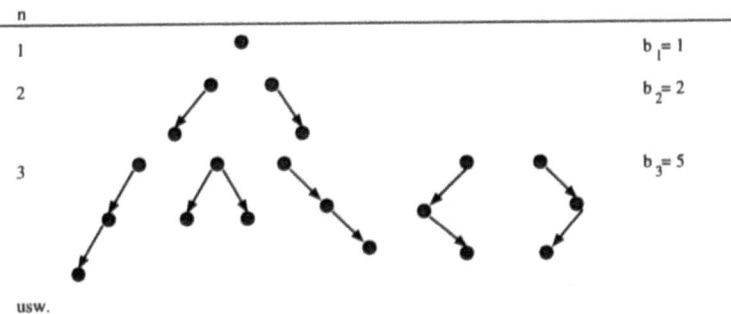

Abbildung 5.16: Enumerierte Binärbäume für $n = 1, 2, 3$

5.3.2 Die Verwendung von Baumstrukturen zur Modellierung von Datenstrukturen

Baumstrukturen werden in der Datenverarbeitung vielfältigst verwendet und sind eines der wesentlichsten graphischen Modelle in der Datei- und Zugriffsmodellierung. Baumstrukturen werden physisch verkettet implementiert, indem man Zeigerfelder zu den Sohnknoten in den Datenknoten und damit in die Datenstruktur des Datensatzes miteinbezieht. Eine der wichtigsten Baumstrukturen ist die **Binärbaumstruktur**. Wie man sich leicht überlegen kann, weist ein voll besetzter Binärbaum mit k Ebenen genau dann $2^k - 1$ Knoten auf, wenn alle Blattknoten auf der k-ten Ebene liegen. Die Anzahl der Knoten auf der k-ten Ebene beträgt dann 2^{k-1}. Bei Dateien und Datenbanken sind sogenannte B-Bäume von großer Bedeutung. Sie werden hauptsächlich zum Zugriff auf Peripherspeichern, insbesondere Plattendateien verwendet. Das Thema der Speichertechniken auf Peripherspeichern, insbesondere Platten und Bändern, wird unter dem Titel Datei- und Dateiorganisation behandelt.

5.4 Gestreute Speicherung

Das Prinzip der **gestreuten Speicherorganisation** liegt in der Errechnung einer Speicheradresse aus einem Suchschlüssel. Das heißt für eine zu speichernde Tabelle wird vom Suchschlüssel ausgehend dieser Suchschlüssel in der Regel numerisch interpretiert und eine Speicheradresse errechnet. Hiezu ist es bei Textdaten notwendig, den Binärcode numerisch zu interpretieren. Folgendes Beispiel möge das Prinzip der Transformation von einem Textschlüssel in eine Zahl veranschaulichen (Abb. 5.17).

| Numerischer Wert bis i-tem Buchstaben | ← | Numerischer Wert bis $(i-1)$-tem Buchstaben × 26 + Buchstabenwert (=Dezimalwert des Codes von i-tem Buchstaben) |

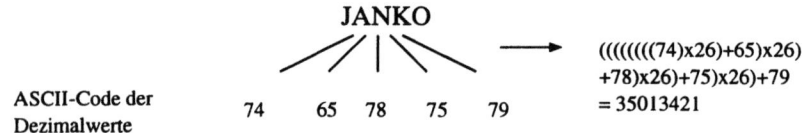

Abbildung 5.17: Bespiel für eine Transformation von Text in eine Zahl

Die Funktion, welche erlaubt, aus einem numerischen Schlüssel eine Speicheradresse zu errechnen, nennen wir **Hash-Funktion**. Gewöhnlich erlaubt uns die *Hash*-Funktion, einen Wert zwischen 0 und n zu ermitteln. Je nach Zeilenlänge der zu speichernden Tabelle wird diese Zahl dann mit der Satzlänge in geeigneten Einheiten, z.B. Byte, multipliziert und ergibt unter Addition der Adresse, an welcher mit der Speicherung der Tabelle begonnen werden soll, die tatsächliche Satzadresse. Es ist zweckmäßig, den insgesamt für die Tabelle zur Verfügung stehenden Speicherplatz als ein Vielfaches des notwendigen Speicherplatzes auszulegen, um Fälle zu vermeiden, in denen zwei oder mehr Sätze auf demselben Speicherplatz gespeichert werden sollen. Der ideale Faktor liegt zwischen 1.2 und 2. Je kleiner dieser Faktor ist, desto größer ist die Wahrscheinlichkeit, daß zwei Sätze denselben Speicherplatz belegen sollen. In diesen Fällen gibt es mehrere Möglichkeiten zur Lösung des Konfliktes. Eine sehr beliebte Form ist die Verwendung einer Überlaufdatei. In solchen Fällen ist zum Speicherplatz für einen Satz noch ein Kettfeld hinzuzufügen, in welchem die Adresse des Satzes gespeichert wird, der an dieser Stelle hätte gespeichert werden sollen. Wird beim Aufsuchen nun mittels der *Hash*-Funktion diese Adresse generiert und festgestellt, daß der gespeicherte Satz nicht den gesuchten Schlüssel aufweist, so kann man über die Verkettungselemente den gespeicherten Satz auffinden. Eine andere Form ist die Verwendung mehrerer *Hash*-Funktionen. Sollte die *Hash*-Funktion eine Adresse ergeben, in der bereits ein Satz gespeichert ist, so wird eine weitere *Hash*-Funktion verwendet, die uns eine andere Adresse liefert. Sollte auch diese Position bereits besetzt sein, so kann eine weitere *Hash*-Funktion usw. verwendet werden. Diese Funktionen werden sogenannte **Kollisionsfunktionen** genannt. Wichtig bei der Wahl von Kollisionsfunktionen ist der Umstand, daß die gewählten Kollisionsfunktionen sukzessive erlauben, alle Speicherplätze des zur Verfügung stehenden Speicherbereichs abzusuchen, und mit Sicherheit gewährleistet ist, daß ein freier Speicherplatz aufgefunden werden kann. Unter den verwendeten *Hash*-Funktionen ist die sogenannte **Divisionsmethode** eine sehr verbreitete und mit geringen Einschränkungen auch als sehr vorteilhaft erkannte Methode. Die Speicheradresse einer Tabellenzeile mit dem numerischen Attributwert

$$h(k) = k \bmod m$$

m = Tabellengröße, k = numerischer Wert des Schlüssels, $k \bmod m$ = der ganzzahlige Rest von k bei Division durch m. m muß hiebei so gewählt werden, daß die Tabelle bequem auf m Speicherplätzen gespeichert werden kann (vergl. Abb. 5.18).

Hash-Funktion:
Divisionsrestverfahren: $H(S) = S \bmod M$

$H(S)$	...	*Hash*-Funktion
S	...	Schlüssel
mod	...	Modulofunktion (ganzzahliger Rest)
$M \ldots =$	Primzahl > Mindestdateigröße	

Diese Primzahl entspricht dem verwendbaren Adreßraum und soll größer als die Mindestdateigröße sein (siehe oben).
Der durch $H(S)$ definierte Adreßraum kann die Werte $0, \ldots, (M-1)$ annehmen.

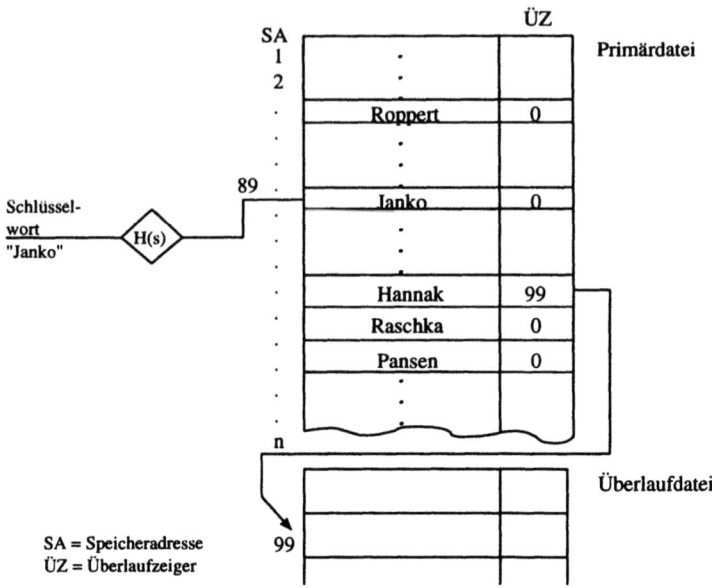

Abbildung 5.18: Gestreute Speicherung

Beispiele (Zu Abb. 5.18):

$M \quad = \quad 1013$
$S \quad = \quad 35013421$
$H(S) \quad = \quad 35013421 \bmod 1013$
$H(S) \quad = \quad 89$

5.5 Dateiorganisation

Dateien sind Ansammlungen großer Datenmengen, die im einzelnen als sogenannte Datensätze organisiert sind und begrifflich als Zeile einer Tabelle verstanden werden können. Denken wir an unsere Datenbank, so kann man eine Datei als eine Tabelle, und das Dateispeicherungsproblem als Problem der Speicherung einer Tabelle verstehen. Die Dateifelder entsprechen dann den Spalteneintragungen je Zeile. Die Feldnamen entsprechen den Spaltennamen. Typische Dateioperationen sind das Aufsuchen, das Ändern, das Einfügen und das Löschen eines Satzes in einer Datei. Ein spezielles und sehr komplexes Thema, das auf Dateiorganisation aufbaut, ist das Thema der Datenbankorganisation. Die meisten Datenbankdatenbestände sind aufgrund ihrer Größe auf Peripherspeichern zu halten. Nur kleinere Datenbanken, die sich eigener Techniken bedienen, sind zur Gänze im Hauptspeicher verfügbar. Letztere nennt man auch **Hauptspeicherdatenbanksysteme** im Gegensatz zu den übrigen formatierten Datenbanksystemen. Dateien können auf peripheren Speichermedien sequentiell gespeichert werden (auf Bändern ist dies auch die einzige Möglichkeit). Sie können jedoch auch, um die Zugriffsgeschwindigkeit zu erhöhen, index-sequentiell gespeichert werden. Hierbei werden je Datei gewöhnlich zwei weitere Dateien angelegt: Die sogenannte **Indexdatei** und eine sogenannte **Überlaufdatei**. Die Indexdatei enthält gewöhnlich nur den Schlüssel der Primärdatei und ein Zeigerfeld, welches die Speicheradresse des jeweiligen Satzes angibt. Sucht man nun nach einem Satz mit einem entsprechenden Schlüssel, so genügt es, die Indexdatei zu durchsuchen, die gewöhnlich einen wesentlich geringeren Umfang als die Primärdatei aufweist. Da in der Primärdatei die Sätze sequentiell gespeichert sind, ist es, um eine ständige Reorganisation zu vermeiden, üblich, eine Überlaufdatei anzulegen, in die Sätze, welche in die Primärdatei einzufügen wären, bis zur nächsten Reorganisation gespeichert werden. Diese Sätze können wir durch einen Zeiger nach dem Schlüsselbegriff des vorausgehenden Satzes wieder auffinden. Bei der nächsten Reorganisation wird die Überlaufdatei in die Primärdatei eingefügt. Mitunter werden auch mehrere Indexstufen unterschieden, d. h. es werden Indexdateien über Indexdateien angelegt. Dies ist insbesondere dann der Fall, wenn, wie üblich, die Indexdatei nicht alle Schlüssel einer Primärdatei enthält, sondern nur jeden k-ten ($k > 1$). Das Modell derartiger Dateien entspricht einem sogenannten Mehrwegebaum (Abb. 5.19). Die bekannteste Version hiervon ist der sogenannte **B-Baum**, welcher auch sehr intensiv in der Organisation von Datenbanksystemen verwendet wird.

Abb. 5.19 zeigt einen dreistufigen Index eines 3-Wege-Baumes, auf dessen unterster Ebene, dem sogenannten Blattknoten, Zeiger gespeichert sind, die zu den eigentlichen Daten in den Tabellenspeicherräumen weisen. In Datenbanken ist es durchaus üblich, solche Mehrwegebäume für mehr als ein Attribut einer Tabelle anzulegen, um einen schnellen Zugriff auf die Tabelle zu erlauben. Selbstverständlich ist diese Organisation mit zusätzlichem Speicherbedarf verbunden.

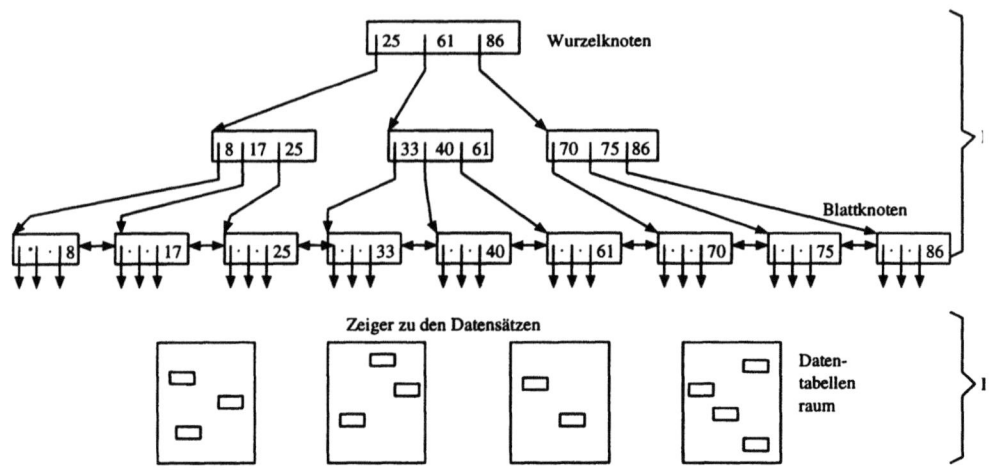

Abbildung 5.19: Beispiel einer Mehrwegebaumorganisation

Übungsbeispiele

1. Simulieren Sie für die in der Tabelle zusammengefaßten Zu- und Abgänge die Arbeitsweise eines Kellerspeichers.

Zeitpunkt	Zugang	Entnahme
1	x	
5		x
7	x	
11	x	
12		x
15	x	
17		x
20	x	

Die Elemente sind mit dem Zeitpunkt ihres Zuganges zu identifizieren. Geben Sie die Elemente in der Reihenfolge ihrer Entnahme an.

2. Nach welchem der folgenden Prinzipien arbeitet ein Kellerspeicher:

(a) FIFO *(first-in-first-out)*
(b) FILI *(first-in-last-in)*
(c) LIFO *(last-in-first-out)*
(d) LILO *(last-in-last-out)*
(e) LILI *(last-in-last-in)*

3. Ein Stack (Kellerspeicher) enthalte die Elemente 5, 2, 12 (5 ist das oberste Element; es wird von links zugegriffen). Bezeichnen wir mit $push(n)$ das Hinzufügen eines Elements n und mit $pop()$ das Entnehmen eines Elements. Welche Werte enthält der Stack nach Ablauf folgender Operationen: $push(4), pop(), pop(), push(7), push(8), pop(), push(10), pop(), pop()$? Zeichnen Sie den Anfangsinhalt des Stack und den Inhalt nach jeder Operation.

4. Ein Baum G läßt sich durch die Menge der Knoten V und die Menge der Kanten E darstellen: $G = (V, E)$. Gegeben ist der folgende gerichtete Baum: $V = \{a, b, c, d, e, f, g, h, i, j\}$, $E = \{(j, b), (j, c), (b, d), (b, e), (c, f), (f, g), (f, h), (h, i), (i, a)\}$.

    Den Knoten sind folgende Werte zugeordnet: $a = 1, b = 3, c = 8, d = 5, e = 4, f = 6, g = 32, h = 7, i = 3$. Zeichnen Sie diesen Baum und bestimmen Sie alle Nachfolger des Knotens j. Summieren Sie die Werte, die den Nachfolgerknoten von j zugeordnet sind!

5. Von einem Baum mit 8 Knoten sei folgendes bekannt:

    - Der Knoten 3 hat als Vaterknoten den Knoten 2 und als Söhne die Knoten 4, 5 und 6.
    - Der Knoten 1 ist die Wurzel des Baums und hat als Sohn den Knoten 2.
    - Die Knoten 7 und 8 haben als Vater den Knoten 4.

    Zeichnen Sie diesen Baum und geben Sie die Anzahl der Blattknoten an.

Kapitel 6

Die Entwicklung einer Problemlösung

Ziel:
Durch einige Beispiele sollen die LeserInnen die Vorgangsweisen kennenlernen, durch die man von einem Problem zu dessen Lösung, dem Algorithmus, gelangt. Es soll eingeübt werden, was ein Algorithmus ist, wie man ihn entwickeln (schrittweise Verfeinerung, Top-Down versus Bottom-Up) und darstellen kann (Pseudocode, Flußdiagramme, Struktogramme), sodaß für einfache Problemstellungen Algorithmen entwickelt und dargestellt bzw. schrittweise nachvollzogen (Handsimulation) werden können.

6.1 Vorgangsweise

Probleme werden mit Hilfe von Computern durch die Entwicklung und Verarbeitung von Programmen gelöst. Die Abfassung von Programmen wird von Programmierern übernommen. Unerfahrene Programmierer setzen sich sofort an den Computer, um ihre Programme einzutippen. Gute Programme zeichnen sich jedoch häufig durch eine lange Konzeptionsphase aus. Deshalb ist eine ordentliche Planung, selbst bei kurzen und einfachen Problemen, sehr zu empfehlen.

Um ein Problem zu lösen, wird das Problem zunächst genau und umfassend beschrieben. Wir müssen in dieser Phase die Syntax einer be-

stimmten Programmiersprache noch nicht im Auge haben. Dies könnte unsere Lösungswege einschränken. Die Problembeschreibung kann in der jeweiligen Muttersprache erfolgen. Man beginnt gewöhnlich mit einer genauen Festlegung, welche Daten in welcher Form einzugeben und welche Daten in welcher Form auszugeben sind. Anschließend wird das Gesamtproblem analysiert. Wir werden das Gesamtproblem in viele einzelne abgeschlossene Teilaufgaben **schrittweise verfeinernd** zerlegen. In der Fachsprache der Informatik nennen wir eine Problemlösungsstrategie, die vom Gesamtproblem ausgeht, *Top-Down-Design*-Methode. Bei der *Top-Down-Design*-Methode gehen wir vom Gesamtproblem aus und versuchen, schrittweise verfeinernd, zu leichter lösbaren Teilproblemen vorzustoßen. *Top-Down-Design* umfaßt aber nicht nur die sorgfältige Zerlegung eines Gesamtproblems in Teilprobleme, sondern auch die Überprüfung und den Nachweis, daß das beabsichtigte Zusammenwirken der Teillösungen das Gesamtproblem korrekt löst. Die Zerlegung des algorithmischen Gesamtproblems in Teilprobleme nennt man **Modularisierung**.
Die Vorteile eines in dieser Weise sukzessive aufbereiteten Problems sind:

- Kleine Teilprobleme sind leichter zu lösen und diese Lösungen sind leichter durch Testen von Fehlern zu befreien als das Gesamtproblem.
- Module (= Programme zur Lösung der Teilprobleme) können an mehreren Stellen nützlich sein. Modulare Vorgangsweise gestattet dem Programmierer die Aufteilung von Problemlösungen und die mehrfache Verwendung von Problemlösungen für Teilprobleme. Der Programmierer kann sich eine Bibliothek von Modulen anlegen.
- Änderungen können schneller durchgeführt werden. Korrekturen an einzelnen Modulen sind in ihren Wirkungen leichter zu überschauen als Korrekturen in großen Programmen.
- Eine solche modulare Vorgangsweise erleichtert die Einschätzung des Arbeitsfortschrittes. An Hand der abgelegten, fehlerfreien und ausgetesteten Module kann der Projektleiter das Ausmaß der erledigten und der noch ausstehenden Arbeit abschätzen.
- Sorgfältig aufbereitete Teilprobleme eignen sich besonders für Teamarbeit. Jedem Mitarbeiter oder Mitarbeiterstab wird ein Teilproblem oder werden einige zusammengehörige Teilprobleme zur Lösung anvertraut.

Der letztgenannte Punkt weist jedoch auf die Probleme der modularen Vorgangsweise hin. Die Zusammensetzung einer großen Zahl von Modulen zu einem Gesamtprogramm kann zu Schwierigkeiten in der Wirkungskontrolle führen, die häufig dann auftreten, wenn die Module von verschiedenen Programmierern geschrieben wurden. Diese Schwierigkeiten können jedoch durch sorgfältige Dokumentation und Planung der Module sowie realistische Abnahmetests stark reduziert werden. Methoden, um solche Schwierigkeiten zu vermeiden, finden wir im *Top-Down-Design*. Die Problemlösung erfolgt hiebei durch schrittweise Verfeinerung der Teillösungen.

Auf der Ebene der Teillösungen erhalten wir erst Aufschluß über die Qualität der *Top-Down-Design*-Methode. Sehr oft werden mehrere Zerlegungen zweckmäßig sein. Bei jeder Problemanalyse werden wir für notwendige Analysen und Korrekturen manchmal den Weg zurück zum Gesamtproblem einschlagen. Es handelt sich dann in der Fachsprache der Informatik um die *Bottom-Up*-Vorgangsweise. Bei dieser Methode geht man von den bekannten Teilproblemlösungen durch Zusammensetzung zurück zur Betrachtung des Gesamtproblems. Jede Problemanalyse ist also ein Wechselspiel der *Top-Down-Design*- und der *Bottom-Up*-Vorgangsweise.

Die Problemlösung soll jedoch immer bei der Analyse des Gesamtproblems beginnen!

6.2 Die Ermittlung des größten gemeinsamen Teilers (ggT)

Wir wählen, um das Verfahren kurz aber dennoch anschaulich darzustellen, als Beispiel die Lösung eines bekannten einfachen mathematischen Problems: die Bestimmung des größten gemeinsamen Teilers (ggT) zweier ganzer Zahlen.

Das gewählte Problem hat den Vorteil, daß es leicht verständlich ist und keine umständliche Lösung erfordert. Es ist aber komplex genug, um die Vorteile der *Top-Down-Design*-Methode zu zeigen. Um auch einen anschaulichen Eindruck von der Methode der schrittweisen Verfeinerung zu vermitteln, beschäftigen wir uns mit der bereits von Euklid (350 v. Chr.) gegebenen Lösungsvariante:

Gegeben seien zwei ganze Zahlen a und b; finde ihren größten gemeinsamen Teiler ($\text{ggT}(a, b)$).

Bevor wir mit der Problemlösung beginnen, sollten wir uns darüber im klaren sein, welches Problem wir tatsächlich lösen wollen. Für zwei ganze Zahlen x und y verstehen wir unter dem $\text{ggT}(x,y)$ die größte ganze Zahl, die sowohl x als auch y derart teilt, daß ein Rest von 0 bleibt.

Z.B.: $\text{ggT}(9,12) = 3$, $\text{ggT}(12,28) = 4$ und $\text{ggT}(119,544) = 17$.
Wir stellen auch fest, daß der ggT immer existiert.
Wenn y ungleich 0 ist, dann ist er nicht größer als $|y|$ und nicht kleiner als 1.
Wenn x und y gleich 0 sind, müssen wir eine Vereinbarung treffen, da jede Zahl 0 teilt; es gelte daher $\text{ggT}(0,0) = 0$.
Folglich gilt natürlich auch: $\text{ggT}(x,0) = \text{ggT}(0,x) = |x|$.
Weiters gilt: $\text{ggT}(x,y) = \text{ggT}(y,x)$ und $\text{ggT}(x,y) = \text{ggT}(-x,y)$.
Aufgrund dieser Eigenschaften genügt es, wenn wir uns auf ein reduziertes Problem beschränken:
Gegeben seien zwei nichtnegative ganze Zahlen a und b; finde den $\text{ggT}(a,b)$.
Die Lösung von $\text{ggT}(|a|,|b|)$ entspricht der Lösung $\text{ggT}(a,b)$ für beliebige ganze Zahlen a und b.

Wir wollen nach der *Top-Down-Design*-Methode vorgehen und unser Problem in eine Reihe kleiner Teilprobleme zerlegen, die in einer von uns anzugebenden Reihenfolge des Zusammenwirkens unser Problem lösen.

Es gibt gewöhnlich für jedes Problem viele Wege, um die Lösung zu ermitteln. Wir schlagen daher einen speziellen derartigen Weg ein und gehen, wie gezeigt, ohne Beschränkung der Allgemeinheit davon aus, daß a und b nichtnegativ und ganz sind. Stellen wir uns vor, es gelänge uns, unser Problem $\text{ggT}(a,b)$ so zu verändern, daß wir ein Problem $\text{ggT}(x,y)$ erhalten mit $y < b$ (x kann sich hiebei beliebig in bezug auf a ändern); in diesem Fall müßten wir nach endlich vielen und höchstens b Schritten die Lösung gefunden oder $y = 0$ erreicht haben, und wir hätten wegen $\text{ggT}(a,b) = \text{ggT}(x,0) = x$ die Lösung gefunden.

Berücksichtigen wir, daß wir die Hilfsgrößen x und y eingeführt haben, so können wir die Zerlegung unseres Hauptproblems in folgende Teilprobleme niederschreiben:

Schritt 1. Setze x auf den Wert von a
und y auf den Wert von b
Schritt 2. Wenn y ungleich 0 ist, dann
a. verändere y und x derart, daß beide Werte nichtnegativ werden und der Wert von $\text{ggT}(x,y)$ gleich bleibt.
b. Wiederhole Schritt 2.
Schritt 3. Da y gleich 0 ist, setze $\text{ggT}(a,b)$ auf x.

Wir wissen, daß wir unter der Voraussetzung des Auffindens eines Wertes $0 \leq y < b$ Schritt 2 in obigem Algorithmus nur höchstens b-mal wiederholen. Schritt 1 und 3 sind bereits so einfach, daß wir sie sofort in einem Programm mittels einer Programmiersprache (vgl.Kap.5) niederschreiben können. Lediglich Schritt 2 verlangt noch eine weitere Zerlegung.

Eine Zerlegungsmöglichkeit wurde nun erstmals von Euklid gefunden und ist keineswegs trivial.
$[x/y]$ bezeichne den ganzzahligen Wert des Quotienten von x/y, und r bezeichne den ganzzahligen Rest der (ganzzahligen) Division $[x/y]$.
Offenbar folgt aus

$$x = [x/y] \times y + r$$

die Gleichung

$$r = x - [x/y] \times y$$

Also ist jeder ganzzahlige Teiler von x und y auch ein Teiler von

$$r(= x - [x/y] \times y)$$

Daher teilt umgekehrt jeder Teiler von $r(= x - [x/y] \times y)$ auch x und y.
Insbesondere gilt dies auch für den größten gemeinsamen Teiler, also

$$ggT(x,y) = ggT(y, x - [x/y] \times y)$$

Da nun

$$x - [x/y] \times y < y$$

gilt, haben wir einen geeigneten Reduktionsprozeß für Schritt 2a gefunden. Wir erhalten daher die folgenden Zerlegungsschritte für Schritt 2a:

Unterschritt i: Setze r auf $x - [x/y] \times y$,
Unterschritt ii: Setze x auf y,
Unterschritt iii: Setze y auf r.

Diese Zerlegung hat die von uns gewünschten Eigenschaften, da $0 \leq r < y$ gilt, unsere Rechenvorschrift daher nur endlich viele Schritte aufweisen kann und $ggT(x,y) = ggT(y,r)$ gilt. Wir können nun engültig unseren **Algorithmus** formulieren:

Schritt	Arbeitsanweisung
1.	Setze x auf a und y auf b
2.	Wenn y ungleich 0 ist, dann
	i. setze r auf $x - [x/y] \times y$
	ii. setze x auf y,
	iii. setze y auf r,
	iv. wiederhole Schritt 2.
3.	Da y gleich 0 ist, setze ggT(a,b) auf x.

Damit es sich bei einer Folge von Arbeitsanweisungen tatsächlich um einen Algorithmus handelt, müssen diese mehrere Eigenschaften erfüllen:

1. Endlichkeit: Unser Algorithmus $ggT(a,b)$ erfüllt diese Bedingung, da $0 \leq r < y$ für jeden Schritt gilt und r nichtnegativ und ganzzahlig bleibt.
2. Bestimmtheit: Jeder Schritt eines Algorithmus muß präzise angegeben werden. Die auszuführenden Anweisungen müssen eindeutig sein. Um die Mehrdeutigkeit der Umgangssprache zu vermeiden, werden spezielle Sprachen, die sogenannten Programmiersprachen, verwendet. Ein Algorithmus, dessen Schritte in einer Programmiersprache angegeben sind, heißt Programm. (Es muß in unserem Algorithmus z.B. klar sein, was mit $[x/y]$ gemeint ist.)
3. Festlegung der Eingabebedingungen: Ein Algorithmus hat keinen, einen oder mehrere Eingabewerte. Die Eigenschaften, welche wir von diesen Werten erwarten oder fordern, müssen angegeben sein. Unser Algorithmus geht z.B. davon aus, daß a und b nichtnegative ganze Zahlen sind. Der Fall der Eingabe negativer oder gebrochener Zahlen ist nicht vorgesehen.
4. Festlegung der Ausgabekorrektheit: Ein Algorithmus hat einen oder mehrere Ausgabewerte, die in bestimmter Beziehung zu den Eingabewerten stehen. Die geforderten Eigenschaften dieser Ausgabewerte müssen angegeben sein. Dies gilt insbesondere auch

für ihre Beziehung zu den Eingabewerten. Unser Algorithmus gibt einen Wert, den ggT der beiden Eingabewerte, aus. Man kann, wie wir bereits gesehen haben, zeigen, daß dieser Wert die gewünschte Eigenschaft aufweist. Jede Zahl, die x und y teilt, muß ja auch, falls $r > 0$ gilt, wegen $x = q \times y + r (q = [x/y])$ die Zahl $r(= x - q \times y)$ teilen, und jede Zahl, die y und r teilt, muß umgekehrt wegen $x = q \times y + r$ auch x teilen. Also weisen x und y dieselben Teiler wie y und r auf. Dies gilt natürlich auch für den größten gemeinsamen Teiler.

5. Effizienz: Ein Algorithmus soll im allgemeinen auch effizient sein. Die Effizienz eines Algorithmus hängt im weitesten Sinne von allen, zur Ausführung des Algorithmus benötigten Computerressourcen wie Hauptspeicher und Rechenzeit ab.
6. Universalität: Ein Algorithmus, der zur Lösung eines Problems entworfen wurde, muß auch für alle zulässigen Eingabewerte das Problem (korrekt) lösen.

Die Bedingungen 1, 2, 3, 4 und 6 sind einfach zu prüfende Bedingungen, die erfüllt oder nicht erfüllt sind. Bedingung 5 ist schwerer zu prüfen. Zur Beurteilung der Effizienz kann z.B. die Komplexität der geforderten Verarbeitungsschritte herangezogen werden.
Betrachten wir nun einmal folgendes Kochrezept für Butternockerlsuppe:
Zutaten:
35 Gramm Butter, 35 Gramm Mehl, 1/2 Ei, Salz, Muskat, Fleischbrühe.

- Schritt 1: Man nehme das Ei und vermische es gemeinsam mit Salz und Muskat mit der schaumig gerührten Butter durch 5-minütiges Rühren.
- Schritt 2: Man mische Mehl langsam darunter.
- Schritt 3: Wenn Sie eine Spritze haben, dann formen Sie damit kleine Häufchen der Masse, ansonsten nehmen Sie dafür einen Kaffeelöffel.
- Schritt 4: Lassen Sie diese Häufchen erkalten.
- Schritt 5: Geben Sie die Häufchen in die kochende Brühe und lassen Sie diese 2 Minuten kochen.

Obgleich diese Arbeitsanweisungen Bedingung 1, 3 und 4 erfüllen, ist insbesondere Bedingung 2 nicht erfüllt. Wir würden - obwohl obiges

Rezept wesentliche algorithmische Elemente enthält - dieses trotzdem mangels Bestimmtheit nicht als Algorithmus bezeichnen.

Betrachten wir unseren Algorithmus ggT(a, b) oder auch das Kochrezept, so stellen wir in den Arbeitsanweisungen verschiedene Teile fest:

- Formulierungen, die sich auf die Handhabung von Daten oder Materialien beziehen (z.B.: Setze x auf y) und
- Formulierungen, die sich mit der Reihenfolge, in welcher, und den Bedingungen, unter welchen die Arbeitsschritte vollzogen werden sollen, auseinandersetzen; (z.B.: Wenn $y \neq 0$ ist, dann ...).

Wir nennen die durch letztere Formulierungen gegebene Ablaufstruktur der eigentlichen Arbeitsbefehle die **Kontrollstruktur**.

Es ist zweckmäßig, diesen gänzlich anderen Typ von Anweisungen von den eigentlichen Datenmanipulations- und sonstigen Anweisungen in einem Algorithmus zu trennen, indem wir mittels graphischen Elementen die Ablaufreihenfolge darstellen und die Arbeitsanweisungen in die Graphik schreiben. Zwei graphische Darstellungsformen, **Flußdiagramme** und **Struktogramme** haben sich durchgesetzt.

Gleichzeitig ist es üblich, für einfache wiederkehrende Datenmanipulationen Sonderzeichen einzuführen bzw. zu verwenden.

Beispiele:

Zuweisung:	Setze x auf den Wert von a	$x \leftarrow a$
Vergleich:	Ist y gleich 0 ?	$y = 0$
	Ist y ungleich 0 ?	$y \neq 0$

Derart abgekürzt formuliert, würde unser Algorithmus folgendermaßen geschrieben werden können, wobei Schritt 3 vereinfacht wurde:

$ggT(a, b)$:   1. $x \leftarrow a$
                   $y \leftarrow b$
           2.   Wenn $y \neq 0$, dann: i. $r \leftarrow x - [x/y] \times y$
                                            ii. $x \leftarrow y$
                                            iii. $y \leftarrow r$
                                            iv.   Wiederhole Schritt 2.
           3. $ggT \leftarrow x$

Derartige in dieser oder ähnlicher Kurzform geschriebene Programme werden als Programme in **Pseudocode** bezeichnet.

6.3 Flußdiagramme

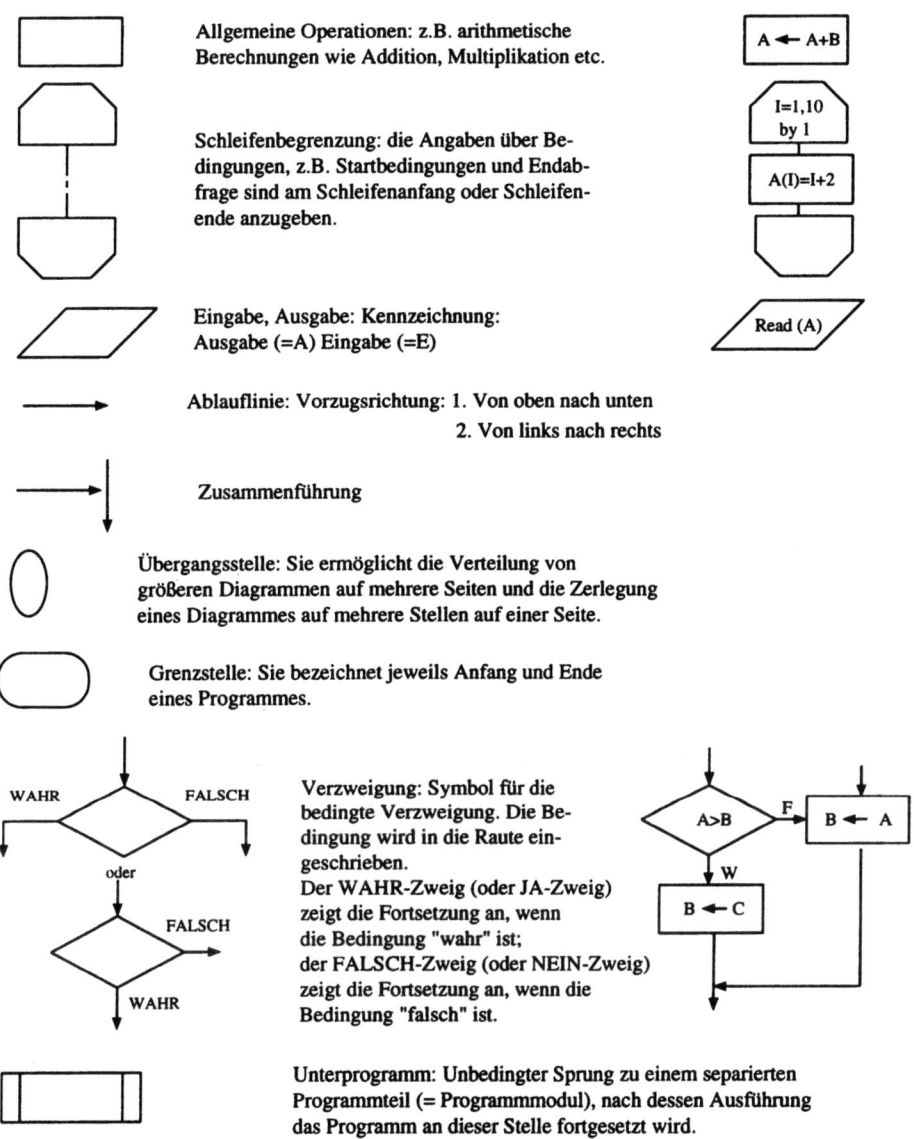

Abbildung 6.1: Symbole für Flußdiagramme

Betrachten wir nun die Symbole von Flußdiagrammen (Abb. 6.1) zur

Darstellung der Kontrollstruktur eines Algorithmus. Flußdiagramme können wir als eine bildliche Ausdrucksmöglichkeit (Sprache) von algorithmischen Abläufen verstehen. Im folgenden sollen die Sinnbilder für die Darstellung von Programmabläufen mit Flußdiagrammen nach DIN 66001 vorgestellt werden (Abb. 6.2).

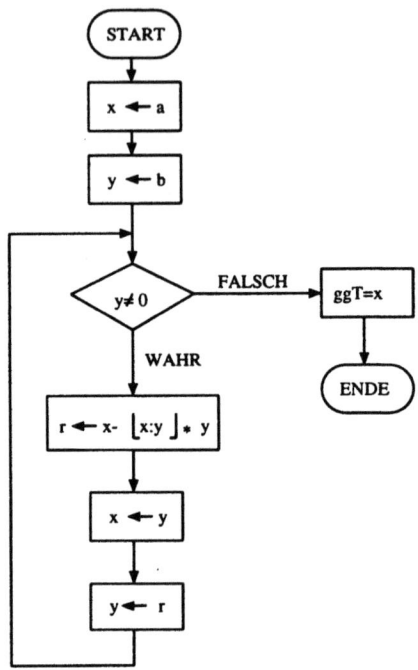

Abbildung 6.2: Programmabläufe für die Ermittlung des ggT(a, b)

Anmerkung zu Abb. 6.2:

$\lfloor a \rfloor$ bezeichnet den auf die nächst kleinere ganze Zahl abgerundeten Wert von a. Z.B. gilt:

$$\lfloor 3.14 \rfloor \leftrightarrow 3$$

$$\lfloor -8.76 \rfloor \leftrightarrow -9$$

Flußdiagramme werden jedoch nicht nur zur Darstellung und zum Entwurf von Algorithmen verwendet, sondern dienen insbesondere in allen Bereichen des menschlichen Lebens zur Darstellung von algorithmischen Abläufen, auch wenn diese nicht die strengen Anforderungen an einen Algorithmus erfüllen. Zur Veranschaulichung der Verwendung von Sprachelementen dient die nachfolgende Abbildung (Abb. 6.3).

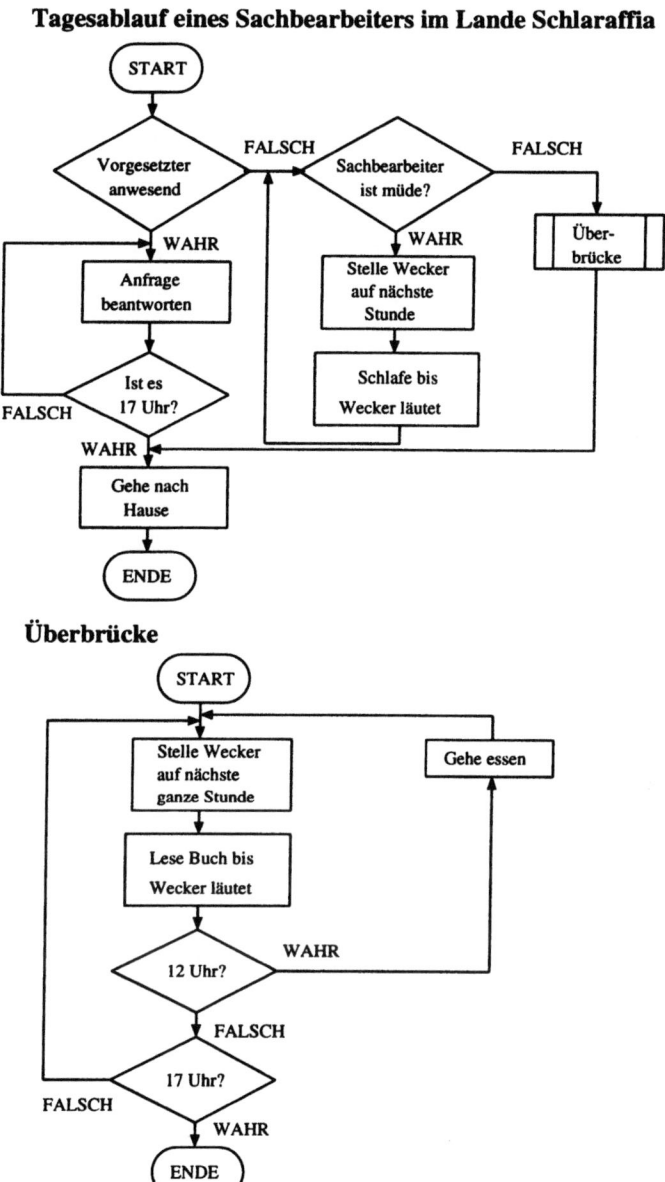

Abbildung 6.3: Flußdiagramm mit Sprachelementen

6.4 Struktogramme

Verwendet man Flußdiagramme, so führt die zugelassene Vielfalt von Verzweigungen und der Mangel an Beschränkung der Länge der Teillösungen erfahrungsgemäß oft zu fehleranfälligen, unübersichtlichen und unnötig langen Darstellungen von Algorithmen. Deshalb hat es sich als zweckmäßig erwiesen, sowohl die zugelassene Form von Verzweigungen als auch den Umfang der Problemlösungen sinnvoll zu beschränken. Verwendet man Struktogramme, so beschränken wir die zugelassene Kontrollstruktur auf erfahrungsgemäß gut beherrschbare Formen mit einem einzigen Ein- und Ausgang und den Umfang des Algorithmus auf ca. eine Seite, eine überschaubare Größe. Zudem werden dieserart Rücksprünge im Algorithmus, die empirisch als eine Hauptfehlerquelle erkannt wurden, vermieden. Im folgenden sollen die Basissymbole für Struktogramme dargestellt und erklärt werden.
Anweisungsdiagramm (Ablaufsymbol):
Das Ablaufsymbol wird zur Darstellung eines Verarbeitungsschrittes, zum Beispiel einer Wertzuweisung, Ein-, Ausgabeanweisung oder eines Unterprogrammaufrufes, verwendet (vgl. Abb. 6.4).

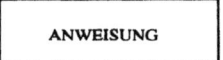

Abbildung 6.4: Anweisungsdiagramm (Ablaufsymbol)

Entscheidungsdiagramm (Abb. 6.5):

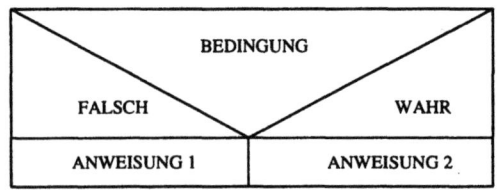

Abbildung 6.5: Entscheidungsdiagramm

Das Entscheidungsdiagramm wird zur Repräsentation der bedingten

Verzweigung verwendet. Das zentrale Dreieck enthält die Bedingung, die Dreiecke rechts und links enthalten die möglichen Wahrheitswerte **Wahr** und **Falsch**. Abhängig von der Antwort **Falsch** und **Wahr** wird Anweisung 1 oder Anweisung 2 durchgeführt.

While-Do-Diagramm:
Dient als Wiederholungssymbol für die kopfgesteuerte Umklammerung, bei der die Ausführung der Anweisung(en) von der einleitenden Bedingung abhängig gemacht wird. Ist die Bedingung nicht erfüllt, so wird (werden) die Anweisung(en) nicht ausgeführt (vgl. Abb. 6.6).

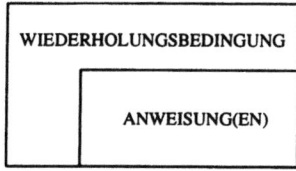

Abbildung 6.6: *While-Do*-Diagramm

Beginn-Ende-Diagramm:
Dieses Symbol wird zur Hervorhebung zusammengehöriger Anweisungsteile, sogenannter **Blöcke**, verwendet (vgl. Abb. 6.7).

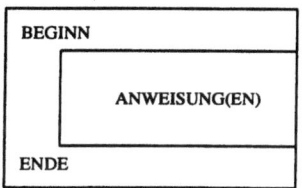

Abbildung 6.7: Beginn-Ende-Diagramm

Repeat-Until-Diagramm:
Dient als Wiederholungssymbol für die fußgesteuerte Umklammerung; diese wird mindestens einmal ausgeführt. Erst nach Durchführung der Anweisung(en) folgt die Prüfung der Endbedingung (vgl. Abb. 6.8).

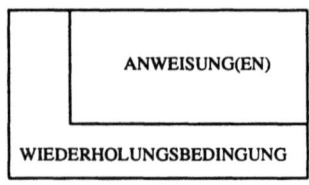

Abbildung 6.8: *Repeat-Until*-Diagramm

Case-Symbol:
Dient als Entscheidungsdiagramm für Mehrfachverzweigungen, wobei die Verzweigung vom Wert eines Ausdruckes abhängig gemacht wird. Ist dieser Wert $1, 2, \ldots, n$, so werden die Anweisungen $1, 2, \ldots, n$ durchgeführt. Ansonsten wird die Anweisung $n + 1$ durchgeführt (vgl. Abb. 6.9).

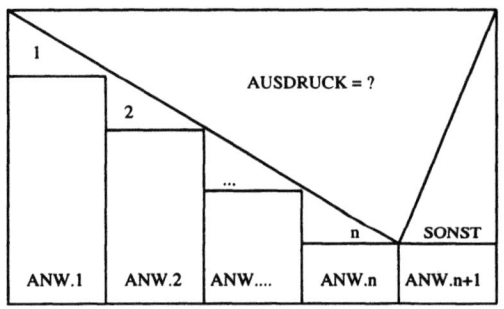

Abbildung 6.9: *Case*-Symbol

Hinweis:
Bei Verwendung von Struktogrammen muß für jedes Unterprogramm (= Modul) ein eigenes Struktogramm geschrieben werden.

Wir wollen das Beispiel des Tagesablaufes eines Sachbearbeiters im Lande Schlaraffia nun an den Sprachelementen des Struktogrammes darstellen, wobei wir für die **Überbrückung** ein eigenes Struktogramm erstellen (vgl. Abb. 6.10 und Abb. 6.11).

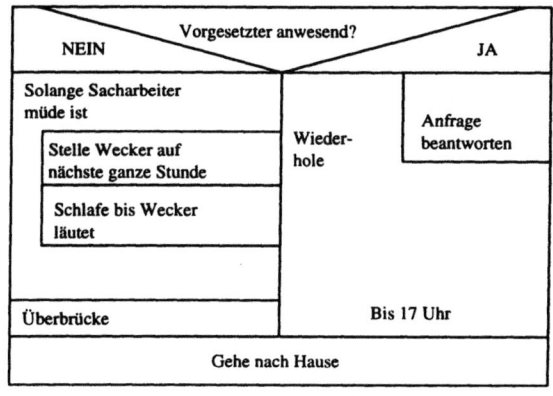

Abbildung 6.10: Schlaraffia-Struktogramm

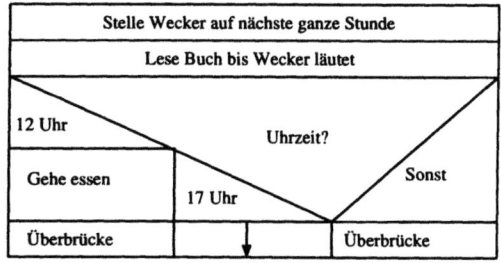

Abbildung 6.11: Überbrücke

Versuchen wir nun, unseren Algorithmus ggT(a, b) mit Hilfe eines Struktogrammes darzustellen, so werden wir auf Schwierigkeiten stoßen. Wir stellen fest, daß unser obiger Algorithmus nicht frei von einem unbedingten Sprung in der Kontrollstruktur ist und wir daher die Problemlösung umformulieren müssen.
Die Liste der Grundelemente eines Struktogrammmes nach Nassi I./ Shneiderman B. enthält im Gegensatz zur Liste der Grundelemente des Flußdiagrammes nach DIN66001 kein Symbol für den unbedingten Sprung. Obwohl eine Darstellung in einem Struktogramm durchaus auch von Euklids Problemlösungsidee ausgehend möglich ist, wollen wir uns zur Übung eine inhaltlich neue Problemlösung erarbeiten, die von vornherein strukturiert ist.

Wir verwenden dazu einige Beobachtungen:

i. Sind a und b gerade Zahlen, so gilt:
$\text{ggT}(a,b) = 2 \times \text{ggT}(a/2, b/2)$
Beispiel: $\text{ggT}(12,6) = 2 \times \text{ggT}(6,3)$

ii. Ist a gerade und b ungerade, dann gilt:
$\text{ggT}(a,b) = \text{ggT}(a/2, b)$
Beispiel: $\text{ggT}(68, 51) = \text{ggT}(34, 51)$ und weiters gilt:
$\text{ggT}(34, 51) = \text{ggT}(17, 51)$
Analog verfahren wir, wenn b gerade und a ungerade ist.

iii. Ist $a > b$, dann gilt:
$\text{ggT}(a,b) = \text{ggT}(a - b, b)$
Beispiel: $\text{ggT}(51, 34) = \text{ggT}(17, 34)$.

iv. Sind a und b ungerade, dann gilt:
$a - b$ ist gerade und $|a - b| < max(a,b)$
Beispiel: $(a,b)=(93,39)$
$a - b = 54$
$54 < max(93, 39)$.

Verwenden wir nun diese neu gewonnenen Kenntnisse im Design eines neuen Algorithmus ggT2(a,b). Als Variable, welche als Multiplikator für die gemäß i. - iv. reduzierten Zahlen dienen soll, verwenden wir k.

<u>ggT2(a,b)</u>

Schritt 1: $x \leftarrow a; y \leftarrow b; k \leftarrow 1$

Schritt 2: Sind beide, x und y, gerade,
so verwende Beobachtung i. und multipliziere für jede Division von x und y durch 2 den Faktor k mit 2
(Entweder x oder y ist schließlich ungerade;
die Anzahl der Divisionen ist sicher endlich).

Schritt 3: Solange x oder y, also eine der beiden Zahlen, gerade ist, verwende Beobachtung ii. und dividiere die gerade Zahl solange durch 2, bis sie ungerade ist.
(Beide Zahlen, x und y, sind nun ungerade).

Schritt 4: Wenn $x > y$, dann setze $x \leftarrow x - y$ (Beobachtung iii.),
sonst setze $y \leftarrow y - x$. (Eine der Zahlen, x oder y, ist nun wieder gerade oder gleich 0).

Schritt 5: Wenn weder x noch y gleich 0 ist,
so beginne wieder mit Schritt 3.

Schritt 6: Wenn $x = 0$, dann gilt ggT $\leftarrow k \times y$,
sonst gilt ggT $\leftarrow k \times x$.

Wir können nun unser Struktogramm abfassen (Abb. 6.12).
Bemerkung:
und bzw. **oder** bezeichnen Operationen der Aussagenlogik und sind daher präzise definiert, wie im nächsten Kapitel ausgeführt wird.

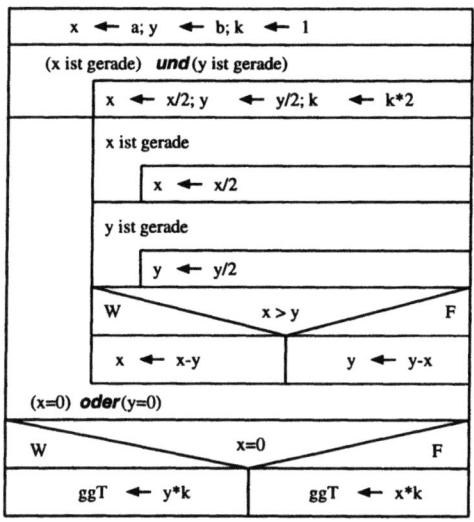

Abbildung 6.12: Struktogramm für ggT(a,b)

Übungsbeispiele

1. Gegeben sei folgender Algorithmus:

   Schritt-1: $s \leftarrow 7$.
   Schritt-2: $i \leftarrow 1$.
   Schritt-3: Lies a ein.
   Schritt-4: $s \leftarrow s + a$.
   Schritt-5: $a \leftarrow a - i$.
   Schritt-6: $i \leftarrow i + 1$.
   Schritt-7: if $a < 0$
                then goto Schritt-8
                else goto Schritt-4
   Schritt-8: Gib i aus.

Zeichnen Sie ein Flußdiagramm für diesen Algorithmus und geben Sie jene Zahl an, die der Algorithmus ausgibt, wenn für a der Wert 2 eingegeben wird.

2. Gegeben sei folgender Algorithmus:

   Schritt 1   lies n ein
   Schritt 2 $f \leftarrow 1$
   Schritt 3   wenn $n = 0$ dann gehe zu Schritt 7
   Schritt 4 $f \leftarrow f \times n$
   Schritt 5 $n \leftarrow n - 1$
   Schritt 6   gehe zu Schritt 3
   Schritt 7   gib f aus

Zeichnen Sie ein Flußdiagramm für diesen Algorithmus; was berechnet der Algorithmus? Geben Sie jene Zahl an, die der Algorithmus ausgibt, wenn für n der Wert 5 eingegeben wird.

3. Stellen Sie folgenden Algorithmus als Struktogramm dar:

   <u>Schritt-1:</u>   Wiederhole Schritt-2 und Schritt-3, solange
   die Prüfungszeit nicht zu Ende ist.
   <u>Schritt-2:</u>   Lies die Angabe sorgfältig durch.
   <u>Schritt-3:</u>   Wenn eine Frage noch unbeantwortet ist,
   dann beantworte sie, ansonsten
   erfinde eine neue Frage

Struktogramme bestehen aus verschiedenen Grundelementen:

   (a) Anweisungsdiagramm (SEQUENZ)
   (b) Entscheidungsdiagramm (IF-THEN-ELSE)
   (c) Wiederholungsdiagramm für kopfgesteuerte Umklammerung (WHILE-DO)
   (d) Wiederholungsdiagramm für fußgesteuerte Umklammerung (REPEAT-UNTIL)
   (e) Entscheidungsdiagramm für Mehrfachverzweigungen (CASE)

Geben Sie die Grundelemente an, die Sie für die Darstellung des obigen Algorithmus verwendet haben.

4. Gegeben sei folgender Algorithmus:

> **Schritt-1:** Lies a ein.
> **Schritt-2:** Lies b ein.
> **Schritt-3:**
>   **IF** $a < b$
>   **THEN** $c \leftarrow 6 - a \times b$.
>   **ELSE** $c \leftarrow 5 + (a - b) \times 5 + (211 - a)$.
> **Schritt-4:** Gib c aus.

Zeichnen Sie ein Struktogramm für diesen Algorithmus und geben Sie jene Zahl an, die der Algorithmus ausgibt, wenn sowohl für a als auch für b der Wert 0 eingegeben wird.

5. Geben Sie die Zahl an, die der durch das untenstehende Struktogramm dargestellte Algorithmus liefert, wenn 7 eingegeben wird.

Lies n ein
$s \leftarrow 0$
solange $n > 0$
$s \leftarrow s + n$
$n \leftarrow n - 1$
Gib s aus

Kapitel 7

Die Korrektheit von imperativen Programmen

Ziel:
Die LeserInnen sollen mit der Problematik eines Korrektheitsbeweises von Algorithmen vertraut gemacht werden und die Begriffe 'Spezifikation', 'partielle Korrektheit' und 'totale Korrektheit' verstehen lernen. Sie sollen nach Durcharbeitung des Kapitels in der Lage sein, vorgegebene Korrektheitsbeweise zu kommentieren, vor allem aber mit der grundsätzlichen Problematik vertraut sein: Um die Korrektheit eines Algorithmus untersuchen zu können, bedarf es einer klaren formalen Spezifikation, die als Ausgangspunkt für ein mathematisches Beweisverfahren dient. Das Durchprobieren eines Algorithmus mit einigen ausgewählten Eingabewerten kann niemals die Korrektheit eines Algorithmus sondern höchstens dessen Inkorrektheit (Finden eines Gegenbeispiels) beweisen.

Die grundlegende Eigenschaft von aufeinanderfolgenden Blöcken von Befehlen oder *WHILE-DO*-Blöcken sowie von den anderen gezeigten Diagrammen für Struktogramme liegt darin, genau einen Eingang mit genau jeweils einem Ausgang zu verbinden. Unter einem **Eingang** verstehen wir eine ausdrücklich übergebene Menge von Werten und unter einem **Ausgang** eine ausdrücklich rückgegebene Menge von Werten. In unserem Design versehen wir Punkte im Algorithmusablauf mit Relationen. Diese Relationen beschreiben die wesentlichen Aspekte der Werte der Variablen und ihrer Beziehungen zueinander während der Problemlösung und zwischen den Rechenschritten. Bezeichnen wir mit Z einen Befehl oder eine Folge von Befehlen bzw. ein Computer-Programm und mit V und N Relationen, so können wir dies folgendermaßen darstellen (Abb. 7.1).

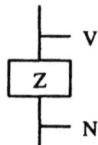

Abbildung 7.1: Befehlsfolge

Wir können auch schreiben: $V\{Z\}N$. Dies bedeutet: Gilt vor Ausführung des Anweisungsblockes Z die Relation V, so gilt nach Durchführung von Z die Relation N. Wir nennen diese Form die **Spezifikation** von Z. Es sei zum Beispiel Z unser Programm, dessen Korrektheit wir zeigen wollen; dann wollen wir zeigen, daß $V\{Z\}N$ gilt. V bezeichne dabei die Relation, welche die Variablen anfangs erfüllen müssen, und N sei die Relation, welche die Variablen nach Beendigung des Programmes erfüllen müssen (Abb. 7.2).

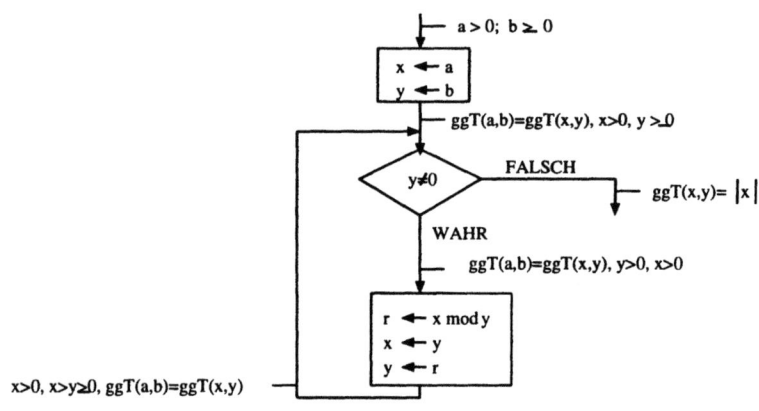

Abbildung 7.2: ggT(a,b)

Aufgrund der von uns bereits vorgenommenen Analyse sind wir in der Lage zu erkennen, daß die angegebenen Relationen an den entsprechenden Stellen im Algorithmus erfüllt sind. Nach der Methode des *Top-Down-Design* entwerfen wir nun die algorithmische Lösung der Teilabschnitte durch **schrittweise Verfeinerung** unserer gefundenen Lösung. Wir versuchen nun, die Korrektheit einer Version des Euklidischen Algorithmus zu beweisen. Deshalb zeigen wir die Korrektheit der Errechnung von $x \bmod y$ durch nachfolgenden Algorithmus (Abb. 7.3).

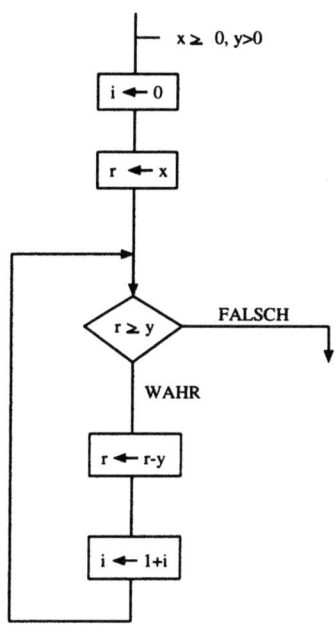

Abbildung 7.3: Die Ermittlung von $x \bmod y$

Wir zeigen zunächst die Korrektheit für die Teilbefehlsfolgen Z_1, Z_2, Z_3 und Z_4, die wiederum Modulen entsprechen (Abb. 7.4).

Dann fassen wir die Folgen und Anweisungen zusammen (Abb. 7.5).

Von diesem Programm zur Berechnung von $x \bmod y$ wissen wir, daß es dann korrekt ist, wenn es den Endzweig erreicht. Wir haben jedoch noch nicht untersucht, ob bei der *WHILE-DO*-Anweisung nicht der Fall einer Endlosschleife vorkommen könnte. Wir sprechen daher bei der erzielten Korrektheit von **partieller** Korrektheit. Um **totale** Korrektheit nachzuweisen, müssen wir zeigen, daß dieses Programm auch nach endlich vielen Schritten beendet wird.

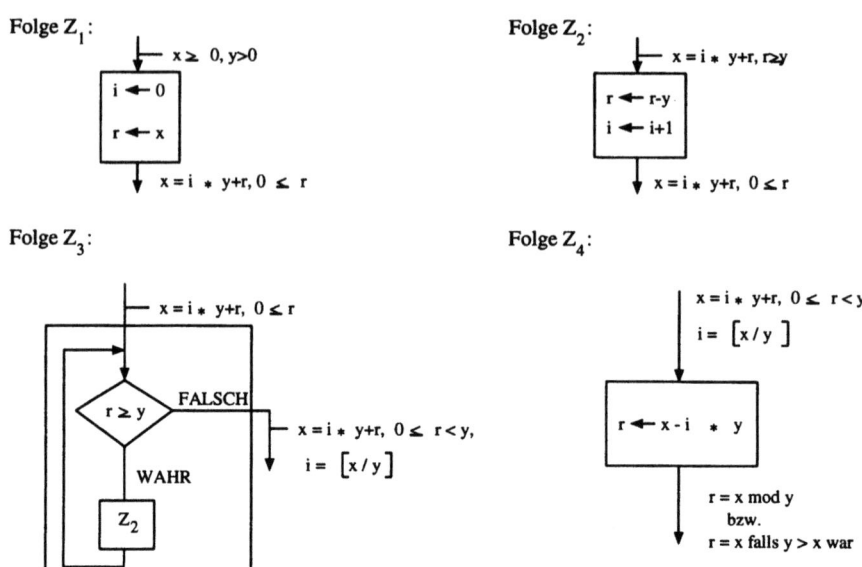

Abbildung 7.4: Die Teilbefehlsfolgen Z_1, Z_2, Z_3 und Z_4

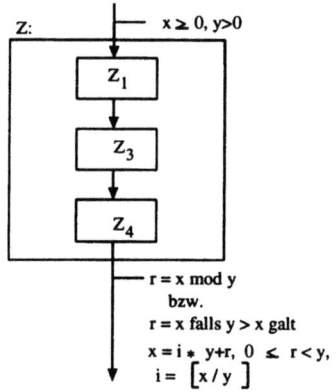

Abbildung 7.5: Gesamtbefehlsfolge

Da zu Beginn von Z_1 gilt $y > 0$, gilt zu Beginn von Z_3 ebenfalls $y > 0$. Für $y > 0$ und $r \geq 0$ führt eine wiederholte Reduktion des Wertes von r um den Wert von y nach endlich vielen Schritten bei endlichen

Werten von x und y zum Fall $r < y$; in diesem Fall wird die Schleife jedoch beendet und somit das Programm!

Verwenden wir nun dieses Programm Z in unserem Programm zur Errechnung des größten gemeinsamen Teilers (ggT), so erhalten wir das nachfolgende Bild (Abb. 7.6).

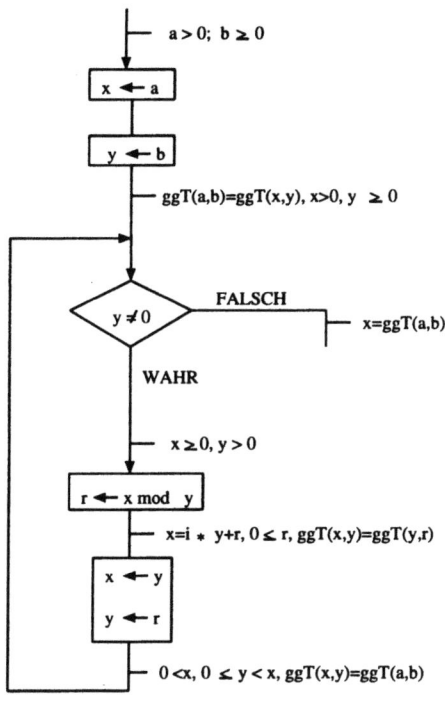

Abbildung 7.6: Gesamtbild

D.h. es gilt für alle x':

$$0 \leq x'; 0 < y \left\{ \begin{array}{l} r \leftarrow x' \mod y' \\ x \leftarrow y' \\ y \leftarrow r \end{array} \right\} 0 \leq y < x; x \leq 0$$

Da die Relation $\text{ggT}(x', y') = \text{ggT}(x, y)$ erfüllt ist, ist nach Berechnung von $r \leftarrow x \mod y$ die Relation $\text{ggT}(x, y) = \text{ggT}(a, b)$ an jedem Punkt der Schleife - wie man sich leicht überzeugen kann - erfüllt. Das Programm ist daher **partiell** korrekt.

Die Schleife wird bei vorausgesetzter Korrektheit der Eingangsrelation $x > 0$ und $y \geq 0$ auch nur endlich oft durchlaufen, da nach Berechnung von $r \leftarrow x \bmod y$ nun $r < y$ gilt. Das Programm endet daher nach endlich vielen Schritten und ist auch **total** korrekt. Bei der *Top-Down-Design*-Methode wird daher ein Problem derart in leicht lösbare Teilprobleme zerlegt, daß die Korrektheit dieser Teilprobleme gezeigt werden kann und hiedurch das Gesamtproblem ebenso eine korrekte Lösung darstellt. Wir gehen also bei unserem *Top-Down-*Programmentwurf folgendermaßen vor:

- Wir beginnen mit der Spezifikation unseres Programmes Z. Diese besteht in einer genauen Angabe der Eingangsrelation V und der Ausgangsrelation N eines Programmes Z, welche uns die Ausgabe (N) des Programmes Z und die Eingangsbedingungen zur Programmausführung (V) angeben ($V\{Z\}N$).
- Der Prozeß des *Top-Down-Designs* liefert uns unter schrittweiser Verfeinerung der Lösung Teilprogrammspezifikationen $V_i\{Z_i\}N_i$ für Programmteile von Z (und deren Programmteile), die schließlich nicht mehr verfeinert werden müssen.

Anmerkung:
Das Design des Programms schreitet Hand in Hand mit den Korrektheitsbeweisen unserer Spezifikationen derart voran, daß aus N_i die Relation V_{i+1} unmittelbar abgeleitet werden kann. Sind schließlich alle Teilproblemlösungen als korrekt bewiesen, ist auch unsere Gesamtproblemlösung korrekt. Wir verwenden beim Nachweis der partiellen Korrektheit unseres Algorithmus eine Schlußtechnik, welche unter dem Namen **Induktion** bekannt ist und häufig verwendet wird. Um Induktion zu verstehen, wählen wir ein einfaches Beispiel: die Berechnung von n^n für positive und ganzzahlige Werte von n (Abb. 7.7).

Ein Induktionsbeweis besteht nun aus:

a) Induktionsbehauptung:
 Mit Erreichen des Endes der *WHILE*-Schleife zum μ-ten Male gilt $I = N^\mu$.
b) Induktionsanfang:
 Ist N gleich 1, dann wird $1(= 1^1)$ ausgegeben; (die kopfgesteuerte Umklammerung wird gar nicht ausgeführt, da $J = 0$ gilt.)
c) Induktionsschritt:
 Wir nehmen an, die Induktionsbehauptung sei wahr für einen

Wert

$$k(< N)$$

I enthält dann den Wert N^k und J den Wert $N - k$. Das Ende der Schleife werde nun zum $(k+1)$-ten Male erreicht. Durch die Ausführung von $I \leftarrow I \times N$ enthält I nun den Wert N^{k+1} (und durch $J \leftarrow J - 1$ enthält J den Wert $N - (k+1)$). Gilt die Induktionsbehauptung also für $k < N$, so ist sie auch für $k + 1$ richtig.

d) Induktionsschluß: Aus Induktionsanfang und Induktionsschritt schließen wir, daß die Induktionsbehauptung für alle Werte $N > k \geq 1$ gilt.

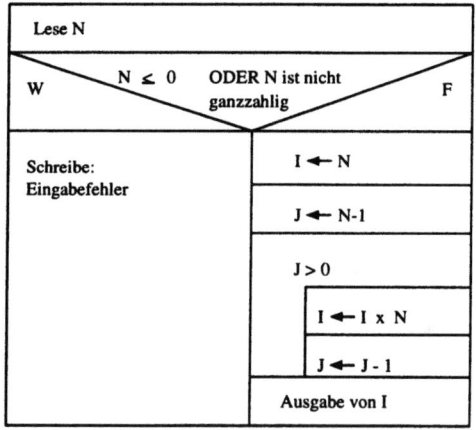

Abbildung 7.7: Exponentiation

Wie wir sehen, ist jedoch durch den Einsatz der Technik des Induktionsschlusses noch nicht gesichert, daß das Programm auch mit N^N beendet wird. Um dies zu zeigen, müssen wir zeigen, daß sich die Schleife in Richtung des Ziels der Errechnung von N^N verändert und genau dann abbricht, wenn N^N erreicht ist.

Wie wir sehen, weist die Schleife für $I = N^k$ den Wert $J = N - k$ auf. Haben wir also $k = N - 1$ erreicht, so gilt $I = N^{N-1}$ und $J = N - (N-1)(= 1)$. Die Schleife wird also nochmals durchlaufen, da die Bedingung $J > 0$ wahr ist. Wir erhalten zu Ende der Schleife $I = N^N$ und $J = 0$. Da nun $J > 0$ nicht erfüllt ist, wird die WHILE-

Schleife beendet (nicht mehr durchgeführt) und der Wert von $I(=N^N)$ ausgegeben.

Wenngleich wir in der Lage sind, Programme als korrekt zu beweisen, ist die praktische Bedeutung von Korrektheitsbeweisen in der kommerziellen Programmierung aufgrund des damit verbundenen erheblichen Zusatzaufwandes sehr gering. Maschinelle Verfahren zum Beweis der Korrektheit haben noch nicht die Reife erlangt, um eingesetzt werden zu können. Deshalb wird in der kommerziellen Praxis der strenge Nachweis der Korrektheit gewöhnlich unterlassen. Ähnliche Überlegungen müssen jedoch von jedem Programmierer vorgenommen werden. Zudem versucht man mittels Einsatz von Testdatensätzen, die als Eingabe für das dem Algorithmus entsprechende Programm dienen, zu zeigen, daß das Programm funktionsfähig ist und das gewünschte Resultat liefert. Es kann natürlich auf diese Art **niemals** die Korrektheit gezeigt werden. Es kann unter Umständen lediglich gezeigt werden, daß der Algorithmus **falsch** ist, wenn das Programm falsche Resultate liefert. Korrektheit kann gewöhnlich nicht gezeigt werden, da man das Programm praktisch nie für alle möglichen Eingabewerte testen kann.

Das nächste Stadium der Problemlösung nach dem Algorithmusentwurf ist die Codierung des Problems in der gewählten Programmiersprache. Beachten Sie, daß die Codierung nur einen Teil des gesamten Problemlösungsverfahrens darstellt.

Zur Softwareerstellung gehören also mehr Phasen als nur die Phase der Codierung. Vielmehr zählen hierher Problemdefinition, Problemanalyse, Problemlösung und algorithmische Beschreibung der Lösung (z.B. durch Flußdiagramme und Struktogramme), Eingabe- und Ausgabegestaltungsplanung, Codierung der Teillösungen, Testen und Verifizieren der Richtigkeit der Lösungen und der Programme, Dokumentation der Programme sowie Übergabe, Schulung der Benutzer und Wartungsvorsorge. Die Wahl der Programmiersprache wird sich dabei u.a. nach dem Problem, das es zu lösen gilt, und nach der Verfügbarkeit von Übersetzern richten.

Übungsbeispiele

1. Stellen Sie das Flußdiagramm aus dem Beispiel in Abb. 6.2 zur Ermittlung des ggT mit einem Struktogramm dar.

2. Untersuchen Sie die Korrektheit des in Kap. 6, Abb. 6.12 ange-

gebenen Algorithmus.

3. Beweisen Sie die Korrektheit von folgendem Algorithmus zur Ermittlung von $X = 2^n$ (Abb. 7.8).

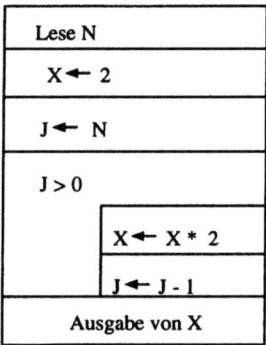

Abbildung 7.8: Zweierpotenz

4. Beweisen Sie die Korrektheit von folgendem modifizierten rekursiven Algorithmus von McCarthy (Abb. 7.9), der für $r > 110$ den Wert $r - 10$ und für $r \leq 100$ die Werte $91, 92, \ldots, 101$ zyklisch liefert (r ganzzahlig).

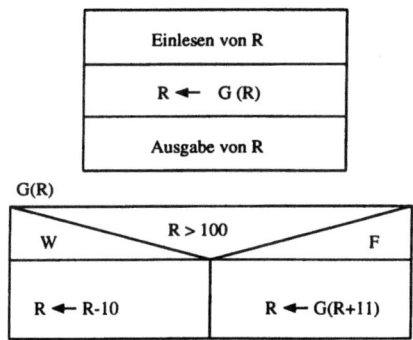

Abbildung 7.9: McCarthy-Algorithmus

5. Untersuchen Sie den nachfolgenden Algorithmus auf Terminierung (Beendung), wobei X ganzzahlig und "$X = X/2$" eine

ganzzahlige Division ist (Abb. 7.10).

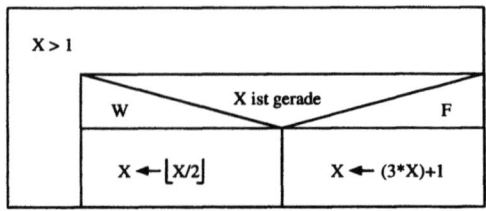

Abbildung 7.10: Terminierung für ganzzahliges X (Endet(x))

6. Untersuchen Sie folgenden Algorithmus zur Berechnung der sogenannten Ackermannfunktion auf seine Wirkungsweise; A und B seien zwei nichtnegative ganze Zahlen (Abb. 7.11).

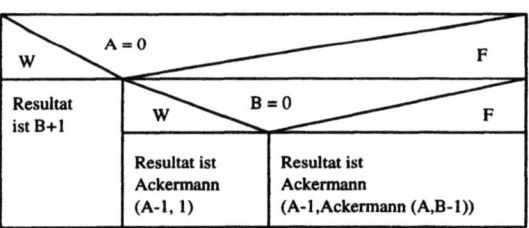

Abbildung 7.11: Ackermann (A, B)

7. Ermitteln Sie die Arbeitsweise des nachfolgenden Programmes (Abb. 7.12).

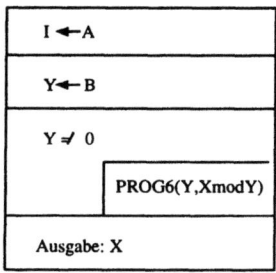

Abbildung 7.12: Prog6 (A, B)

(Hinweis: Bei Aufruf des Programmes *Prog6* durch sich selbst nimmt Variable A den Wert der Variablen Y des aufgerufenen Programmes an; analog wird der Variablen B des aufgerufenen Programmes der Wert von $X \bmod Y$ des aufgerufenen Programmes zugewiesen.)

8. Das *Nimm-Spiel* und seine *Regeln:*

   - Eine Menge mit $n > 0$ Stäbchen.
   - 2 Spieler.
   - Sie nehmen abwechselnd 1 bis 3 Stäbchen von der Menge weg.
   - Wer das letzte Stäbchen nimmt, hat gewonnen.

   Strategie: Es müssen stets so viele Stäbchen genommen werden, daß die verbleibende Anzahl genau durch 4 teilbar ist (Rest = 0).
   Konsequenz: Wenn beide Spieler diese Strategie kennen, so gilt: Ist die Anzahl der Stäbchen vor Spielbeginn genau durch 4 teilbar, so verliert der Beginner, sonst gewinnt er.
   Aufgabe: Erstellen eines Struktogrammes und eines Flußdiagrammes eines Spielprogrammes, das nach dieser Strategie spielt

9. Problem der optimalen Lösung des Spieles *Türme von Hanoi*.
   Erklärung: Beginnend mit der Ausgangssituation, bei der alle Scheiben auf Stab 1 liegen, sollen die Scheiben einzeln, ohne jemals eine größere auf eine kleinere Scheibe zu legen, derart umgesteckt werden, daß die Zielsituation, bei der alle Scheiben auf Stab 2 liegen, erreicht wird. Es dürfen dabei Scheiben auf einem

anderen Stab 'geparkt' werden. Allerdings darf auch hier niemals eine größere auf eine kleinere Scheibe gelegt werden.

Es kann nachgewiesen werden, daß man, um einen Turm mit n Scheiben umzustecken, mindestens 2^n Male je eine Scheibe umstecken muß.

Erstellen Sie für das optimale Lösungsverfahren der Türme von Hanoi a) Struktogramme und b) Flußdiagramme.

Kapitel 8

Der Aufbau von elektronischen Datenverarbeitungsanlagen

Ziel:
Die Studierenden sollen den Aufbau eines Computers verstehen. Dabei beschränken wir uns auf die wichtigsten Teile. Anhand eines einfachen Rechnermodells sollen sie lernen, welche Befehle ein Rechner ausführen kann, und wie Programme und Daten im Rechner dargestellt und verarbeitet werden. Zu diesem Zweck werden einige Beispielprogramme geschrieben. Dann wird beobachtet, wie diese Programme in unserem Rechnermodell ausgeführt werden. Die wesentlichen Konzepte aktueller Prozessor- und Computerarchitektur sollen verstanden werden.

8.1 Die Struktur einer elektronischen Datenverarbeitungsanlage

Die Struktur, nach der Computer aufgebaut sind, hat sich seit den fünfziger Jahren nicht geändert. Auch die Computer von heute besitzen überwiegend dieselbe Struktur, die von dem ungarischen Mathematiker John von Neumann erstmals konzipiert wurde: (Binär) codierte Programmabläufe werden ebenso wie (binär) codierte Daten im Arbeitsspeicher des Computers zur Laufzeit des Programmes gespeichert und verarbeitet. Dadurch ist es möglich, denselben Rechner verschiedenartige Aufgaben und sogar Programme verarbeiten zu lassen, indem man gespeicherte Programme oder Teile hievon austauscht.

8.2 Die Teilsysteme eines Computers

Computer be- und verarbeiten Daten in codierter Darstellung, um nach Be- und Verarbeitung wiederum Daten in codierter Form zur Verfügung zu stellen, die als Information interpretiert werden können. Damit übernimmt der Computer auch eine Aufbewahrungsfunktion. Diese Aufbewahrungsfunktion übernimmt ein Teil des Computers, das sogenannte **Speicherwerk**. Die eigentliche Be- und Verarbeitung übernimmt das sogenannte **Rechenwerk**, welches sich allerdings nicht nur auf das Rechnen beschränkt, sondern häufig auch andere Datentransformationen vornehmen kann. Die Koordination der Arbeit des Rechenwerks mit dem Speicherwerk übernimmt neben anderen Aufgaben das **Steuerwerk** (vgl. Abb. 8.1).

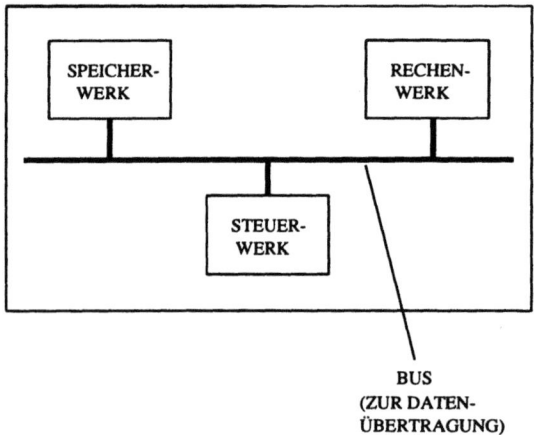

Abbildung 8.1: Einfacher Computer

In der Folge besprechen wir die Teile eines einfachen Computermodells im einzelnen.

8.2.1 Speicherwerk

Hohe Verarbeitungsgeschwindigkeit des Computers setzt voraus, daß Daten schnell bereitgestellt werden können. Daher liest man die zu verarbeitenden Daten in einen Speicher. Ein Speicher besteht aus einzelnen **Speicherzellen**. In diesen Speicherzellen werden Binärcodes, die alphabetische Daten repräsentieren, ganze Zahlen und Gleitpunktzahlen in Binärform gespeichert. (Nach dem Entwurf des Mathematikers John von Neumann wird dabei nicht unterschieden, ob es sich um binär kodierte Daten oder binär kodierte Programmbefehle handelt.) Die einzelnen Speicherzellen (Speicherworte) erhalten fortlaufende Nummern, sogenannte Adressen. Mit Hilfe der Adressen ist es möglich, die Information in der gewünschten Zelle anzusprechen, die gespeicherte Information von der gewünschten Zelle zu lesen oder Informationen in die Speicherzelle zu schreiben. Diese für verschiedene EDV-Anlagen unterschiedlich langen Speicherzellen werden **Worte** genannt. Die meisten heute verwendeten EDV-Anlagen haben eine feste Wortlänge. Bei einem 8-Bit-Wort umfaßt eine Speicherzelle maximal 8 Bit. Ein 8-Bit-Rechner speichert und verarbeitet gewöhnlich 8-Bit-Worte (Abb. 8.2).

Adresse	Inhalt
.	.
.	.
.	.
22	010001011
23	011000011
24	111000101
.	.
.	.

Abbildung 8.2: 8-Bit-Speicherwort

Bei einem 16-Bit-Rechner umfaßt eine Speicherzelle gewöhnlich 16 Bit und speichert und verarbeitet 16-Bit-Worte. Analoges gilt für 32-Bit-Rechner und darüber hinausgehende Wortlängen. Es folgen Interpretationen von Speicherworten (Abb. 8.3 und Abb. 8.4).

```
1)      <BEFEHL> <OPERAND>
2)      <BEFEHL> <ARGUMENT>
3)          <ARGUMENT>
4)          <BEFEHL>
5)          <OPERAND>
6)          <DATEN>
```

Abbildung 8.3: Mögliche Interpretationen eines Speicherwortes

<BEFEHL>	Bezeichnet den Operationscode (meist in Binärdarstellung der Nummer des Befehls)
<OPERAND>	Bezeichnet die Adresse eines Speicherwortes; z. B. bei STORE C ist C die Adresse des Speicherwortes in das gespeichert werden soll. Bei JUMP MARKE gibt MARKE die Adresse jenes Speicherwortes an, dessen Befehl als nächster zur Ausführung gelangen soll.
<ARGUMENT>	Kann eine reelle Zahl, einen Text oder ein *Label* (= Befehlsadresse) bezeichnen. Ein *Label* wird auch Marke genannt.
<DATEN>	Vercodiertes Zeichen, vercodierter Laut oder vercodiertes Bild bzw. vercodierter Bildteil.

Abbildung 8.4: Speicherwort-Interpretationen

In den praktisch verwendeten Computern finden wir heute Speicher von mehreren Tausend bis mehreren Milliarden Byte. Diese Angabe ist jedoch erst in Speicherworte umzurechnen, die meist 2 - 8 Byte je Wort aufweisen, um das zur Verfügung stehende Speichervolumen in Speicherzellen beurteilen zu können.

Nachfolgend sehen Sie eine schematische Darstellung eines Speichers mit einem Speichervolumen von $1K (= 1024)$ Worten (Abb. 8.5).

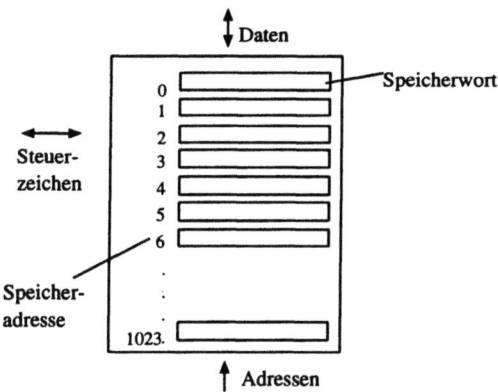

Abbildung 8.5: Speicher

8.2.2 Rechenwerk

Die Verarbeitung von Daten findet im Rechenwerk statt. Die zu verarbeitenden Daten nennt man **Operanden** oder **Argumente**. Zur Verarbeitung müssen die Daten kurz im Rechenwerk gespeichert werden. Das Rechenwerk besitzt zu diesem Zweck schnelle Speicher, sogenannte **Register**. Im Rechenwerk von modernen EDV-Anlagen werden überwiegend Binärworte verarbeitet. Die eigentliche Verarbeitung erfolgt in arithmetischen und logischen Arbeitseinheiten. Als arithmetisch wird eine Einheit bezeichnet, weil sie aufgrund ihrer arithmetischen Verknüpfungsfähigkeiten (Addition, Subtraktion, Multiplikation, Division) arithmetische Operationen, und als logisch, weil sie aufgrund ihrer logischen Verknüpfungsfähigkeiten (UND-, ODER-Verknüpfung, Komplementbildung) logische Operationen durchführen kann (vgl. Abb. 8.6).

Bemerkung zu Logikkalkülen:
Ähnlich wie mit Zahlen kann auch mit Wahrheitswerten von Aussagen gerechnet werden. Wir gehen davon aus, daß eine Aussage nur WAHR oder FALSCH sein kann, und vercodieren WAHR mit 1 und FALSCH mit 0. Es gibt dann für die Wahrheitswerte zweier durch UND ($\wedge$) bzw. ODER ($\vee$) verknüpfte Aussagen A und B bzw. für das Komplement des Wahrheitswertes von A (Abb. 8.7).

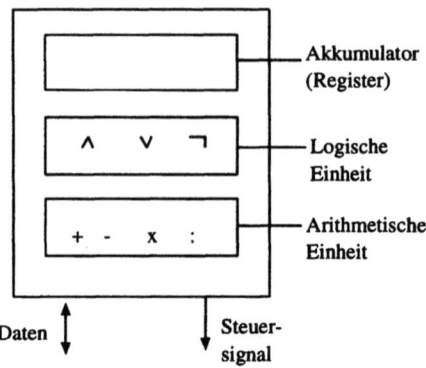

Abbildung 8.6: Rechenwerk (Prozessor)

A	B	$A \wedge B$	$A \vee B$	$\neg A$
1	1	1	1	0
1	0	0	1	0
0	1	0	1	1
0	0	0	0	1

Abbildung 8.7: Logikkalkül

8.2.3 Steuerwerk

Das Steuerwerk liest einen Befehl in codierter Form aus dem Speicher. Der Befehl wird im **Befehlsregister** gespeichert. Die Abarbeitung des Befehls beginnt, indem das Steuerwerk in Übereinstimmung mit dem Befehl im Befehlsregister der Reihe nach entsprechende Signale an Rechenwerk und Speicherwerk sendet. Außerdem werden die im Befehl enthaltenen Adressen an die Adreßleitungen des Speicherwerkes oder des Befehlszählregisters (BZR) weitergegeben. Die Adressen für den nächsten abzuarbeitenden Befehl des Programmes enthält das Befehlszählregister (Abb. 8.8).

Befehlsregister = <OP-CODE><ADRESSE>

Befehlszählregister (BZR) = <ADRESSE>

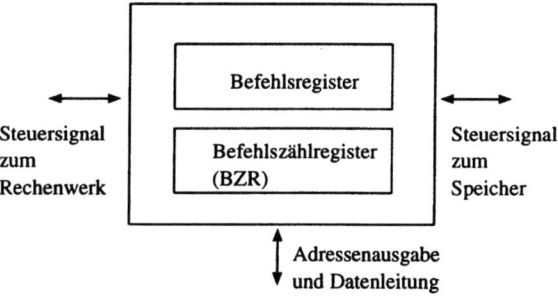

Abbildung 8.8: Steuerwerk

Besitzt das Programm keine Verzweigung, so werden die Programmbefehle entsprechend der Reihenfolge in den Speicherzellen nach ansteigenden Adressen abgearbeitet. Beim Start des Programmes wird das Befehlszählregister auf die Anfangsadresse des Programmes gesetzt. Nach dem Einlesen eines Befehls in das Befehlsregister wird das Befehlszählregister um 1 erhöht. Die Adresse für den nächsten Programmbefehl ist damit vorbereitet.
Anders verhält sich der Vorgang, wenn das Programm Verzweigungen (unbedingte oder bedingte Sprünge) vornimmt. Das Steuerwerk verfährt analog zum unverzweigten Programm, bis der Sprungbefehl in das Befehlsregister gelesen wird.
Handelt es sich um einen unbedingten Sprung, so wird das Befehlszählregister mit der durch den Sprungbefehl angegebenen Adresse geladen. Das Programm wird an der hiedurch bestimmten Adresse fortgesetzt.
Handelt es sich um einen bedingten Sprung, so wird die Verzweigung vom Vorliegen einer Bedingung abhängig gemacht. Diese Bedingung bezieht sich immer auf das Ergebnis einer Berechnung, z. B. ob die Zahl im Ergebnisregister gleich 0 oder ungleich 0 ist. Bei Erfüllung oder Nichterfüllung der Bedingung werden die Wahrheitswerte z. B. in einem Zustandsregister festgehalten. Von diesem Zustandsregister wird das Ergebnis über Meldeleitungen dem Steuerwerk gemeldet. Ist die Bedingung erfüllt, so wird das Befehlszählregister mit der durch den Sprungbefehl angegebenen Adresse geladen und das Programm mit dem Befehl an der so bestimmten Adresse fortgesetzt. Ist die Bedingung nicht erfüllt, wird das Programm an der Folgeadresse, die bereits im Befehlszählregister steht, fortgesetzt.

8.3 Die Arbeitsweise eines Computers

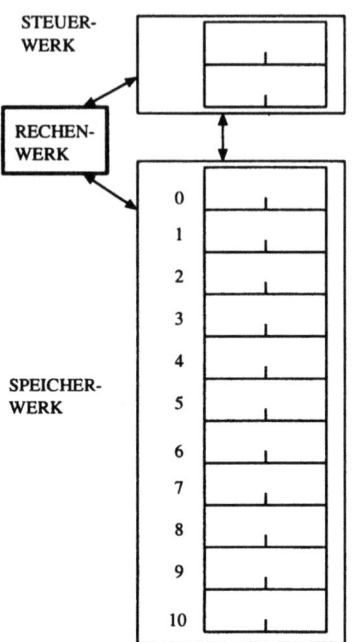

Abbildung 8.9: Arbeitsweise eines Computers

Die Arbeitsweise einer EDV-Anlage (Abb. 8.9) besteht im wechselseitigen Zusammenspiel der drei Teilsysteme **Speicherwerk**, **Rechenwerk** und **Steuerwerk** (= **Zentraleinheit**).
Beispiel:
Wir wollen uns die Arbeitsweise einer EDV-Anlage an unserem Beispiel der Ermittlung des größten gemeinsamen Teilers von A, B (kurz: ggT(A,B)) veranschaulichen (eine ausführliche Problembeschreibung zu diesem Beispiel wurde in Kapitel 4 gegeben) (Abb. 8.10).
Wir untersuchen empirisch die Korrektheit der Arbeitsweise des Algorithmus durch eine sogenannte **Handsimulation**, welche mit Bleistift und Papier durchgeführt wird (Abb. 8.11). Hiebei betrachten wir die Veränderung des Speicherinhalts während einer beispielhaften Problemlösung mit dem Algorithmus; In der nachfolgenden Tabelle steht 'n.d.' für 'nicht definiert', und 'Ww' steht für '**W**ahrheits**w**ert' einer Bedingung.

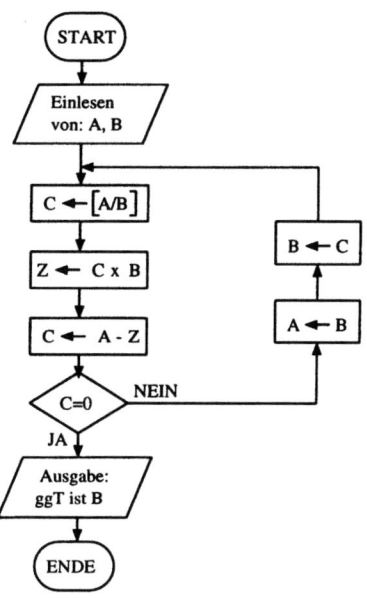

Abbildung 8.10: Flußdiagramm: ggT(A,B)

Eine exakte Korrektheitsuntersuchung eines Algorithmus ist - wie wir bereits sahen - sehr aufwendig, jedoch möglich. Aufgrund des erheblichen Aufwandes verzichtet man in der Programmierung meist darauf. Die Umsetzung der Aufgabenlösung in ein maschinenlesbares Programm wollen wir auf einer Ein-Adreß-Maschine durchführen. Bei einer Ein-Adreß-Maschine kann nur die Adresse *eines* Operanden im Maschinenbefehl angegeben werden. Da jedoch bei fast allen Operationen zwei Operanden angesprochen werden, verwenden wir eine schnelle Speicherzelle (Register), den sogenannten Akkumulator, welcher - wenn erforderlich - den impliziten zweiten Operanden enthält. Zur Umsetzung der Aufgabenlösung benötigen wir Maschinenbefehle. Eine Vereinfachung in der Programmierung ergibt sich durch die Zuweisung von 'sprechenden' namentlichen Bezeichnungen zu den Befehlen. Die mnemotechnische Bezeichnung eines Befehls beschreibt vereinfacht, was der Befehl bewirkt. Die Begriffe, die in spitzer Klammer eingeschlossen sind, müssen bei einer Verwendung durch die aktuellen Daten ersetzt werden; z. B. werde <Wert> durch 3.4 und <Variablenname> durch A ersetzt.

Arbeitsanweisung	Ww einer Bedingung	A	B	C	Z
Einlesen v. A u. B		9	30	n.d.	n.d.
$C \leftarrow [A/B]$		9	30	0	n.d.
$Z \leftarrow C \times B$		9	30	0	0
$C \leftarrow A - Z$		9	30	9	0
Bedingung: $C = 0$?	nein	9	30	9	0
$A \leftarrow B$		30	30	9	0
$B \leftarrow C$		30	9	9	0
$C \leftarrow [A/B]$		30	9	3	0
$Z \leftarrow C \times B$		30	9	3	27
$C \leftarrow A - Z$		30	9	3	27
Bedingung: $C = 0$?	nein	30	9	3	27
$A \leftarrow B$		9	9	3	27
$B \leftarrow C$		9	3	3	27
$C \leftarrow [A/B]$		9	3	3	27
$Z \leftarrow C \times B$		9	3	3	9
$C \leftarrow A - Z$		9	3	0	9
Bedingung. $C = 0$?	ja	9	3	0	9
Ausgabe: ggT ist B		9	3	0	9
Halt		9	3	0	9

Abbildung 8.11: Handsimulation

8.3.1 Speicherreservierungen

Diese werden dem Übersetzer (Assembler) der maschinennah codierten Programme durch eine eigene Vereinbarung angegeben (Abb. 8.12):

DS (Define Storage)	< Wert >
DS	< Variablenname >
DS	< Markenbezeichner >

Abbildung 8.12: Vereinbarung

Markenbezeichner, reelle oder ganze Zahlen und Texte (in Hochkommas eingeschlossen) können auf diese Weise vor Programmausführung in den Speicher geschrieben werden. Ist nur beabsichtigt, Speicherplatz unter einem Variablennamen zu reservieren, so ist es üblich, den Speicherplatz mit 0 oder ⌀ zu initialisieren.

8.3.2 Maschinennahe und mnemonisch vercodierte Befehle

Befehle ohne Operanden:

1001	READ	Liest eine ZAHL von der Tastatur in den Akkumulator
1110	TREAD	Liest ein ZEICHEN von der Tastatur, vercodiert dieses als Zahl und schreibt die Zahl in den Akkumulator
1010	WRITE	Schreibt den Inhalt des Akkumulators als ZAHL auf den Bildschirm
1101	TWRITE	Interpretiert den Inhalt des Akkumulators als vercodiertes ZEICHEN und stellt das ZEICHEN auf dem Bildschirm dar
1011	HALT	Hält den Rechner an

Befehle mit Operanden:

0011	LOAD <OP>	Lädt den Speicherinhalt des durch die Adresse <OP> bestimmten Speicherwortes in den Akkumulator.
0100	STORE <OP>	Speichert den Inhalt des Akkumulators in das durch die Adresse <OP> bestimmte Speicherwort.
0101	ADD <OP>	Addiert zum Inhalt des Akkumulators den Inhalt des durch den Operanden bestimmten Speicherwortes.
0110	SUB <OP>	Subtrahiert vom Inhalt des Akkumulators den Inhalt des durch den Operanden bestimmten Speicherwortes.
0111	MPY <OP>	Multipliziert den Inhalt des Akkumulators mit dem Inhalt des durch den Operanden bestimmten Speicherwortes.
1000	DIV <OP>	Dividiert den Inhalt des Akkumulators durch den Inhalt des durch den <OP> bestimmten Speicherwortes. Das Ergebnis ist ganzzahlig!
0001	JUMP <OP>	Setzt den Befehlszähler auf die Adresse <OP>.
0010	BZERO <OP>	Setzt den Befehlszähler auf die Adresse <OP>, wenn der Inhalt des Akkumulators gleich Null ist.
1100	BGZERO <OP>	Setzt den Befehlszähler auf die Adresse <OP>, wenn der Inhalt des Akkumulators größer als Null ist.

Operandenformen:
In obigen Abbildungen gibt der Operand immer eine Speicheradresse durch Verwendung einer ganzen Zahl oder die Speicheradresse einer Speicheradresse durch Verwendung von * < (ganze) Zahl > an (**indirekte Adressierung**).
Beispiele:
Binärversion eines einfachen Programmes zum Einlesen und Addieren zweier Zahlen (Abb. 8.13) und Assemblerprogramm zur Ermittlung des größten gemeinsamen Teilers (vgl. Abb. 8.14).

BR	BZR	Akkumulator 00000 0	Speicherwort f. A 00001 1	Speicherwort f. B 00010 2	Speicherwort f. C 00011 3	READ 00100 4	Adressen von Speichern
1001 00000	00100	0000 00011	0000 00000	0000 00000	0000 00000	1001 00000	
0100 00001	00101	0000 00011	0000 00011	0000 00000	0000 00000	1001 00000	
1001 00000	00110	0000 10100	0000 00011	0000 00000	0000 00000	1001 00000	
0100 00010	00111	0000 10100	0000 00011	0000 10100	0000 00000	1001 00000	
0101 00001	01000	0000 10111	0000 00011	0000 10100	0000 00000	1001 00000	
0100 00011	01001	0000 10111	0000 00011	0000 10100	0000 10111	1001 00000	
1011 00000	01010	0000 10111	0000 00011	0000 10100	0000 10111	1001 00000	

STORE A 00101 5	READ 00110 6	STORE B 00111 7	ADD A 01000 8	STORE C 01001 9	HLT 01010 10	Adressen von Speichern
0100 00001	1001 00000	0100 00010	0101 00001	0100 00011	1011 00000	
0100 00001	1001 00000	0100 00010	0101 00001	0100 00011	1011 00000	
0100 00001	1001 00000	0100 00010	0101 00001	0100 00011	1011 00000	
0100 00001	1001 00000	0100 00010	0101 00001	0100 00011	1011 00000	
0100 00001	1001 00000	0100 00010	0101 00001	0100 00011	1011 00000	
0100 00001	1001 00000	0100 00010	0101 00001	0100 00011	1011 00000	
0100 00001	1001 00000	0100 00010	0101 00001	0100 00011	1011 00000	

Abbildung 8.13: Maschinenprogramm in Binärdarstellung

Programmausführung:

Das Befehlszählregister wird zunächst mit der Adresse 000000100 geladen und damit die Steuerung an das auszuführende Programm übergeben (Abb. 8.14).

A	DS	
B	DS	Speicherreservierung
C	DS	
	READ	Lies in Akkumulator
	STORE A	Akkumulator → Speicherwort für A
	READ	Lies in Akkumulator
	STORE B	Akkumulator → Speicherwort für B
MARKE	LOAD A	Speicherwort von A → Akkumulator
	DIV B	$[A \div B] \to C$ 1. OPERAND: Akkumulator-Inhalt 2. OPERAND B: (Speicherzelle B) ERGEBNIS C (ganzzahlig) im Akkumulator
	MPY B	$C \times B \to Z$ 1. OPERAND C: Akkumulator 2. OPERAND B: gesp. Wert von B ERGEBNIS Z im Akkumulator
	STORE C	Akkumulator → Speicherwort für C
	LOAD A	Speicherwort für A → Akkumulator
	SUB C	A - C → Akkumulator 1. OPERAND A: Akkumulator-Inhalt 2. OPERAND C: gesp. Wert von C ERGEBNIS im Akkumulator
	BZERO OUT	Bedingter Sprung zu symb. Adresse 'OUT' falls Akkumulator-Inhalt = 0
	STORE C	Akkumulator → Speicherwort für C
	LOAD B	Speicherwort für B → Akkumulator
	STORE A	Akkumulator → Speicherwort für A
	LOAD C	Speicherwort für C → Akkumulator
	STORE B	Akkumulator → Speicherwort für B
	JUMP MARKE	Unbedingter Sprung zu symbolischer Adresse 'MARKE'
OUT	LOAD B	Speicherwort für B → Akkumulator
	WRITE	Schreibe Akkumulatorinhalt
	HALT	Stop

Abbildung 8.14: Maschinenprogramm in mnemonischer Codierung

Erklärung: $[A \div B]$ bezeichnet den ganzzahligen Wert der Operation $A \div B$.

Wir müssen die Befehle und Operanden in entsprechende Codes übersetzen. Wenn wir die Übersetzung mit Bleistift und Papier Schritt für Schritt durchführen, so wird dies Handassemblierung genannt. Die Handassemblierung ist eine Routineaufgabe, die anfällig für zahllose Irrtümer (Vertauschen der Ziffern, falsches Lesen der Codes u.a.m.) ist. Da die Assemblierung eine Routineaufgabe ist, kann sie vom Computer übernommen werden. Ein Programm, das die Aufgabe der Übersetzung in die Binärcodes hat, wird **Assembler** genannt. Die folgenden Tabellen und Abbildungen sollen Assembler- und Maschinenprogramme für bereits bekannte (in unserem Beispiel für den ggT) Probleme veranschaulichen (Abb. 8.15, 8.16 und Abb. 8.17).

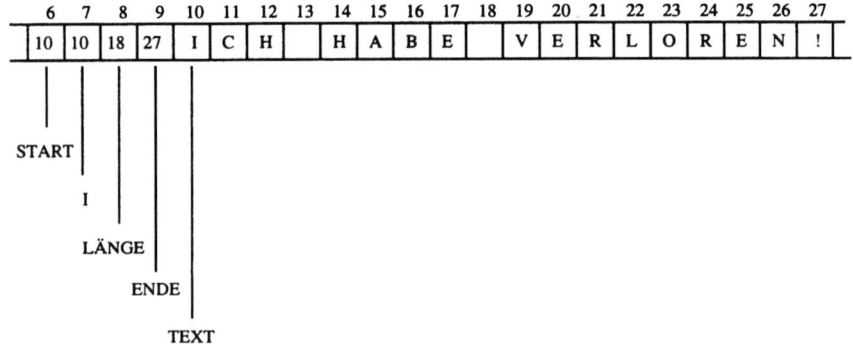

Abbildung 8.15: Interne Darstellung der Textausgabe

N	DS	0	Gesamtanzahl Stäbchen
J	DS	0	Rechner nimmt 'J' Stäbchen
K	DS	0	Spieler nimmt 'K' Stäbchen
EINS	DS	1	Konstante 1
VIER	DS	4	Konstante 4

Abbildung 8.16: Assemblerprogramm zum 'Nimm-Spiel'

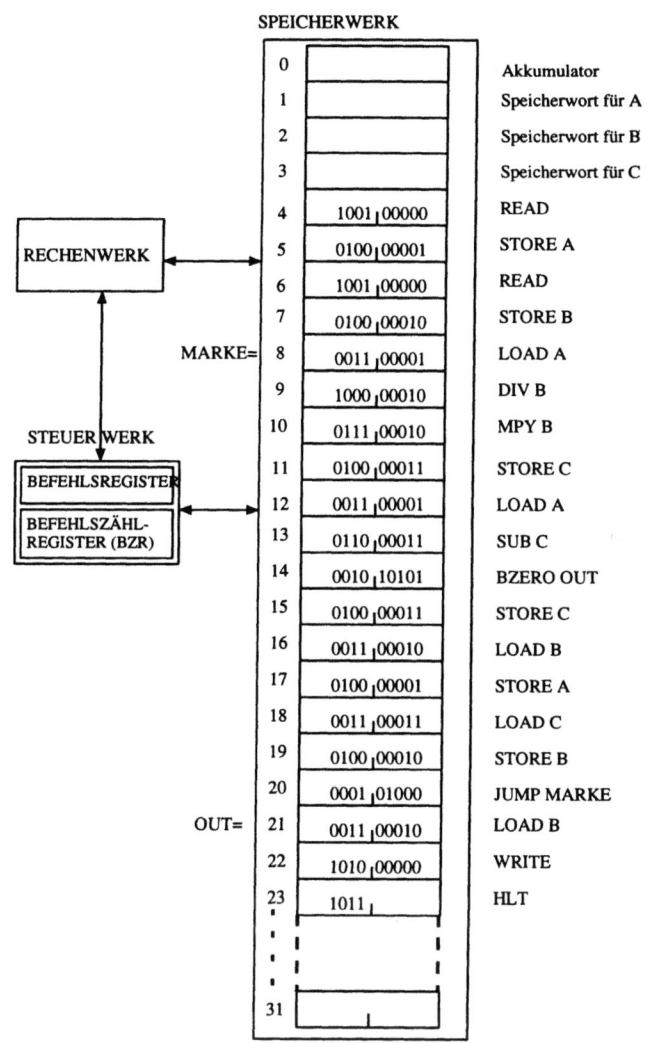

Abbildung 8.17: Maschinenprogramm in Binärdarstellung

'ANZAHL DER STÄBCHEN EINGEBEN': < ausgeben >

	READ		Einlesen der Stäbchenanzahl
	STORE	N	
LOOP	LOAD	N	Beginn einer Spielrunde
	DIV	VIER	Nur ganzzahl. Ergebnis in Akku.
	MPY	VIER	
	STORE	J	
	LOAD	N	J ← N mod 4
	SUB	J	
	STORE	J	
	BZERO	L1	
	JUMP	L2	
L1	LOAD	EINS	Wenn J = 0, dann J ← 1
	STORE	J	
L2	LOAD	N	
	SUB	J	
	STORE	N	N ← N - J

'HABE' < ausgeben >

| | LOAD | J | Ausgeben, wieviele Stäbchen der |
| | WRITE | | Rechner genommen hat |

'STÄBCHEN GENOMMEN!' < ausgeben >

| | LOAD | N | N = 0 ? |
| | BZERO | L3 | Wenn ja, Rechner gewinnt |

'WIEVIELE WOLLEN SIE NEHMEN?' < ausgeben >

	READ		Einlesen, wieviele Stäbchen der
	STORE	K	Spieler nimmt
	LOAD	N	N ← N - K
	SUB	K	N = 0 ?
	STORE	N	Wenn ja, Rechner verliert
	BZERO	L4	
	JUMP	LOOP	Sonst nächste Spielrunde

L4 'ICH HABE VERLOREN!' < ausgeben >

| | JUMP | L5 | Ausgeben, wer verloren hat |

L3 'SIE HABEN VERLOREN!' < ausgeben >

| L5 | HLT | | |

Programmstück für 'Ich habe verloren!' ausgeben:

ZUSÄTZLICH BENÖTIGTE SPEICHERBELEGUNGEN:

I	DS	0	Index
TEXT	DS		'Ich habe verloren!'
LÄNGE	DS	18	Länge von Text
START	DS	TEXT	Startadresse von TEXT
ENDE	DS	0	Endadresse von TEXT + 1

ZUSÄTZLICHE BEFEHLE NACH DEN SPEICHERBELEGUNGEN:

	LOAD	START	Berechnen von Endadresse
	ADD	LÄNGE	← Startadresse + Länge
	STORE	ENDE	

BEFEHLE STATT 'ICH HABE VERLOREN!' < ausgeben >

	LOAD	START	Initialisieren des Index mit der Startadresse
	STORE	I	
S	LOAD	ENDE	
	SUB	I	Index = Endadresse + 1 ? Wenn ja,
	BZERO	FIN	Sprung hinter Textschleife
	LOAD	*I	Inhalt der Adresse I laden
	TWRITE		I-ten Buchstaben schreiben
	LOAD	I	
	ADD	EINS	Index erhöhen
	STORE	I	
	JUMP	S	Nächsten Buchstaben bearbeiten
FIN	...		Befehl nach Textausgabe

8.3.3 Das Bussystem

Unter einem **Bus** versteht man in der Datenverarbeitung ein Bündel von Leitungen zur Informationsübertragung. Eine in Skizzen häufig schematisch dargestellte Leitung besteht tatsächlich meist aus mehreren Leitungen (bei einem Mikrocomputer meist 8 oder 16 Leitungen), in denen die Information (= binär codiert) parallel übertragen wird.

Das System von Leitungen, auf dem Daten (= Binärcodes der Operanden und Binärcodes der Befehle) zur Erledigung einer Kommunikationsaufgabe transportiert werden, heißt **Datenbus**. Das System der Adreßleitungen, auf dem die Adressen (= Binärcodes der Speicherzellennummern) transportiert werden, heißt **Adressbus**. Das System der

Steuerleitungen, auf dem die Steuersignale transportiert werden, heißt **Steuerbus**. Das Gesamtsystem von Leitungen eines Computers wird **Bussystem** genannt.

Kein Computer kann ohne geeignete maschinelle Umgebung sinnvolle Ergebnisse erzielen bzw. Ergebnisse und Daten verwalten. Mit der Zentraleinheit des Computers (= Speicherwerk + Rechenwerk + Steuerwerk) können wir zwar rechnen, aber zu einem funktionstüchtigen Computer gehören weitere Teilsysteme. Diese Teilsysteme dienen vor allem dazu, Daten in die Zentraleinheit des Computers einzugeben, diese zu speichern und auszugeben. Die Gesamtheit dieser Bausteine nennt man die Peripherie des Computers.

Beispiele:

Speicher- und Eingabebausteine:
Tastatur, Magnetband- oder Magnetplattensysteme, Disketteneinheiten.
Ausgabebausteine:
Bildschirm, Drucker, Zeichengerät (= Plotter), Magnetband- und Magnetplattensystem.

Die Übertragung von Daten von der Zentraleinheit an die Peripherie oder an andere Zentraleinheiten und umgekehrt kann **bitparallel** oder **bitseriell** erfolgen.

Bei bitparalleler Übertragung werden alle Bit einer größeren Einheit parallel über eine entsprechende Menge von Leitungen gesandt. Die 8 Bit eines 8-Bit Wortes können z.B. gleichzeitig über 8 parallele Leitungen übertragen werden. Bitparallele Übertragung ist schnell, jedoch aufwendig wegen der größeren Anzahl von Leitungen und eignet sich nur für kurze Strecken. Bei der bitseriellen Übertragung werden alle Bit einer größeren Einheit nacheinander über eine einzige Leitung gesendet. Bitserielle Übertragung ist langsamer, aber technisch nicht so aufwendig wie die bitparallele Übertragung. Die Übertragungsrate wird in **Baud** gemessen. 1 Baud entspricht der Übermittlung von einem Bit pro Sekunde bei bitserieller Übertragung. Bei bitparalleler Übertragung wird die Anzahl der Schritte gezählt. Werden in einer Sekunde 50 Bit seriell übertragen, so entspricht das einer Übertragungsgeschwindigkeit von 50 Baud.

8.4 Der Entwicklungsstand moderner Digitalcomputer

Moderne Prozessoren haben eine Dichte von mehreren Millionen Transistoren je Chip. Z.B. weist der Motorola 68040-Prozessor rund 1,2 Millionen Transistoren auf. Diese Transistoren sind auf einer $1cm^2$ großen Silikonkristallplatte untergebracht. Betrachtet man einen derartigen Prozessor optisch, so sieht er aus wie eine nette kleine Stadt mit Gebäuden, die jeweils durch metallische Spuren verbunden sind. Diese sind so dünn, daß 70 nebeneinander gelegt die Breite eines Haares haben. Um die Funktionsweise eines modernen Prozessors besser zu verstehen, verfolgen wir die Durchführung eines Berechnungsvorganges.

Verschiedene abgetrennte Bereiche auf einem Prozessor haben spezialisierte Aufgaben. Auf dem 68040-Prozessor von Motorola gibt es eine Verarbeitungseinheit für ganze Zahlen, die arithmetische Operationen durchführt und Daten auch in anderer Art und Weise zur Durchführung von Befehlen eines Programmes, welches gewöhnlich im Hauptspeicher des Rechners gespeichert ist, abarbeitet. Um nun nicht immer vor Abarbeitung eines Befehles auf den relativ langsamen Hauptspeicher eines Rechners zugreifen zu müssen, enthält der Prozessor noch einen eigenen besonders schnellen Speicher, den sogenannten **Cache-Speicher**. Genau genommen enthält er sogar zwei Cache-Speicher, nämlich einen Cache-Speicher für Befehle und einen Cache-Speicher für Daten (Cache-Speicher werden auch als Pufferspeicher bezeichnet). Dadurch ist der Prozessor in der Lage, auf Programmschritte, die aufeinanderfolgend gespeichert sind und häufig verwendet werden, besonders schnell zuzugreifen. Die Einheit zur Verarbeitung ganzer Zahlen führt Befehle stückweise in einer sechsstufigen sogenannten **'Pipeline'** durch. Eine **Pipeline** besteht in der überlappten Ausführung von Befehlen eines Prozessors. Ein Befehl tritt in die Pipeline durch Ausführung der sogenannten **Instruktionsbeschaffungsstufe** ein und wird dann sequentiell verarbeitet. Sobald ein Befehl in der Stufe 1 verarbeitet wurde, gibt der Prozessor das Zwischenresultat an Stufe 2, und Stufe 1 kann mit der nächsten Instruktion beginnen. Auf diese Art und Weise kann die Verarbeitungseinheit für ganze Zahlen (*Integer Unit*) gleichzeitig bis zu 6 Instruktionen verarbeiten. Die nachfolgende Abbildung zeigt, wie jede Stufe der Pipeline einen Befehl, welcher nur einen Wert zu dem Inhalt des Registers macht, bearbeitet (Abb. 8.18).

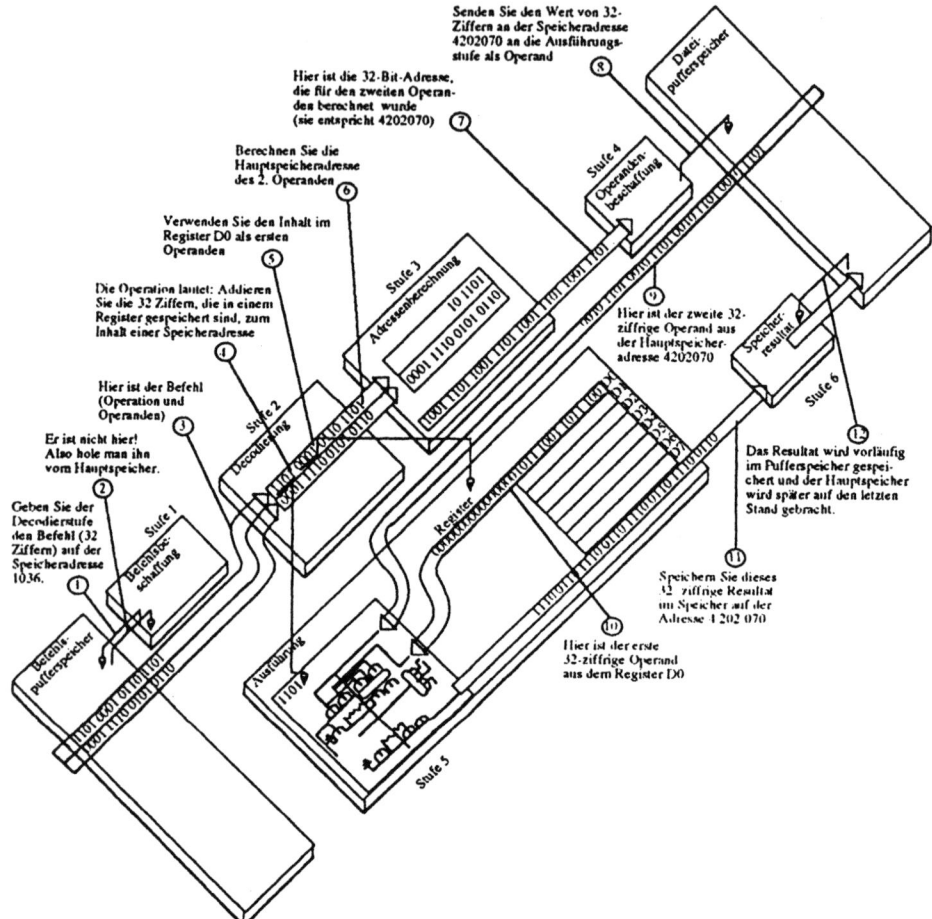

Abbildung 8.18: Verfolgung einer Addition

Ein Prozessor wie der gewählte Motorola 68040 kann mehr als 20 Millionen Befehle pro Sekunde ausführen. Noch modernere Prozessoren führen bereits mehr als 100 Millionen Befehle pro Sekunde aus.

Pipeline-Stadien (Stufen der ganzzahligen Verarbeitungseinheit):

Stufe 1: Beschaffung des Maschinenbefehls
In dieser Stufe wird der Maschinenbefehl vom Befehlspufferspeicher

(*Cache-Memory*) oder in selteneren Fällen vom Hauptspeicher - sofern diese Befehlsadresse nicht im Pufferspeicher gespeichert ist - beschafft und diese Instruktion an die nächste Stufe, die Decodierstufe, weitergereicht.

Stufe 2: Decodierstufe
In dieser Stufe werden die Befehle in zwei Teile, u.zw. in jenen Teil, der die Art der beabsichtigten Operation angibt, und jenen Teil, der den Operanden, bzw. dessen Adresse enthält, geteilt.

Stufe 3: Adressrechnung
Berechnet Adressen von Operanden, die im Speicher gespeichert sind.

Stufe 4: Operandenbeschaffung
Erhält den Wert eines Operanden vom Datenpufferspeicher oder über eine Hauptspeicheradresse.

Stufe 5: Ausführungsstadium
Initiiert die Operation, welche durch den Befehl angegeben wird. Der Operationscode wählt den Schaltkreis, der die entsprechende Operation, in unserem Fall die Addition, durchführt, aus. Um dieses Resultat in einen Speicher (Puffer- oder Hauptspeicher) zu schreiben, sendet man im Ausführungsstadium die Adresse und das Resultat an die nächste Verarbeitungsstufe, die Speicherungsstufe, weiter. Ist das Resultat wieder in das Register zurückzuschreiben, so speichert man in der Ausführungsstufe das Resultat im Register.

Stufe 6: Speicherungsstufe
In dieser Stufe wird das Resultat der Ausführungsstufe in den Datenpufferspeicher gespeichert, welcher seinerseits die relevanten Speicheradressen auf den letzten Stand bringt.

Um also Schleifen in der Programmierung, welche sich in der Regel auf im Speicher benachbarte Befehle beziehen, schnell ausführen zu können, verwendet man also den **Befehlspufferspeicher (Cache-Speicher)**. Die Prozessorgeschwindigkeit wird gewöhnlich in Millionen Zyklen pro Sekunde oder einfach in Megahertz (MHz) angegeben. Gewöhnlich kann ein Befehl nicht kürzer als ein Zyklus sein. Sollte der Prozessor den Befehl vor Beendigung der Zykluszeit ausgeführt haben, muß der Prozessor warten. Zeitgemäße Prozessoren haben Geschwindigkeiten, die von 8 bis 150 MHz[1] reichen. Bei 8 MHz dauert jeder

---

[1] 1 MHz steht für 1 Million Zyklen pro Sekunde.

Zyklus der internen Uhr eines Prozessors 0,125 Mikrosekunden (μs). Bei 50 MHz dauert er 0,02 $\mu s/i$. Eine hohe Ausführungsgeschwindigkeit genügt aber nicht, um die hohe Leistung moderner Prozessoren zu bekommen. Manche Prozessoren haben Schaltkreisgruppen, die mehrere Befehle zur selben Zeit ausführen können. Das entspricht dem Modell der parallelen Verarbeitung in der Industrie, wenn mit mehreren Fließbändern zur gleichen Zeit an der Fertigstellung eines Produktes gearbeitet wird. Je mehr Befehle ein Prozessor zur selben Zeit verarbeiten kann, umso schneller ist er. Der 68040-Prozessor von Motorola z.B. kann gleichzeitig 6 Befehle verarbeiten. Im Gegensatz dazu ist sein Vorgänger, der 68030-Prozessor, nur in der Lage, 4 Befehle gleichzeitig zu verarbeiten. Darum ist ein 68040-Prozessor, der mit 25 MHz Geschwindigkeit arbeitet, schneller als ein 68030-Prozessor, der mit 25 MHz Geschwindigkeit arbeitet. Zudem kommt es natürlich auf die Anzahl der Zykluszeiten an, die ein Prozessor benötigt, um gewisse Befehle auszuführen. Z.B. benötigt der Motorola 68020-Prozessor 6 Zyklen, um Daten aus einem Register in den Hauptspeicher zu laden. Hingegen benötigt ein 68040-Prozessor hierzu nur einen Zyklus. Ein 68040-Prozessor braucht für die Durchführung eines Befehls im Schnitt 1,25 Zyklen.

Wir sehen somit, daß es bei Prozessoren in der Praxis darauf ankommt, wie Teilausführungsstufen und Ausführung eines gesamten Befehls sich überlappen, wieviele parallele Verarbeitungseinheiten zur Verfügung stehen, welche Befehle diese parallel zu verarbeiten in der Lage sind, und wie hoch die Zykluszeit ist, bzw. wieviel Zykluszeiten die einzelnen Befehle jeweils zur Durchführung benötigen. Nehmen wir z.B. an, daß zwei Prozessoren, die identisch gebaut sind, mit 25 bzw. 50 MHz laufen. Der zweite Prozessor wird also doppelt so schnell sein wie der erste. In der Praxis führt das aber nicht unbedingt zu einer doppelt so schnellen Verarbeitung, denn über die Beschaffung von Daten und Befehlen aus dem Hauptspeicher und von der Magnetplatte kommt es noch sehr auf die Geschwindigkeit der Magnetplatte, auf die Geschwindigkeit der internen Kanäle und auf die Möglichkeit der Befehlsüberlappung in dem Bereich Hauptspeicher, Plattenspeicher bzw. Hauptspeicher u.a. Pufferspeicher an. Tatsächlich ist häufig die Ausführungsgeschwindigkeit eines Programmes nicht durch die Prozessorgeschwindigkeit bestimmt, sondern durch die Geschwindigkeit des Magnetplattenzugriffes. Dennoch würden abgegrenzte kleine Programme durchaus in der Lage sein, bei dem mit 50 MHz getakteten Prozessor doppelt so schnell abgearbeitet zu werden. Sollte allerdings der mit 25 MHz getaktete Prozessor wesentlich höhere Überlappungsraten bei der Ausführung eines einzigen Befehls aufweisen (Pipelining), dann würde sich dieser Unterschied wieder reduzieren. Dasselbe gilt für den Umstand, daß dieser Prozessor in der Lage ist, z.B. mehrere Operationen wie gebrochene und ganzzahlige Operationen, Addition oder Multiplikation oder ähnliches gleichzeitig auszuführen. Manche Maschinen enthalten sogar mehrere Prozessoren, die gleichzeitig an einem Programm arbeiten können. Dieser sogenannte Parallelismus bestimmt also ebenso entscheidend die Ausführungsgeschwindigkeit eines Programmes. Für derartige Maschinen empfiehlt es sich, Programme, die besonders schnell laufen sollen, anders zu gestalten als für Maschinen, die nur eine Operation nach der anderen sequentiell ausführen können. Aber selbst dies ist noch nicht genügend aussagekräftig, um die Geschwindigkeit eines Prozessors zu beurteilen. Erhöhen wir die Größe des Pufferspeichers, so ist die Wahrscheinlichkeit, daß der Prozessor auf seinem besonders schnellen internen Speicher jene Befehle und Daten wiederfindet, die er gerade zur Verarbeitung benötigt, größer. D.h. mit zunehmender Größe des Pufferspeichers ist zu erwarten, daß Prozessoren schneller werden, auch wenn sie relativ zu anderen Prozessoren dieselbe Ausführungsgeschwindigkeit bei ihren Berechnungen und Verarbeitungen aufweisen. Somit bestimmt die Größe des Pufferspeichers sehr wohl die Verarbeitungsgeschwindigkeit. Da die eigentlichen Recheneinheiten zunehmend schneller werden als die für Hauptspeicher verwendeten Speicherbausteine, werden immer größere Pufferspeicher erforderlich, um einen besseren Ausgleich zwischen Prozessorgeschwindigkeit und interner Speichergeschwindigkeit zu schaffen. Daneben werden häufig noch zwischen Hauptspeicher und Plattenspeicher Pufferspeicher mit VLSI-Design geschaltet, um die große Geschwindigkeitsdifferenz dieser beiden Speicher, die im Bereich von 1 zu 100 000 und darüber liegen kann, zu reduzieren.

Aus diesem Grund ist es gewöhnlich nicht möglich, aus den Kenndaten des Prozessors die Geschwindigkeit einer Maschine für vorhandene Programme exakt vorherzusagen. Vielmehr werden zu diesem Zweck teilweise Programme abgearbeitet, die für ein Verarbeitungsprofil typisch sind. Die Zeit zur Verarbeitung dieser Programme wird dann als entscheidender Maßstab zur Beurteilung dieser Prozessoren im Rahmen einer speziellen Anwendung gesehen. Um Vergleichswerte zu haben, sind Programmpakete mit gemischten Verarbeitungsaufgaben (vom

Rechnen bis zum Speichern und bis zur Textverarbeitung) konzipiert worden, die auf allen neu auf den Markt kommenden Prozessoren abgearbeitet werden, und damit eine gewisse Eignungsübersicht, wenn auch nicht eine genaue Beurteilung für den speziellen Einsatz, bieten. Solche Programme werden häufig auch als Industriebenchmarks bezeichnet.

8.4.1 RISC versus CISC

Anfangs versuchte man, aufgrund des begrenzten und teuren Hauptspeichers möglichst viel Intelligenz in den Prozessor zu verlagern, wodurch sich der für ein Programm nötig Code reduzieren ließ [Meyer 94]. Dieses Konzept wird CISC (Complex Instruction Set Computing) genannt. CISC-Chips lassen sich durch massiven und damit teuren Einsatz von Transistorfunktionen und immer höhere Taktfrequenzen beschleunigen; allerdings wird durch die immer höhere Verlustleistung (Wärmeentwicklung) und die Größe der wirtschaftlich noch vertretbaren Chipfläche eine Grenze erreicht.

RISC (Reduced Instruction Set Computing) macht sich die Tatsache zunutze, daß kompilierte Programme (Maschinencode) meist nur einen Bruchteil der von einem CISC-Prozessor angebotenen Befehle enthalten. Es gilt hier die sog. 80:20-Regel; d. h. in ca. 80 % der Programmzeilen werden die gleichen 20 % der Befehle in den Programmen verwendet. Optimiert man die Ausführung dieser Befehle und läßt die ungebräuchlichen weg, entsteht ein RISC-Prozessor. Durch im Vergleich zu CISC-Chips einfach zu realisierende Parallelisierung in den Ausführungseinheiten und Pipelines läßt sich die Performance eines RISC-Chips leichter erhöhen als die eines CISC-Chips. Der durch das RISC-Konzept größere Speicherbedarf der Programme fällt mit den heute relativ preiswerten Hauptspeichern nicht mehr so stark ins Gewicht.

Abb. 8.19 zeigt einen Preis/Leistungsvergleich der Prozessoren PowerPC 601 (RISC) und Intel Pentium (CISC). Der Wert für *SPECint92* ist ein Benchmark, in dem die Rechenleistung mit ganzen Zahlen (integers) getestet wird; obwohl der 601 nur ein sechstel des Pentium kostet, erreicht er etwa die gleiche Leistung. Daneben ist er u. a. auch wegen der geringeren Verlustleistung zu bevorzugen.

	PowerPC 601	Pentium
Architektur	64 Bit RISC	32 Bit CISC
SPECint92 bei 66 MHz	60	65
Produktionskosten in $	76	483
$/SPECint92	1.27	7.43
Cache in KB	32	16
Verlustleistung in Watt	9	16
Universalregister (32 Bit)	32	8
Gleitkommaregister (64 Bit)	32	8

Abbildung 8.19: Preis/Leistungsverhältnis CISC/RISC (1994)

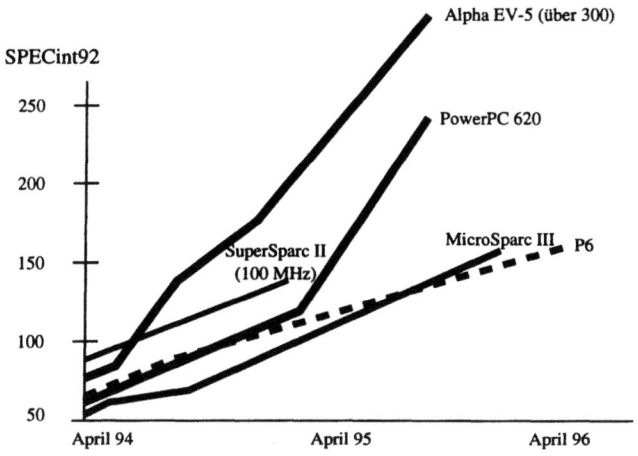

Abbildung 8.20: Leistungsprognosen für einige Prozessoren: der P6 ist ein Nachfolger des Pentium (CISC), die übrigen sind RISC-Chips. Quelle: *BYTE*, April 1994, S. 22

Während bei traditionellen CISC-Chips (80x86-er Serie von Intel und 680x0-er Serie von Motorola) die Grenze der technologischen Entwicklungsmöglichkeiten bei dem verwendeten Material allmählich erreicht sein dürfte, sind bei RISC-Prozessoren (Alpha, Sparc, PowerPC, HP-PA-Chip, MIPS-Chip) noch erhebliche Leistungssteigerungen zu erwarten (vgl. Abb. 8.20).

Mit steigender Prozessorgeschwindigkeit wird die Größe des *Cache-*

Speichers (Pufferspeicher zwischen Hauptspeicher und Prozessor) immer bedeutender; der Cache-Speicher erlaubt schnelleren Zugriff als der Hauptspeicher, daher werden gerade bearbeitete Daten und Programmteile im Cache-Speicher zwischengespeichert. Je öfter mit dem Cache-Speicher gearbeitet werden kann, desto seltener sind vergleichsweise langsame Hauptspeicherzugriffe nötig und desto schneller läuft das Programm.

8.4.2 Benchmarks

Um die Leistung von Computern zu vergleichen, werden Benchmarks verwendet. Es gibt ein Fülle von Verfahren für unterschiedliche Meßzwecke: Rechenoperationen, Graphik, Ein-/Ausgabe auf Festplatten u. a. m. Bei den Rechenleistungs-Benchmarks wird zwischen Ganzzahl- und Gleitkommatests unterschieden (*integer* bzw. *floating point*).

MIPS steht für "*Million Instructions Per Second*" und wird durch die physischen Charakteristika des Prozessors und dessen Taktfrequenz bestimmt[Janko, Taudes 1992a].

MFLOPS steht für "*Million Floating Point Operations Per Second*" und wird meist mit dem Linpack-Benchmark berechnet.

Der **SPEC**-Benchmark setzt sich aus verschiedenen Teiltests zusammen. Diese bestehen aus Applikationsprogrammen (wie z. B. dem C-Compiler der *Free Software Foundation*, "gcc"), von denen einige die Gleitkomma- (SPECfp92) und einige die Ganzzahlperformance (SPECint92) messen. Jeder Test wird mit der Laufzeit auf einer Maschine vom Typ DEC VAX 11/780 verglichen; so erhält man die **SPECratios**. Der **SPECmark** ist der geometrische Mittelwert der einzelnen SPECratios.

Die **SPEC** (*Systems Performance and Evaluation Cooperative*) vertreibt den Benchmark-Quellcode (in der Programmiersprache C) und den "SPEC Newsletter", in dem Benchmarkergebnisse publiziert werden. SPECmark-Werte werden neben Khornerstone-Werten als repräsentative Werte für die kommerzielle Datenverarbeitung angesehen.

Der **Dhrystone**-Benchmark wurde von R. Richardson in ADD verfaßt und später von R. P. Weicker nach C portiert. Dieser Benchmark enthält C-Anweisungen in einer Mischung, die von den Autoren als repräsentativ betrachtet wird: 52 % Zuweisungen, 32 % Kontrollanweisungen und 15 % Funktionsaufrufe. Dieser Benchmark verwendet nur Ganzzahl-Operationen. Er wird dazu verwendet, MIPS-Werte für Maschinen zu berechnen. Unter der Annahme, eine VAX 11/780 leiste 1 MIPS, werden auf der Basis des Dhrystone-Ergebnisses dieser Maschine sogenannte MIPS-Werte bestimmt (manchmal auch als "VAX Dhrystone Equivalent" bezeichnet).

Der **Whetstone**-Benchmark wurde 1976 von H. J. Curnow und B. A. Wichmann vorgestellt, um Gleitkomma-Operationen, die typisch für wissenschaftliche Anwendungen sind, zu testen. Ursprünglich in Fortran geschrieben und später nach C portiert, enthält dieses Programm trigonometrische und andere Gleitkommaoperationen. Unter einem **MWhetstone** wird eine Million Whetstones verstanden.

Der **Linpack**-Benchmark wurde von J. J. Dongarra in Fortran geschrieben und ist eine Zusammenstellung von gleitkommaintensiven Berechnungen aus der Matrixalgebra, die auf Matrizen der Größen 100×100, 300×300 und 1000×1000 angewendet werden. Der Benchmark liefert u. a. MFLOPS als Ergebnis.

Der kommerzielle **Khornerstone**-Benchmark besteht aus 21 getrennten Tests für Platteneinheiten, Zentraleinheit und Gleitkommarechenwerk. Die Resultate der einzelnen Tests werden normalisiert und zum Khornerstone-Wert aufaddiert.

Ein **Graphstone**-Benchmark besteht aus 122 Zeichentests. Der Graphstone-Wert ist eine normalisierte Wertesumme der gesamten Zeichengeschwindigkeitstests.

Die Benchmarks **TPC-A**, **TPC-B**, **TPC-C** und **TPC-D** des TPC (*Transaction Processing Performance Council*) beinhalten eine einfache Bankapplikation mit einer Transaktion, einen Datenbanktest ohne Interaktion sowie eine komplexe Lagerhaltungs-Applikation mit Ein/Ausgabe über Datenstationen und Platten in einer Client/Server-Umgebung.

8.5 Neuere Entwicklungen in der Computerkonzeption: Molekulares Computing und Quantencomputer

Schon zu Beginn der neunziger Jahre waren Computer angekündigt, deren Prozessor- und Speichertechnologie nicht auf dem Material Silizium sondern auf dem Material Galliumarsenit basieren sollte. Schaltkreise aus diesem Material haben bisher allerdings vor allem in der Netzwerktechnologie Verwendung gefunden. In der Computertechnologie konnten sich derartige Schaltkreise noch nicht sehr erfolgreich positionieren. Galliumarsenit-basierte Rechner sind bislang nicht marktreif geworden. Der ehemals damit verbundene Optimismus war offenbar zu groß gewesen. Seit Jahren werden Hoffnungen in die Entwicklung optoelektronischer Rechner gestellt, und man hofft, mit Hilfe des Spektrums des Lichts eine erhöhte Breite im Darstellungsvermögen von Information ausnützen zu können, um mehr Daten speichern, Daten schneller transportieren und Daten mit höherer Geschwindigkeit verarbeiten zu können. Auch diese Schiene ist noch nicht so weit gediehen, daß marktreife Computer, die auf dieser Technologie basieren, zur Verfügung stehen würden. Analogrechner und Fluidikrechner, die auf speziellen Prozessorelementen bzw. auf Luft oder Flüssigkeiten als Schaltströmungen basieren, sind zwar vor Jahren verbreitet im Einsatz gewesen und finden heute noch in der Steuerung technischer Anlagen Verwendung, ihre Verbreitung ist jedoch unbedeutend im Vergleich zu Digitalrechnern, und ihre Leistung ist nur in speziellen Einsatzbereichen von Interesse. Eine Abkehr von der Siliziumtechnologie und von der Digitalrechnerphilosophie erscheint nicht in Aussicht. Vielmehr werden vermutlich spezielle Technologien Digitalrechner bei speziellen Problemen unterstützen - ähnlich wie Analogrechner in Hybridrechnern ehemals Digitalrechner unterstützt haben.

Zur Mitte der neunziger Jahre hat sich eine neue Straße an Möglichkeiten für die Informatik in der Verwendung neuer Technologien für den Rechnerbau ergeben. Initiiert durch eine Arbeit zu Beginn der Mitte der neunziger Jahre, die die Lösung eines schwierigen mathematischen Problems unter Verwendung von chemischen Einheiten von DNA[2] als Berechnungssymbole beschreibt, begann man Systeme zu planen,

---

[2] Die deutsche Abkürzung lautet korrekterweise DNS; es hat sich jedoch die im englischen gebräuchliche Abkürzung DNA bereits bei uns eingebürgert.

die genetisches Material für Berechnungen nutzen und nach ersten Abschätzungen die heute üblichen Rechner in speziellen Aufgabenbereichen als Rechenzwerge erscheinen lassen. Würde man zum Beispiel ein Kilogramm DNA-Moleküle in einem Kubikmeter Flüssigkeit als Speichereinheit verwenden können, so hätte eine derartige Speicherbank ein fast noch größeres Speichervermögen als alle Computer und Peripherspeicher, die jemals erzeugt wurden. Aufgrund des Umstandes, daß chemische Reaktionen schnell und parallel durchgeführt werden können, ist es möglich, eine ungeheure Rechenkraft in chemischen Reaktionen parallel frei zu machen. Die Verwendung von DNA-Molekülen in unmittelbaren Rechenprozessen durch Manipulation derselben ist ebenfalls ein Projekt.

Erste Abschätzungen haben ergeben, daß mit DNA-Rechenverfahren bisher quasi unlösbare Probleme, wie sie zum Beispiel in der Kryptographie vorkommen, unter Umständen in relativ kurzer Zeit gelöst werden könnten. NP-vollständige Probleme (wie das Erfüllungsproblem (*satisfiability problem*)) oder die Entschlüsselung von mit modernsten Verfahren (wie zum Beispiel im DES-Algorithmus) verschlüsselten Daten, könnten damit auch in realistischer Größenordnung gelöst werden. Diese Entwicklung wurde durch den Artikel *Molecular Computation of Solutions to Combinatorial Problems* von [Adleman 1994] eingeleitet. In diesem Artikel wurde dargestellt, wie ein kleines, dem *travelling-salesman*-Problem verwandtes Problem, mit Hilfe von DNA-basierter Berechnung gelöst werden könnte.

Molekulare Berechnung hat im Vergleich zu den elektronisch basierten Computern eine Reihe von Vor- und Nachteilen, die hier kurz gegenübergestellt werden sollen. Nach den heutigen Erkenntnissen sind DNA-basierte Computer zum Zwecke molekularer Berechnung relativ langsam, da eine Operation ca. 15 Minuten bis zu 3 Stunden dauert. Elektronische Rechner sind vergleichsweise sehr schnell. Im Gegensatz zu elektronischen Rechnern, die wesentlich weniger Operationen parallel ausführen können, können molekulare Rechner eine hohe Anzahl von Operationen parallel ausführen. Man kann hier an Größenordnungen von ca. 10^{20} parallele Prozessoren in einer Testeprouvette denken, die simultan arbeiten können. Ebenso können DNA-Moleküle zu Speicherzwecken verwendet werden. Molekulare Speicher können ohne weiteres 10^{20} Maschinenworte in einem Kubikmeter Lösung unterbringen. Im Vergleich hierzu ist das Speichervolumen von elektronisch basierten Computern relativ gering. Um hingegen ein Problem zu lösen, ist die Vorbereitungsarbeit bei einem molekularen, DNA-basierten Computer relativ aufwendig, da die Synthese spezifischer Moleküle erforderlich ist. Im Vergleich dazu ist das Aufsetzen einer Problemlösung in elektronischen Rechnern relativ einfach. Im Vergleich zu elektronischen Rechnern benötigt jedoch ein molekular basierter Rechner wesentlich weniger Energie. DNA ist jedoch physischer Beschädigung und Veränderung wesentlich stärker ausgesetzt als elektronische Datendarstellung, die zudem noch durch mehrere Sicherungskopien stabilisiert werden kann.

Neben der Lösung eines kleinen *travelling-salesman*-Problems durch Adleman haben andere Forscher die universelle Einsatzmöglichkeit von molekularen Computern zur Lösung von Problemen und ihre Schranken aufgezeigt. [Beaver 1995], [Smith] und [Reif 1995] zeigen, daß nichtdeterministische Turingmaschinen mit Hilfe molekularer Computer implementiert werden können. Obwohl diese Resultate eher von theoretischem Wert sind, da eine derartige realistische Berechnung einige hundert Jahre aufgrund der Langsamkeit der chemischen Reaktionen dauern würde, ist die Darstellung der prinzipiellen Möglichkeit von großem Interesse und notwendig gewesen.

Praktische Anwendungsmöglichkeiten schildern hingegen [Lipton] und [Boneh et al.] in ihren Arbeiten über die Lösung des Erfüllungsproblems von Formeln mit einer kleinen Anzahl von Variablen, sowie eine Generalisation hiervon. Molekulare Berechnung ist kein Ersatz für elektronische Berechnung. Im Vergleich zur elektronischen Berechnung handelt es sich hierbei um hochparallele Berechnung, die bei geeigneter Zerlegbarkeit eines Problems sehr erfolgreich sein kann. In diesem Sinne erscheint unter heutigem Gesichtspunkt molekulare Berechnung im Zusammenhang mit elektronischen Computern in der Form hybrider Berechnung von großem Interesse und für eine Klasse von NP-vollständigen, bzw. NP-schweren Problemen von praktischer Bedeutung (wie zum Beispiel Verschlüsselung und Entschlüsselung, kombinatorische Optimierungsprobleme u.ä.).

Von molekularen Berechnungsmöglichkeiten ist das Gebiet quantenmechanischen Rechnens, welches auf [Feynman 1982] zurückgeht, und von [Deutsch 1985] formalisiert wurde, zu unterscheiden. Das Quantenberechnungsmodell ist ein probabilistisches und hat zu Beginn der neunziger Jahre erheblichen Auftrieb bekommen. Die Forschungen in diesem Bereich sind jedoch bisher nur auf theoretischer Ebene durchgeführt worden, da die derzeitigen technologischen Möglichkeiten den Bau derartiger Rechner noch nicht erlauben.

Übungsbeispiele

Für die nächsten Übungen wollen wir einige Maschinenbefehle definieren. In Klammern ist die Ausführungzeit des Befehls angegeben.

DS ⟨Wert⟩ Pseudoanweisung; reserviert eine Speicherzelle und initialisiert sie mit ⟨Wert⟩ (0).
READ Liest eine Zahl von der Tastatur in den Akkumulator (20).
WRITE Schreibt den Inhalt des Akkumulators als Zahl auf auf den Bildschirm (30).
HLT Stoppt den Rechner (2).
LOAD ⟨OP⟩ Lädt den Speicherinhalt des durch die Adresse ⟨OP⟩ bestimmten Speicherwortes in den Akkumulator (9).
STORE ⟨OP⟩ Speichert den Inhalt des Akkumulators in das durch die Adresse ⟨OP⟩ bestimmte Speicherwort (9).
ADD ⟨OP⟩ Addiert zum Inhalt des Akkumulators den Inhalt des durch die Adresse ⟨OP⟩ bestimmten Speicherwortes (10).
SUB ⟨OP⟩ Subtrahiert vom Inhalt des Akkumulators den Inhalt des durch die Adresse ⟨OP⟩ bestimmten Speicherwortes (8).
MPY ⟨OP⟩ Multipliziert den Inhalt des Akkumulators mit dem Inhalt des durch die Adresse ⟨OP⟩ bestimmten Speicherwortes (22).
DIV ⟨OP⟩ Dividiert den Inhalt des Akkumulators durch den Inhalt des durch die Adresse ⟨OP⟩ bestimmten Speicherwortes (50).
BRANCH ⟨OP⟩ Setzt den Befehlszähler auf die Adresse ⟨OP⟩ (7).
BGZERO ⟨OP⟩ Setzt den Befehlszähler auf die Adresse ⟨OP⟩, wenn der Inhalt des Akkumulators größer als Null ist (7).
BZERO ⟨OP⟩ Setzt den Befehlszähler auf die Adresse ⟨OP⟩, wenn der Inhalt des Akkumulators gleich Null ist (7).

1. Ermitteln Sie die Ausführungszeit des folgenden Assemblerprogrammes, wenn als **Eingabe 2** eingelesen wird. Geben Sie zusätzlich an, welche Zahlen bei der Ausführung auf dem Bildschirm ausgegeben werden.

```
EINS    DS      1
LIMIT   DS      0
ZAEHL   DS      0
        READ
        STORE   LIMIT
LOOP    LOAD    ZAEHL
        ADD     EINS
        STORE   ZAEHL
        WRITE
        LOAD    LIMIT
        SUB     ZAEHL
        BGZERO  LOOP
        HLT
```

2. Wenn vom untenstehenden Programm als erste Eingabe **2** und als zweite Eingabe **7** eingelesen wird, welche Zahl wird am Bildschirm ausgegeben? Geben Sie zu jedem Befehl des Assemblerprogramms den Inhalt des Akkumulators nach Durchführung des Befehls an. Geben Sie den Wert des Akkumulators nach Ausführung von Zeile 7 (SUB A) an! Gibt es Zeilen, die bei obiger Eingabe nicht ausgeführt werden? Wenn ja, welche Zeilen?

```
1       A       DS      0
2       B       DS      0
3               READ
4               STORE   A
5               READ
6               STORE   B
7               SUB     A
8               BGZERO  MAX
9               LOAD    A
10              WRITE
11              HLT
12      MAX     LOAD    B
13              WRITE
14              HLT
```

3. Simulieren Sie den Ablauf des untenstehenden Assemblerprogramms, wenn als erste Eingabe **4** und als zweite Eingabe **3** eingelesen wird. Geben Sie zu jedem Befehl des Programms den Inhalt des Akkumulators nach Durchführung des Befehls an. Gibt es Zeilen, die bei obiger Eingabe nicht ausgeführt werden? Wenn ja, welche Zeilen? Geben Sie jenen Wert an, den das Programm ausgibt.

1	A	DS	0
2	B	DS	0
3		READ	
4		STORE	A
5		READ	
6		STORE	B
7		SUB	A
8		BGZERO	MAX
9		LOAD	A
10		WRITE	
11		HLT	
12	MAX	LOAD	B
13		WRITE	
14		HLT	

4. Simulieren Sie den Ablauf des untenstehenden Assemblerprogramms, wenn als Eingabe 5 gegeben wird; verfolgen Sie dabei die Änderung der Inhalte der Speicherzellen S und N. Was berechnet das Programm? Geben Sie jenen Wert an, den das Programm ausgibt.

S	DS	0
N	DS	0
E	DS	1
	READ	
	STORE	N
LOOP	LOAD	S
	ADD	N
	STORE	S
	LOAD	N
	SUB	E
	STORE	N
	BGZERO	LOOP
	LOAD	S
	WRITE	
	HLT	

5. Simulieren Sie den Ablauf des untenstehenden Assemblerprogramms, wenn die Zahlen 3, 5, 13, 23, 0 als Eingabe gegeben werden; verfolgen Sie dabei die Änderung der Inhalte der Speicherzellen S und N. Was berechnet das Programm? Geben Sie jenen Wert an, den das Programm ausgibt.

S	DS	0

```
        N     DS    0
        ONE   DS    1
        LOOP  READ
              BZERO AUS
              ADD   S
              STORE S
              LOAD  N
              ADD   ONE
              STORE N
              BRANCH LOOP
        AUS   LOAD  S
              DIV   N
              WRITE
              HALT
```

6. Simulieren Sie den Ablauf des untenstehenden Assemblerprogramms mit der Zahl 5 als Eingabe. Verfolgen Sie dabei die Änderung der Inhalte der Speicherzellen E und N sowie des Akkumulators. Geben Sie an, wieviele Anweisungen insgesamt ausgeführt werden.

```
           READ
        L  SUB   E
           BGZERO L
           WRITE
           HLT
        E  DS    1
        N  DS    0
```

7. Ein Mikrorechner mit einem 16-Bit Zentralprozessor hat eine Taktfrequenz von 12 MHz. Durchschnittlich werden zwei Taktzyklen für die Verarbeitung eines Befehls benötigt. Wieviele Befehle kann dieser Rechner pro Sekunde ausführen?

   (a) 50.000
   (b) 600.000
   (c) 5,000.000
   (d) 6,000.000
   (e) 12,500.000

8. In welchem Teil eines Rechners befinden sich *Befehlsregister*?

    (a) Speicherwerk
    (b) Rechenwerk
    (c) Steuerwerk

9. Welche der Maschinenbefehle können das Befehlszählregister neu setzen?

    (a) Ein unbedingter Sprungbefehl.
    (b) Ein Schreibbefehl.
    (c) Ein Multiplikationsbefehl.
    (d) Ein Befehl, der den Inhalt einer Hauptspeicherzelle in ein Register lädt.
    (e) Ein Lesebefehl.

10. In welcher Zentraleinheit einer EDVA werden die Rechenoperationen durchgeführt?

    (a) im Speicherwerk.
    (b) im Leitwerk.
    (c) im Rechenwerk.
    (d) im Bus.

Kapitel 9

Der Betriebsmittelverbrauch von algorithmischen Problemlösungen

Ziel:

Die Studierenden werden auf die Problematik der Komplexität eines Algorithmus und seiner Größenordnung bezüglich der Anzahl der Rechenoperationen hingewiesen. Beispielhaft wird die Zeitkomplexität eines Algorithmus dargestellt und analysiert. Nach dem Studium dieses Kapitels sollen Komplexitätsanalysen und Aufwandsabschätzungen durchgeführt werden können.

Lösen wir Probleme durch Ausführung ihrer algorithmischen Lösungsformulierung auf EDV-Anlagen, so bewirkt dies den Verbrauch von Rechenzeit und Speicherplatz und damit die Verwendung eines kostenintensiven Betriebsmittels der EDV-Anlage. Insbesondere wird die Verfügbarkeit des Prozessors durch die notwendigen Berechnungen für die Dauer der Rechenzeit gebunden. Man spricht für diese Zeitspanne auch von der **Laufzeit** eines Programmes. Weiters wird für die Dauer der Ausführung ein mitunter beträchtlicher Teil des Hauptspeichers einer EDV-Anlage belegt. Man nennt diesen Bedarf den **Speicherbedarf** der Problemlösung. Die peripheren Einheiten werden bei Algorithmen, die hiervon besonders starken Gebrauch machen, gesondert berücksichtigt. Um möglichst wirtschaftlich einsetzbar zu sein, sollen Algorithmen und die zugehörigen Programme nicht nur ein Problem mit speziellen Daten, sondern eine Klasse von Problemen mit verschiedensten Daten lösen können. Man versucht die Laufzeit T und den Speicherbedarf S als eine **Funktion der Problemgröße n** anzugeben: **T(n)** bzw. **S(n)**. Unter der Problemgröße n verstehen wir bei Such- und Sortierproblemen z.B. die Anzahl der Karteiblätter der elektronischen Kartei, in welcher gesucht wird bzw. welche sortiert werden soll. Bei unserem Lösungsverfahren zur Auffindung des größten gemeinsamen Teilers (nach Euklid) verstehen wir unter der Problemgröße z. B. den Wert der größeren der beiden Zahlen, für welche der ggT gesucht wird. Es ist jedoch nicht immer leicht, eine einzige derartige Größe zu finden. Man denke z. B. an die Netzplantechnik (Kanten oder Knoten des Graphen) oder an die lineare Programmierung (Zeilen oder Spalten des Tableaux).

9.1 Die Zeitkomplexität T(n) eines Algorithmus

Betrachten wir z.B. folgendes einfache Sortierverfahren: In einer Tabelle mit den Elementen U(1), U(2), ..., U(n) seien m Zahlen gespeichert. Wir wollen nun die Tabelle derart sortieren, daß die Zahlen in aufsteigender Anordnung in der Tabelle stehen. Zu diesem Zweck beginnen wir mit der (trivialerweise sortierten) Teiltabelle bestehend nur aus U(1) und fügen das Element U(2) derart ein, daß eine sortierte Tabelle, bestehend aus den Elementen U(1) und U(2) entsteht. Wir wiederholen diese Vorgangsweise, indem wir U(3) in die sortierte Teiltabelle, bestehend aus U(1) und U(2) einfügen usw. Schließlich fügen wir das Element U(n) in die sortierte Teiltabelle, bestehend aus den Elementen $U(i), i = 1, 2, ..., n-1$, derart ein, daß eine sortierte Tabelle entsteht (Abb. 9.1.)

Die Pfeile im Bild bezeichnen die notwendigen Umstellungen.

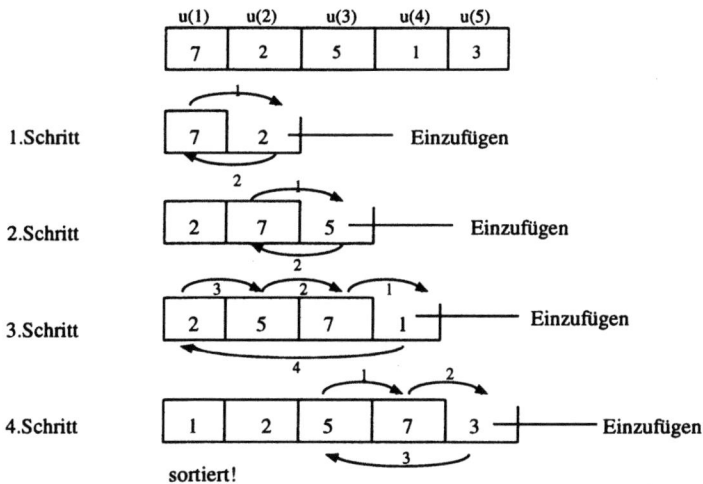

Abbildung 9.1: Sortiertabelle

Das Struktogramm unseres Algorithmus sieht - wenn wir die Elemente der Tabelle mit $U(i), i = 1, 2, ..., n$ bezeichnen - folgendermaßen aus (Abb. 9.2):

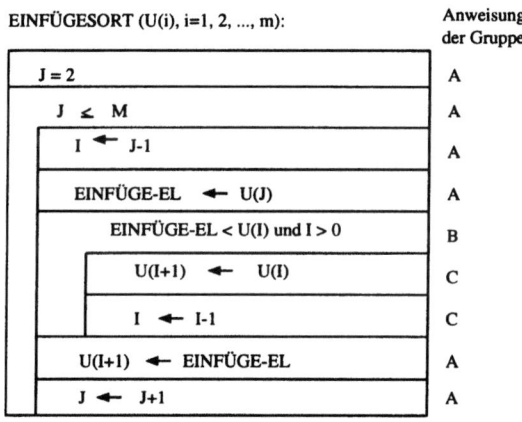

Abbildung 9.2: Struktogramm

Wir fassen die verschiedenen Befehle nach den zugeordneten Buchstaben in 3 Befehlsgruppen A, B, und C zusammen. Um die Laufzeit zu analysieren, gehen wir davon aus, daß alle Elemente der Tabelle U voneinander verschieden sind. Man kann $m!$, d.s. $m \times (m-1) \times (m-2) \times \cdots \times 2 \times 1$ verschiedene Anordnungen von m Elementen erzeugen. Also gibt es $m!$ verschiedene Anordnungsmöglichkeiten der Tabellenelemente. Ist die Tabelle bereits vor Sortierung zufällig aufsteigend sortiert, so muß nie eingefügt werden, und die Anweisungen der Gruppen A, B, C werden jeweils $m-1$ Male durchgeführt. Das heißt, es gibt nur noch $m-1$ Vergleiche und keine Umstellungen in der Tabelle. Sollte die Tabelle hingegen zufällig vor Sortierung in absteigender Sortierordnung (also umgekehrt zu unserer beabsichtigten Sortierordnung) vorsortiert sein, so benötigen wir

$$\sum_{i=1}^{m-1} i = m(m-1)/2$$

Vergleiche und ungefähr ebenso viele Umstellungen. Das heißt, die Anweisungsgruppen B und C würden jeweils $(m^2 - m)/2$ Male ausgeführt werden müssen. Nun wissen wir jedoch, daß es nicht nur 2, sondern $m!$ verschiedene Anordnungsmöglichkeiten in der Tabelle gibt. Wir haben jedoch erst zwei solche Sortierordnungen hinsichtlich des Zeitbedarfs unseres Algorithmus untersucht. Nun tragen wir zum Beispiel für $m = 3$ die Ausführungshäufigkeit für jede Anordnungspermutation in einer Tabelle ein, deren Zeilen die Anweisungsgruppen enthalten (Abb. 9.3):

Anweisungsgruppe \ Anordnungspermutation	(Angenommene) relative Vorkommenshäufigkeit						Durchschnittl. Zeilensumme	Zeilenmaximum
	1/6	1/6	1/6	1/6	1/6	1/6		
	A_1	A_2	A_3	A_4	A_5	A_6	6	
A	2	2	2	2	2	2	2	2
B	2	3	2	3	3	3	16/6	3
C	0	1	1	2	2	3	9/6	3
A	2	2	2	2	2	2	2	2

Abbildung 9.3: Anordnungspermutationen

Es gelte für die Anordnungspermutationen:

	Vergleiche(B)	Umstellung(en) (C)
$A_1 = u_1 < u_2 < u_3$	2	0
$A_2 = u_1 < u_3 < u_2$	3	1
$A_3 = u_2 < u_1 < u_3$	2	1
$A_4 = u_2 < u_3 < u_1$	3	2
$A_5 = u_3 < u_1 < u_2$	3	2
$A_6 = u_3 < u_2 < u_1$	3	3

Wie wir sehen, ist die durchschnittliche Laufzeit, welche wir unter der Annahme gleicher Auftrittshäufigkeiten für jede Anordnungspermutation errechnet haben, kleiner als die maximale Laufzeit. Die Laufzeit selbst haben wir mit der Anzahl der Ausführungen der notwendigen Operationen des Algorithmus gemessen. Wir können uns nun leicht überlegen, wie groß ungefähr die durchschnittliche Laufzeit ist. Die Annahme, daß jede Anordnungspermutation gleich häufig auftritt, ist gleichbedeutend mit der Annahme, daß jede Einfügestelle jeweils gleich wahrscheinlich sei. Das heißt, bei i vorsortierten Elementen $u(j_1) < u(j_2) < \cdots < u(j_i)$ haben wir $(i+1)$ Einfügestellen für das Element $u(i+1)$;
$u(i+1)$ ist somit mit gleicher Wahrscheinlichkeit an jeder der Einfügestellen (vergl. Abb. 9.4) einzufügen (wenn jede Anordnungspermutation gleich häufig ist). Also haben wir im Durchschnitt

$$\frac{1}{i+1}\sum_{j=0}^{i} j = \frac{i}{2}$$

Umstellungen und

$$\frac{i}{i+1} + \frac{1}{i+1}\sum_{j=1}^{i} j \approx \frac{i}{2} + 1$$

Vergleiche für $1 = 1, 2, 3, \cdots, m-1$. Das heißt also, wir haben ungefähr

$$\sum_{i=1}^{m-1} \frac{i}{2} = \frac{m(m-1)}{4}$$

Umstellungen und

$$\sum_{i=1}^{m-1} \left(\frac{i}{2} + \frac{1}{i+1}\right) \approx \sum_{i=1}^{m-1} \frac{i}{2} + 1 = (m-1) + \frac{m(m-1)}{4}$$

Vergleiche.

Abbildung 9.4: Wahrscheinlichkeit

Wir sehen also, daß für größere Werte von m die Anzahl der Operationen proportional zu m^2, d.h. von der Größenordnung $0(m^2)$ ist, da m^2 jeden anderen Term für ausreichend große Werte von m dominiert:

m	2	3	5	10	20	100	1000	...
m^2	4	9	25	100	400	10^4	10^6	...

9.2 Die Mikroanalyse von Programmen

Für den Einsatz des Algorithmus auf einer konkreten EDV-Anlage wissen wir allerdings nur über die Größenordnung des Zeitbedarfes eines Algorithmus Bescheid. Erlaubt eine EDV-Anlage eine Operationsgeschwindigkeit im μs-Bereich (10^{-6}), so wissen wir dennoch, daß die Verwendung des Algorithmus für $m > 1000$ zunehmend schwierig und bald praktisch unmöglich wird. Die effektive Laufzeit kennen wir nicht.

Wir können jedoch die effektive Laufzeit durch Abfassung eines Maschinenprogrammes und durch die **Mikroanalyse** unseres Programmes ermitteln (Abb. 9.5 und Abb. 9.6).

Bemerkung:
Der Einfachheit halber lassen wir die indizierten Operanden U(I), U(I+1) und U(J) als Schreibweise zur Verkürzung des Programmes zu.

```
K2    DS   2
KM    DS   0
K1    DS   1
U(1)  DS   .
U(2)  DS   .
  .        .    Zu sortierende Zahlentabelle, die bereits
  .        .    eingelesen sei
U(M)  DS   .
J     DS   .
I     DS   .    Speicherreservierung für Programmvariable
SK    DS   .    zur Zwischenspeicherung und für Zähler
      .
      .
```

Abbildung 9.5: Programm zum Sortieren

Um jedoch die effektive Laufzeit durch Abfassung eines Maschinenprogrammes und durch die **Mikroanalyse** unseres Programmes ermitteln zu können, müssen allerdings die Ausführungszeiten für jeden Maschinenbefehl bekannt sein. Wir nehmen an, die Maschinenbefehle unseres Computers weisen folgende Ausführungszeiten auf (die erste Zeile gibt den Maschinenbefehl an, die zweite die Ausführungszeiten μs):

LOAD	STORE	ADD	SUB	MPY	DIV	JUMP	BZERO	BGZERO
10	10	15	15	30	80	15	25	25

Gehen wir nun der Einfachheit halber davon aus, daß Befehle der Gruppe A $m-1$ Male, der Gruppe B und C im Durchschnitt $(m^2-m) \div 4$ Male ausgeführt werden, so erhalten wir eine Laufzeit von $20+(55+110+20)(m-1)+(75+120)(m^2-m)\div 4 = 47,5m^2-175m+20$. Der dominante Term ist wieder von der Größe $O(m^2)$. Der Befehl HLT wurde nicht einbezogen.

Allgemeiner Einleseteil des Programmes			
	LOAD	K2	Zeitbedarf: 20
	STORE	J	Ausführungshäufigkeit: 1
ANF	LOAD	J	
	SUB	K1	Befehlsgruppe vom Typ A
	STORE	I	Zeitbedarf: 55
	LOAD	U(J)	
	STORE	SK	
	LOAD	SK	
BRANCH	SUB	U(I)	Befehlsgruppe vom Typ B
	BGZERO	Change	Zeitbedarf: 75
	BZERO	Change	
	LOAD	U(I)	
	STORE	U(I+1)	Befehlsgruppe vom Typ C
	LOAD	I	Zeitbedarf: 120
	SUB	K1	
	STORE	I	
	BGZERO	BRANCH	
	BZERO	CHANGE	
	JUMP	LOOP	
CHANGE	LOAD	SK	Befehlsgruppe vom Typ A
	STORE	U(I+1)	Zeitbedarf: 20
LOOP	LOAD	J	Befehlsgruppe vom Typ A
	ADD	K1	Zeitbedarf: 110
	STORE	J	
	LOAD	KM	
	SUB	J	
	BGZERO	ANF	
	BZERO	ANF	
	HLT		

Abbildung 9.6: Mikroanalyse eines Maschinenprogrammes

9.3 Uniforme und logarithmische Zeitbedarfsmessung

Wie wir an der Mikroanalyse von unserem Sortierprogramm sahen, hat diese Analyse uns zwar erlaubt, den Zeitbedarf des Programmes auf einer speziellen Maschine genau anzugeben, jedoch gewannen wir hierbei keine prinzipiell neuen Erkenntnisse über die sinnvolle Tabellengröße, für die unser Sortieralgorithmus einsetzbar ist. Die Zählung der durchschnittlichen Anzahl von Operationen hat uns etwa dieselben Erkenntnisse vermittelt. Wir sind dabei einfach davon ausgegangen, jede Operation weise denselben Zeitbedarf auf. Wir nennen diese Art von Analyse die Zeitkomplexitätsanalyse nach dem **uniformen Komplexitätskriterium**. Nun kann man jedoch zeigen, daß diese Vorgangsweise nicht immer zu befriedigenden Ergebnissen führen muß, und daß man dieses Kriterium zur Messung des Berechnungsaufwandes daher entsprechend bedachtsam einzusetzen hat.

Der Algorithmus 'Exponentiation' (vergl. Abb.: 9.7) zur Errechnung von n^n möge uns als Beispiel dienen:

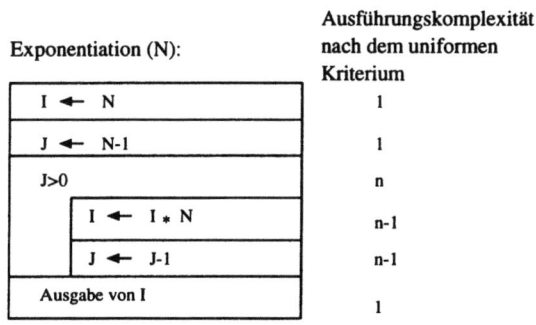

Abbildung 9.7: Exponentiation

Stellen wir uns nun vor, dieser Algorithmus sollte das Ergebnis für $n = 3$ liefern. Offenbar ist das uniforme Kriterium eine gute Beurteilungshilfe, da das Ergebnis jeder Multiplikation mit Hilfe **einer einzigen** Prozessormultiplikation ermittelt, und das Zwischen- sowie Endergebnis in einem Maschinenwort gespeichert werden kann. Wollten wir das Ergebnis z.B. für $n = 1001$ ermitteln, so gelten diese Voraussetzungen nicht mehr. Die Zahl n^n hat mehr als 3000(!) Stellen im Dezimalsystem. Wir verwenden zur Abschätzung dieses Berechnungsumfanges gerne das sogenannte **logarithmische** Komplexitätskriterium. Hierbei wird von der Anzahl der Operationen per Bit (=Binärstelle) für den Zeitaufwand und von der Anzahl der zu speichernden Bit beim Speicheraufwand ausgegangen. Der Ermittlung der Komplexität liegt die Annahme zugrunde, der Zeitaufwand sei eine lineare Funktion von $\log_2(n)$. Analoges gilt für den Speicherbedarf. Nach dem logarith-

mischen Zeitkomplexitätskriterium ist also der Zeitbedarf eine lineare Funktion von
$$\sum_{i=1}^{(n-1)} (i+1) \log_2 n = 0(n^2 \log_2 n)$$
und der Speicherbedarf ist von der Größe $0(n \log_2 n)$.(Wegen
$$\log_2 n = \log n / \log 2$$
können wir $\log_2 n$ auch durch $\log n$ ersetzen.)

Übungsbeispiele

1. Was möchte man beim Betriebsmittelverbrauch von algorithmischen Problemlösungen ermitteln?

    (a) Den Speicherbedarf als Funktion der Laufzeit
    (b) Laufzeit und Speicherbedarf als Funktion der Problemgröße
    (c) Die Problemgröße als Funktion des Speicherbedarfs

2. Ein Algorithmus habe quadratische Zeitkomplexität. Welche der folgenden Aussagen ist dann richtig:

    (a) Der Algorithmus berechnet eine quadratische Funktion der Zeit.
    (b) Der Algorithmus hat eine höhere Zeitkomplexität als ein linearer Algorithmus.
    (c) Bei doppelter Problemgröße wird die Laufzeit etwa doppelt so groß.
    (d) Bei dreifacher Problemgröße wird die Laufzeit etwa neunmal so groß.

3. Wozu dient die *Mikroanalyse* eines Programmes?

    (a) Zur Ermittlung der Maschinenbefehle
    (b) Zur Verkürzung des Programmes
    (c) Zur Ermittlung der effektiven Laufzeit

Kapitel 10

Systemsoftware: Betriebssystem, Übersetzer und Dienstprogramme

Ziel:

Die Hauptbestandteile der Systemsoftware werden dargestellt und erklärt. Weiters wird beschrieben, wie die Betriebsmittel eines Rechners verwaltet werden und die Ablaufsteuerung im Rechner funktioniert. Die grundlegenden Funktionsweisen eines Betriebssystems sowie die unterschiedlichen Betriebsarten eines Rechners werden dargestellt. Der Aufbau sowie die Aufgaben eines Betriebssystems sollen anhand eines Betriebssystemmodelles verständlich gemacht werden. Ferner soll durch die Darstellung der theoretischen Grundlagen von Übersetzern ein Grundverständnis des Aufbaus, der Struktur und der Zwecke der Programmiersprachen vermittelt werden.

10.1 Einführung

Der Computer, den wir in Kapitel 10 vorgestellt haben, wies nur einfachste Ein-/Ausgabemöglichkeiten auf. Er war symbolisch programmierbar. Dieser symbolische Maschinencode (Quellprogramm) wird durch ein Übersetzungsprogramm (Assembler) in die binäre Form - das sogenannnte Objektprogramm - übersetzt. Im Objektprogramm werden Adressen eingesetzt, welche bei 0 beginnen und tatsächliche Hauptspeicheradressen darstellen. Unser Computer wies auch keinen Sekundärspeicher - Magnetplattenstationen, Magnetbandstationen, Diskettenstationen u. a. m. - auf.

Moderne Computer - vom Mikrocomputer bis zum Großrechner - müssen hingegen neben wesentlich komplexeren Ein- und Ausgabemöglichkeiten sowohl die Bedienung von verschiedensten Ein- und Ausgabeeinheiten und Sekundärspeichereinheiten als auch die Ablaufsteuerung verschiedenster Programme möglichst ohne menschliche Intervention, welche immer vergleichsweise sehr zeitaufwendig ist, unterstützen.

Moderne Computer verfügen daher über ein **Betriebssystem**, d.i. ein Programm, das alle Betriebsmittel des Computers verwaltet und diese so gut wie möglich auslastet. Daneben ist es zweckmäßig, für verschiedenste Aufgabenbereiche höhere Programmiersprachen zur Verfügung zu stellen, die eine schnellere und einfachere Programmierung als bei Verwendung symbolischer Maschinencodes gestatten. Diese Programme müssen nun ihrerseits in Maschinencode übersetzt werden, um ausgeführt werden zu können. Für jede höhere Programmiersprache benötigen wir daher einen **Übersetzer**, der das Programm in den Maschinencode übersetzt. Wenn der Übersetzer aus einem in einer höheren Programmiersprache geschriebenen Programm einen Maschinencode erzeugt, nennen wir ihn Compiler. Wenn er jedoch jede einzelne Anweisung eines Programmes analysiert, übersetzt und sofort ausführt, dann nennen wir ihn einen Interpreter. Zusätzlich benötigen wir eine Reihe von Programmen für häufig vorkommende anwendungsunabhängige Standardaufgaben, wie das Laden von auf Sekundärspeichern gespeicherten Objektprogrammen (Lader), das Erstellen und Ändern von Programmtexten und Daten (Editor), das Verwalten von übersetzten Programmen (Bibliotheksprogrammen), Datensicherung auf Band, etc.. Programme dieser Art werden als **Dienstprogramme** bezeichnet.

Betriebssystem, **Übersetzer** und **Dienstprogramme** bilden die Hauptbestandteile der Systemsoftware.

10.2 Das Betriebssystem (*Operating System*)

Das Betriebssystem ist gewöhnlich das aufwendigste und wichtigste Programm der Systemsoftware. Es nimmt Aufträge (sogenannte *Jobs*) von Benutzern entgegen und versucht deren Ausführung mit den zur Verfügung stehenden Ressourcen so schnell wie möglich zu bewirken. Da sich gewöhnlich jeder Job in den erforderlichen Hard- und Softwareanforderungen von anderen Jobs unterscheidet und zudem vom Betriebssystem namentlich von anderen Jobs unterschieden werden soll, werden die Jobsteuerinformationen über eine Job-Steuer-Sprache (JCL= *Job-Control-Language*) an das Betriebssystem bei Auftragserteilung übergeben. Dadurch ist es dem Betriebssystem möglich, eine Reihe von Arbeiten wie Übersetzen, Laden, Durchführen eines Programmes ohne weitere manuelle Intervention eines Benutzers vorzunehmen. Deshalb kann der Durchsatz, d.i. die Anzahl der je Zeiteinheit ausgeführten Jobs, wesentlich erhöht werden. Ein Betriebssystem, welches in der Steuerung vorsieht, daß ein Auftrag erst nach Erledigung des vorangehenden begonnen werden soll, beschränkt die Geschwindigkeit der Programmaufeinanderfolge auf die Geschwindigkeit, mit der die langsamste Tätigkeit - das ist gewöhnlich die Ein-/Ausgabe - abläuft. (Dies ist typisch für den *Single-User*-Betrieb, wie wir ihn bei vielen Home-Computer- und älteren PC-Betriebssystemen (z.B. MS-DOS u.a.) kennen; Abb. 10.1.)

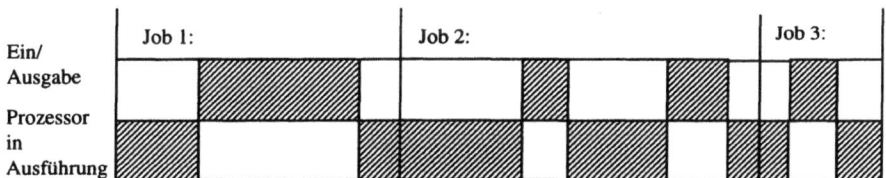

Abbildung 10.1: *Single-User*-Betrieb

Bei den meisten EDV-Anlagen ist es jedoch möglich, die Arbeit der Ein- und Ausgabe- (E/A-) Einheiten unabhängig von der Arbeit des Prozessors durchführen zu lassen. Zu diesem Zweck kann z.B. eine besondere Meldung (Interrupt) der E/A-Einheit dem Prozessor anzeigen, daß der Datentransfer beendet ist. Hiedurch wird der Prozessor in die Lage versetzt, die E/A zu beginnen bzw. die Beendigung festzustellen, ohne den Prozessor während der E/A auf die Erledigung warten zu lassen. Vielmehr kann die für die E/A aufgewandte Wartezeit in diesem Falle dazu verwendet werden, einem anderen Job Prozessorzeit zuzuteilen. Dieser Betrieb wird **Mehrprogramm** (*Multiprogramming*)-Betrieb genannt. (Abb. 10.2)

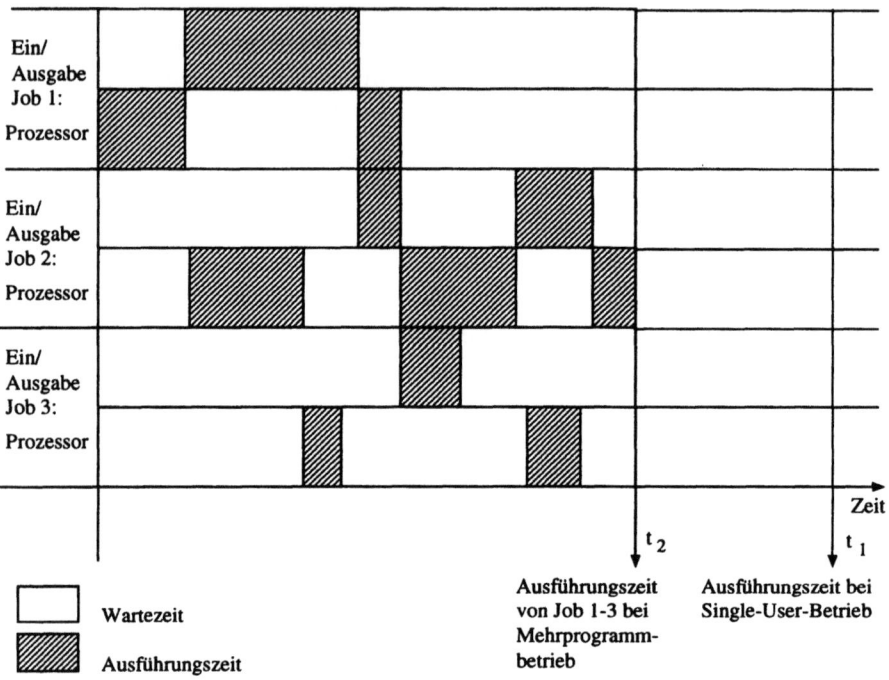

Abbildung 10.2: *Multiprogramming*-Betrieb

Der Mehrprogrammbetrieb erlaubt daher eine wesentlich bessere Ausnützung der maschinellen Ressourcen. Wird im Mehrprogrammbetrieb jedem Job nur für eine feste Zeiteinheit, die sogenannte Zeitscheibe (*time-slice*), die Benützung des Prozessors gestattet, so spricht man vom Teilnehmer-Betrieb (*time sharing*). In diesem Betrieb werden eine Reihe weiterer Anforderungen an das Betriebssystem gestellt. Man benötigt u.a. Programmteile für:

- die Zuteilung des Prozessors auf die Jobs (*Dispatcher*),
- die Unterbrechungsbehandlung durch Behandlung der Unterbrechungssignale,

- sonstige Ressourcenallokation (insbesondere von Hauptspeicher und E/A-Einheiten),
- Ablaufplanung (*scheduling*), welche angibt, welcher Job jeweils in den Hauptspeicher aufgenommen und zur Ausführung gebracht wird.

Vom Mehrprogrammbetrieb zu unterscheiden ist der **Mehrprozessorbetrieb** (multi-processing). Hierbei weist die Zentraleinheit mehrere Prozessoren auf, die mit Verarbeitungsaufgaben belegt werden können. Der Mehrprozessorbetrieb unterscheidet sich von verteilter Verarbeitung in Netzwerken insbesondere durch eine höhere Übertragungsrate der die Prozessoren verbindenden Leitungen (Kanäle).

Neben der Unterscheidung der Betriebsarten eines Rechners vom Standpunkt der Verteilung der verschiedenen zu erledigenden Aufgaben im Rechner gibt es auch eine Unterscheidung der Betriebsarten aus Benutzersicht. Man unterscheidet hier gewöhnlich drei Betriebsarten des Rechners:

- Stapelbetrieb (*batch mode*),
- Dialogbetrieb (*time-sharing mode*),
- Echt- oder Realzeitbetrieb (*real-time mode*).

Bei der Stapelverarbeitung von Programmen wird typisch eine Folge von Programmen in sequentieller Form - d.h. ein Programm nach dem anderen - in den Computer eingelesen und in dieser Reihenfolge durchgeführt. Charakteristisch für diese Art von Betriebsform ist die Tatsache, daß die Reihenfolge, in der die Programme eingelesen werden, nicht geändert wird, und diese Reihenfolge auch den Beginn der Verarbeitung bestimmt. Weiters ist für diese Betriebsart charakteristisch, daß der Benutzer nicht mehr in der Lage ist, in die Verarbeitung während derselben einzugreifen. Die Möglichkeit, während der Verarbeitung der Programme einzugreifen, bietet der Dialogbetrieb. Bei diesem interaktiven Betrieb benutzen gewöhnlich mehrere Anwender im **Teilnehmerbetrieb** das EDV-System. Die Benutzer stehen mit dem Rechner bzw. mit den darauf laufenden Programmen im Dialog. Um mehrere Benutzer gleichzeitig bedienen zu können, wird, wie oben erwähnt, im einfachsten Fall jedem Benutzer eine feste, sogenannte Zeitscheibe des Prozessors zugeordnet. Dies genügt im allgemeinen, um die einzelnen Arbeitserfordernisse der Benutzer schrittweise zu befriedigen. Sollte das jeweilige Programm nicht mit einer Zeitscheibe das Auslangen finden, so wird es unterbrochen und muß warten, bis es wiederum nach einem Rundlauf der Bedienung aller Benutzer an die Reihe kommt. Die Programme werden beim Dialogbetrieb miteinander, also konkurrierend, bearbeitet und nicht nacheinander (sequentiell) wie beim Stapelbetrieb. Da ein Einbenutzerbetrieb bei der Stapelverarbeitung, wie wir bereits sahen, zu erheblichen Produktivitätsverlusten führen kann, wurde der bereits erwähnte Mehrprogrammbetrieb bei Stapelverarbeitung eingeführt. Hierdurch wird ein Produktivitätsverlust weitestgehend vermieden.

Ähnlich wie beim Dialogbetrieb werden Programme im Echtzeitbetrieb konkurrierend verarbeitet. Während beim Dialogbetrieb versucht wird, die Benutzer quasi gleichermaßen zu bedienen, wird beim Realzeitbetrieb hingegen eine Priorität der Erledigung der Programme vorgegeben. Beim Realzeitbetrieb finden wir daher eine prioritätsgesteuerte Programmausführung. Die Aktivierung eines Programmes oder eines Programmteiles erfolgt gewöhnlich infolge äußerer Ereignisse, die dem Rechner mitgeteilt werden und die bei einer höheren Priorität des angesprochenen Programmes zur Unterbrechung aller Programme mit niedrigerer Priorität führen. Der Einsatz derartiger Systeme konzentriert sich auf den technischen Bereich.

Eine weitere Technik, welche wir insbesondere im Stapelverarbeitungsbetrieb finden, ist das sogenannte *Spooling*. Unter Spooling verstehen wir die Pufferung der langsamen Eingabeeinheiten (z.B. Tastatur) und der langsamen Ausgabeeinheiten (z.B. Drucker) unter Zwischenschaltung von peripheren Speichermedien wie Plattendateien zur temporären Speicherung von Ein- bzw. Ausgabe unter Benutzung von eigenen Systemprogrammen.

Trotz dieser augenscheinlichen Unterschiede vom Standpunkt des Benutzers haben die geschilderten Betriebssysteme doch eine Reihe von Gemeinsamkeiten. Da heute bereits Einbenutzersysteme, die in der Regel auf Stapelverarbeitung ausgelegt sind, fast immer schon Spooling bieten, müssen selbst solche Systeme einfachster Natur eine Art Mehrbenutzerbetrieb beherrschen. Auf der anderen Seite ist es durchaus üblich, Dialogsteuerung mit Hilfe von Realzeitbetriebssystemen vorzunehmen, da es auch bei der dialogorientierten Verarbeitung Prioritäten geben muß, um einen reibungslosen Dialog der einzelnen Benutzer mit dem EDV-System zu sichern.

10.2.1 Das Zwiebelmodell eines Betriebssystems

Man stellt sich ein Betriebssystem am besten als ein großes Programm vor, dessen Hauptzweck darin besteht, die gemeinsame Benutzung des EDV-Systems und der damit verfügbaren Ressourcen zu verwalten und die Benutzung zu steuern. Typisch für Betriebssysteme ist, daß im System selbst keine einheitliche Sicht der Maschine vorgesehen ist, sondern ein Betriebssystem als eine Folge von Programmen gesehen werden kann, die aus dem relativ einfachen technischen System eine benutzerfreundlichere Maschine in verschiedenen Stufen entstehen läßt (vgl. Abb. 10.3).

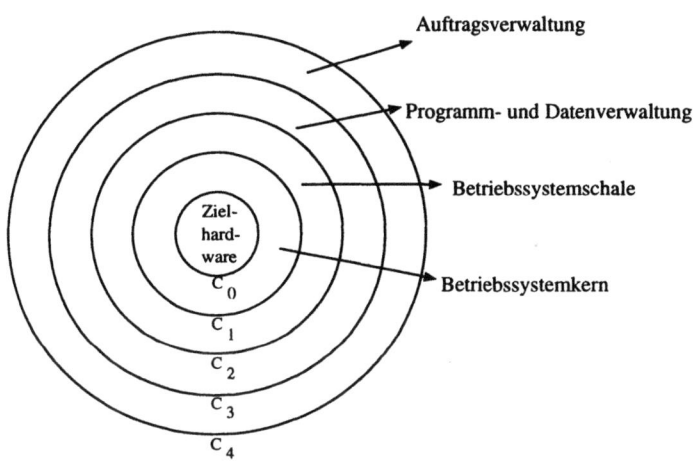

Abbildung 10.3: Die Betriebssystemzwiebel

(C_i = abstrakte, hierarchisch geordnete Maschinen; C_i erteilt den Auftrag und/oder benutzt jeweils C_j für $i > j$)

Der Teil, der aus der Hardware eines EDV-Systems eine erste Abstraktionsebene einer leichter zu benutzenden Maschine generiert, wird **Betriebssystemkern** genannt. Grundlegende, durch den Betriebssystemkern gesteuerte Organisationseinheiten sind sogenannte **Pro-**

zesse.[1] Ein Prozeß besteht, vereinfacht ausgedrückt, in einer Folge von Anweisungen zusammen mit den Daten, um diese Anweisungen durchzuführen. Ein Programm kann aus mehreren Prozessen bestehen, die unabhängig voneinander abgearbeitet werden können. Diese Teilaufgaben werden dann zur Erledigung der Gesamtaufgabe, die durch das Programm vorgegeben wurde, kombiniert. Aufgabe des Betriebssystemkerns ist neben der Umschaltung zwischen Prozessen natürlich noch die Unterbrechungsverwaltung und die Verwaltung der zahlreichen Gerätetreiber (d.s. Programme zur Verwendung von peripheren Geräten des EDV-Systems). Der Betriebssystemkern und die reine Hardware (die **Zielmaschine**) stellen zusammen für die darüberliegenden Schichten eine abstrakte Maschine dar. Die unmittelbar darüberliegende Schicht (C_2) bedient sich dieser abstrakten Maschine, um ihre Funktionen zu erfüllen. Die Funktionen der unmittelbar darüberliegenden Schicht bestehen in der Verwaltung weiterer gegenüber dem Prozessor andersartiger Betriebsmittel.

Die Betriebsmittel werden üblicherweise in zwei Kategorien unterteilt:

- Aktive Betriebsmittel: Dies sind zeitlich aufteilbare Betriebsmittel, die Programme ausführen. Man nennt sie Prozessoren.
- Passive Betriebsmittel, die exklusiv genutzt werden: Dies sind Geräte wie Drucker, Bänder, Bildschirme, die zu einem Zeitpunkt jeweils nur von einem einzigen Benutzer genutzt werden sollen. Wir kennen auch passive Betriebsmittel, die in sich räumlich aufteilbar sind. Hierzu zählen wir die Datenspeicher mit direktem Zugriff, die räumlich aufgeteilt werden sollen. Dazu gehört insbesondere der Arbeitsspeicher (Hauptspeicher) der Maschine.

Während die Verwaltung des (der) aktiven Betriebsmittelprozessors (-en) durch den Betriebssystemkern vorgenommen wird, wird die Verwaltung der passiven Betriebsmittel in der zweiten Abstraktionsebene durch eigene Verwaltungsprogramme vorgenommen. Die Funktionen, die das Belegen, das Betreiben und die Freigabe von Betriebsmitteln ermöglichen, sind Teil dieser Programme der zweiten Abstraktionsebene. Erst wenn alle Betriebsmittel für einen Prozeß zur Verfügung gestellt werden können, ist der Prozeß potentiell als ausführbar an-

---

[1] Derartige Prozesse können auf erster Stufe durchaus wieder Umgebungen komplexer Natur sein (z. B. fiktive Maschinen mit eigenem Betriebssystem, die selbst einfache Prozesse kennen).

zusehen. Je nach Betriebsmittelart erfolgt die Zuteilung statisch (von Prozeßanfang bis zu Prozeßende) oder dynamisch (Freigabe des Betriebsmittels unmittelbar nach Benutzung). Um die Betriebsmittelverwaltung zu ermöglichen, muß in dieser Ebene eine Fortschreibung über den Gerätestatus und über die Gerätenutzung geführt werden. Insbesondere gehören hiezu auch Statistiken über die Betriebsmittelnutzung und Tabellen über die Belegungszustände. Eine Strategie für die Betriebsmittelzuteilung, die Möglichkeit der Belegung der Betriebsmittel, die Synchronisation der Prozesse und insbesondere die geordnete Durchführung von Ein- und Ausgabeaufgaben auf Peripheriegeräten sind Teile des Aufgabenbereiches dieser Schicht. Bei der Speicherverwaltung ist insbesondere die Allokation von Speicherbereichen festzulegen. Um eine effiziente Nutzung des Hauptspeichers zu ermöglichen, werden besondere Pufferungsmechanismen auch hardwareseitig unterstützt. Einer der wichtigsten der möglichen derartigen Mechanismen ist das System des **virtuellen Speichers**. Hiebei wird dem Benutzer der Eindruck vermittelt, er hätte einen wesentlich größeren Zentralspeicher zur Verfügung als es der Fall ist. Tatsächlich wird nur ein kleiner Teil des Zentralspeichers für die einzelnen Aufgaben zur Verfügung gestellt. Aufgrund des beobachteten lokalen Verhaltens (d.h. ein Programm verwendet in der Mehrzahl der Fälle nur sehr wenige benachbarte Speicheradressen) erwies sich diese Strategie als sehr wirksam. Beim virtuellen Speichersystem wird der Hauptspeicher in gleich große **Kacheln** (*page-frames*) unterteilt und das Programm und die Daten jedes Prozesses werden jeweils dementsprechend in gleich große **Seiten** aufgeteilt. Im Hauptspeicher befinden sich dann nur jene Seiten eines Prozesses, die zur Ausführung dieses Prozesses gerade benötigt werden.

Die Mechanismen, nach denen die angeforderten Seiten ausgewechselt werden, und die Häufigkeit des Seitenwechsels bestimmen die Effizienz dieser Technik der Speichernutzung. Nicht benötigte Seiten werden auf dem Peripherspeicher (gewöhnlich Plattenspeicher) zwischengespeichert. Adressiert wird in den Programmen im Arbeitsspeicher unter Verwendung eines Registers nach dem Prinzip der relativen Adressierung, d.h. alle Adressen, die in einem Programm verwendet werden, gehen von einer Anfangsadresse 0 des Programmes aus.

Während die Betriebssystemschale eine Maschine entstehen läßt, die bereits die Abarbeitung der Prozesse gestattet, müssen auf der nächsten

Ebene (C_3) die Funktionen für die Transformation der Programme in maschinell ausführbare Form und die Verwaltung der Daten auf den peripheren Speichermedien bereitgestellt werden. Die Verwaltung der Daten auf den peripheren Speichermedien wird als **Dateiverwaltung** bezeichnet. In der Datenverarbeitung müssen zwei verschiedene Betrachtungsweisen der Datenspeicherung streng unterschieden werden:

- Die maschinelle Betrachtungsebene: Wir kennen hier Speicher mit wahlfreiem oder direktem Zugriff, Speicher mit halbdirektem Zugriff, Speicher mit sequentiellem Zugriff und Sonderspeicher (Register, Assoziativspeicher u.ä.).
- Die logische Betrachtungsebene: Wir unterscheiden hier zwischen sequentiell organisierten Dateien, index-sequentiell organisierten Dateien und direkt organisierten Dateien.

Es ist also sehr wohl zwischen einem sequentiellen Speichermedium und einer sequentiell organisierten Datei zu unterscheiden. Eine sequentielle Datei kann sowohl auf einem Speicher mit wahlfreiem, mit halbdirektem oder auch mit sequentiellem Zugriff angelegt werden. Manche direkt organisierte Dateien können jedoch nur auf Speichern mit wahlfreiem, bzw. mit halbdirektem Zugriff angelegt werden. Dieserart gibt es eine Reihe von Beschränkungen, die sich aus dem Erfordernis einer vernünftigen Zugriffszeit zu den einzelnen Sätzen einer Datei ergeben.

In der nächsten Softwareschicht des Betriebssystems (C_4) wird die darunterliegende abstrakte Maschine benutzt, um eine geordnete Abwicklung der Benutzeraufträge (Jobs) zu gewährleisten. Ein Benutzerauftrag kann durchaus mehrere maschinelle Prozesse auslösen. Bei den Benutzeraufträgen haben wir auch zwischen Dialog- und Stapelbetrieb zu unterscheiden. Beim Stapelbetrieb besteht ein Benutzerauftrag aus dem auszuführenden Programm bzw. Programmsystem. Beim Dialogbetrieb meldet sich ein Benutzer jeweils nur an (*log in*) und ab (*log out*). Die Steuerung während der sogenannten Sitzung übernimmt ein *Sitzungsleiter*. Dies ist ein Programm, das die Rolle des Steuerprogrammes für die Auftragsabwicklung (**Auftragsabwickler**) beim Stapelbetrieb nun im Dialogbetrieb übernimmt. Der Benutzer selbst hat die Möglichkeit, über eine sogenannte Auftragssteuersprache (*job-control-language*) die Auftragsabwicklung zu steuern. Eine derartige Steuersprache bedient sich quasi des Auftragsabwicklers bzw. Sitzungsleiters als abstrakter Maschine, und die Auftragssteuersprache stellt gewissermaßen eine Programmiersprache zur Steuerung dieser Maschine dar. Dementsprechend weisen Auftragssteuersprachen häufig gemeinsame Elemente im Vergleich zu gewöhnlichen Programmiersprachen auf. Insbesondere finden wir oft die Möglichkeit von Verzweigung und Unterprogrammbildung (z.B. bei UNIX und MS-DOS). Eine Steuersprache muß in der Lage sein, spezifische Auftragsschritte (z.B. Übersetzung, Programmverknüpfung u.ä.) auslösen zu können, Betriebsmittel (Geräte und Dateien bestimmter Größe und an bestimmtem Ort) bereitzustellen und eventuell zu Zwecken der Überwachung eine Kontrollmitteilung an Bedienpersonen (z.B. zur Initialisierung von manuellen Arbeitsvorgängen) ergehen zu lassen. Bei manchen Systemen kommen noch weitere Schalen hinzu. Man denke z.B. an verteilte Betriebssysteme, bei denen mehrere Rechner den Eindruck erwecken, als würden sie als ein einziger Rechner benutzt werden und das Betriebssystem die Prozesse auf unterschiedliche Prozessoren verteilen.

Die nach dem traditionellen Schichtenmodell aufgebauten Betriebssysteme sind typischerweise sehr groß (mehrere Megabyte bei Unix-Systemen) und für die Entwickler schwer durchschaubar. Eine Erweiterung und die Anpassung an neue Prozessoren sind schwierig, weil die Abhängigkeiten zwischen den Teilsystemen vielfältig und oft schwer verständlich sind.

Da immer mehr Anwendern die Offenheit ihrer Systeme (d. h. inwieweit diese mit anderen Systemen kommunizieren können) wichtig wird, sind Softwareproduzenten immer mehr bemüht, ihre Produkte auf möglichst vielen Systemumgebungen – sog. Plattformen – anzubieten.

Mit den neuen Konzepten eines Mikrokernel und der *Personalities* versuchen die Softwareproduzenten, diesen Anforderungen gerecht zu werden.

10.2.2 Mikrokernel

Ein kleiner Kern (einige dutzend KB) des Betriebssystems enthält den Prozessor-spezifischen Code, die restlichen Betriebssystemteile arbeiten wie die Anwendungsprogramme als separate Prozesse, die miteinander über *message passing* kommunizieren.

Beim *Message-Passing* schickt ein Prozeß A (z. B. ein Anwendungsprogramm zur Verwaltung von Adressen) einem anderen Prozess B (z. B. dem Datei-Manager) eine Nachricht (es soll z. B. eine bestimmte Zahl von Zeichen aus einer Datei gelesen werden). Der sendende Prozeß A erhält einige Zeit später eine Antwort (z. B. die gelesenen Zeichen). Bis zum Eintreffen der Antwort kann der sendende Prozeß A weitere Verarbeitungsschritte vornehmen.

Der Mikrokernel verwaltet neben dem Zugriff auf die Hardware auch die Nachrichten aus dem *Message-Passing*. Da er dabei nicht wissen muß, ob eine Nachricht von einem Prozeß auf diesem Rechner oder auf einem anderen stammt, ist das *Message-Passing*-Schema auch ein gute Grundlage für verteilte Verarbeitung. Weitere Vorteile der beschriebenen Architektur sind:

1. Das Betriebssystem ist leicht portabel, weil nur der Mikrokernel-Code an neue Rechner angepasst werden muß; daher sind Versionen für neue Rechner schnell verfügbar.
2. Durch den modularen Aufbau ist das Betriebssystem besser überschaubar und in kontrollierter Weise erweiterbar.
3. Die Verläßlichkeit des Systems wird erhöht. Erweiterungen können getrennt vom übrigen System entwickelt und ausgetestet werden. Dies resultiert in einem stabileren Gesamtsystem.
4. Das System ist sehr variabel konfigurierbar. Teilsysteme können leicht einbezogen oder ausgespart werden. Daher kann für *Palmtops* (handflächengroße Taschen-PCs) bis zu Großrechnern dasselbe Betriebssystem eingesetzt werden.

10.2.3 Personalities

Für die weitverbreiteten PCs mit 80x86er-CISC-Prozessoren, die üblicherweise das Betriebssystem DOS und die grafische Oberfläche (und Betriebssystemerweiterung) Windows verwenden, existiert eine große Zahl von guten und preiswerten Applikationen. Millionen von Benutzern verwenden Programme wie WinWord, Excel, Lotus 1-2-3, PageMaker, Harvard Graphics usw. Anwender kaufen neue, schnelle und preiswerte RISC-Rechner (s. Abschnitt 8.4.1) gewöhnlich nur, wenn auch die gewohnten Programme auf diesen Rechnern lauffähig und vergleichbar preiswert sind.

Dies wird auf zwei verschiedene Arten realisiert:

1. Das gewünschte Anwendungsprogramm wird portiert. Anwendungsprogramme werden heute beinahe immer in einer höheren Programmiersprache (z. B. Pascal, C) geschrieben. Wenn ein Compiler für den Ziel-Rechner existiert (was sehr wahrscheinlich ist), dann kann der Code der Applikation neu kompiliert werden. Allerdings sind dann typischerweise immer noch umfangreiche Anpassungen an die neue Hard- und Softwareumgebung nötig, damit die Anwendung mit dem gewohnten Komfort und der erwarteten Zuverlässigkeit arbeitet.
2. Die Applikation wird emuliert.

Bei der *Emulation* wird ein Programm, das für einen Prozessor A geschrieben und kompiliert wurde, auf einem anderen Prozessor B ausgeführt; das Programm liegt dabei in der kompilierten Form vor, nicht im Quellcode. Es werden die einzelnen Anweisungen des Programms Schritt für Schritt analysiert und durch geeignete Anweisungen für Prozessor B ersetzt. Da die Anweisungen nicht sofort ausgeführt werden, sondern erst Entsprechungen für den vorhandenen Prozessor, die häufig aus mehr als nur einem Befehl bestehen, ausgeführt werden müssen, läuft ein emuliertes Programm meist langsamer, als wenn es auf dem Rechner ausgeführt wird, für den es geschrieben und kompiliert wurde (diesen Normalfall nennt man *native mode*).

Der Leistungsverlust kann allerdings durch Berücksichtigung der Besonderheiten moderner Anwendungssoftware gesenkt werden. Moderne Anwendungssoftware verwendet sehr viel Laufzeit für die Bedienung der grafischen Benutzerschnittstelle (z. B. das Öffnen von Fenstern, das Zeichnen von bestimmten Formen wie Rechtecken u. a. m.). Software für Microsoft Windows verwendet z. B. ca. 60–80 % der Laufzeit für solche Routinen. Wenn die Applikation bestimmte Routinen zur Verwaltung der GUI (*Graphical User Interface*) verwendet, wie es bei Windows-, Macintosh- und auch anderen Systemen üblich ist, dann können solche Programmteile bei der Emulation erkannt und durch entsprechende Routinen für den vorhandenen Prozessor ausgeführt werden. Nur noch jener Code, der nichts mit der GUI zu tun hat, (z. B. Berechnungen in einer Tabellenkalkulation), wird emuliert.

Personalities sind ins Betriebssystem integrierte Emulatoren (für Windows- und Macintoshsysteme, etc.), die für andere Systeme entwickelte Applikationen durchführen können. Die Rechner- und Betriebssystemwahl des Benutzers beschränkt damit nicht mehr so sehr die Wahl der Anwendungsprogramme. Die Benutzer können bekannte PC-Programme auch auf RISC-Maschinen mit UNIX als Betriebssystem verwenden und haben dadurch keinen zusätzlichen Lernaufwand.

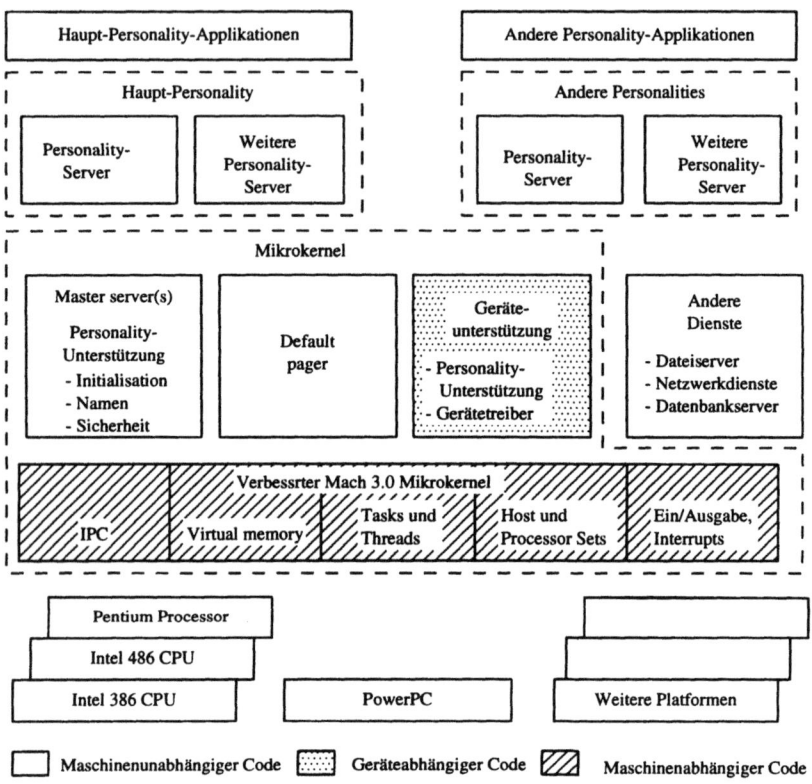

Abbildung 10.4: Das Betriebssystem Workplace OS

Abb. 10.4 zeigt diese neue Art von Betriebssystemen am Beispiel von *Workplace OS*, das auf dem Kernel des (etwas älteren) Betriebssystems *Mach* aufbaut. Verschiedene Personalities geben dem Benutzer die Möglichkeit, vertraute PC-Software zu verwenden. Das moderne Betriebssystem mit Mikrokernel unterstützt verschiedene Hardware-Plattformen mit neuen, schnellen und preiswerten Prozessoren. Der Mach-Kernel versendet in Zeitabständen den bis dahin abgearbeiteten Prozeß an eine geeignete Maschine im Netz, um die Prozeßabarbeitung zu beschleunigen (*threading*).

10.3 Compiler und Interpreter

10.3.1 Formale Sprachen und Programmiersprachen

Programmiersprachen [2] sind im Gegensatz zur Umgangssprache - welche auch als natürliche Sprache bezeichnet wird - keine Sprachen, die sich im Laufe der Zeit unter den gegebenen regionalen Besonderheiten entwickelt haben, sondern sie werden gewissermaßen "konstruiert". Trotzdem finden wir sehr viele Gemeinsamkeiten. Wie bei einer natürlichen Sprache kennen wir auch bei formalen Sprachen eine Grammatik, die die Syntax zur Bildung eines korrekten Satzes angibt. Ein Alphabet gibt uns den Zeichensatz an, in dem wir uns in unserer formalen Sprache ausdrücken. Als Semantik einer formalen Sprache bezeichnen wir die Bedeutung, d.h. die Wirkung der einzelnen Sätze.

Als Alphabet bezeichnen wir im Rahmen der Theorie formaler Sprachen eine endliche Menge von Symbolen. Beispiele: $A = \{a, b, c, \ldots, z\}$, $B = \{0, 1\}$ usw. Eine formale Sprache L über einem Alphabet S ist eine Teilmenge der Menge aller Zeichenfolgen, die mit Zeichen aus S gebildet werden können. Wir bezeichnen die Menge aller Zeichenfolgen mit Zeichen aus S mit S^*. Wir zählen zu dieser Menge auch das Leerzeichen ε, das 'genau' **kein** Symbol aus S umfaßt.

Beispiel:

$$\sum = \{0, 1, 2\}, \sum{}^* = \{\varepsilon, 0, 1, 2, 00, 01, 02, 10, 11, 12, 000, 001, \ldots\}$$

Wir erkennen leicht, daß die Menge $\sum^*$ für beliebige Alphabete (=endliche Mengen von Zeichen) abgezählt werden kann.

Beispiel:

$\sum = \{0, 1, 2\}$:

Abzählung	1	2	3	4	5	6	...
$\sum^*$	ε	0	1	2	00	01	...

---

[2] Interessierte LeserInnen seien bezüglich einer ausführlicheren Darstellung auf die Arbeiten von [Maurer 1977] und [Albert und Ottmann 1986] verwiesen, von denen auch Anregungen und Beispiele entnommen wurden.

Eine Programmiersprache über einem Alphabet $\sum$ besteht aus einer formalen Sprache $L \in \sum^*$, der Menge der grammatikalisch korrekten Programme und einer Vorschrift, die diesen Programmen eine Bedeutung zuordnet. D.h. für eine Menge von zulässigen Eingabezeichen E und eine Menge von zulässigen Ausgabezeichen O sei die Eingabe $u \in E^*$ und die Ausgabe $v \in O^*$ (E^*, O^* bezeichnen alle möglichen Zeichenfolgen von E und O). Für das Programm x gelte nun $x \in L$. Eine Funktion f gebe nun für geeignete Programme $x \in L$ und die Eingabe $u \in E^*$ einen Wert $v \in O^*$ an; d.h.

$$f : (x, u) \to v$$

f kann also als Funktion auf geeigneten (nicht unbedingt allen) Paaren aus L und E^* verstanden werden, die diesen Paaren ein Resultat aus O zuordnet. Während nun in der Angabe von L die Angabe der **Syntax** einer Programmiersprache besteht, wird durch die Angabe von f die **Semantik** einer Programmiersprache festgelegt. Eine Programmiersprache besteht daher aus dem Paar (L, f), d.h. aus der Angabe der Syntax und der Semantik der Sprache.

Beispiel:

$\sum = \{+, -, \times, /, *\}$ sei ein Alphabet von Zeichen für die mathematischen Operationen: Addition, Subtraktion, Multiplikation, Division, Exponentiation. Das Ausgabealphabet O bestehe aus den Zeichen

$$O = \{0, 1, 2, 3, 4, 5, 6, 7, 8, 9\}$$

und das Eingabealphabet bestehe aus denselben Zeichen vermehrt um ein $-Zeichen: $E = O \cup \{\$\}$.

Es gelte nun für das Programm x:
$x = (x_1, x_2, \ldots, x_m)$ mit $x_i \in \sum (1 \leq i \leq m)$. Für die Programmiersprache $P(L, f)$ gelte: $L = \sum^*$, d.h. L besteht aus allen möglichen Zeichenfolgen mit Zeichen aus $\sum$; (enthält auch ε, die Folge, die **kein** Zeichen enthält).

f sei folgendermaßen definiert:
Für eine geeignete Eingabe y mit $k \geq 2$ gelte:

$\underbrace{\$\ldots\$}_{n_1\text{\$-Zeichen}\atop (n_1\geq 0)}\ y_1\ \underbrace{\$\ldots\$}_{n_2\geq 1\atop \text{\$-Zeichen}}\ y_2\ \underbrace{\$\ldots\$}_{n_3\geq 1\atop \text{\$-Zeichen}}\ y_3\ \underbrace{\$\ldots\ldots\$}_{n_k\geq 1\atop \text{\$-Zeichen}}\ y_k\ \underbrace{\$\$\ldots\$}_{n_{k+1}\geq 0\atop \text{\$-Zeichen}}$

Die y_i seien positive ganze Dezimalzahlen ($i = 1, 2, 3, \ldots, k$). Wenn y nun k Dezimalzahlen aufweist, so haben die Zahlen durch mindestens ein $-Zeichen voneinander getrennt zu sein.

Beispiel:

$7$$3$15$$$6$2$$$ oder 91$7$8$$ sind zulässige Eingabedaten.
Die Funktion f sei für derartige Eingaben folgendermaßen definiert:
$f = (\ldots(((y_1x_1y_2)x_2y_3)x_3y_4)\ldots x_{j-1}y_j)$ mit $j = \min\{k, m+1\}$ und ergebe positive ganze Dezimalzahlen als Ausgabewerte, d.h. $v \in O^* - \{\varepsilon\}$.

Beispiele:

Programm $x = \{\text{x} + /*\}$
Eingabe $y = \$7\$\$3\$15\$\$\$6\$2\$\$\$$
f bewirkt $(((7 \times 3) + 15)/6)^2 = 36(= v)$

Programm $x = \{/\text{x}\}$
Eingabe $y = 91\$7\$8\$\$$
f bewirkt $(91/7) \times 8 = 104(= v)$

10.3.2 Regelgrammatiken

Programmiersprachen L können in der Regel nicht einfach durch Angabe aller möglichen Programme in dieser Sprache definiert werden, wie wir es im vorhergehenden Kapitel der Einfachheit halber vorgeführt haben, sondern es werden, da es ja trotzdem unendlich viele derartige Programme gibt, Bildungsgesetze angegeben - ähnlich wie wir Bildungsgesetze zur Formulierung eines korrekten Satzes in unserer Muttersprache kennen. Hiedurch wird dann eine spezielle Teilmenge aller zulässigen Zeichenfolgen eines vorgegebenen Alphabets als syntaktisch korrekte Menge von Programmen definiert.

Man verwendet zur Angabe von Bildungsgesetzen sogenannte **Produktionssysteme**. Ein Produktionssystem besteht aus einer Menge von zulässigen Zeichen, dem Alphabet, und einer Menge von Produk-

tionsregeln, das sind geordnete Paare (u,v) mit Elementen aus A^*, die in folgender Form geschrieben werden:
$u \to v$, d.h. v kann aus u unmittelbar abgeleitet werden.

Beispiel:

$A = \{0, 1, S, B\}$
$B = \{S \to B0, B \to 1, B \to B0\}$

Mit Hilfe dieses Produktionssystems können wir, wenn wir mit der Regel $S \to B0$ beginnen, nur Ausdrücke der Form

$$10, 100, 1000, \ldots$$

ableiten. S und B werden **Hilfszeichen (Nichtterminale)** und 1 und 0 werden **Basiszeichen (Terminale)** genannt, da jeder nicht mehr weiter ableitbare Ausdruck nur noch Basiszeichen aufweisen darf.

Das Alphabet A besteht daher aus der Menge Basiszeichen A' und aus der Hilfszeichenmenge A''. Bei Regelsprachen wird das Symbol, mit dem die Ableitung begonnen werden muß, als Startsymbol bezeichnet. Ist ein Ausdruck nicht mehr weiter ableitbar - z.B. 100 nach $S \to B0 \to B00 \to 100$ - und besteht also nur noch aus Basissymbolen, so wird diese Zeichenfolge als **Wort** (oder Satz) bezeichnet.
Die Menge aller mit Hilfe der Regeln (bei Beginn mit der/n Startregel/n) bildbaren Basiszeichenfolgen sind grammatikalisch korrekte Sätze der durch die Regeln definierten Sprache L. Die Regelgrammatik dieser Sprache besteht aus dem Alphabet der Hilfszeichen A'', der Basiszeichen A', dem System von Regeln R' und dem Startsymbol S.

Beispiel:

Für $G = (A'', A', S, R')$ gelte:
$A'' = (S, X, Y, Z)$
$A' = (x, y, z, \varepsilon)$
$R' = \{S \to \varepsilon, S \to XYZS, XY \to YX, YX \to XY, X \to x, XZ \to ZX, ZX \to XZ, Y \to y, YZ \to ZY, ZY \to YZ, Z \to z\}$
Wir können zum Beispiel folgende Ableitung vornehmen:
$S \quad \to \quad XYZ\underline{S} \quad \to \quad XYZXYZ\underline{S} \quad \to \quad \underline{XY}ZXYZ \quad \to \quad \underline{YX}ZXYZ$

$\to y\underline{X}ZXYZ \to yx\underline{Z}XYZ \to yxz\underline{XY}Z \to yxzxY\underline{Z} \to yxzx\underline{Y}z \to yxzxyz$

Bei näherer Untersuchung stellen wir fest, daß G alle Zeichenfolgen von x, y und z generieren kann, die genau gleich viele x, y und z enthalten:
$\{w \in \{x, y, z\}^* | w$ hat gleich viele x, y und $z\}$

Backus-Naur-Form und Syntaxdiagramme

Programmiersprachen kommen gewöhnlich nicht mit den einzelnen Buchstaben des Alphabets zur Bezeichnung der terminalen Symbole (Basiszeichen) und der nichtterminalen Symbole (Hilfszeichen) aus. Zudem ist die Bezeichnung mit einzelnen Symbolen wenig aussagekräftig. Es werden daher 'sprechende' Bezeichnungen der Umgangssprache, die aus mehreren Buchstaben bestehen, zur Bezeichnung von Variablen verwendet. Diese Metabezeichnungen werden in spitze Klammern eingeschlossen; z.B. <Operator>.

In der Backus-Naur-Form (BNF) wird der Ableitungspfeil durch ::= ersetzt und mehrere Ableitungsregeln für dasselbe Hilfszeichen werden durch Einführung eines Oder-Symbols | zusammengefaßt:
$S \to Xy, S \to \varepsilon$ wird in BNF einfach als $S ::= Xy \mid \varepsilon$ geschrieben.

Beispiel einer einfachen Programmiersprache:

$A = \{$<Variable>, <Konstante>, <Funktion>, <Ausdruck>, $x, y, 0, 1, 2, 3, 4, 5, 6, 7, 8, 9, +, -, {}^*, /,), (\}$
$S =$ <Ausdruck>
$A' = \{x, y, 0, 1, 2, 3, 4, 5, 6, 7, 8, 9, +, -, {}^*, /,), (\}$

Regeln:

<Ausdruck> ::= <Variable>| <Konstante> |
(<Ausdruck> <Funktion> <Ausdruck>)   (I)
<Variable> ::= $x \mid y$ (II)
<Konstante> ::= 0|1|2|3|4|5|6|7|8|9   (III)
<Funktion>::= $+ \mid - \mid * \mid /$ (IV)

Beispiel der Ableitung von $((x - y)/y)$:

<Ausdruck> →	(<Ausdruck> <Funktion> <Ausdruck>)	(I)
→	((<Ausdruck> <Funktion> <Ausdruck>) <Funktion> <Ausdruck>)	(I)
→	((<Ausdruck> - <Ausdruck>) <Funktion> <Ausdruck>)	(IV)
→	((<Ausdruck>-<Ausdruck>)/<Ausdruck>)	(IV)
→	((<Variable>-<Ausdruck>)/<Ausdruck>)	(I)
→	((x - <Ausdruck>) / <Ausdruck>)	(II)
→	((x - <Variable>) / <Ausdruck>)	(I)
→	(($x - y$) / <Ausdruck>)	(II)
→	($x - y$) / <Variable>)	(I)
→	(($x - y$) / y)	(II)

Eine andere Form, Regeln einer Grammatik anzugeben, finden wir in den verbreiteten Syntaxdiagrammen. Hierbei werden mit Hilfe eines Graphen die Ableitungsregeln für jedes Hilfszeichen dargestellt. Eine einzige graphische Darstellung genügt dabei gewöhnlich für alle aus einem Hilfszeichen ableitbaren Formen. Die Namen der Hilfszeichen werden im folgenden in doppelt umrandeten Kästchen eingeschlossen.

Beispiel aus der Definition von PASCAL:

(Vgl. Abb. 10.5)

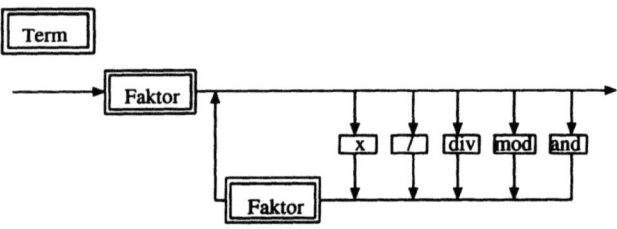

Abbildung 10.5: Syntaxdiagramm für Grammatikregeln

Die Regeln unserer kleinen Grammatik können mit Hilfe von Syntaxdiagrammen dargestellt werden (Abb. 10.6).

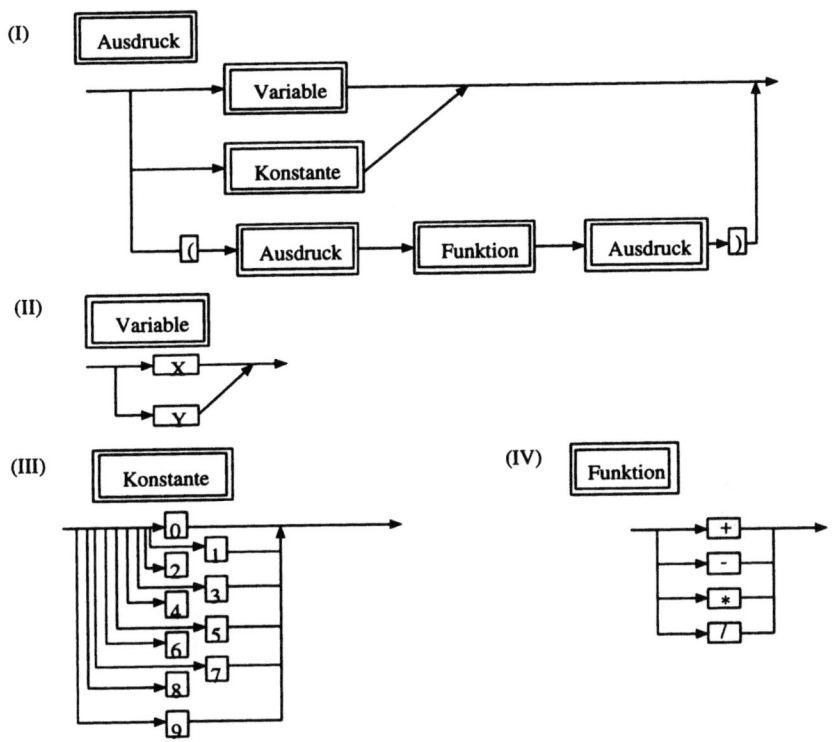

Abbildung 10.6: Syntaxdiagramm 1

Zum *SQL*-Syntax-Diagramm des SELECT-Befehls (nicht vollständig) vergl. Abb. 10.7.

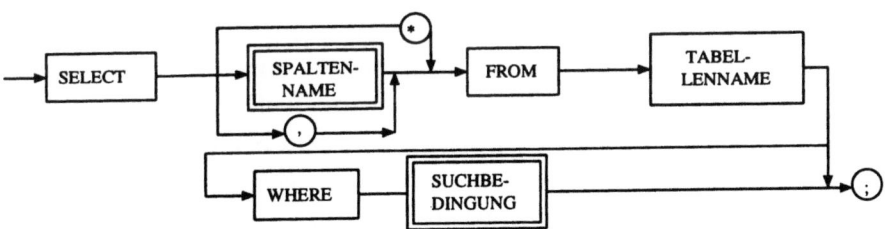

Abbildung 10.7: Syntaxdiagramm 2 (SELECT-Befehl aus SQL)

Jede nur aus terminalen Symbolen bestehende Zeichenfolge repräsentiert ein Wort dieser Sprache und damit ein Programm. Um nun für ein beliebiges Programm festzustellen, ob es ein syntaktisch richtiges Programm einer Programmiersprache $P(G, f)$ ist, müssen wir untersuchen, ob das Programm mit der Grammatik von P ableitbar ist. Wir haben hierbei also - umgekehrt zur Ableitung eines Programmes - von terminalen Symbolen ausgehend zu ersetzen, bis wir das Startsymbol erhalten. Nur dann ist unser Programm **syntaktisch korrekt**. Ist dies nicht möglich, ist das Programm syntaktisch (also grammatikalisch) fehlerhaft. Diese Überprüfung nimmt unser Interpreter oder unser Compiler in der sogenannten Syntaxanalyse vor.

Bei Entwurf der Programmiersprache war jedoch schon zu prüfen und zu sichern, daß jedem gültigen Programm semantisch auch genau eine Interpretation zugeordnet werden kann, die in Bezug auf die reale Welt sinnvoll ist.

10.3.3 Klassen moderner Programmiersprachen: imperative, funktionale, objektorientierte und logische Sprachen

Die bisher eingeführte Form der Programmierung wird als imperative Programmierung bezeichnet. Die imperative Programmierung ist insbesondere eine Programmierung mit Variablen. Eine Variable ist hiebei eine Verbindung eines Namens mit einem Wert. Diese Variable, wie wir sie bisher kennen, soll als Programmvariable bezeichnet werden. Im Gegensatz dazu gibt es bei der sogenannten funktionalen Programmierung nur das Konzept der Funktion, und das Argument der Funktion wird als Funktionsvariable verstanden. Der Begriff Variable hat also in der funktionalen Programmierung eine andere inhaltliche Bedeutung.Die funktionale Programmierung, welche auch applikative Programmierung genannt wird, basiert auf dem Kalkül der rekursiven Funktion. Funktionen bilden hier als Abbildungen eines Wertebereichs in einen Bildbereich nach festgegebenen Regeln die Definitionsbasis. Im Gegensatz dazu ist die Wertzuweisung, d.i. die sogenannte Anweisung, die Grundoperation der imperativen Programmierung. Da ein imperatives Programm selbst immer einen wertfähigen Ausdruck bildet, kann es also als Argument einer Funktion oder auf der rechten Seite einer Wertzuweisung auftreten. Es gibt also in der imperativen

Programmierung zwei Welten:

- die Welt der Anweisung und
- die Welt der Ausdrücke.

Hiermit sind die beiden grundlegenden Arten von Objekten verknüpft, nämlich die Welt der Variablen und die Welt der Werte. In einer funktionalen Sprache gibt es diese Problematik nicht. Ein Problem allerdings resultiert daraus, daß fast alle Programmiersprachen sowohl imperative als auch funktionale Elemente enthalten. Der klassische Vertreter der funktionalen Programmiersprache ist die Programmiersprache LISP. Auch die Programmiersprache APL kann zur funktionalen Programmierung verwendet werden. Typische Vertreter der imperativen Programmiersprachen sind die Sprachen FORTRAN, C, COBOL, PL/1 und PASCAL. Eine jüngere Klasse von Sprachen sind die sogenannten deklarativen Sprachen. Hier wird auf den Weg der Problemlösung überhaupt nicht eingegangen. Die relationale Programmierung ist die wichtigste Erscheinungsform. Beim bekanntesten Vertreter des Typs der relationalen Programmierung, der Sprache PROLOG, gibt man nur Fakten und Regeln an. Mit Hilfe dieser Fakten und der angegebenen logischen Ableitungsregeln kann festgestellt werden, ob eine Behauptung richtig ist. Das zu lösende Problem muß daher als eine derartige Behauptung eingegeben werden. Das bietet nun manchmal für den ungeübten Benutzer im Vergleich zur imperativen und funktionalen Programmierung einige Umstellungsschwierigkeiten. Eine andere bekannte Sprache dieser Art ist die Query-Sprache SQL.

Ein ebenso jüngeres Konzept ist die direktive oder objekt-orientierte Programmierung. Gegenstand der Betrachtungen dieser Programmierungsform sind sogenannte Objekte, welche sowohl Daten als auch die Operationen in sich vereinen. Ein Objekt ist also sowohl Resultat einer Objektadressierung bzw. Datum als auch Handlungsabstraktion, also Programm. Objekte sind sogenannte Instanzen von Objektschemata bzw. Klassen. Instanziierung setzt wiederum die Definition solcher Klassen voraus. Die Funktionsanwendung aus funktionalen Sprachen entspricht nun der Objektadressierung, d.h. dem Richten einer Anforderung an ein Objekt. Objekte kommunizieren durch Nachrichten, wodurch die Kontrolle vom Sender zum Empfänger übergeht. Anfänge in dieser Richtung enthielt die Programmiersprache SIMULA. Als typischer Vertreter dieser Richtung gilt heute die Programmiersprache SMALLTALK. (Elemente der objektorientierten Programmierung finden wir jedoch auch in speziellen Versionen imperativer Sprachen.)

Übungsbeispiele

1. Welche der folgenden Aussagen ist (sind) richtig ?

    (a) Bei der **Stapelverarbeitung** von Programmen wird typisch in sequentieller Form - d.h. ein Programm nach dem anderen - in den Computer eingelesen und in dieser Reihenfolge durchgeführt.

    (b) Der **Dialogbetrieb** bietet die Möglichkeit, während der Verarbeitung der Programme, einzugreifen. Die Benutzer stehen mit dem Rechner bzw. mit den darauf laufenden Programmen im Dialog.

    (c) Der **Echtzeitbetrieb** ist durch eine prioritätsgesteuerte Programmausführung gekennzeichnet; Programme mit niedrigerer Priorität werden zuerst ausgeführt.

    (d) Beim **Mehrprogrammbetrieb** weist die Zentraleinheit mehrere Prozessoren auf, die mit Verarbeitungsaufgaben belegt werden können.

2. Welche der folgenden Aussagen ist (sind) richtig ?

    (a) FORTRAN ist eine höhere Programmiersprache die gleich LISP und PROLOG vor allem zur formalen Transformation von Symbolen dient und ihre Hauptanwendung in Expertensystemen findet.

    (b) Unter objektorientierter Programmierung versteht man eine CIM-Technik zur Produktionsplanung und -steuerung (PPS). Sie findet überall dort Anwendung, wo Objekte (Rohstoffe, Fertigprodukte) eine zentrale Rolle spielen und praktisch keine Subjekte (Arbeiter, Angestellte) berücksichtigt werden müssen.

    (c) LISP ist eine Sprache, die speziell für die lineare Systemprogrammierung entwickelt wurde und vor allem im mathematisch-technischen Bereich eingesetzt wird.

(d) PROLOG ist eine Spezialsprache für die Programmierung logischer Schaltkreise, die sich durch Verwendung spezieller im ASCII-Zeichensatz nicht vorhandener Symbole auszeichnet.

(e) APL ist eine Programmiersprache, die die Kontrolle von Programmen über Programme ermöglicht. Daten können als Programme aufgefaßt und ausgeführt werden.

3. Welche der folgenden Aussagen ist (sind) richtig ?

(a) Ein Pascal-Compiler übersetzt eine Backus-Naur-Form in ein Maschinenprogramm.
(b) Cobol ist ein Multi-User-Betriebssystem.
(c) Fortran ist eine imperative Programmiersprache.
(d) Prolog ist ein Syntax-Diagramm für Backus-Naur-Ausdrücke.
(e) Syntaxdiagramme sind eine Form, die Regeln einer Grammatik anzugeben.

4. Folgende Grammatik definiert eine kleine Programmiersprache für Taschenrechner:
$T = \{x, y, 0, 1, 2, 3, 4, 5, 6, 7, 8, 9, +, -, *, /,), (, \}$
$N = \{\langle Variable \rangle, \langle Konstante \rangle, \langle Funktion \rangle, \langle Ausdruck \rangle\}$
T bezeichnet dabei die Menge der Terminalsymbole, N die Menge der Nonterminalsymbole und $\langle Ausdruck \rangle$ ist das Startsymbol.
Regeln:
$\langle Ausdruck \rangle ::= \langle Variable \rangle \mid \langle Konstante \rangle \mid$
$(\langle Funktion \rangle \langle Ausdruck \rangle) \mid$
$(\langle Funktion \rangle \langle Ausdruck \rangle \langle Ausdruck \rangle)$
$\langle Variable \rangle ::= x \mid y$
$\langle Funktion \rangle ::= + \mid - \mid * \mid /$
$\langle Konstante \rangle ::= 0 \mid 1 \mid 2 \mid 3 \mid 4 \mid 5 \mid 6 \mid 7 \mid 8 \mid 9$
Gegeben sei folgender Ausdruck: (* (+ x 1) 9)
Bilden Sie die Ableitung dieses Ausdrucks (wobei Sie in jedem Schritt nur eine Regel anwenden) und geben Sie die Anzahl der Substitutionen an.

5. Folgende Grammatik definiert eine kleine Programmiersprache für Taschenrechner:
$T = \{x, y, 0, 1, 2, 3, 4, 5, 6, 7, 8, 9, +, -, *, /,), (, \}$
$N = \{\langle Variable \rangle, \langle Konstante \rangle, \langle Funktion \rangle, \langle Ausdruck \rangle\}$

T bezeichnet dabei die Menge der Terminalsymbole, N die Menge der Nonterminalsymbole und $\langle Ausdruck \rangle$ ist das Startsymbol.
Regeln:
$\langle Ausdruck \rangle ::= \langle Variable \rangle \mid \langle Konstante \rangle \mid$
$\qquad (\langle Ausdruck \rangle \langle Funktion \rangle) \mid$
$\qquad (\langle Ausdruck \rangle \langle Ausdruck \rangle \langle Funktion \rangle)$
$\langle Variable \rangle ::= x \mid y$
$\langle Funktion \rangle ::= + \mid - \mid * \mid /$
$\langle Konstante \rangle ::= 0 \mid 1 \mid 2 \mid 3 \mid 4 \mid 5 \mid 6 \mid 7 \mid 8 \mid 9$
Gegeben sei folgender Ausdruck: $\quad ((xy-)y/)$
Bilden Sie die Ableitung dieses Ausdrucks und geben Sie die Anzahl der Substitutionen an.

6. Eine Sprache sei durch folgende Grammatik definiert:

    $T = \{katzen,\ hunde,\ grosse,\ kleine,\ jagen,\ beissen\}$

    $N = \{\langle S \rangle,\ \langle O \rangle,\ \langle V \rangle,\ \langle H \rangle,\ \langle A \rangle\}$

    T bezeichnet die Menge der Terminalsymbole, N die Menge der Nonterminalsymbole und $\langle S \rangle$ ist das Startsymbol.
    Die Regeln sind:

    $\langle S \rangle ::= \langle O \rangle\ \langle V \rangle \mid \langle O \rangle\ \langle V \rangle\ \langle O \rangle$

    $\langle O \rangle ::= \langle H \rangle \mid \langle A \rangle\ \langle H \rangle$

    $\langle H \rangle ::= katzen \mid hunde$

    $\langle A \rangle ::= grosse \mid kleine$

    $\langle V \rangle ::= jagen \mid beissen$

    Gegeben sei folgender Ausdruck:
    grosse katzen beissen kleine hunde
    Bilden Sie die Ableitung dieses Ausdrucks und geben Sie die Anzahl der Substitutionen an.

7. Eine Sprache sei durch folgende Grammatik definiert:

    $T ::= \{froesche,\ fliegen,\ teich,\ viele,\ kleine,\ gruene,\ quaken,\ im\}$

    $N ::= \{\langle S \rangle,\ \langle O \rangle,\ \langle A \rangle,\ \langle P \rangle,\ \langle H \rangle,\ \langle W \rangle,\ \langle V \rangle,\ \langle N \rangle\}$

    T bezeichnet die Menge der Terminalsymbole, N die Menge der Nonterminalsymbole und $\langle S \rangle$ ist das Startsymbol.
    Die Regeln sind:

    $\langle S \rangle ::= \langle O \rangle\ \langle P \rangle$

    $\langle O \rangle ::= \langle H \rangle \mid \langle A \rangle\ \langle H \rangle$

⟨P⟩ ::= ⟨V⟩ | ⟨V⟩ ⟨W⟩

⟨W⟩ ::= ⟨N⟩ ⟨H⟩

⟨H⟩ ::= froesche | fliegen | teich

⟨A⟩ ::= viele | kleine | gruene

⟨V⟩ ::= quaken

⟨N⟩ ::= im

Gegeben sei folgender Ausdruck:
viele froesche quaken im teich
Bilden Sie die Ableitung dieses Ausdrucks und geben Sie die Anzahl der Substitutionen an.

8. Eine Sprache sei durch folgende Grammatik definiert:
T ::= {enten, schwimmen, fliegen, teich, im, ueber, den, die}
N ::= {⟨Satz⟩, ⟨Subj⟩, ⟨Praed⟩, ⟨Oe⟩, ⟨Art⟩, ⟨Hw⟩, ⟨Zw⟩, ⟨Pp⟩}
T bezeichnet die Menge der Terminalsymbole, N die Menge der Nonterminalsymbole und ⟨Satz⟩ ist das Startsymbol.
Die Regeln sind:

⟨Satz⟩ ::= ⟨Subj⟩ ⟨Praed⟩

⟨Subj⟩ ::= ⟨Hw⟩ | ⟨Art⟩ ⟨Hw⟩

⟨Praed⟩ ::= ⟨Zw⟩ | ⟨Zw⟩ ⟨Oe⟩

⟨Oe⟩ ::= ⟨Pp⟩ ⟨Hw⟩ | ⟨Pp⟩ ⟨Art⟩ ⟨Hw⟩

⟨Hw⟩ ::= enten | teich

⟨Art⟩ ::= den | die

⟨Zw⟩ ::= fliegen | schwimmen

⟨Pp⟩ ::= im | ueber

Gegeben sei folgender Ausdruck:
enten schwimmen im teich
Bilden Sie die Ableitung dieses Ausdrucks und geben Sie die Anzahl der Substitutionen an.

9. Eine Sprache sei durch folgende Grammatik definiert:
T ::= { froesche, fangen, fliegen, den, die }
N ::= { ⟨Satz⟩, ⟨Praed⟩, ⟨Ob⟩, ⟨Oe⟩, ⟨Art⟩, ⟨Hw⟩, ⟨Zw⟩ }
T bezeichnet die Menge der Terminalsymbole, N die Menge der Nonterminalsymbole und ⟨Satz⟩ ist das Startsymbol.

Die Regeln sind:

⟨Satz⟩	::=	⟨Ob⟩ ⟨Praed⟩
⟨Ob⟩	::=	⟨Hw⟩ | ⟨Art⟩ ⟨Hw⟩
⟨Praed⟩	::=	⟨Zw⟩ | ⟨Zw⟩ ⟨Ob⟩
⟨Hw⟩	::=	*froesche* | *fliegen*
⟨Art⟩	::=	*den* | *die*
⟨Zw⟩	::=	*fangen*

Gegeben sei folgender Ausdruck:
die froesche fangen fliegen
Bilden Sie die Ableitung dieses Ausdrucks und geben Sie die Anzahl der Substitutionen an.

10. Untersuchen Sie, ob die Menge der Zeichenketten $\{x^{2n}|n \geq 0\}$ durch folgende Grammatik $G = (A'', A', S, R')$ erzeugt wird:
$A'' = \{(,), X, D, S, q\}$
$A' = \{x\}$
$R' = \{S \rightarrow (X), (\rightarrow (D, D) \rightarrow), DX \rightarrow XXD, (\rightarrow \varepsilon, X \rightarrow x, X) \rightarrow x\}$.

Kapitel 11

Anwendungssoftware: Informationssysteme

Ziel:

Dieses Kapitel soll den Studierenden einen Einblick in die grundsätzliche Problematik der Softwareentwicklung aus historischer Sicht gewähren. Dabei werden die im Zeitablauf entwickelten Abstraktionsprozesse bei der Lösung von Problemen aufgezeigt und diskutiert. Des weiteren werden schwerpunktmäßig Anwendungsgebiete der heutigen Softwareentwicklung ausgehend von Modellentwürfen sowie ihre Verwendungszwecke in wirtschaftlicher Hinsicht beschrieben.

11.1 Die Entwicklung von Methoden und Einsichten bei der Lösung von Problemen mit Computern

Betriebs- und Wirtschaftsinformatik beschäftigt sich grob gesprochen mit der maschinell unterstützten Lösung von wirtschaftlichen Problemen. Der Entwurf und das Schreiben von Software, welche derartige Probleme mit Hilfe eines Computers löst, sind neben der Frage, was unter einem Computer zu verstehen ist, eine der zentralen Fragen der Betriebs- und Wirtschaftsinformatik. Folglich sah man in den 50er Jahren Programme immer eng in Zusammenhang mit Computern, da diese 'offenbar' nur dazu dienten, in verständlicher Form die Anweisungen zur Problemlösung an Computer weiterzugeben und das Verhalten dieser Problemlösungsmaschinen zu kontrollieren. Als Folge dieser Betrachtung begann man zunehmend Programme selbst als Objekte zu sehen, und der Zusammenhang mit Computern trat in den Hintergrund. Man kann bei der Abstraktion von Programmen als eigenständigen Objekten nicht präzise feststellen, wann diese Sicht sich durchzusetzen begann. Programme wurden ursprünglich nur im Binärcode als Folge von Maschinenbefehlen niedergeschrieben. Hiedurch wurde aus einer Mehrzweckmaschine mittels Programmierung eine Spezialmaschine gemacht, die in der Lage war, eine vorliegende spezielle Aufgabe zu lösen. Programme wurden damals in erster Linie geschrieben, um die Verwendbarkeit von Computern für die Lösung von verschiedenen (insbesondere mathematischen) Problemen sicherzustellen. Dementsprechend war keine spezielle Probleminformation aus dem Programm erkennbar, sondern spezielle Probleminformationen mußten erst in eine computerverständliche Form übersetzt und sodann eingelesen werden, um verarbeitet werden zu können. Aus diesem Grunde war auch die Problemorientierung aus dem Programm nicht mehr erkennbar, und die Programme waren ohne Information über die Programme, ihre Aufgabe und die Form, in welcher die Problemdaten eingegeben werden mußten, praktisch nicht zu verstehen. Programme hatten in dieser Zeit eine ähnliche Aufgabe, wie sie heute sogenannte Mikroprogramme[1] erfüllen. Sie bildeten aus elementarsten maschinellen Operationen komplexere Abläufe, die sich aber selbst nur zur Bearbeitung von speziellen Problemklassen eigneten. Das spezifische Problem, welches gelöst werden sollte, war nicht mehr erkennbar.

Als eine Reaktion auf dieses Lesbarkeitsdefizit finden wir das erste Abstraktionsschema im Bereich der Software-Entwicklung, welches als **prozeduraler Abstraktionsprozeß** bezeichnet wird. Die prozedurale Abstraktion begann mit dem systematischen Entwurf und der systematischen Verwendung von Unterprogrammen bzw. Makrobefehlen als Teillösungen von Gesamtlösungen. Diese Abstraktion erwies sich

---

[1]Mikroprogramme sind Programme zur Interpretation komplexer Maschinenbefehle in den eigentlichen dem Benutzer nicht bekannten Befehlen der Maschine. Dadurch können dieselben Maschinenprogramme auf hardwaremäßig völlig unterschiedlichen Anlagen verwendet werden. Unter Umständen werden durch Wechsel der Mikroprogramme alternative Maschinensprachen verfügbar gemacht, die spezielle Problemkreise besonders effizient zu lösen gestatten.

sehr schnell als zweckmäßig. Damit wurde der erste Schritt zur Konzentration der Betrachtung auf Programme als eigene Objekte anstelle der Konzentration auf Problemlösungsmethodiken vorgenommen.

Als Beispiel zum besseren Verständnis einer möglichen Unterprogrammtechnik wollen wir uns wieder unserer abstrakten Maschine zuwenden und den Maschinenbefehl

BASTA (<u>B</u>ranch <u>A</u>nd <u>S</u>tore <u>A</u>ddress)

einführen, welcher uns erlaubt, Unterprogramme zu schreiben. Der Befehl

*MARKE*1   *BASTA*   *MARKE*2

bewirkt das Verzweigen zum Befehl an der Adresse $MARKE2 + 1$, wobei jedoch die Adresse $MARKE1$ des Befehls

BASTA   *MARKE*2

an der Adresse $MARKE2$ abgespeichert wird. Hiedurch ist es möglich, an die Stelle des Sprunges immer nach Aufruf durch den Befehl

BRANCH $*MARKE2 + I + 1$

(I bezeichne die Anzahl der Parameter des aufrufenden Programmes) zurückzukehren. (Wir lassen hier der Einfachheit halber einfache arithmetische Ausdrücke in der Adressenangabe zu.)
Speichere ich nämlich unmittelbar nach der Adresse $MARKE1$ des Befehls

BASTA   *MARKE*2

die Adressen der zu verwendenden Operanden (=Parameter), so kann man, da deren Zahl und Reihenfolge im Unterprogramm bekannt und immer gleich ist, ins Hauptprogramm zurückkehren. (Diese Form der Unterprogrammtechnik nennt man einen *CALL by ADDRESS*-Mechanismus.) Ein Beispiel möge dies verdeutlichen:

Aufgabe:

Berechne an der Adresse $UP1$ den Wert $(A+B)C$ für drei in der Reihenfolge A, B, C zu übergebende beliebige Zahlen und gib die Steuerung an den aufrufenden Programmteil zurück.

Hauptprogramm:

Datenvereinbarungsteil:

A	DS	1
B	DS	2
C	DS	3
D	DS	4
E	DS	5
F	DS	6
$RES1$	DS	0
$RES2$	DS	0

.
.
.

Programmteile, die das Unterprogramm verwenden:

.
.

$AD1$	$BASTA$	$UP1$	Berechne: $RES1 \leftarrow (A+B)C$
	A		Adresse von A
	B		Adresse von B
	C		Adresse von C
	$RES1$		Adresse von $RES1$
	$LOAD$	D	.

.
.

$AD2$	$BASTA$	$UP1$	Berechne: $RES2 \leftarrow (D+E)F$
	D		Adresse von D
	E		Adresse von E
	F		Adresse von F
	$RES2$		Adresse von $RES2$
	$LOAD$	F	.

.
.

Unterprogrammteil:

In der Folge sehen wir das Unterprogramm zur Berechnung der Formel $\delta = (\alpha + \beta)\gamma$ für 4 Parameter, deren Adressen in den Adressen $UP1 + 1(= \alpha)$, $UP1 + 2(= \beta)$, $UP1 + 3(= \gamma)$ und $UP1 + 4(= \delta)$ stehen, da jeweils die Adresse des aufrufenden Befehls bei Aufruf an der Adresse $UP1$ gespeichert wird:

$UP1$	DS	0	
	LOAD	*$UP1+1$	LADE α
	ADD	*$UP1+2$	ADDIERE β
	MPY	*$UP1+3$	MULTIPLIZIERE mit γ
	STO	*$UP1+4$	SPEICHERE Resultat
	BRANCH	*$UP1+5$	VERZWEIGE zu aufrufendem Progr.
	END		

Eine weitere natürliche Folge der zunehmenden Programmabstraktion war die Abstraktion einer Klasse von Unterprogrammen zur Lösung einer Problemart und die Abstraktion ihrer Aufrufsequenz. Zunächst lag diese Vorgangsweise bei einer bereits stark formalisierten Sprache, der mathematischen Notation, nahe. Die Semantik einer Klasse von mathematischen - insbesondere arithmetischen - Ausdrücken wurde abstrahiert, und ihre Verwendung zur Problemlösung in Form der Syntax einer neuen formalen Sprache - FORTRAN - ermöglicht (1956 - 1957). Da arithmetische Ausdrücke häufig Beziehungen auf der Problemebene ausdrücken, wurde dadurch für Programmierer die Möglichkeit geschaffen, zumindest Teilprobleme aus dem Problembereich unmittelbar in einer Programmiersprache auszudrücken, ohne die Umsetzung aller Informationen von problemorientierten Formulierungen in maschinennahe Darstellung vornehmen zu müssen. Der Erfolg dieser Vorgangsweise in den frühen 60er Jahren führte zu der Entwicklung von mehreren hundert problemorientierten Programmiersprachen; (die wesentlichsten waren und sind teilweise noch COBOL, ALGOL, PL/I, APL und BASIC.)

Zur Illustration dieser Vorgangsweise betrachten wir unseren Einfügesortieralgorithmus aus Kapitel 5 als FORTRAN-Unterprogramm (Abb. 11.1).

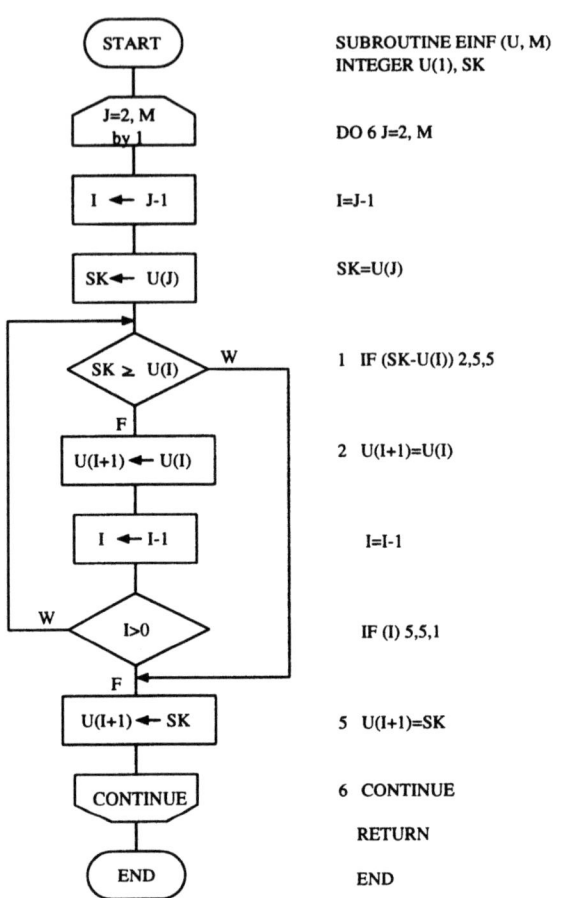

Abbildung 11.1: Flußdiagramm als FORTRAN-Unterprogramm

Hinweis:

Die Marken werden in FORTRAN mit Zahlen bezeichnet. (Die Anweisung CONTINUE wird nur aus technischen Gründen verwendet, um das Ende der DO-Schleife festlegen zu können.)

Bald stellte sich heraus, daß die in problemorientierte Sprachen gesetzten Hoffnungen etwas zu hoch angesetzt worden waren, und es auch bei Verwendung dieser Sprachen notwendig war, einen beträchtlichen Anteil eines Programmes der Rechnerkontrolle und nicht der Problemlösung zu widmen. Dennoch wurden in dieser Ära wesentliche Konzepte, welche die weitere Entwicklung bestimmen sollten, geboren:

- Problemklassen und ihre Lösung wurden zunehmend als unabhängig von der Hardware gesehen,
- die Möglichkeit, Programme problemnahe formulieren zu können, wurde als anzustrebendes Ziel akzeptiert,
- Programme wurden selbst als Studienobjekte erkannt bzw. anerkannt und als solche zunehmend als unabhängig von der Computerarchitektur und der zu lösenden Klasse von Problemen gesehen und erforscht.

Durch diese neuen Blickpunkte wurde die Studie der Syntax von formalen Sprachen weiter ins Zentrum der Betrachtung gerückt. Compilerbau, die Formalisierung der Semantik sowie die Betrachtung von Programmen als Daten für Compiler wurden ein wesentliches Gebiet theoretischer Forschung. Compilergeneratoren - d.s. Programme, die gemäß der Spezifikation einer formalen Sprache Compiler, also Programme zur Übersetzung dieser Sprachen, schreiben - und ähnliche Werkzeuge sind ein weiteres Ergebnis dieser Ausrichtung der Forschung; dadurch wurde die Entwicklung von funktionsfähigen Compilern und problemorientierten Sprachen zum Handwerkszeug jedes Informatikers.

Der nächste Schritt an Abstraktion, welcher im zeitlichen Ablauf überlappend zur prozeduralen Abstraktion stattfand, bestand in der Abstraktion von Datenstrukturen, eigentlichem Berechnungsablauf und den Programmen hiezu. Als wesentlicher Durchbruch dieser Abstraktionsebene muß die Entwicklung der Programmiersprachen LISP (1960) und APL (1961) gesehen werden.[2] LISP abstrahierte den Berechnungsprozeß als formalisierten Funktionsevaluationsprozeß und die verwendete Datenstruktur wurde auf sogenannte Listen reduziert und abstrahiert. LISP lieferte ein Berechnungsmodell, welches unabhängig vom maschinellen Berechnungsvorgang eine schematisierte Berechnungsweise darstellt. Dieser Berechnungsvorgang bedient sich einer einzigen Datenstruktur, der Liste. Ähnlich baut auch APL auf einem einzigen Berechnungsmodell, der Funktion, auf und bedient sich als einziger Datenstruktur des Arrays - einer der Liste entfernt ähnlichen jedoch erweiterten Struktur, die intuitiv gesprochen der mehrdimensionalen

---

[2]Die erstmalige Verfügbarkeit als kommerzielle Programmiersprachen lag wesentlich später vor, z. B. bei APL erst 1968.

Tabelle ähnelt. Zusätzlich hierzu erlauben APL und LISP die Kontrolle von Programmen über Programme. Dieserart konnten nun Programmierer Programme in höheren Sprachen dynamisch ändern, erzeugen und ausführen. Obwohl diese neue Abstraktionsebene weitere gedankliche Distanz von der ausführenden Hardware förderte, führt sie dennoch nicht zu größerer Problemnähe. Daran ändert letztlich auch die Schaffung universellerer Datenstrukturen (etwa rekursiver Arrays in APL), die Verallgemeinerung des Funktionskonzepts (Operatoren in APL) und die Einführung einer abstrakten Datenstruktur und der Prozeßabstraktion nichts. In der Fortführung der grundsätzlichen Richtung von LISP in Richtung der objektorientierten Programmierung finden wir SMALLTALK, und in der Richtung der Einbindung objektorientierter programmiersprachlicher Elemente in universelle prozedurale Sprachen wie ALGOL oder PL/I wurde die Sprache ADA gefördert. In allen Fällen erreichte man nicht Problemnähe, sondern abstrahierte den Problemlösungsprozeß durch Programme stärker. Das Programm bleibt hierbei zentrales Objekt der Betrachtung. Die Entwicklung des Konzepts von abstrakten Datentypen und von parallelen Verarbeitungskonzepten führte jedoch zu konzeptionellen Veränderungen in den Schwerpunkten der Betrachtensweise von Programmen. Man erkannte, daß mit zunehmender Abstraktion des Prozesses und der Datenstrukturen keine größere Problemnähe im Ausdruck erreicht wird. Gleichzeitig mit Zunahme in der Abstraktion der Programme erlangte man durch logische Programmierung (1970) und durch Expertensysteme die Einsicht, daß dem Ausmaß an inkludiertem Wissen stärkere Bedeutung in Programmen zustehe. Daher gebühre der Wissensabstraktion und nicht der Programmabstraktion der eigentliche Vorzug der Betrachtung.

Methoden zur Wissensabstraktion finden wir bereits in den Arbeiten zur Entwicklung des Verfahrens der schrittweisen Verfeinerung und der Programmverifikation (vergl. Kapitel 4: Die Entwicklung einer Problemlösung). Hierbei beginnen wir mit einer Beschreibung (im Rahmen der schrittweisen Verfeinerung) und Spezifikation (im Rahmen der Verifikation) des Problems auf Problemebene. Bei der Methode der schrittweisen Verfeinerung versucht man dann diese Beschreibung so lange in kleinere Teilprobleme zu zerlegen, bis man diese unmittelbar in eine verfügbare Programmiersprache übersetzen kann. Analog spezifiziert man in der Verifikation das Programmverhalten und weist nach, daß sich das Programm wie beabsichtigt verhält. Man beginnt also jeweils auf einer Problemebene und versucht darin möglichst zu verweilen. Verfeinert man schrittweise gleichzeitig mit der zunehmend detaillierten Verifikation, so erhält man schließlich bei systematischer Einhaltung der Vorgangsweise ein korrektes (d.h. verifiziertes) Programmsystem zur Problemlösung.

Dennoch haben diese Arbeiten über die Verifikation von Programmen zunächst nicht zur Wissensabstraktion in Programmen, sondern zu verstärkten Bemühungen in Richtung besserer Programmierstile und -techniken (z. B. strukturierte Programmierung) sowie in Richtung automatischer Programmierung und ausführbarer Spezifikation von Problemen geführt.

Gerade bei logischer Programmierung, die insbesondere durch Arbeiten von Kowalski zu Beginn der 70er Jahre begründet wurde, finden wir Programme, in welchen Wissen primär und explizit inkludiert ist. PROLOG eignet sich vorzüglich zur Abfassung von **Expertensystemen**. Expertensysteme selbst stellen Systeme dar, welche explizit beabsichtigen, Expertenwissen bzw. Fachwissen zu beinhalten. Erst seit der Entwicklung von wissensbasierten Systemen beginnt man jedes Programm als festgelegtes, starres Wissen zu sehen und zu verstehen, daß es das problembereichsorientierte Wissen ist, welches die einzige Bindung zwischen Programm und Problemwelt darstellt. Diese Erkenntnis ist auf alle Arten von Programmen anwendbar: prozedurale, funktionale, objektorientierte, logische Programme und Expertensysteme. Der wesentliche Unterschied zwischen Wissensprogrammierung (*knowledge programming*) und traditioneller Programmierung liegt in dem Umstand, daß wir bei Wissensprogrammierung Problembereichswissen explizit und auch sichtbar inkludieren, während traditionellerweise Datenstrukturen und Programme geschaffen wurden, um nach dem 'Einlesen' von Daten gewisse Probleme schematisiert durch Aktivierung des in definierten Abläufen versteckten Wissens lösen zu können.

Die derzeitige Situation trägt diesem Umstand durch zunehmende Einbindung von Wissensverarbeitung in Informationsverarbeitungszentren der Unternehmungen Rechnung. Wenngleich durch die Notwendigkeit der Beherrschung der Systemprogrammierung zur Erstellung von großen Transaktionssystemen und der Gestaltung der Ausgabe zur Anpassung der Eingabedatei ein Verzicht auf prozedurale Programmierung keineswegs in Sicht ist, so nimmt doch wissensbasierte Programmierung eine zunehmende Bedeutung in der Erstellung von Anwendungssoftware ein. Die Analyse von relativ jungen Wissensprogrammierungstechniken (z.B. neuronale Netze, semantische Netze), die zunehmende Verbreitung bewährter Techniken (z.B. regelbasierte Systeme), die Koppelung derartiger Systeme mit Faktendatenbanken und die Entwicklung neuer Techniken (z.B. *Case-based Reasoning*) läßt intensive Nutzung und zunehmenden Einsatz dieser Form von Softwareerstellung erwarten. Zunehmend bessere Verfahren zur Wissensabstraktion erlauben zudem eine Beschleunigung in der Erstellung wissensbasierter Systeme.

Übungsbeispiele

1. Welche der folgenden Aussagen über prozedurale Abstraktion sind richtig?

    (a) Prozedurale Abstraktion dient zur Beschleunigung der Programmausführung.
    (b) Durch prozedurale Abstraktion kann das Schreiben von Unterprogrammen vermieden werden.
    (c) Bei der prozeduralen Abstraktion werden Unterprogramme zur Problemlösung verwendet.
    (d) Prozedurale Abstaktion vermindert die Lesbarkeit von Programmen.

2. Welche der folgenden Aussagen zum Bereich Problemlösungsmethoden sind richtig?

    (a) Die Abstraktion von Datenstrukturen bringt größere Problemnähe.
    (b) Die Abstraktion des Prozesses bringt größere Problemnähe.
    (c) Die Abstraktion von Prozeß und Datenstrukturen bringt keine größere Problemnähe.

Kapitel 12

Nichtsequentielle parallele Verarbeitung

Ziel:
Beginnend mit den Grundkonzepten der parallelen Verarbeitung sollen den LeserInnen die Vorteile aber auch die algorithmische Problematik effizienter Ausnutzung paralleler Architekturen nahegebracht werden.

Eines der wichtigsten Resultate von Komplexitätsuntersuchungen von Algorithmen liegt in der Erkenntnis, daß die Ausführungszeit eines Programmes sehr wohl ein (fast) unbewältigbares Problem darstellen kann, da diese Zeit in Abhängigkeit vom Problem manchmal nicht auf eine vernünftige Zeitspanne reduzierbar ist (vergl. die Kapitel 7 und 14). Nun treffen wir jedoch manchmal Probleme an, welche aufgrund der Aufgabenstellung bis zu einem festen Zeitpunkt gelöst werden müssen. Man denke z.B. an die Steuerung von Raketen, die Berechnungen zur Produktionssteuerung, sowie die Berechnungen einer Lagerbestellmenge. Da elektrischer Strom sich nur maximal mit Lichtgeschwindigkeit in den stromführenden Leitungen bewegen kann, und das Ausmaß der Miniaturisierung begrenzt ist, ist eine Begrenzung der Beschleunigung einzelner Prozessoren abzusehen.

Um daher Prozessoren trotz dieser existierenden physikalischen Schranken zu einer beschleunigten Problemlösung einzusetzen, ist es unter dieser Voraussetzung nur mehr möglich, anstelle von einem Prozessor mehrere Prozessoren zu verwenden. Obwohl eine technologische Schranke in der Weiterentwicklung von Prozessoren noch nicht erreicht ist, wollen wir dennoch in der Folge die Möglichkeiten des Einsatzes paralleler Prozessoren untersuchen, da parallele Rechner zunehmend gebaut und eingesetzt werden. Wir sollten hierdurch ein Bild über die Effektivität der Parallelisierung von Problemlösungen gewinnen. Praktisch stellt sich im Design von Computern das Problem, zwischen der Verwendung einer Vielzahl von etwas langsameren aber sehr billigen Prozessoren oder einzelnen in der Herstellung teureren Hochleistungsprozessoren wählen zu müssen. Dadurch hat Parallelverarbeitung trotz der Möglichkeit eines weiteren technologischen Fortschrittes sehr hohe Aktualität gewonnen.[1]

12.1 Parallele Verarbeitung

Parallele Verarbeitung verlangt parallele Rechner. Der erste parallele Rechner, den wir näher betrachten werden, sei ein Rechner mit hundert Prozessoren. Einen Prozessor können wir uns als einen einzelnen Computer vorstellen, der relativ unabhängig von den anderen Computern arbeitet. Alle Prozessoren, die mit den Nummern $0, 1, 2, \ldots, 99$ bezeichnet seien, werden in folgendem Beispiel dasselbe Programm verarbeiten, welches allerdings im Vergleich zu der Version bei Einsatz auf einem Computer mit nur einem Prozessor etwas modifiziert werden muß (Abb. 12.1), um fehlerfrei durchlaufen werden zu können.

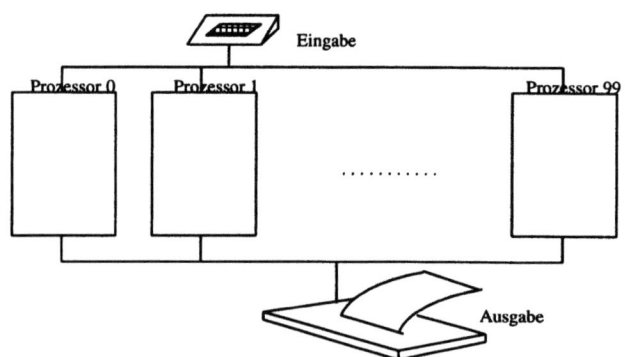

Abbildung 12.1: Paralleler Rechner

---

[1]Zu diesem Kapitel vergl. auch [Biermann 1990].

Obige parallele Maschine liest von einer einzelnen Eingabeeinheit und gibt gleichzeitig auf eine sehr schnelle Ausgabeeinheit aus. Das erste Programm, welches diese Maschine lösen soll, ist das Auffinden aller Kunden, die schon mehr als 60 Tage mit ihrer Zahlung im Rückstand sind. Wir nehmen zudem in diesem Beispiel an, daß unser Unternehmen höchstens 100 Kunden habe. Auf das Problem, mehr als 100 Kunden zu haben, gehen wir später ein. Das Programm sieht folgendermaßen aus (Abb. 12.2):

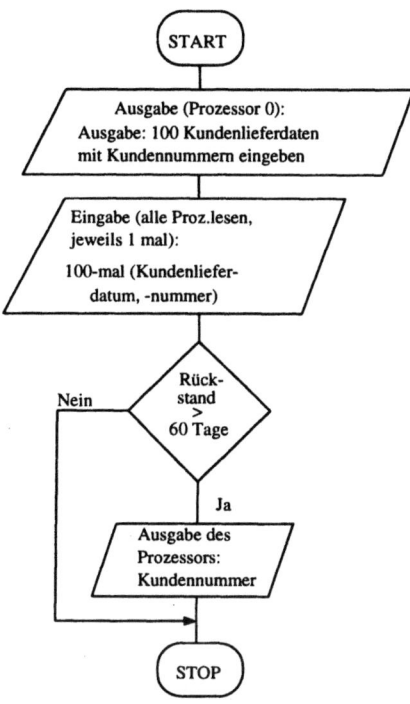

Abbildung 12.2: Algorithmus: Parallele Kundensuche

Bei diesem Flußdiagramm mußte bei der Ein- und Ausgabe spezifiziert werden, welche Prozessoren die Ein- und Ausgabe vornehmen. Zunächst fordert Prozessor 0 Eingaben durch die Ausgabe '*100 Kundenlieferdaten und Kundennummern eingeben*' an. Wenn weniger als 100 Kunden vorliegen, nehmen wir an, daß Prozessoren ohne Daten einfach die Werte 0 für Kundennummer und das laufende Datum für das Lieferdatum erhalten. Nach Eingabe erhalten die Prozessoren je einen Wert von der Eingabe für das Kundenlieferdatum und für die Kundennummer. Die i-te Nummer wird dem $i-1$-ten Prozessor als Eingabe hardwaremäßig zugeordnet ($i = 0, 1, \ldots, 99$). Jeder Prozessor vergleicht das eingegebene Datum mit dem intern gespeicherten heutigen Datum des Verarbeitungstages, errechnet die Tagesdifferenz und überprüft, ob die Kunden das Zahlungsziel überschritten haben. Jene Kunden, bei denen der Zahlungsrückstand größer als 60 Tage ist, werden ermittelt. Die jeweilige Kundennummer wird in diesem Fall gleichzeitig auf einer sehr schnellen Ausgabeeinheit ausgegeben. Der Zeitbedarf einer derartigen parallelen Verarbeitung ist natürlich erheblich geringer als im Falle der Verarbeitung mit nur einem Prozessor (sequentielle Verarbeitung). Dieser beträgt bei n Kunden auf unserem parallelen Computer genau ein n-tel der Zeit, die wir bei sequentieller Verarbeitung benötigt hätten ($n \leq 100$). Natürlich ist diese dramatische Reduktion unserer Problemlösungszeit nur dadurch zustandegekommen, daß wir erstens eine größere Anzahl von Prozessoren als Kunden haben, und zweitens eine Interaktion in der Verarbeitung nicht notwendig war.[2]

Nun ist es nicht immer so leicht zu erkennen, daß eine Interaktion in der Verarbeitung nicht nötig ist. Man denke z.B. an unser **Türme-von-Hanoi-Problem** von Kapitel 5. Bei diesem Problem mußten wir bei jedem Berechnungsschritt sehr wohl auf das Ergebnis des vorherigen Rechenschrittes warten, und zunächst besteht der Eindruck, daß dieses Problem keineswegs so wirkungsvoll wie unser Problem zur Ermittlung der im Rückstand befindlichen Kunden durch viele Prozessoren beschleunigbar sei. Tatsächlich können wir jedoch ein Programm angeben, welches auf einer parallelen Maschine läuft - wenn diese genügend viele Prozessoren aufweist - um bei jedem Berechnungsschritt jeden Prozessor zu beschäftigen. Um ein **Türme-von-Hanoi-Problem** mit n Scheiben parallel zu lösen, brauchen wir $2^n - 1$ Prozessoren. Bei 100 Prozessoren können wir also höchstens ein 6-Scheibenproblem parallel lösen. Dadurch wird die Lösungszeit von ct für die Lösung des sequentiellen Problemes auf $c' \, log_2 \, t$ reduziert.[3] Dies ist natürlich beträchtlich weniger als bei der sequentiellen Lösung. Bei der sequentiellen Lösung könnten wir z.B. ein Problem mit 64 Scheiben in einer Zeit, in der

---

[2]Die Problematik der Dateneingabe sei hier nicht näher berücksichtigt und davon ausgegangen, daß die Daten in einer wesentlich kürzeren Zeit als der Zeit, die wir zur eigentlichen Verarbeitung benötigen, eingegeben werden können.

[3]c und c' bezeichnen beliebige reelle Konstanten.

diese Erde noch existiert, kaum lösen. Auf der anderen Seite würde die Konstruktion eines Computers mit 2^{64} Prozessoren bedeuten, daß, wenn wir in jedem cm^3 der Erde gerade einen Prozessor unterbringen, wir eine Maschine mit dem ungefähren Volumen der Erde bauen müßten, um die Prozessoren unterzubringen. Die nachfolgenden zwei Graphiken mögen die Problemlösung veranschaulichen. (Abb. 12.3; die Prozessornummern seien binär gespeichert). Der Schritt *'Vermindere Zug um 1'* würde nahelegen, daß wir bei dem Wert '1 → 2' von der Variablen ZUG '0 → 1' erhalten. Da es eine Stange 0 im Problem nicht gibt, nehmen wir an, daß in solchen Fällen wieder statt 0 der Wert 3 eingesetzt wurde. Bei Erhöhung von '1 → 2' erhielten wir '2 → 3'. Bei Erhöhung von '2 → 3' um 1 erhielten wir allerdings '3 → 4'. Wir nehmen hier wiederum an, daß der Wert *mod* 3 für 4 eingesetzt werde, d.h. wir erhalten '3 → 1'. Wir veranschaulichen uns den Algorithmus wieder mit **Handsimulation**. Allerdings müssen wir nun eine Handsimulation für **jeden** Prozessor durchführen. Wir sehen hierbei, daß wir $2^n - 1$ Prozessoren brauchen, um ein Problem der Größe n zu lösen. Allerdings können alle Prozessoren unabhängig voneinander arbeiten und denselben Algorithmus verwenden. Dennoch stellt dieser Algorithmus aufgrund der großen Anzahl von Prozessoren, die für die Lösung eines vergleichsweise kleinen Problems benötigt werden, nur eine wenig effiziente Lösung dar. (*I*, EIN, ZUG, M sind Variablennamen; ZUG enthält Züge des Spiels, wie z.B. '3 → 1' (d.h. lege oberste Scheibe von Stange 3 auf Stange 1).)

Bemerkung zur Handsimulation:
Die Spalte für Prozessor 111 wurde in der Tabelle weggelassen, da im zweiten Schritt des Algorithmus die Beziehung (Prozessornummer 111) $< 2^3 - 2$ falsch ist, und daher Prozessor 111 anhält.

Schritt im Algorithmus					P_j 000		
linke Alternative bedeutet immer $<N>$ rechte Alternative bedeutet immer $<J>$					I	EIN	ZUG	M
	$N \leftarrow 3$	($N=3$ f. alle P_j)					
		$P_n \leq 2^3 - 2$?				$<J>$	
		$N =$ ungerade ?				$<J>$	
		ZUG $\leftarrow '1 \rightarrow 3'$				$1 \rightarrow 3$	
		EIN$\leftarrow 1$			1		
		$M \leftarrow 0$					0
		$I \leftarrow 1$			1		
1. Durchgang	(Werte der Variablen):				1 1	$1\rightarrow 3$	0
		$I \leq N$?				$<J>$	
		$M=0$?				$<J>$	
		i-te Ziffer von rechts von $P_j = 1$?				$<N>$	
			ZUG $='1\rightarrow 3'$?				1
	$M\leftarrow 1$		ZUG $\leftarrow '1\rightarrow 3'$	ZUG$\leftarrow '1\rightarrow 2'$			
		$I\leftarrow I+1$			2		
2. Durchgang	(Werte der Variablen):				2 1	$1\rightarrow 3$	1
		$I \leq N$?				$<J>$	
		$M = 0$?				$<N>$	
	i-te Ziffer von rechts von $P_j = 1$?		i-te Ziffer von rechts von $P_j = 1$?			$<N>$	
		$I =$ ungerade ?	$M\leftarrow 1$	ZUG$='1\rightarrow 3'$?			1
	Vermindere	Erhöhe	ZUG $\leftarrow$	ZUG $\leftarrow$			
	Zug um 1	Zug um 1	$'1\rightarrow 3'$	$'1\rightarrow 2'$			
		$I\leftarrow I+1$			3		
3. Durchgang:	(Werte der Variablen):				3 1	$1\rightarrow 3$	1
		$I \leq N$?				$<J>$	
		$M = 0$?				$<N>$	
	i-te Ziffer von rechts von $P_j = 1$?		i-te Ziffer von rechts von $P_j = 1$?			$<N>$	
		$I =$ ungerade ?	$M\leftarrow 1$	ZUG$='1\rightarrow 3'$?			
	Vermindere	Erhöhe	ZUG $\leftarrow$	ZUG $\leftarrow$			
	Zug um 1	Zug um 1	$'1\rightarrow 3'$	$'1\rightarrow 2'$			
		$I\leftarrow I+1$			4		
4. Durchgang:	(Werte der Variablen:)				4 1	$1\rightarrow 3$	1
		$I \leq N$?				$<N>$	
		Ausgabe: ZUG				$1\rightarrow 3$	

						P_j																	
001				010				011				100				101				110			
I	EIN	ZUG	M	I	EIN	ZUG	M	I	EIN	ZUG	M	I	EIN	ZUG	M	I	EIN	ZUG	M	I	EIN	ZUG	M
		$<J>$				$<J>$				$<J>$				$<J>$				$<J>$				$<J>$	
		$<J>$				$<J>$				$<J>$				$<J>$				$<J>$				$<J>$	
		$1\rightarrow 3$				$1\rightarrow 3$				$1\rightarrow 3$				$1\rightarrow 3$				$1\rightarrow 3$				$1\rightarrow 3$	
	1				1				1				1				1				1		
			0				0				0				0				0				0
1				1				1				1				1				1			
1	1	$1\rightarrow 3$	0	1	1	$1\rightarrow 3$	0	1	1	$1\rightarrow 3$	0	1	1	$1\rightarrow 3$	0	1	1	$1\rightarrow 3$	0	1	1	$1\rightarrow 3$	0
		$<J>$				$<J>$				$<J>$				$<J>$				$<J>$				$<J>$	
		$<J>$				$<J>$				$<J>$				$<J>$				$<J>$				$<J>$	
		$<J>$				$<N>$				$<J>$				$<N>$				$<J>$				$<N>$	
		$<J>$					1			$<J>$					1			$<J>$					1
		$1\rightarrow 2$								$1\rightarrow 2$								$1\rightarrow 2$					
2				2				2				2				2				2			
2	1	$1\rightarrow 2$	0	2	1	$1\rightarrow 3$	1	2	1	$1\rightarrow 2$	0	2	1	$1\rightarrow 3$	1	2	1	$1\rightarrow 2$	0	2	1	$1\rightarrow 3$	1
		$<J>$				$<J>$				$<J>$				$<J>$				$<J>$				$<J>$	
		$<J>$				$<N>$				$<J>$				$<N>$				$<J>$				$<N>$	
		$<N>$				$<J>$				$<J>$				$<J>$				$<J>$				$<J>$	
			1			$<N>$				$<N>$				$<N>$				$<N>$				$<N>$	
						$3\rightarrow 2$				$1\rightarrow 3$									1			$3\rightarrow 2$	
3				3				3				3				3				3			
3	1	$1\rightarrow 2$	1	3	1	$3\rightarrow 2$	1	3	1	$1\rightarrow 3$	0	3	1	$1\rightarrow 3$	1	3	1	$1\rightarrow 2$	1	3	1	$3\rightarrow 2$	1
		$<J>$				$<J>$				$<J>$				$<J>$				$<J>$				$<J>$	
		$<N>$				$<N>$				$<J>$				$<N>$				$<N>$				$<N>$	
		$<N>$				$<N>$				$<N>$				$<J>$				$<J>$				$<J>$	
											1			$<J>$				$<J>$				$<J>$	
														$2\rightarrow 1$				$2\rightarrow 3$				$1\rightarrow 3$	
4				4				4				4				4				4			
4	1	$1\rightarrow 2$	1	4	1	$3\rightarrow 2$	1	4	1	$1\rightarrow 3$	1	4	1	$2\rightarrow 1$	1	4	1	$2\rightarrow 3$	1	4	1	$1\rightarrow 3$	1
		$<N>$				$<N>$				$<N>$				$<N>$				$<N>$				$<N>$	
		$1\rightarrow 2$				$3\rightarrow 2$				$1\rightarrow 3$				$2\rightarrow 1$				$2\rightarrow 3$				$1\rightarrow 3$	

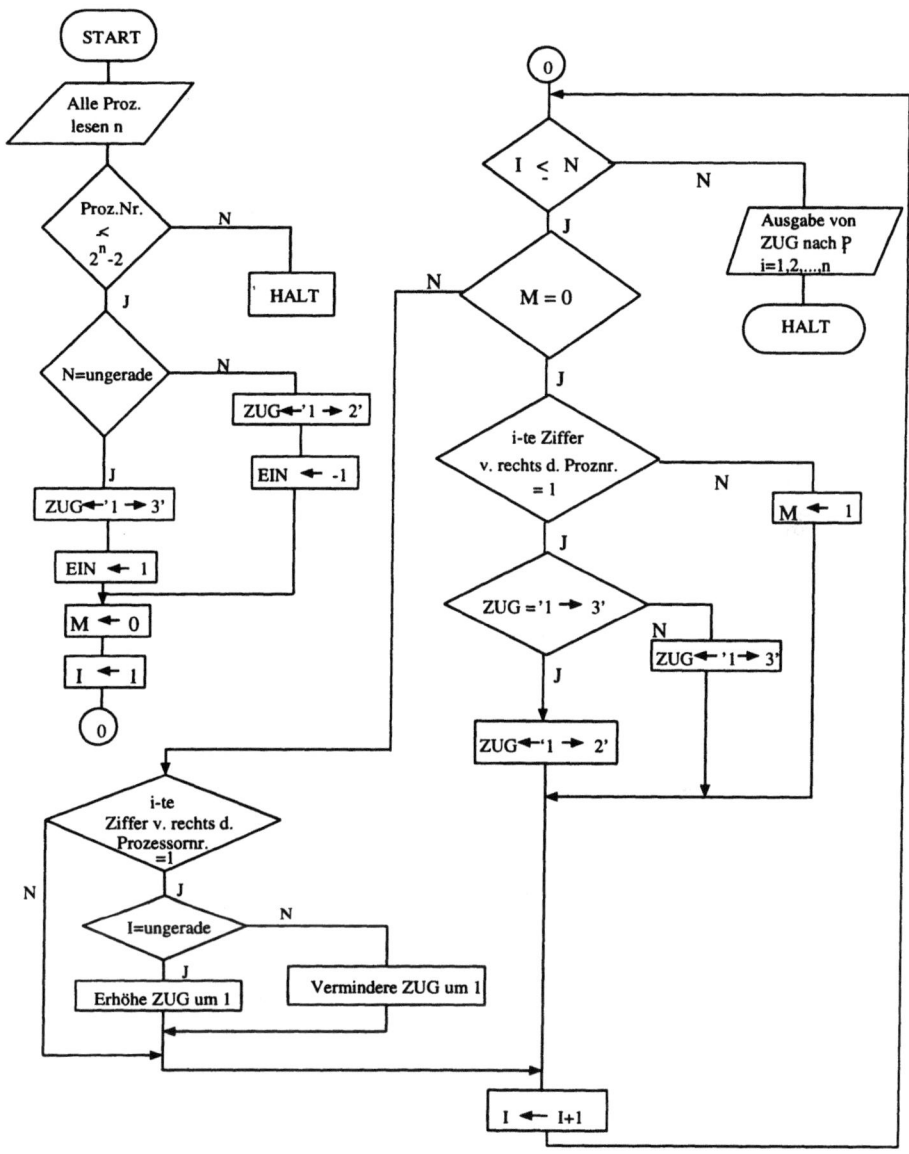

Abbildung 12.3: Paralleler Algorithmus: Türme-von-Hanoi (von Größe n; 0 gelte als gerade Zahl im Algorithmus)

12.2 Kommunizierende Prozesse

Die bisher skizzierten Beispiele hatten die spezielle Eigenschaft, daß sich ihre Bearbeitung durch die Prozessoren erledigen ließ, ohne daß diese Prozessoren miteinander Kommunikation aufnahmen. Dies ist nicht immer der Fall. Ein Beispiel, in dem wir ganze Zahlen sortieren, möge uns dies anhand einer 100−Prozessor-Maschine verdeutlichen. Unsere Maschine sei in der Lage, Daten **zwischen** den Prozessoren auszutauschen (Abb. 12.4):

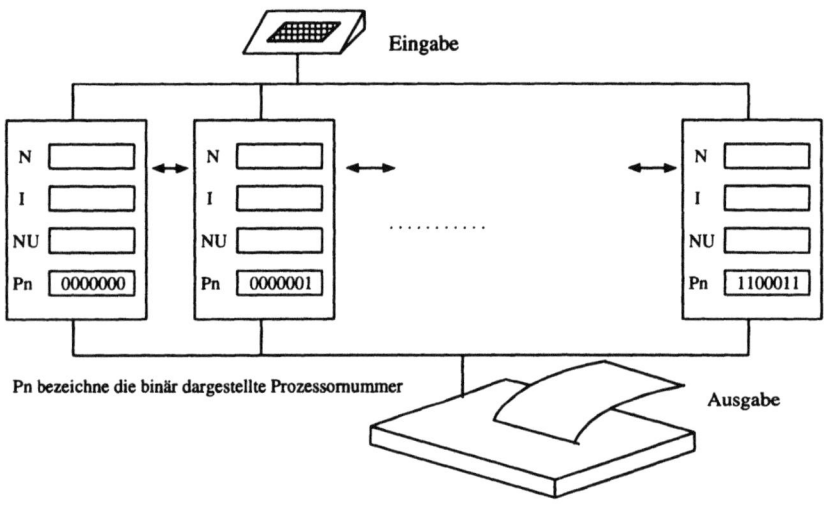

Abbildung 12.4: Kommunizierende Prozessoren

Wir wollen nun mit dieser Maschine, die wiederum 100 Prozessoren aufweise, unser Sortierproblem zum Sortieren von Zahlen in aufsteigender Reihenfolge lösen. Der nun geschilderte Sortieralgorithmus verlangt von jedem Prozessor mit Ausnahme des ersten, daß er die zu sortierende Zahl des Prozessors zu seiner Linken (mit der um 1 niedrigeren Prozessornummer) prüft. Ist diese Zahl größer als seine eigene, so tauscht er die beiden Zahlen aus. Die Zahlen seien in jedem Prozessor im Feld mit dem Namen NU gespeichert. Diese Operation wird n Male durchgeführt. Nach n Malen sollten spätestens die Zahlen derart sortiert sein, daß die niederste Zahl im Prozessor 0 steht und die höchste Zahl im Prozessor $n - 1$ (Abb. 12.5):

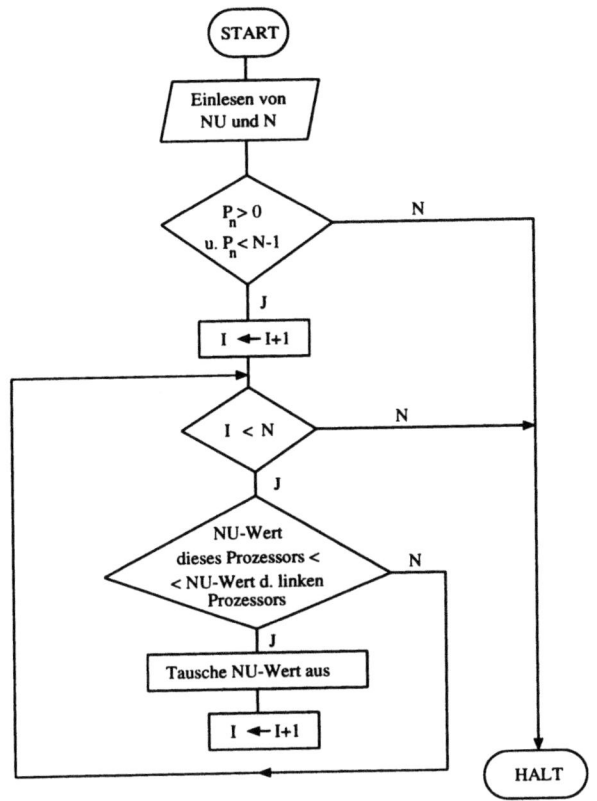

Abbildung 12.5: Paralleles Sortieren

Versuchen wir nun, mit unserem Programm auch tatsächlich zu sortieren. Nehmen wir an, unser Problem bestünde darin, die Werte 8, 5 und 2 in dieser Anfangsreihenfolge zu sortieren:

NU	8	5	2
Pn	00	01	02

Unser Programm läuft nun gleichzeitig auf 3 Prozessoren. Prozessor 1 stellt fest, daß in Prozessor 0 (links von ihm) ein größerer Wert von NU vorhanden ist. Dasselbe stellt der Prozessor 2 fest. Welches Resultat steht nun an der Speicherstelle NU in den einzelnen Prozessoren, wenn die Werte ausgetauscht werden:

NU	5	?	5
Pn	00	01	02

Dieses Problem kann also mit unserem Programm nicht gelöst werden. Vielmehr müssen wir die in der Fachliteratur als **Semaphore** bezeichneten Indikatoren für jeden Prozessor einführen.

Wir sehen uns dieses Verfahren an unserem Beispiel etwas genauer an. Der Semaphor des ersten Prozessors wird mit 0, der des letzten mit 1 initialisiert:

NU	8	5	2
Semaphor	0	1	1
Pn	00	01	10
Semaphor-Status	*aus*	*an*	*wartend*

Semaphore sind Indikatoren, die gewöhnlich eine spezielle Speicherstelle besetzen und Werte 0 oder 1 annehmen. Ein Semaphor bezieht sich immer auf eine **andere** Variable. Ist der Wert des Semaphors 0, so kann der Prozessor auf die Speicherstelle der dazugehörigen Variablen, in unserem Falle *NU*, weder lesen noch schreiben. Ist der Wert des Semaphors 1, so kann der Prozessor diese Variable *NU* lesen oder einen neuen Wert in diese Speicherstelle schreiben. Ein Prozessor kann also die Variablen nur dann austauschen, wenn seine eigene Variable auf 1 gesetzt wurde und die seines linken Nachbarn auf 0. In diesem Fall kann sein linker Nachbar nicht auf seine Variable zugreifen, und er selbst ist in der Lage, seine Variable zu verarbeiten. Daher kann er den Wert dieser Variablen austauschen. Hat der Prozessor diesen Austausch vorgenommen, so sollte er seinen eigenen Indikator für *NU* auf 0 setzen und den seines Nachbarn auf 1, damit sein linker Nachbar nun eventuell eine weitere Verarbeitung vornehmen kann. In unserem Fall werden wir zwei Ausnahmen von dieser Regel vorsehen:

1. Die Semaphorvariable des Prozessors 0 bleibt immer 0, da dieselbe niemals Daten mit ihrem linken Nachbarn austauschen kann.
2. Die Semaphorvariable des letzten Prozessors wird immer 1 sein, da es keinen rechten Nachbarn gibt, der Kontrolle über die Variable *NU* übernehmen kann.

In unserem Fall ist daher nur der Indikator des mittleren Prozessors 01 zu verändern. Dieser wird nun feststellen, daß sein Nachbar einen größeren Wert in *NU* gespeichert hält als er selbst, und daher zunächst die Werte tauschen. Anschließend wird er seinen Semaphor (und gewöhnlich auch den seines Nachbarn) auf 0 setzen:

NU	5	8	2
Semaphor	0	0	1
Pn	00	01	10
Semaphor-Status	aus	wartend	an

Diese Situation erlaubt nun Prozessor 10 seinen Wert in seinem Feld *NU* mit dem Wert des Feldes *NU* im Prozessor 01 zu vergleichen. Da Prozessor 10 feststellt, daß dieser Wert größer ist, wird er die Werte tauschen. Daraufhin würde er den Wert seines Indikators und den seines Nachbarn auf 0 ändern. Da 10 jedoch jener Prozessor ist, welcher am weitesten rechts liegt, bleibt der Indikator auf 1 gestellt:

NU	5	2	8
Semaphor	0	1	1
Pn	00	01	10
Semaphor-Status	aus	an	wartend

Nun stellt Prozessor 1 fest, daß der Wert der Variablen *NU* von Prozessor 0 größer als sein Wert dieser Variablen ist. Er tauscht daher die Werte und setzt seinen Indikator auf 0 und die Daten sind sortiert:

NU	2	5	8
Semaphor	0	0	1
Pn	00	01	10
Semaphor-Status	aus	wartend	an

Nachdem diese Strategie des Umschaltens der Semaphore und somit die Kommunikationsstrategie festgelegt ist, können wir unser Sortierprogramm modifizieren, um ein funktionierendes Programm zu bilden.

Zum Zeitstudium betrachten wir die Funktionsweise dieses Algorithmus an einem etwas 'größeren' Beispiel nur schematisch (Abb. 12.6). Nach höchstens fünf Durchgängen ist unsere Menge von 5 Werten sortiert. D.h. bei n Prozessoren benötigen wir zum Sortieren von n Werten mit diesem Algorithmus höchstens $c_1 n$ Zeiteinheiten (c_1 sei der durchschnittliche Zeitbedarf für einen Durchgang).

Nun ist bekannt, daß die schnellsten, auf Wertevergleichen beruhenden Sortieralgorithmen ([Knuth 1973]) einen Zeitbedarf von $c_2 n \log_2 n$ erfordern. Da $\log_2 n$ nur sehr langsam mit n wächst, ist die Effizienz unseres Einsatzes von n Prozessoren vergleichsweise gering.[4]

---

[4]Mit $\log_2 n$ bezeichnen wir den Logarithmus zur Basis 2; es gilt $\log_2 n = \log n / \log 2$.

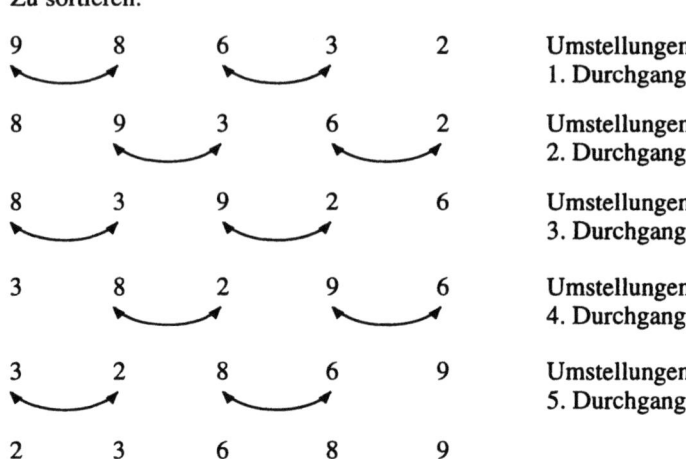

Abbildung 12.6: Schematisierte Zeitstudie

12.3 Parallele Verarbeitung auf Maschinen mit beschränkter Anzahl von Prozessoren

In unseren bisherigen Beispielen war implizit angenommen worden, daß die Anzahl der Prozessoren immer ausreicht, um die parallelen Aufgaben auch gleichzeitig zu bearbeiten. Dies ist aber in der Praxis sehr häufig nicht der Fall. Denken wir nur an das **Türme-von-Hanoi-Problem**, in dem wir für eine Aufgabe der Größe n 2^{n-1}–Prozessoren benötigen, um einen parallelen Algorithmus auszuführen. Für wachsendes n wird uns sehr bald die Anzahl der Prozessoren zu gering werden, um weiter auf einer sogenannten **unsaturierten** Maschine arbeiten zu können. Dasselbe gilt sicher auch für die Kundenanzahl in unserem Kundenproblem. Wenn wir z.B. annehmen, daß wir statt 100 Kunden 1000 Kunden hätten, so müßten wir anstelle von einem Durchlauf des Algorithmus 10 derartige Durchläufe parallel in allen 100 Prozessoren durchführen. Wenn die Zeit zur Abarbeitung von einem Durchlauf gerade t sei, so beträgt die Gesamtabarbeitungszeit in diesem Falle[5] $\lceil n/k \rceil \times t$, wobei k für die Anzahl der Prozessoren steht

---

[5] $\lceil n/k \rceil$ bedeutet, daß n/k auf die nächsthöhere ganze Zahl aufgerundet wird; z.B. gelte $\lceil 3/2 \rceil \leftrightarrow 2$ und $\lceil 1000/999 \rceil \leftrightarrow 2$ aber $\lceil 4/2 \rceil \leftrightarrow 2$.

und n für die Problemgröße. Dies ist allerdings ein Idealfall. Aufgrund der Unabhängigkeit der Abarbeitung der einzelnen Schritte von den anderen Schritten im Algorithmus ist es bei diesen Problemen jeweils möglich, jeden Prozessor zu beschäftigen. Bei vielen Algorithmen ist eine derartige parallele Beschäftigung der Prozessoren nicht möglich, ohne den Algorithmus grundsätzlich neu zu konzipieren. Dementsprechend werden Maschinen mit parallelen Prozessoren nur dann voll ausgelastet sein, wenn entweder jeder Prozessor ein eigenes Problem, das von allen anderen Problemen auf den anderen Prozessoren im allgemeinen unabhängig ist, löst, oder ein spezieller Algorithmus derart konzipiert wird, daß bei einer Problemlösung alle Prozessoren beschäftigt werden können. Ist dies nicht der Fall, was bei vielen Problemen die Regel ist, so wird bei Problemlösungen häufig nur eine geringe Anzahl von Prozessoren beschäftigt werden können, sodaß die Beschleunigung der Problemlösung durch eine Vermehrung der Anzahl der Prozessoren bei k Prozessoren z.B. nicht dem k−fachen entspricht.

In der Literatur [Flynn 1966] wird zwischen drei Grundtypen der maschinellen Verarbeitung unterschieden:

1. **SISD-Maschine** (*Single-Instruction-Single-Datapath-Machine*),
2. **SIMD-Maschine** (*Single-Instruction-Multiple-Datapath-Machine*),
3. **MIMD-Maschine** (*Multiple-Instruction-Multiple-Datapath-Machine*).

Wir haben in den vorhergegangenen Kapiteln überwiegend Maschinen vom Typ 3 behandelt. In vielen heutigen Formen der parallelen Verarbeitung ist allerdings eine **SIMD**-Maschine verbreitet. Bei dieser Maschine müssen alle Prozessoren jeweils denselben Befehl ausführen. D.h. ein einziges Programm bestimmt die Arbeit aller Prozessoren der Maschine. Derartige Maschinen eignen sich für eine sehr große Anzahl von Prozessoren, die sehr wenig Kommunikation miteinander austauschen. Man spricht in diesem Fall von Maschinen mit **feiner Granularität**. Im Gegensatz dazu finden wir heute Maschinen mit vielen Prozessoren, die sowohl eigenen Programmcode als auch eigenen Speicher aufweisen und intensiv Kommunikation miteinander austauschen. Dies sind Maschinen mit **grober Granularität**. Derartige Maschinen weisen zumeist sehr starke Prozessoren auf. Mitunter wird der Ausdruck 'parallele Verarbeitung' für SIMD-Maschinen reserviert. Unter verteilter Verarbeitung wird dann Verarbeitung mit MIMD-Maschinen verstanden. Dies wird auch als *Multi-Processing* bezeichnet, wenn auf jedem Prozessor ein eigenes Problem sequentiell gelöst wird.

Sehr bald hat sich herausgestellt, daß die Kategorisierung nach Flynn nicht die vielfältigen Erscheinungsformen, die parallele Computerarchitekturen nahmen, abzudecken imstande war. 1988 gab David B. Skillicorn eine sehr ausführliche Unterscheidung an, die 28 Computerarchitekturen unterscheiden konnte [Skillicorn 1988]. Diese diffizile Unterscheidung eignet sich aber relativ wenig für praktische Zwecke. Eine Unterscheidung, die sehr praktikabel ist und dennoch fein genug, um heutige Strukturen darzustellen, ist die Unterscheidung von Ralph Duncan [Duncan 1990]. Er baut dabei auf der Flynn'schen Unterscheidung auf und kategorisiert wesentlich tiefer. Er ließ dabei gewisse Parallelismen in den niederen Ebenen, wie Befehlspipelining, mehrfache funktionelle Einheiten in Zentraleinheiten oder z.B. getrennten Zentraleinheits- und Ausgabeprozessor aus, da sie heute bereits in PCs eine weitgehende Form des Parallelismus darstellen, und eine Unterscheidung daher nicht mehr zweckmäßig erscheint. Duncan's Klassifikation unterscheidet drei Hauptgruppen mit ihren Untergruppen (Abb. 12.7).

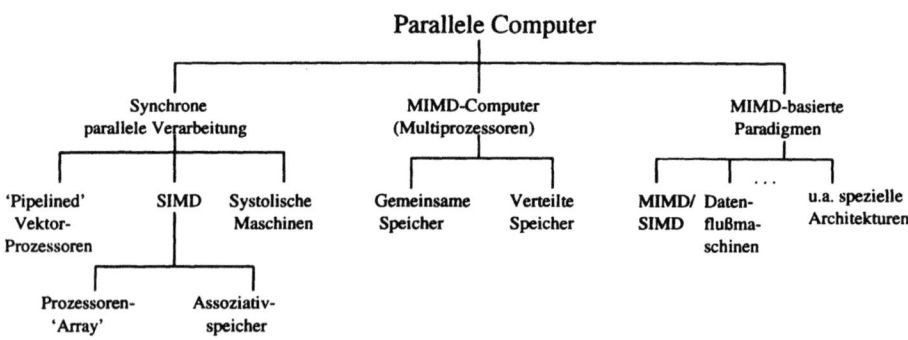

Abbildung 12.7: Duncan's Klassifikation

Unter **synchronen parallelen Architekturen** versteht man solche, die parallele Funktionen in einem Schritt gleichzeitig ausführen. Unter **MIMD-Computern** versteht man **multiple asynchrone Prozessoren**. Das soll nicht heißen, daß diese Prozessoren nicht miteinander arbeiten, aber jede Zusammenarbeit zwischen diesen Prozessoren ist das Resultat des Einsatzes von Software. **MIMD-basierte Paradigmen** weisen mit MIMD-Architekturen die multiplen asynchronen Aspekte auf, haben aber davon unabhängig eigene Organisationsprinzipien. Die meisten kommerziellen parallelen Maschinen stammen aus der MIMD-Gruppe. Diese Gruppe wird daher geläufighin unter **Multiprozessoren** verstanden.

Das Kommunikationsschema der in obigen Beispielen verwendeten Maschinen war relativ einfach. Jeder Prozessor der MIMD konnte im Idealfall nur mit seinem Nachbarn kommunizieren. Dies ist nicht notwendigerweise so. Prozessoren können in einem Ring angeordnet sein, oder sie können, wenn wir die Prozessoren als Knoten und die Verbindungen als Kanten betrachten, graphentheoretisch einen zusammenhängenden Graph bilden, d.h. jeder Prozessor ist mit jedem anderen Prozessor verbunden. Andere Formen, die wir in der Praxis kennen, bestehen in der Verbindung von Prozessoren in Form eines Gitters oder in Form eines n−dimensionalen Gitters. Diese Formen bieten im Vergleich zu der von uns gewählten Form unter Umständen Kommunikationsvorteile. Der längste Kommunikationsweg, d.i. die Anzahl der Prozessoren, die nur die Weitergabe von Nachrichten vornehmen, damit zwei Prozessoren kommunizieren können, beträgt bei einem m−dimensionalen Würfel bei n Prozessoren $\log_2 n - 1$. Bei der von uns gewählten Form einer vektoriellen Anordnung der Prozessoren oder auch bei der Anordnung in Form eines Ringes beträgt die Distanz $n - 1$ bzw. ca. $\frac{n}{2}$. Bei einem zweidimensionalen quadratischen Gitter beträgt die Distanz ca. $2\sqrt{n}$, und bei einer vollständigen Vernetzung beträgt die Distanz hingegen nur 1 (Abb. 12.8).

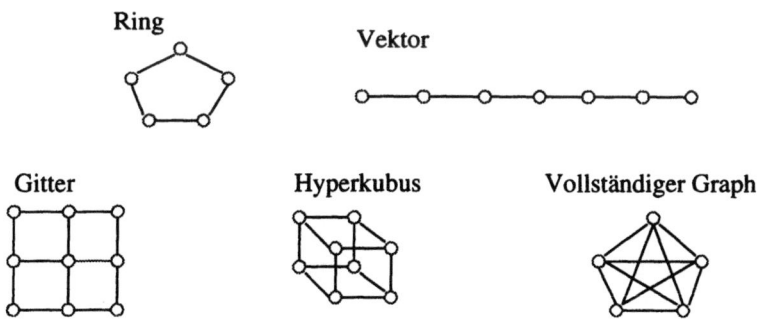

Abbildung 12.8: Schematisierte Netzstruktur

Vernetzte Arbeitsplatzrechner und PCs können auch zur parallelen Verarbeitung benützt werden, sei es nun durch geeignete Aufteilung von Aufgaben auf mehrere Rechner oder durch Aufteilung der Teilaufgaben eines für parallele Rechner geschriebenen Programmes. Derartige Systeme werden als verteilte Systeme, und das Arbeiten als verteiltes Rechnen bezeichnet, wenn die einzelnen Teilsysteme autonom sind, und dieselben ein gemeinsames Ziel (z.B. gemeinsame Durchsatzleistungsmaximierung) anstreben [Enslow 1987].

Natürlich ist die Anzahl der Verbindungen zwischen den Prozessoren auch eine Kostenfrage und bestimmt damit wesentlich die Gestehungskosten der Maschine. Daher werden in der Architektur von derartigen Maschinen Kompromisse geschlossen, und das Verarbeitungsziel bestimmt die gewählte Architektur. Eine andere Form paralleler Verarbeitung finden wir unter dem Schlagwort **verteilte parallele Verarbeitung** oder **konnektionistische Architekturen**. Dieser Bereich, welcher einerseits dem **Biocomputing**, andererseits häufig dem Bereich der **künstlichen Intelligenz** zugeordnet wird, ist in der Literatur auch im Bereich der parallelen Verarbeitung zu finden. Wir behandeln derartige Rechnerarchitekturen und ihre Verarbeitungsformen unter dem Thema **Biocomputing**. Einige Anmerkungen sind allerdings bereits hier angebracht. **Konnektionistische Architekturen** wurden im wesentlichen durch Studien der Funktionsweise des menschlichen Gehirns inspiriert. Frühe Arbeiten finden wir bereits in den vierziger Jahren. Derartige Architekturen sind meist in Schichten von Prozessoren organisiert, wobei ein Prozessor einer unteren Schicht typischerweise, aber nicht notwendigerweise mit jedem Prozessor der darüberliegenden Schicht verbunden ist. Die Verbindungen tragen Gewichte und die Prozessoren speichern in der Regel jeweils nur ein Gewicht. Das Wissen eines derartigen Netzwerkes besteht in den Gewichten dieser Prozessoren (mit Ausnahme der Eingabeprozessoren) und den Gewichten der Verbindungen. Derartige konnektionistische Systeme können lernen, und man kann zeigen, daß sie insbesondere für die Erkennung von komplexen Mustern wie Sprachmuster und Bildmuster als auch zur Erkennung von fast beliebigen Diskriminanzbereichen und zur Abschätzung von Polynomen hervorragende Leistungen zu erbringen imstande sind. Eine besondere Bedeutung verdient die Erwähnung der speziellen Eigenschaft dieser Architekturen, von Beispielen generalisieren zu können. D.h., daß derartige Architekturen auch Probleme zu lösen imstande sind, für die sie nicht explizit programmiert wurden.

Übungsbeispiele

1. Geben Sie an, wofür die folgenden Abkürzungen stehen

    (a) SISD
    (b) SIMD
    (c) MIMD

    und geben Sie diejenige Architektur an, die weder parallel noch verteilt ist.

2. Denken Sie sich einen parallelen Rechner mit 7 Prozessoren und jeweils einer Variable, deren Zugriff durch eine Semaphore geregelt wird. Die folgende Tabelle gibt für jeden Prozessor seine Prozessornr sowie den Wert des jeweiligen Semaphors und der jeweiligen Variable wieder:

Prozessornr	1	2	3	4	5	6	7
Semaphor	0	1	1	0	1	0	1
Variable	7	9	2	3	4	8	1

    Geben Sie die Prozessornummern der Prozessoren, deren Werte vom Prozessor 4 im Moment geändert werden können, an.

3. Welche der folgenden Aussagen zur parallelen/verteilten Verarbeitung ist (sind) korrekt:

    (a) Unter paralleler Verarbeitung versteht man in der Informatik die sinnlose Mehrgleisigkeit mancher EDV-unterstützter Abläufe in traditionellen EDV-Abteilungen. Aufgabe eines "schlanken" Informationsmanagements ist es diese Ineffizienzen zu vermeiden und auf eine gestraffte zentralistische Verarbeitung hin zu optimieren.
    (b) Je größer die Interaktion zwischen den einzelnen Modulen eines Softwaresystems ist, desto sinnvoller und einfacher ist der Einsatz eines verteilten/parallelen Systems. Sind die Module eines Systems nahezu unabhängig voneinander, so kommt nahezu ausschließlich die Abarbeitung auf einem Einprozessorrechner in Frage.

(c) Parallele und verteilte Systeme sind lediglich ein vorübergehendes Phänomen. Es ist zu erwarten, daß durch die Fortschritte der Elektrotechnik in allernächster Zeit Einprozessorrechner entwickelt werden, die für alle Probleme ausreichend schnell sein werden und parallele und verteilte Systeme damit abgelöst werden können.

(d) Bei vielen Algorithmen ist der Einsatz auf parallelen/verteilten Architekturen nur möglich, wenn der Algorithmus prinzipiell neu konzipiert wird.

Kapitel 13

Netzwerke

Ziel:
In diesem Kapitel soll eine Einführung in die Grundbegriffe der Kommunikationstechnik, der Netzwerkarchitekuren und der Kommunikationsprotokolle gegeben werden. Dabei wird besonders auf das OSI-Schichtenmodell eingegangen. Weiters werden einige existierende Netzwerke und die darin angebotenen Dienste besprochen.

Mehrere miteinander verbundene, unabhängige Computer bezeichnen wir als **Computer-Netzwerk**[1]. Von einer Verbindung zwischen zwei Computern sprechen wir dann, wenn zwischen den Computern Daten ausgetauscht werden. Mögliche Arten von Verbindungen sind z. B. Kabelverbindungen, gemietete Telefonleitungen oder Verbindungen über Kommunikationssatelliten. Computer bezeichnen wir als unabhängig, wenn kein sogenanntes *Master/Slave*-Verhältnis besteht. D. h. kein Computer kann den anderen beliebig ein- oder ausschalten bzw. steuern. Ein System mit einer Steuereinheit und vielen Untereinheiten ist ebensowenig ein Netzwerk wie ein Computer mit rechnerfernen Druckern und Datenstationen.

Je nach Entfernung zwischen den Prozessoren können wir folgende Einteilung vornehmen (wobei die Entfernungsangaben nur als grobe Richtwerte zu verstehen sind):

0 - 10cm: Datenflußmaschine (die Prozessoren sind auf derselben Pla-

---
[1]Dieses Kapitel orientiert sich an [Tanenbaum 1991], einem Standardwerk über Netzwerke.

tine; parallel arbeitende Computer).

10cm - 1m: Multiprozessor (die Prozessoren sind im selben Rechnersystem und kommunizieren über einen gemeinsamen Speicher).

1m - 1km: lokales Netzwerk (LAN, engl. *local area network*); die Prozessoren befinden sich im selben Raum oder Gebäude, oder auf demselben Grundstück.

1km - 1000km: Weitverkehrsnetz (WAN, engl. *wide area network*).

darüber hinaus: verbundene Weitverkehrsnetze.

Folgende Ziele sollen u. a. mit Netzwerken erreicht werden:

1. Gemeinsame Nutzung der vorhandenen Ressourcen: Programme, Daten und Geräte sollen vielen Benutzern unabhängig von deren Standort zugänglich gemacht werden.
2. Höhere Zuverlässigkeit: Bei Bedarf stehen im Netz Ersatzressourcen zur Verfügung; wenn z. B. ein Drucker ausfällt, kann ein Benutzer mit geringem Aufwand seine Dokumente auf einem anderen Drucker ausgeben lassen.
3. Kostensenkung: Kleine Computer (PCs, *Workstations*) haben ein besseres Preis-/Leistungsverhältnis als Großrechner. Viele Systeme arbeiten daher mit (leistungsfähigen) PCs für die einzelnen Anwender, die mit einem oder mehreren Dateiservern verbunden sind (*Client/Server*-Architektur).
4. Kommunikation: Über ein Netzwerk können weit entfernte Menschen gemeinsam an Projekten arbeiten, ohne lange Verzögerungen durch Post oder Telefonate in Kauf nehmen zu müssen. Wenn z. B. gemeinsam ein Bericht verfaßt werden soll, so können Änderungen am Dokument für alle Projektmitarbeiter sofort sichtbar gemacht werden.

Um die Telefonleitung zur Datenübertragung zu nutzen, wird zwischen dem digitalen Computer und der analogen Telefonleitung ein *Modem* (<u>Mo</u>dulator/<u>Dem</u>odulator) eingefügt. Dieses Gerät vercodet die vom Computer kommenden digitalen Daten, indem ein Dauerton von 1000 bis 2000 Hz moduliert wird (Amplituden-, Frequenz- oder Phasenmodulation sowie Kombinationen davon sind möglich). Auf der Empfängerseite decodiert ein zweites Modem die Daten und gibt sie an den dortigen Computer weiter.

Die **Übertragungskapazität** von Leitungen und Kommunikationsgeräten wird in *Bit pro Sekunde* (bps) angegeben. Die Baudzahl ist hingegen die Anzahl der Signaländerungen (Spannungsänderungen) pro Sekunde pro Leitung. Wenn z. B. acht Spannungsstufen möglich sind, so können mit einem Baud drei Bit pro Sekunde übertragen werden. Sind nur zwei Signalwerte möglich, so entspricht die Baudzahl der Zahl der pro Sekunde übertragbaren Bit (bei nur einer Leitung; bei zwei Leitungen zwei Bit usw.). Eine typische Modem-Übertragungsrate ist ca. 56000 bps; da für die Codierung eines Byte acht Bit nötig sind, können mit einem 56000 bps-Modem 7000 Byte pro Sekunde übertragen werden.

13.1 Netzwerkstrukturen

Einen Computer, der für den Betrieb von Benutzerprogrammen vorgesehen ist, wollen wir als **Host** bezeichnen. Jeder Host ist mit einem IMP (*Interface Message Processor*) verbunden, wobei mehrere Hosts an einem IMP hängen können. Die IMPs sind über das Kommunikations-Subnet (kurz Subnet) miteinander verbunden und schicken einander Nachrichten (in diesem Zusammenhang auch **Pakete** genannt). Dabei gibt es zwei Varianten:

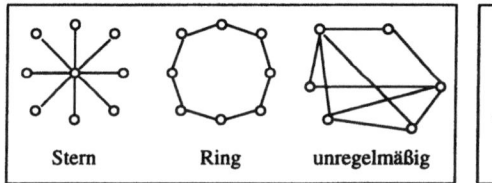
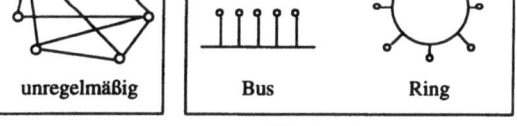

Abbildung 13.1: Topologien für Punkt-zu-Punkt- und Rundsendenetze

13.1.1 Punkt-zu-Punkt

Das Netzwerk enthält eine Vielzahl von Verbindungen, die jeweils zwei IMPs miteinander verbinden (engl. *point-to-point, packet switch*). Es muß nicht jeder IMP mit jedem anderen verbunden sein; auch indirekte Verbindungen über weitere IMPs sind möglich, wobei diese dann ankommende Pakete solange zwischenspeichern, bis die gewünschte Ausgangsleitung frei ist; dann wird das Paket weitergeschickt. Netze, die nach diesem Prinzip arbeiten, werden Punkt-zu-Punkt- oder Paketvermittlungsnetze genannt. Fast alle Weitverkehrsnetze arbeiten zumindest in Teilstrecken auf diese Weise.

Mögliche Topologien für Punkt-zu-Punkt-Netze sehen Sie in Abb. 13.1. Weitverkehrsnetze haben typischerweise eine unsymmetrische Topologie, während lokale Netze meist symmetrisch aufgebaut sind.

13.1.2 Rundsendetechnik

Lokale Netze arbeiten meist nach dem Prinzip der Rundsendetechnik. Dabei ist der IMP meist im Rechner integriert (z. B. als Netzwerkkarte in einem PC). Abb. 13.1 zeigt einige mögliche Topologien für Rundsendenetze.

Alle Maschinen teilen sich einen Kommunikationskanal und erhalten alle Pakete, die geschickt werden. Ein Adressfeld im Paket bestimmt den Empfänger: diese Maschine verarbeitet die Nachricht weiter, alle anderen Maschinen ignorieren sie. Die Regelung, wer gerade senden darf, kann zentral (z. B. von einer Busregeleinheit) übernommen werden, oder sie erfolgt dezentral mit Hilfe besonderer Algorithmen, nach denen die einzelnen Maschinen selbst entscheiden, wann sie senden dürfen: z. B. sendet jede Maschine (wenn ein Programm dies veranlaßt) zunächst ohne Rücksicht auf die anderen; kommt es zu Kollisionen (wenn zwei Maschinen gleichzeitig senden), so wartet jeder Sender eine durch eine Zufallsvariable bestimmte Zeitspanne und versucht dann erneut zu senden. Dieses Verfahren funktioniert meist sehr gut; es garantiert allerdings keine bestimmte untere Grenze für die Übertragungsrate. Da die Maschinen nach einer Kollision jeweils eine zufällige Zeit lang warten, kann es theoretisch vorkommen, daß die Kollisionen sich wiederholen und die Wartezeiten sich unbegrenzt lang ausdehnen. Für manche Anwendungen ist dies nicht akzeptabel; (z.B. für die Steuerung von Fertigungsrobotern am Fließband, da nur eine sehr kurze und begrenzte Zeit für die Erfüllung einer Aufgabe zur Verfügung steht, die durch die Fließgeschwindigkeit vorgegeben ist.)

13.2 Netzwerkarchitekturen

Netzwerke sind in **Schichten** aufgebaut, um die Komplexität bei der Entwicklung in Grenzen zu halten. Zwischen übereinanderliegenden Schichten besteht jweils eine genau definierte **Schnittstelle**. Jede der Schichten leistet der übergeordneten Schicht bestimmte Dienste und schottet sie damit von allen darunterliegenden Schichten ab.

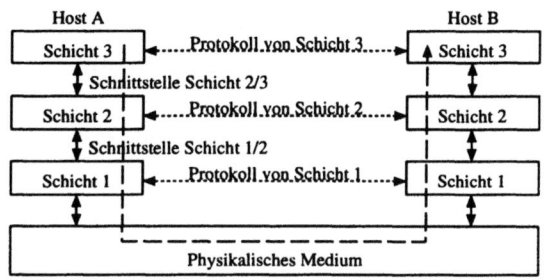

Abbildung 13.2: Schichten, Schnittstellen und Protokolle

Zwei Schichten der gleichen Ebene n auf zwei unterschiedlichen Maschinen kommunizieren miteinander nach bestimmten Regeln, dem *Protokoll* der Schicht n (vgl. Abb. 13.2). Tatsächlich werden aber keine Daten direkt zwischen zwei Schichten ausgetauscht, sondern jede Schicht gibt Daten und Steueranweisungen an die darunterliegende Schicht weiter, bis die unterste Ebene (das physikalische Leitungsmedium) erreicht ist. Die Kommunkation zwischen zwei Schichten wird daher **virtuell** genannt (in Abb. 13.2 durch gepunktete Linien angedeutet). Die einzelnen Schichten können die Daten in unterschiedlicher Weise bearbeiten, bevor sie diese an die darunterliegende Schicht weitergeben, z. B. komprimieren. In vielen Netzen müssen große Nachrichten in mehrere kleine Pakete unterteilt werden, damit sie gesendet werden können. Dann wird jedes Packet mit einem Nachrichtenkopf (engl. *header*) versehen, der die Nummer dieses Nachrichtenteils enthält, sodaß die entsprechende Schicht auf der Empfängerseite die Nachricht wieder richtig zusammensetzen kann.

In Abb. 13.2 ist der Datenfluß zwischen den beiden 3er-Schichten auf den Hosts A und B mit einer gestrichelten Linie dargestellt: die Nachricht von Schicht 3 am Host A wird zunächst über die Schichten 2 und 1 bis zur physikalischen Leitung hinuntergereicht, passsiert diese und wird am Host B dann über die Schichten 1 und 2 zur Schicht 3 hinaufgereicht. Sie muß also vier Schichten-Schnittstellen und die physikalische Leitung passieren, bevor sie in der Schicht 3 am Host B ankommt.

Einen Satz Spezifikationen für Schichten und Protokolle bezeichnen wir als **Netzwerkarchitektur**. In den einzelnen Schichten müssen u. a. folgende Aufgaben festgelegt bzw. erledigt werden:

1. Verbindungsaufbau: Ein Prozeß auf einer Maschine muß deutlich machen, mit wem er Verbindung aufnehmen will, d. h. es ist eine Form der Adressierung erforderlich.
2. Wahl der günstigsten Route für den Datentransfer über mehrere Zwischenstellen.
3. Regeln für den Datentransfer nur in eine Richtung (**Simplex**), in beide Richtungen, aber nicht gleichzeitig (**Halbduplex**) oder in beide Richtungen gleichzeitig (**Vollduplex**).
4. Fehlererkennung und -behebung: physikalische Kommunikationswege sind nie perfekt und können zu Fehlern führen.
5. Es muß verhindert werden, daß ein schneller Sender einen langsamen Empfänger mit Daten überschwemmt. Der Empfänger muß dem Sender seine gegenwärtige Situation mitteilen können (z. B. wieviel Pufferbereich noch verfügbar ist).
6. Beendigung der Verbindung.

13.3 Das OSI-Referenzmodell

Die International Standards Organization (ISO) hat einen Normungsvorschlag für Netzwerkprotokolle in offenen Systemen entwickelt, das ISO-OSI-Referenzmodell (OSI = Open Systems Interconnection). Als offene Systeme wollen wir solche bezeichnen, die für die Kommunikation mit anderen Systemen offen sind. Das OSI-Modell ist keine Netzwerkarchitektur, weil die genauen Dienste und Protokolle jeder Schicht nicht festgelegt werden; es wird aber bestimmt, was jede Schicht können soll. Es werden sieben Schichten definiert; diese wurden u. a. so gewählt, daß

1. jede Schicht eine neue Abstraktionsebene darstellt,

2. jede Schicht eine genau definierte Funktion erfüllt und
3. der Datenfluß über die Schnittstellen möglichst gering ist.

Im folgenden wollen wir diese Schichten von der physikalischen Schicht aufwärts im einzelnen betrachten.

1. Die Bitübertragungsschicht

   Diese unterste Schicht (engl. *physical layer*) erledigt die Übertragung einer Folge von Bit über einen Kommunikationskanal. Aufgaben dieser Schicht sind u. a. die übereinstimmende Wertigkeit der Bit bei Sender und Empfänger und die physikalische Codierung der Bit (z. B. wieviel Volt in welcher Dauer entsprechen jeweils 0 und 1).

2. Die Sicherungsschicht

   Hier werden die Rohdaten (Bitfolgen) der Bitübertragungsschicht in eine Datenreihe (Bytefolgen) verwandelt, die ohne Fehler an die Vermittlungsschicht weitergegeben wird; daher der englische Name *data link layer*. Dazu teilt der Sender die Eingangsdaten in Rahmen (engl. *data frames*) – typisch sind einige hundert Byte pro Rahmen – überträgt diese sequentiell und verarbeitet die vom Empfänger erzeugten Quittungsrahmen.

3. Die Vermittlungsschicht

   Diese Schicht (engl. *network layer*) beschäftigt sich mit der Steuerung des Subnets. Der günstigste Leitungsweg vom Sender zum Empfänger wird bestimmt (statisch oder dynamisch), und Staus bei zu großer Zahl von Paketen im Subnet werden aufgelöst. Wenn das Subnet kommerziell betrieben wird, beinhaltet die Vermittlungsschicht auch Abrechnungs-Aufgaben. Muß ein Paket auf seinem Weg vom Sender zum Empfänger verschiedene Netzwerke durchqueren, so übernimmt die Vermittlungsschicht die damit auftretenden Probleme (unterschiedliche Adressierung und Protokolle usw.).

4. Die Transportschicht

   Die Aufgabe der Transportschicht (engl. *transport layer*) besteht in der Übernahme der Daten von der Sitzungsschicht. Wenn nötig, sind die Daten in mehrere kleinere Teile zu zerlegen und an die Vermittlungsschicht so zu übergeben, daß alle Teile korrekt am anderen Ende der Leitung ankommen. Dies soll effizient und hardwareunabhängig geschehen. Die darüberliegende Sitzungsschicht soll auf jeden Fall von Hardwareänderungen unbeeinflußt bleiben. Die Transportschicht ist im Gegensatz zu den darunterliegenden Schichten eine Ende-zu-Ende-Schicht, d. h. ein Senderprogramm spricht mit einem Empfängerprogramm, unabhängig davon, wieviele Zwischenstellen in der Leitung durchquert werden müssen. Die Protokolle der Schichten 1 – 3 beziehen sich dagegen immer auf unmittelbar benachbarte Maschinen.

Um einen möglichst hohen Datendurchsatz zu erreichen, kann die Transportschicht nicht nur *eine* Netzwerkverbindung für die von der Sitzungsschicht benötigte Transportverbindung aufbauen, sondern mehrere. Wenn andererseits mit dem Verbindungsaufbau hohe Kosten verbunden sind, kann die Transportschicht eine Netzwerkverbindung für mehrere verschiedene Transportverbindungen nutzen. Die Transportschicht macht dann die Mehrfachnutzung für die Sitzungsschicht *transparent*, d. h. die Sitzungsschicht merkt von der Mehrfachnutzung nichts.

5. Die Sitzungsschicht

Diese Schicht (engl. *session layer*) ermöglicht **Sitzungen** zwischen Anwendern (und Programmen) auf verschienenen Maschinen; damit sind neben dem normalen Datentransport zusätzlich noch einige Dienste verfügbar, z. B. der Zugang zu einem Teilnehmersystem, Dateitransfer, Synchronisierung u. a. m. Bei der Synchronisierung werden in der Datenübertragung sogenannte *check points* festgelegt, auf denen nach einer Verbindungsunterbrechung wiederaufgesetzt werden kann, sodaß nicht nochmals alle Daten von Anfang an übertragen werden müssen.

6. Die Darstellungsschicht

Alle bisher behandelten Schichten sorgen nur für die zuverlässige und schnelle Übertragung von Bit vom Sender zum Empfänger. Im Gegensatz dazu leistet die Darstellungsschicht (engl. *presentation layer*) Dienste, die sich auf die Syntax und Semantik der von den Anwendungsprogrammen übertragenen Daten beziehen. So sorgt die Darstellungsschicht u. a. für die Kodierung von Daten in sogenannte Formate. Die Darstellungsformen für ganze

Zahlen, Gleitpunktzahlen, Zeichenketten usw. können zwischen Sender- und Empfängermaschinen unterschiedlich sein; die Darstellungsschicht sorgt für die nötigen Übersetzungen in die Standarddarstellung des Netzwerks. Zusätzlich leistet sie auch Dienste wie die Kompression (wodurch die Anzahl der zu übertragenden Bit verringert wird) und Verschlüsselung (für Vertraulichkeit und Authentizität).

7. Die Anwendungsschicht

    Diese Schicht (engl. *application layer*) enthält viele Protokolle, die von Anwendungsprogrammen häufig benötigt werden (z. B. für hardwareunabhängige Datenstationssteuerung, für den Dateitransfer – verschiedene Betriebssysteme haben unterschiedliche Konventionen für zulässige Dateinamen und die Darstellung von Textzeilen – und für elektronische Post).

13.4 Instanzen und Dienste

Die aktiven Elemente jeder Schicht werden *Instanzen* genannt. Eine Instanz kann aus Software (z. B. ein Prozeß) oder Hardware (z. B. ein I/O-Chip) bestehen. Die Instanzen einer Schicht erledigen die **Dienste**, die diese Schicht anbietet. Wie bereits erwähnt, bietet jede Schicht der darüberliegenden bestimmte Dienste an. Diese lassen sich in mehrere Klassen einteilen:

1. Verbindungsorientierte Dienste (*connection-oriented services*)
   Diese arbeiten nach dem Telefonprizip; zunächst muß eine Verbindung aufgebaut werden, dann kann diese benutzt werden, und schließlich wird sie wieder aufgelöst.
2. Verbindungsunabhängige Dienste (*connectionless services*)
   Es trägt jede Nachricht die volle Bestimmungsadresse und wird unabhängig von allen anderen durch das Netz geschleust. Die Reihenfolge der Nachrichten muß bei Sender und Empfänger nicht übereinstimmen. Wird z. B. Nachricht 1 aufgehalten, so kann Nachricht 2 früher ankommen.

Weiters wird zwischen zuverlässigen und unzuverlässigen Diensten unterschieden: beim **zuverlässigen Dienst** schickt der Empfänger für jede erhaltene Nachricht eine Bestätigung an den Sender. Mit Erhalt der Bestätigung kann der Sender sicher sein, daß der Empfänger die Nachricht bekommen hat. Bei Dateitransfers wird dieses sichere Übertragungsverfahren verwendet. Es bedingt natürlich höhere Kosten (z. B. in Form von langsamerer Übertragung). Bei manchen Anwendungen ist daher ein **unzuverlässiger Dienst** (Datagramm-Dienst) vorteilhaft. Dies insbesondere dann, wenn zwar mit einer gewissen Fehlerrate gerechnet, aber dafür ein schnellerer Datentransfer erreicht wird (z. B. Telefon, bewegte Bilder).

Ein Dienst wird durch eine Reihe von *Dienstelementen* (*primitives*) oder Operationen gekennzeichnet, über die eine Anwendung den Dienst in Anspruche nimmt. Die Dienstelemente werden in vier Klassen eingeteilt:

1. Anforderung (*request*): Eine Instanz möchte einen Dienst dazu veranlassen, etwas Bestimmtes zu tun.
2. Anzeige (*indication*): Eine Instanz soll über ein Ereignis informiert werden.
3. Antwort (*response*): Eine Instanz möchte auf ein Ereignis reagieren.
4. Bestätigung (*confirm*): Eine Instanz soll über eine Anforderung informiert werden.

Als Beispiel für den Einsatz dieser Dienstelemente wollen wir annehmen, daß Sie Ihre Tante Gertrud anrufen und zum Tee einladen wollen:

1. Request: Sie wählen Tante Gertruds Telefonnummer.
2. Indication: Das Telefon der Tante läutet.
3. Response: Sie nimmt den Hörer ab.
4. Confirm: Sie hören, daß das Läuten aufhört.
5. Request: Sie laden die Tante zum Tee ein.
6. Indication: Die Tante hört Ihre Einladung.
7. Request: Sie sagt, daß sie gerne kommt.
8. Indication: Sie hören ihr Einverständis.
9. Request: Sie legen auf.
10. Indication: Die Tante hört dies und legt ebenfalls auf.

13.5 Einige Netze und Netztechnologien

In diesem Abschnitt wollen wir einen Überblick über einige existierende Netzwerke und -technologien geben.

13.5.1 Öffentliche Netzwerke

Der Netzbetreiber (ein staatliches oder privates Unternehmen) ist in diesem Fall Eigentümer des Subnetzes und stellt Kommunikationsdienste für die Hosts und Datenstationen der Kunden zur Verfügung. Die meisten öffentlichen Netze richten sich nach dem OSI-Modell; für die drei untersten Schichten gibt es die X.25-Norm. Für die Anwendungsschicht kennen wir mehrere Protokolle: FATM (*File Access, Transport and Management*) für die Handhabung rechnerferner Dateien, MOTIS (*Message-Oriented Text Interchange Systems*) für elektronische Post, VTP (*Virtual Terminal Protocol*) für hardwareunabhängigen Zugriff auf Datenstationen.

13.5.2 ARPANET

Ende der 60er Jahre begann die ARPA (inzwischen DARPA = *Defense Advanced Research Projects Agency*) Forschung im Netzwerkbereich finanziell zu unterstützen. Es sollte ein katastrophensicheres, US-weites Computernetz entstehen, in dem Wissenschaftler und Militärs Nachrichten und Daten austauschen konnten. Daraus entstand 1969 das ARPANET mit vier Hosts und einer damals neuen Technologie, dem "*packet switching*". Seither ist dieses Netz auf mehrere hundert Hosts in aller Welt gewachsen. Es folgten MILNET und MINET, die im militärischen Bereich verwendet werden und (bei Einhaltung von strengen Sicherheitsvorschriften) mit dem ARPANET verbunden sind, sowie SATNET und WIDENET, zwei Satellitennetzwerke.

13.5.3 USENET und Internet

USENET ist ein Unix-Netz mit UUCP als Dateikopierprogramm zwischen den Rechnern. Als Voraussetzung zur Teilnahme an diesem Netz sind nur ein Rechner mit dem Betriebssystem UNIX und ein Modem nötig. Fast alle Informatik-Institute der westlichen Welt verfügen über diese Ausstattung, sodaß USENET sich im akademischen Bereich sehr schnell verbreitete.

Aus USENET und ARPANET entstand durch Einbindung vieler lokaler Netzwerke im Universitäts- und Regierungsbereich das *Internet* ("Zwischen-Netz" genannt, weil anfangs verschiedene kleinere Netze, wie z. B. das NSFnet der National Science Foundation über Telefonleitungen mit dem ARPANET als Herzstück miteinander verbunden wurden). Das *Internet* weist heute mehrere Millionen Computer in der ganzen Welt mit einer Vielzahl von Benutzern und einem monatlichen Zuwachs von mehr als 100.000 (vgl. z. B. [Kantor 1994]) Benutzern als Teilnehmern auf.

Das Transportprotokoll des Internet (und des ARPANET) ist TCP (Transmission Control Protocol), das Vermittlungsprotokoll ist IP (Internet Protocol). Dienste sind u. a. FTP (File Transfer Protocol) für den Dateitransfer, SMTP (Simple Mail Transfer Protocol) für elektronische Post und TELNET für den Fernanschluß an einen Rechner. ARPANET und *Internet* richten sich nicht nach dem OSI-Modell (das ARPANET ist älter als das OSI-Modell).

Im Gegensatz zu ARPANET und den öffentlichen Netzwerken, die zentral verwaltet werden, gibt es im *Internet* (ebenso wie im USENET) keine zentrale Authorität; die teilnehmenden Organisationen (meist Universitäten, aber immer öfter auch private Firmen) haben sich lediglich auf TCP/IP als Kommunikationsstandard geeinigt. Sie tragen die Leitungskosten zum eigenen Host und entscheiden selbstständig über die angebotenen und an andere Hosts weitergegebenen Dienste. Trotz dieser etwas anarchisch anmutenden Organisation funktionieren die Internet-Dienste typischerweise sehr gut, weil es in der ganzen Welt viele engagierte Spezialisten gibt, die ihr Fachwissen zu Gunsten aller Internetbenutzer einsetzen und Netz und Dienste gut warten und erweitern.

Durch die große Anzahl von Netzteilnehmern gibt es ein enormes Informationsangebot und Angebot an Diensten im *Internet*, das fast immer gebührenfrei nutzbar ist und ständig wächst. Einige davon seien hier genannt:

1. Elektronische Diskussionsgruppen: *Netnews* (USENET-Dienst) ist eine Sammlung von "elektronischen Zeitschriften" zu inzwischen ca. 4.500 Themen. Jeder Benutzer kann Beiträge (*articles*)

schreiben, die dann weltweit verteilt werden; nach einigen Tagen können Antworten auf eine an die Gruppe gestellte Frage erwartet werden. Solche Fragen und dazugehörige Antworten werden in FAQ-Dateien (*Frequently Asked Questions*) zusammengestellt und über "anonymous ftp" (siehe unten) verfügbar gemacht. Benutzer können auch neue Gruppen (*news groups*) zu beliebigen Themen gründen. So wächst die Menge der angebotenen Information ständig. Besondere ftp-server (siehe unten) archivieren alle Artikel, die in bestimmten Gruppen geschrieben wurden, wodurch der Benutzer auch in den alten Nachrichten nach Informationen suchen kann.

2. Elektronische Post: Jeder Rechner im Internet hat eine eindeutige symbolische Adresse (z. B. hat ein Unix-Rechner an der WU-Wien die Adresse "apollo.wu-wien.ac.at"), und jeder Benutzer des Rechners hat eine Kennung (z. B. "mayer"). Benutzerkennung und Rechnername bilden die Adresse für elektronische Post ("mayer@apollo.wu-wien.ac.at"). Besondere Dienste ermöglichen einfachere Adress-Varianten: Post mit der Adresse "Franz.Mayer@wu-wien.ac.at" wird automatisch zu jenem Rechner weitergeleitet, an dem der Benutzer Franz Mayer üblicherweise arbeitet und seine elektronische Post (*email*) liest. Benutzer von Rechnern im *Internet* können elektronische Post in alle Welt verschicken; oft dauert die Übertragung über tausende Kilometer nur einige Minuten.

3. Anonymer Dateitransfer (*anonymous ftp*): Viele Rechner im Internet erlauben anonymen Dateitransfer, d. h. jeder Benutzer kann Dateien auf seinen Rechner kopieren, wobei als Kennung "ftp" oder "anonymous" verwendet wird (kein Passwort). Auf einem solchen *ftp-server* werden (von interessierten Freiwilligen) Programme und Daten zu bestimmten Themen gesammelt. So ist z. B. eine große Zahl von "*public-domain*" (gebührenfrei verwendbaren) Programmen für PCs vorhanden.

4. *Gopher, World Wide Web (WWW)*: Mit diesen Werkzeugen können Informationen in Menü-Form durchforstet werden. Dies ist vor allem dann nützlich, wenn nicht nach einer Datei mit einem bestimmten Namen, sondern nach Informationen zu einem Thema oder Themenbereich gesucht werden soll. Mit Hilfe des Programms VERONICA kann nach Stichworten gesucht werden. WWW-Programme (z. B. *Mosaic*) erlauben einen hypermedialen

Zugang zur angebotenen Information, mit eingebundenen Bildern und einer grafischen Benutzeroberfläche.

5. WAIS (*Wide Area Information Server*): Dieser ermöglicht die Suche nach Datenbanken und darin enthaltene Information.
6. MUD (*Multi User Domain*): meist für Spiele verwendet; hier treten Benutzer in eine virtuelle Welt und manipulieren die Objekte in dieser Welt, indem sie Befehle in einer einfachen Kommandosprache geben; die Welt enthält typischerweise sagenhafte Gestalten wie Gnome, Zauberer und Drachen. Die Spieler können Monster bekämpfen, Schätze finden usw. Befehle wie *take sword* und *kill kobold* verändern den Zustand der Objekte in der virtuellen Welt, die auf einem Rechner simuliert wird, zu dem die Spieler mit Telnet eine Verbindung herstellen.
7. IRC (*Internet Relay Chat*): ähnlich wie *netnews*, auch hier gibt es "Kanäle" (*channels*) zu vielen Themen; Benutzereingaben (die meist nicht länger als eine Zeile sind) werden aber sofort (d. h. innerhalb von Sekunden) an alle Teilnehmer des Kanals verteilt; daraus ergibt sich die Möglichkeit zum "Gespräch" (chat) mit Partnern in der ganzen Welt.

13.5.4 MAP und TOP

MAP (*Manufacturing Automation Protocol*) wird in vielen Firmen in der Herstellungsautomatisierung verwendet, TOP (*Technical and Office Protocols*) dagegen in der Büroautomatisierung. Die beiden verwenden zwar das OSI-Modell, sind aber trotzdem nicht miteinander kompatibel (das OSI-Modell spezifiziert ja nicht die in den einzelnen Schichten verwendeten Protokolle). Ein TOP-Netz besteht aus fünf Systemtypen:

1. Endsystem: Host.
2. Verstärker (*Repeater*): Er schickt Bit von einem Netzwerk an das andere; er ist nötig, wenn es z. B. Beschränkungen in der Kabellänge gibt.
3. Brücke (*Bridge*): Diese verbindet zwei Netzwerke über die Sicherungsschicht; die Brücke ist ein "intelligentes" Element und kann nach Programmierung Änderungen an den Datenrahmen während des Kopierens vornehmen,

4. Router: Dieser verbindet Netzwerke mit derselben Transportschicht, aber auch unterschiedlichen Vermittlungsschichten.

Anfang der neunziger Jahre waren schätzungsweise eine Million MAP- und TOP-Netzknoten installiert.

13.5.5 BITNET

BITNET (*Because It's Time NETwork*) ist ein akademisches Netzwerk, das zusammen mit der europäischen Variante EARN (*European Academic Research Network*) mehrere hundert Anlagen verbindet. Jeder Teilnehmer mietet eine Leitung zu einem anderen BITNET-Host und arbeitet auch als Zwischenstelle, indem Nachrichten kostenlos an andere Hosts weitergeleitet werden. Die Rechner kommunizieren direkt miteinander, es gibt also kein Subnet mit IMPs. Es werden Protokolle und Programme verwendet, die weder zu TCP/IP noch zu OSI kompatibel sind und häufig Übertragungsprobleme für die Benutzer verursachen. Trotzdem ist BITNET im akademischen Bereich populär, weil neben der Leitung und den anteiligen Computer-Betriebskosten für die Datenvermittlung keine weiteren Kosten entstehen. Anders als in den meisten Netzwerken gibt es keine Gebühren für das jeweilige Verkehrsaufkommen.

13.5.6 SNA

SNA (*Systems Network Architecture*) ist die Netzwerkarchitektur von IBM und entstand als eine (von den Kunden gewünschte) Vereinheitlichung der vielen verschiedene Produkte und Protokolle, die IBM zuvor verwendet hatte. Das OSI-Modell wurde teilweise nach SNA geformt. Es können beliebige Host-Topologien und lokale Netzwerke in ein SNA-Netz eingebunden werden.

13.5.7 ATM

Mit Hilfe von schnellen Leitungsmedien wie Glasfaserkabeln und der Netzwerktechnologie ATM hofft man LANs und WANs zu realisieren, über die in naher Zukunft Übertragungsraten im Bereich von Gigabits pro Sekunde erreichen werden können, sodaß z. B. über ISDN-

Leitungen gleichzeitig große Mengen von Videodaten (Bild und Ton) sowie Computerdaten gesendet werden können. Diese beiden Arten von Daten unterscheiden sich hinsichtlich der Toleranz von Datenverlusten und Verzögerungen: bei Videodaten sind geringe Datenverluste unerheblich, Verzögerungen hingegen nicht akzeptabel. Bei Computerdaten dürfen keinerlei Verluste auftreten, Verzögerungen sind hingegen weniger problematisch. Weiters unterscheiden sich Daten im zeitlichen Verlauf der Übertragungsrate: bei Videodaten wird ein gleichmäßig großer Strom von Daten übertragen, während Computerdaten typischerweise zeitlich unregelmäßig verteilt übertragen werden [Strebel 94].

ATM (*Asynchronous Transfer Mode*) baut auf STM (*Synchronous Transfer Mode*) auf, das von Telekommunikationsunternehmen zur paketorientierten Übertragung von Ton und Computerdaten über weite Strecken verwendet wird [Ebrahim 1992]. Eine STM-Verbindung kann man sich als eine Folge von Zügen mit einer großen Zahl von Wagen vorstellen, die immer wieder vom Sender zum Empfänger fahren. Auf einer Leitung können gleichzeitig mehrere Züge fahren; die Gesamtzahl der Wagen ist aber fix. Die Wagen eines Zuges können Datenpakete enthalten oder leer bleiben. Für jeden Datentransfer wird eine Verbindung aufgebaut, d. h. ein Zug mit einer bestimmte Anzahl Wagen zusammengestellt, und erst nach dem Ende der Übertragung werden die Kapazitäten (Wagen) wieder freigegeben. Beim Verbindungsaufbau muß das Anwendungsprogramm, das den Netzwerkdienst nutzt, eine bestimmte gewünschte Transferrate angegeben. Die Transferrate ist aber in vielen Anwendungen im Zeitverlauf sehr unterschiedlich; für kurze Zeit müssen viele Daten übertragen werden, dann treten wieder längere Pausen auf. In solchen Fällen wird viel Übertragungskapazität (in Form von leeren Wagen) verschwendet. Dies versucht man in ATM zu vermeiden.

Ähnlich wie bei *packet switching* wird in ATM jedes Datenpaket mit einer Identifikation versehen; auf einer physischen Leitung können dann mittels *statistischem Multiplexing* viele Transfers gleichzeitig realisiert werden. Beim statistischen Multiplexing werden Transfers aufgrund ihrer Übertragungscharakteristiken auf Leitungen zusammengelegt. Jene mit großen zeitlichen Schwankungen in der Übertragungsrate werden auf eine Leitung zusammengelegt, in der Hoffnung, daß die (für jeden einzelnen Transfer seltenen) Spitzen nicht gleichzeitig erreicht werden und die Leitung in Summe gleichmäßig ausgelastet ist. Die Transfers mit zeitlich konstanter Übertragungsrate werden auf anderen Leitungen konzentriert.

In einem ATM-Netz bleibt die Paketreihenfolge erhalten: Pakete können auf dem Weg vom Sender zum Empfänger verloren gehen oder unterschiedlich lange verzögert werden, aber wenn sie ankommen, dann in der Reihenfolge, in der sie abgeschickt wurden. Wenn verlustfreier Transfer gewünscht wird, muß dies mit Hilfe einer weiteren Software-Ebene realisiert werden, die auf den ATM-Diensten aufbaut.

Im Internet weiß keiner, daß Du nur ein Hund bist.

13.6 Digitale Signaturen und Verschlüsselung von Dokumenten

Die Notwendigkeit, Algorithmen zur Verfügung zu stellen, welche nichtfälschbare Unterschriften für elektronische Dokumente schaffen können, um aus denselben gesetzlich gültige Dokumente zu machen, wurde vor einiger Zeit erkannt und hat bereits zu einer Reihe von Forschungresultaten beziehungsweise zu gesetzlichen Regelungen und entsprechenden Vorarbeiten geführt. Wichtige Daten unverschlüsselt über öffentliche Netze zu schicken ist nicht nur leichtsinnig, sondern geradezu fahrlässig. Durch die Zunahme des Geschäftsverkehrs über öffentliche Netze wie das Internet wird es immer wichtiger, in der Lage zu sein, Information für andere unlesbar zu machen und/oder den Autor oder die Autorenschaft von Information eindeutig feststellen zu können. Jahrhunderte haben Sigel oder handgeschriebene Unterschriften auf Dokumenten die Urheberschaft oder die Übereinstimmung mit dem Inhalt von Dokumenten zu beweisen geholfen. Handgeschriebene Unterschriften erfüllen einige Eigenschaften nicht, die nur in einer idealen Welt erfüllt werden, in der Realität jedoch nicht:

1. Eine Unterschrift ist nicht fälschbar und beweist, daß der Unterschreibende freiwillig dieses Dokument unterschrieben hat.

2. Eine Unterschrift ist authentisch und soll den Empfänger des Dokuments mit der Unterschrift überzeugen, daß der Unterschreibende freiwillig dieses Dokument unterschrieben hat.

3. Eine Unterschrift ist nicht wiederverwendbar, sie ist Teil des Dokuments; ein Fälscher kann sie nicht auf ein anderes Dokument übertragen.

4. Einmal unterschrieben ist ein Dokument nicht veränderbar.

5. Eine Unterschrift ist nicht entfernbar.

6. Da die Unterschrift und das Dokument physische Objekte sind, kann der Unterschreibende später nicht behaupten, er hätte es nicht unterschrieben.

Diese Attribute sind zur Zeit, wie wir wissen, nur unter Vorbehalten noch erfüllt. Unterschriften werden gefälscht, sie können von einem Stück Papier abgehoben und auf ein anderes übertragen werden, und Dokumente können geändert werden, nachdem sie unterschrieben wurden.

Es wäre daher sehr vorteilhaft, wenn wir nichtfälschbare Unterschriften auf Computerdokumenten hätten. Es gibt aber ein Problem bei Computerdokumenten: Ein Bitstrom ist leicht zu kopieren. Das gilt natürlich auch, wenn eine Unterschrift durch einen Fingerabdruck oder eine ähnliche graphische Darstellung ersetzt wird, denn mit der heutigen 'cut-and-paste'-Software kann man ohne weiteres eine gültige Unterschrift von einem Dokument auf ein anderes Dokument übertragen. Durch 'Scannen' von physischen Dokumenten (und Unterschriften) gilt dies auch für reale physische Dokumente. Außerdem können elektronische Dokumente leicht verändert werden, nachdem sie unterschrieben wurden, ohne daß man den Beweis einer Modifikation hat.

Als zum Beispiel Mitte der neunziger Jahre ein Pizzazusteller in Wien sein Geschäft eröffnete und als einer der ersten über das Internet seine Dienste anbot, mußte er sich um den Umsatz keine Sorgen machen: Eine Vielzahl von Anrufern gab eine Menge Bestellungen auf. Nach kürzester Zeit stellte sich jedoch heraus, daß die meisten dieser Bestellungen im schlechten Scherz gemacht worden waren, und das Unternehmen mußte gleich in der Anfangsphase einen Verlust einstecken.[2] Die Besteller waren nicht verfolgbar.

Wenn man heute eine e-mail-Nachricht mit sensibler Information erhält, weiß man nicht, ob sie tatsächlich vom Absender ist. Wie ist man sicher, daß sie nicht gefälscht wurde? Kann man sicher sein, daß niemand dieses Dokument während der Übertragung verändert hat? Kann man das auch vor Gericht nachweisen?

Digitale Unterschriften sind also ein Versuch, Dokumente zu schaffen, die formal und gesetzlich bis zu ihren Autoren zurückverfolgt werden können. Eine digitale Unterschrift ist eine Folge von Bits, die an ein elektronisches Dokument hinzugefügt wird, welches sowohl eine Graphik, eine Textverarbeitungsdatei oder eine e-mail-Nachricht repräsentieren kann. Die Bitfolge wird durch den Unterschreibenden kreiert und basiert sowohl auf den Daten des Dokuments als auch auf einem geheimen 'Schlüsselwort' der Person. Derjenige, der das Dokument erhält, kann für beide, ihn selbst und das Gericht, nachweisen, daß der angebliche Unterschreibende tatsächlich dieses Dokument unterschrieben hat. Sollte das Dokument geändert worden sein, kann der angebliche Unterzeichnende ebenso beweisen, daß er dieses geänderte Dokument nicht unterzeichnet hat. Es geht also bei wichtigen Informationen nicht nur um den Inhalt der Nachricht selbst. (Die Nachricht soll ebenso nicht jedermann lesen und ändern können.) Auch die Kommunikationspartner müssen eindeutig identifizierbar sein. Ohne entsprechenden Schutz ist es für jedermann leicht, sich für jemand andern elektronisch auszugeben und so Zugang zu geschützten Informationen zu haben, wodurch erheblicher Schaden angerichtet werden kann. Ebenso muß es natürlich möglich sein, den Datenverkehr nicht leugnen zu können, also Verbindlichkeit herzustellen. Gerade im Bereich des *electronic commerce*, im Verkehr mit Ämtern und Behörden über offene Netze wie zum Beispiel das Internet, aber auch bei der Übertragung von sicheren Transaktionen über das WWW, zur Herstellung von virtuellen Privatnetzwerken,

---
[2]Vgl. [Blocher, W. 1998].

zur Versendung vertraulicher e-mail-Nachrichten, zum Zweck der sicheren Bezahlung von Leistungen und zum Schutz von Datenbeständen auf offen zugänglichen oder halboffen zugänglichen Speichereinheiten sind digitale Signatur- und Verschlüsselungsverfahren unverzichtbar.

Ein komplettes Verschlüsselungskonzept berücksichtigt drei Anforderungen:

1. Schlüssel zur Authentisierung.

2. Schlüssel zum Codieren der Daten.

3. Schlüssel zum Sendebeweis (digitale Unterschrift).

Dieses Verschlüsselungskonzept hat man als Ganzes zu sehen. Bei der **Authentisierung** ist zwischen Benutzer- und Rechnerauthentisierung zu unterscheiden. Bei der Benutzerauthentisierung verwendet man zur Zeit gerne Passwörter. Damit ist speziell bei wiederholter Verwendung einer mißbräuchlichen Verwendung Tür und Tor geöffnet. Auch hier gilt es, eine höhere Sicherheitsstufe zu erklimmen. Dabei können kryptographische Algorithmen zum Einsatz kommen. Zu den bekannten kryptographischen Lösungen zur Benutzerauthentifizierung zählen zum Beispiel die Systeme Securidee, KryptoCard und S/Key. Bei sogenannten *challenge-response* Verfahren sendet der Server eine entsprechende Anfrage an Benutzer, die Zugriffsberechtigung erlangen wollen. Der Benutzer gibt eine übermittelte 'Anfrage' in sein System ein, und das System generiert eine 'Antwort'. Diese Antwort sendet er wieder an den Server zurück. So wird jedesmal eine neue Antwort generiert, deren Rechtmäßigkeit aufgrund des gemeinsamen Codes nur die Client-Lösung und der Server kennen können.

Eine andere Möglichkeit besteht darin, zeitbasierte Schlüssel zu verwenden. Diese ändern sich zum Beispiel alle dreißig oder sechzig Sekunden. Hier teilen der Server und der Krypto-Client das Geheimnis des Schlüssels. Zum Schutz vor Diebstahl kann man zum Beispiel wie bei der Scheckkarte Pincodes einführen. Zudem besteht noch die Möglichkeit, die physischen Eigenschaften der zu verifizierenden Person zu messen. Diese Techniken beinhalten biometrische Verfahren wie das Erkennen von Gesichtern, Fingerabdrücken, Sprach- und Sprechererkennungsverfahren, Retina-Überprüfung, Schreibfehleranalysen u. a. m. Diese Verfahren können nach ihrer Orientierung in solche eingeteilt werden, die physische Charakteristiken messen, und jene, die Verhaltensmuster analysieren.[3]

Zum Datenaustausch und im Rahmen digitaler Unterschriften werden gewöhnlich heute zwei Verschlüsselungsmethoden verwendet:

1. Symmetrische Verschlüsselungsverfahren.
2. Asymmetrische Verfahren.

Symmetrische Algorithmen kommen zur Codierung der Nachricht selbst zum Einsatz. Der *Digital Encryption Standard* (DES) ist der populärste Algorithmus. Er arbeitet zur Zeit mit 56 Bit beziehungsweise als Triple-DES. Weiters ist der *International Data Encryption Algorithm* (*IDEA*) - ein Blockalgorithmus mit 128 Bit Schlüssellänge - gebräuchlich. *RC4* ist ein anderer Algorithmus dieser Kategorie. Der Vorteil von symmetrischen Verfahren liegt in erster Linie zunächst darin, daß sie eine wesentlich höhere Verschlüsselungsgeschwindigkeit erlauben als asymmetrische Verfahren. Deshalb kommen sie insbesondere für die Chiffrierung von Datenpaketen selbst in Frage. Für die Codierung und Decodierung des Datenpakets wird hierbei jeweils der gleiche Schlüssel verwendet. Als Nachteil ist anzusehen, daß eine sichere Übermittlung des Schlüssels selbst erforderlich ist, um zu vermeiden, daß der Schlüssel in die falschen Hände gerät.[4] Um daher den Schlüssel selbst zu übertragen, ist es zweckmäßig, entweder die Schlüssel persönlich zu übertragen, oder ein anderes Verschlüsselungsverfahren zu verwenden, das diese Schwäche nicht aufweist. Hierzu kommen asymmetrische Verschlüsselungsverfahren in Frage, die mit zwei Schlüsseln arbeiten: dem *öffentlichen* Schlüssel und dem *privaten* Schlüssel. Die Schlüssel funktionieren hierbei nur paarweise. Der in der Regel zum Entschlüsseln verwendete sogenannte private Schlüssel bleibt bei dem, der die codierte Kommunikation fordert und sollte sonst niemandem bekannt sein. Der andere, öffentliche Schlüssel wird öffentlich, zum Beispiel über Datenbanken oder Zertifizierungsstellen bereitgestellt. Er kann dann zum Beispiel via FTP von einem elektronischen Verzeichnis geladen werden. Darum wird dieses Verfahren auch 'public-key'-Verfahren genannt. Ein bekannter Algorithmus hierfür ist der RSA-Algorithmus.

---

[3]Vgl. [de Ru, Eloff 1997], [Conn, Parodi, Taylor 1990], [Pfleeger 1993], [Jobusch, Oldehoeft 1989] und [Obaidat 1993].

[4]Zudem ist der DES-Algorithmus mit 56 Bit Verschlüsselungslänge von einer Internet Rechnergemeinschaft innerhalb von 39 Tagen 'geknackt' worden.

Andere Verfahren sind der *Digital Signature Algorithm* (DSA) für den *Digital Signature Standard* (DSS). Der Algorithmus wurde von der *National Security Agency* (NSA) entwickelt und ist von digitalen Unterschriftenalgorithmen der Literatur abgeleitet.[5]

Beim RSA-Algorithmus verfügt jeder der Partner über einen privaten, geheimen und nur ihm bekannten Schlüssel x bzw. x' und einen öffentlichen Schlüssel y bzw. y'. Wendet nun der Sender seinen privaten Schlüssel x und des Empfängers öffentlichen Schlüssel y' auf eine Nachricht n an: $g = y'(x(n))$, so kann der Empfänger durch Anwendung seines privaten Schlüssels x' und des öffentlichen Schlüssels y des Senders zweifelsfrei den Autor feststellen: $n = x'(y(g))$.[6] Mittels asymmetrischer Verfahren kann also der Austausch von symmetrischen Codierlösungen gesichert werden. Wurde nun ein Kommunikationspartner als echt eingestuft, kann auf dem gleichen Wege des *'Public-Key'*-Verfahrens der symmetrische Schlüssel als verschlüsseltes Datenpaket weitergeleitet werden.

Wie digitale Unterschriften arbeiten, soll am Beispiel des DSS mit elektronischen Dokumenten besprochen werden (vgl. Abb. 13.3). Nehmen wir an, eine Nachricht m soll als gesetzliches Vertragswerk dienen. Der Unterschreibende verwendet den *Secure Hash Algorithm* (SHA)[7] hinsichtlich der Inhalte des Dokuments $H(m)$. Mit dem SH-Algorithmus (Hashfunktion H) wird aus einem ganzen Dokument m ein einziger meist wesentlich kürzerer Hashwert $H(m)$ (zum Beispiel 160 Bit) erzeugt. Erzeugen Sender und Empfänger denselben Hashwert $H(m)$, so ist mit einer hohen Wahrscheinlichkeit sichergestellt, daß m nicht verändert wurde. (Auch kann der wesentlich kürzere Wert $H(m)$ leichter gespeichert werden, um bei eventuellen späteren Auseinandersetzungen die Originalität nachweisen zu können, *ohne* den Dokumentin-

---

[5]Vergleiche dazu [El Gamal, T. 1985], [F. I. P. S. P. 1991], [F. I. P. S. P. 1992], [Rivest, R. L./ Shamir, A./ Adelman, L. 1978] und [Schnorr 1991]. Er entspricht nicht dem RSA-Algorithmus, da dieser in den USA patentiert wurde (für eine leicht faßliche Darstellung des DS-, SH- und RSA-Algorithmus, der wir hier folgen, vgl. [Schneier 1993], pp. 309 ff. u. [Smith 1997]).

[6]Ein verbreitetes e-mail Verschlüsselungspaket namens *Pretty Good Privacy* (PGP) verwendet als eines der am weitesten verbreiteten asymmetrischen Verschlüsselungssoftwarepakete eine RSA-basierte Lösung. PGP ist kostenlos über das Internet erhältlich und wird auch von privaten Verwendern benutzt. Auch die *'Secure-Socket-Layer'*-Technologie (SSL), die von dem Unternehmen Netscape im Internet verwendet wird, arbeitet mit dem RSA-Algorithmus.

[7]Vgl. [F. I. P. S. P. 1992].

halt preiszugeben.) Als nächstes wählt der Unterschreibende die öffentlichen Primzahlen p, q und g und eine Zufallszahl k, sowie einen privaten Schlüssel x. Diese Werte und der Hash-Wert $H(m)$ werden dem DS-Algorithmus zur Verfügung gestellt, der die Unterschrift bestehend aus s und r kreiert. s hängt von dem Hashwert der Nachricht, und r hängt nur von k und der öffentlichen Information ab. Zur Verifikation wird wiederum der asymmetrische DS-Algorithmus verwendet und neben r, s und $H(m)$ die öffentlich zugängliche Information p und q sowie der öffentliche Schlüssel y einbezogen. Ist das Resultat derart, daß $v = r$ gilt, so weiß der Empfänger, daß die Unterschrift korrekt ist. Dies beweist ebenso, daß die Inhalte des Dokuments nicht geändert wurden. (Statt des Dokuments wird sein Hashwert $H(m)$ verwendet.)

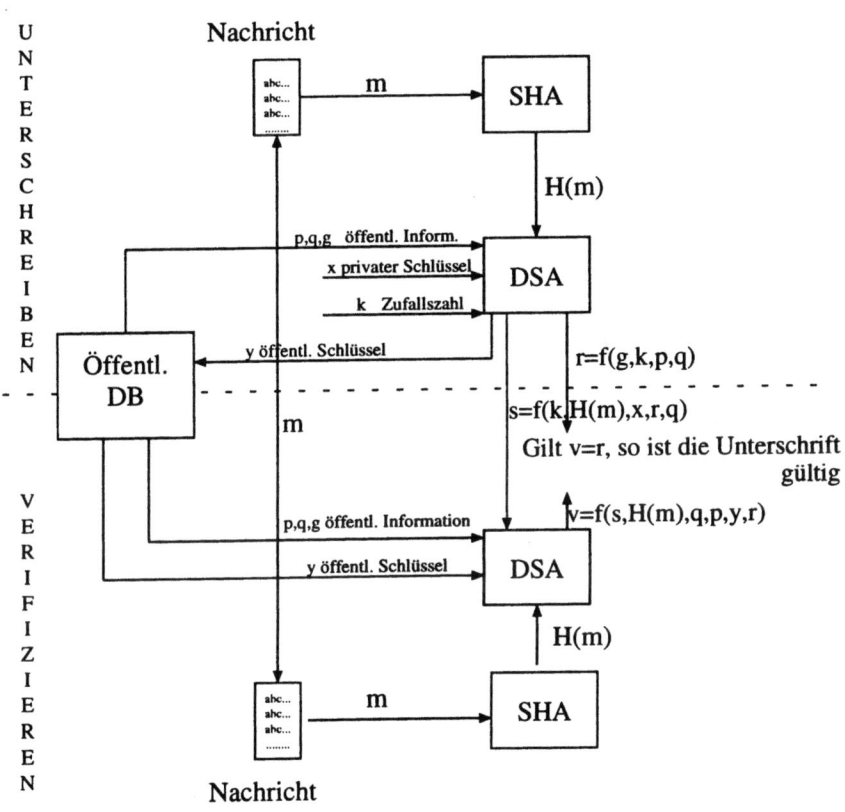

Abbildung 13.3: Vorgangsweise bei digitalen Unterschriften

Damit werden die wichtigsten Sicherheitsanforderungen an die digitale Signatur bestehend aus s und r erfüllt: Jede Veränderung der signierten Daten wird bei der Signaturprüfung erkannt, und nur der Besitzer des privaten Signaturschlüssels ist in der Lage, Signaturen zu erzeugen, indem er geeignete Algorithmen mit einer entsprechenden Verschlüsselungslänge - um ein 'Knacken' des Unterschriftenschlüssels unwirtschaftlich zu machen - verwendet. Geheimhaltung des Unterschriftenschlüssels und die Verwendung einer Hash-Funktion sichern dies. Jedermann kann nun bei Kenntnis der unterschriebenen Daten und unter Verwendung des öffentlichen Verifikationsschlüssels überprüfen, ob die Unterschrift gültig ist. Der Verifikationsschlüssel ist öffentlich zugänglich.

Rechtlich ist es notwendig, technische und organisatorische Mindestanforderungen festzulegen. Es müssen vertrauenswürdige Einrichtungen, sogenannte Zertifizierstellen geschaffen werden, die die entsprechenden Parameter und öffentlichen Schlüssel enthalten. Hiezu ist ein Genehmigungsverfahren, ein Kontrollverfahren für derartige Stellen sowie eine Regelung der Haftungsverhältnisse und eine Klärung des Datenschutzes, die gegenseitige Anerkennung von Zertifikaten und die internationale Anerkennung von solchen Zertifikaten sowie ein System der Vergabe und der Sperrung derartiger Zertifikate notwendig. Zur rechtlichen Regelung digitaler Signaturen sind die Frage der Ausstellung, die Frage der Benutzung, die Frage der Bereitstellung öffentlicher Verifizierschlüssel, die Frage der Verwendung welcher Algorithmen, die Gültigkeitsdauer und andere Fragen zu klären.[8] Eine andere Art der

---

[8]Digitale Unterschriften sollen auf internationaler Ebene geregelt werden. Dokumente hierzu sind nach [Blocher, W. 1998]:

- OECD: 'Guidelines for Cryptography Policy (27.3.1997)
- UNCITRAL: 'Draft Uniform Rules on Electronic Signatures', Working Group on Electronic Commerce, Wien, 19. bis 30. Jänner 1998
- ICC: GUIDEC (General Usage in international Digitally Ensured Commerce) (6. 11. 1997)
- Bonner Erklärung (Europäische Ministerkonferenz vom 6. bis 8. Juli 1997)
- ILPF (Internet Law and Policy Forum): Draft Report 'The Role of Certification Authorities in Consumer Transactions' vom April 1998.

In der EU ist ein Vorschlag für Rahmen-Richtlinien demnächst zu erwarten.
In den europäischen Staaten gibt es Regelungen bzw. Vorarbeiten dazu.
Betreffend die rechtliche Regelung digitaler Signaturen in Österreich sind nach [Blocher, W. 1998] eine Reihe von Entwicklungen im Gange.

Geheimhaltung gewährleistet *Steganographie*. Sie kann zusätzlich zu kryptographischen Verfahren verwendet werden und läßt die Information 'unsichtbar' werden. *Steganographie* ist die Kunst, Information, die nicht unbefugt gelesen werden soll, zu 'verstecken'. Eine beliebte Form digitaler Steganographie, die bereits lange bekannt ist, besteht in der Einbringung von zu übertragenden geheimen Nachrichten in Bildinformation. Da jeder Farbpunkt (Pixel) eines Farbbildes auf einem Bildschirm mit einer Auflösung von zum Beispiel 640 x 480 Pixel und 256 Farben durch 8 Bit dargestellt wird, beträgt der Speicherbedarf pro Bild ca. 300 Kilobit. Verfälsche ich zum Beispiel nur das letzte Bit jedes Punktes, so bietet sich mir die Möglichkeit, ca. 30000 Bit pro Bild zu übertragen, ohne daß diese Verfälschung auffallen muß. Tatsächlich basieren reale Verfahren häufig auf 24-Bit-Darstellungen der Pixel und verfälschen nicht jedes sondern nur spezielle - unauffällige - Pixel. Computerbilder weisen häufig auch 1 Million Pixel und mehr pro Bild auf. Durch Verfälschung der Pixel können dieserart erhebliche Datenvolumina übertragen werden. Analoges ist zum Beispiel bei Bildern mit Grauwerten, mit digitalisierten Ton- oder anderen Dateien möglich.[9]

---

[9]Vgl. [Johnson, Jajodia 1998], [Wayner 1996], [Pfitzmann 1996], [Aura 1995], [Cox et al. 1996], [Koch, Rindfrey, Zhao 1994], [Xia, Boncelet, Arce 1997] und [Bender 1996].

Kapitel 14

Kommerzielle Datenmodelle und Datenbanken

Ziel:
Beginnend mit den Beziehungen zwischen den Objekten der Modellierung in Computern sollen LeserInnen die Verwendung des Entitäten-Beziehungsmodelles für einfachste Fälle erlernen und deren Überführung in Relationen und somit in das relationale Datenmodell verstehen können.

14.1 E-R-Modell oder Entitäten-Beziehungsmodell (Entity-Relationship-Model)

Um Daten in maschinell lesbarer Form für sofortige und für spätere Verarbeitungsprozesse zur Verfügung zu haben, ist es notwendig, dieselben in organisierter Form auf Datenträgern zur Verfügung zu stellen. Zum Zwecke des Wiederauffindens muß die Datenspeicherung einer Struktur folgen, die sich aus dem Verarbeitungswunsch und aus dem Problemtyp ableiten lassen muß. Hiebei wird nur ein Ausschnitt der realen Welt, der abstrakt modelliert werden soll, betrachtet. Um diese abstrakte Modellierung durchzuführen, wurden schon frühzeitig verschiedene Modellierungsmethoden untersucht. Das sogenannte

Entity-Relationship-Model, welches wir in der Folge als **Entitäten-Beziehungsmodell** bezeichnen und mit **E-R-Modell** abkürzen, hat sich unter diesen Methoden durchgesetzt. Im **E-R-Modell** werden wohlunterscheidbare Dinge, mit welchen in der realen Welt umgegangen wird, als **Entitäten** bezeichnet. Beispiele sind Kunden, Lieferanten, Angestellte, Projekte u.ä.

Definition der Entität:
Unter einer Entität verstehen wir ein Objekt oder ein Subjekt der Anschauung (z.B. Personen, Unternehmen oder Sachobjekte), welches unterscheidbar identifiziert werden kann.

Entitäten, welche in einem besonderen Sinn der Betrachtung zusammengehören, werden zu **Entitätenmengen** zusammengefaßt. Dies ist ein wesentlicher Schritt in der Modellbildung, da in die Zusammenfassung Gesichtspunkte der Modellierungsabsicht gewöhnlich miteingehen. Zum Beispiel kann ein Angestellter namens Meier sowohl als Angestellter, als Abteilungsleiter, als Projektmitarbeiter u.ä. Mitglied einer Entitätenmenge werden. Wie weit es Überschneidungen zwischen den Entitätenmengen gibt, hängt von den Notwendigkeiten der Modellierung ab. Entitätenmengen müssen also nicht disjunkt sein, sondern können sich überschneiden. Entitätenmengen werden bezeichnet, indem wir Namen für diese Mengen wählen; z.B. 'KUNDEN'. Entitäten als Elemente dieser Menge werden durch ihre Eigenschaften (**Attribute**) voneinander unterschieden. Die verschiedenen Attribute einer Entität tragen Namen (**Attributsbezeichnungen**), und die Werte der Attribute weisen einen angebbaren **Wertebereich** auf. Zur Identifikation einer speziellen Entität ist es häufig zweckmäßig, ein spezielles Attribut zu betrachten, das erlaubt, die Entitäten eindeutig zu identifizieren (Abb. 14.1).

ATTRIBUTE →	F1 = Matrikelnr.	F2 = Name		F3 = Mädchenname		F4 = Alter
WERTEBER. → ENTITÄTEN ↓	V1 = Matr.Nr.	V2 = Vorn.	V3 = Nachn.	V2 = Vorn.	V3 = Nachn.	V4 = Anz.v.Jahren
E1	V11 = 8550644	V21 = Mona	V31 = März	V21 = Mona	V31 = Maier	V41 = 21
E2	V12 = 8451788	V22 = Maria	V33 = Gucci	V22 = Maria	V34 = Viton	V42 = 20
⋮	⋮	⋮	⋮	⋮	⋮	⋮

Abbildung 14.1: Tabellendarstellung der Entitätenmenge STUDENT

Entitäten werden nach aussagenlogisch formulierbaren Eigenschaften - die auch testbar sein müssen - in Entitätenmengen unterschieden. Aus

der Testbarkeit der verlangten Eigenschaften resultiert, daß alle Entitäten einer Entitätenmenge zumindest diese Eigenschaften gemeinsam aufweisen. Die Information über eine Entität erhält man durch Beobachtung und Messung. Die Information wird ausgedrückt durch ein **Attribut-Wert-Paar** für jede Entität. Zum Beispiel *Größe - 1.86m*. Werte stammen aus einer Wertemenge, dem Definitionsbereich des Attributs. Ein Prädikat muß eine Zugehörigkeitsprüfung für einen Wert erlauben. Unterschiedliche Wertebereiche können gleiche Werte aufweisen (z.B. Länge, Höhe).
Beispiele für Wertemengen: Farben, Größe, Familiennamen usw.
Ein Wert einer Wertemenge kann einem anderen unterschiedlichen Wert in einer anderen Wertemenge inhaltlich dennoch entsprechen. Zum Beispiel $1m$ im Wertebereich *Meter* entspricht $100cm$ im Wertebereich *Zentimeter*.
Unter einem Attribut verstehen wir daher eine Funktion, die eine Entitätenmenge in einen Wertebereich (Wertemenge) oder ein kartesisches Produkt von Wertebereichen abbildet (Abb. 14.2).

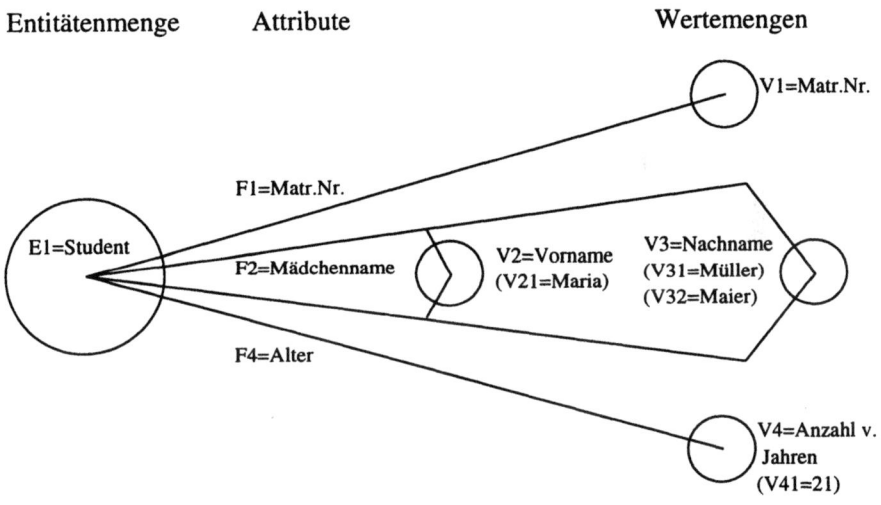

Abbildung 14.2: Entitätenmenge

Die Matrikelnummer in obigem Beispiel ist ein Attribut der Entität, das umkehrbar eindeutig jeder Entität zuordenbar ist. Jede Entität muß jedoch auch durch das Tupel der Attribute unterscheidbar sein.

Einzelne Attribute, die eine eindeutige Identifikation einer Entität erlauben, nehmen eine besondere Rolle ein, da eine einfache Identifikation eines ganzen Attributetupels der Entität zweckmäßig und wirtschaftlich ist. Derartige Attribute nennen wir daher **Schlüsselattribute**, und ihre Zusammenfassung nennen wir einen **Schlüssel** (*Key*) für die Entitätenmenge. (Mitunter kann es notwendig sein, mehr als ein Attribut zu verwenden, um einen Schlüssel festzulegen.) Es ist oft auch möglich, für eine Entitätenmenge mehr als einen Schlüssel anzugeben. Zum Beispiel könnten sowohl die 'SOZIALVERSICHERUNGSNUMMER' als auch die 'MATRIKELNUMMER' bei einheimischen Studenten als Schlüssel dienen. In diesem Fall müssen wir daher einen speziellen Schlüssel als zu verwendenden Schlüssel der Entitätenmenge festlegen und bezeichnen ihn als **Primärschlüssel**.

Für **Relationen** mit funktionalen Abhängigkeiten gibt es einen zum Schlüsselbegriff von Entitäten analogen Begriff **Schlüssel**, welcher allerdings etwas enger zu fassen ist. Es wird hiebei unterstellt, daß jenes Attributetupel, welches als **Schlüssel** bezeichnet wird, kein Teiltupel enthält, welches ebenfalls als Schlüssel verwendbar wäre. Man spricht von der **Minimaleigenschaft** des Schlüssels einer Relation. Bei einem Entitätenschlüssel ist diese Minimaleigenschaft nicht unbedingt zu verlangen, da wir, um diese zu verifizieren, den Begriff der funktionalen Abhängigkeit benötigen, welcher erst für Relationen eingeführt wird.

Definition eines Entitätenschlüssels:
Unter einem Entitätenschlüssel verstehen wir ein (eine Gruppe von) Attribut(en); die Abbildung zwischen Wert- und Entitätenmenge ist eindeutig.

Sollte eine solche Abbildung zu komplex erscheinen, kann es sich als zweckmäßig erweisen, ein **künstliches** Attribut und eine **künstliche** Wertemenge zu schaffen (z.B. Kundennummer bei der Entität Kunde). Von allen möglichen Schlüsseln wählen wir jedoch aus Zweckmäßigkeit in der Regel jenen Schlüssel, der eine **minimale** identifizierende Attributkombination darstellt. Eine eventuelle Obermenge von K, die auch als Schlüssel verwendet werden könnte, bezeichnen wir als **Superschlüssel** und jeden möglichen minimalen Schlüssel als **Schlüsselkandidaten**. Zum Beispiel sind in obigem Beispiel sowohl die Sozialversicherungsnummer als auch die Matrikelnummer Schlüsselkandidaten. Jede Zeile einer Relation ist Superschlüssel. Die Matrikelnummer in obigem Beispiel wäre zwar bei Wahl der Sozialversicherungsnummer

als Primärschlüssel Schlüsselkandidat, nicht aber Superschlüssel.
Entitätenmengen eines Modellierungskreises der realen Welt stehen gewöhnlich schon aufgrund der Absicht der Modellierung miteinander in
'Beziehung'. So werden Vorlesungen von Studenten besucht, Produkte von Kunden bezogen u.ä.m. An einer Beziehung sind also immer
Entitätenmengen mitbeteiligt. In einem E-R-Modell versteht man also zunächst unter **Beziehungen** Beziehungen zwischen Entitäten. Ob
ein Objekt eine Entität oder eine Beziehung ist, ist mitunter allerdings
auch betrachtungsabhängig. Die Gesellschaftsform einer O.H.G. kann
z.B. als Unternehmen betrachtet eine Entität, oder als Tupel von Inhabern betrachtet eine Beziehung sein.

Wir bezeichnen mit E_i und mit E_j zwei Entitätenmengen. Eine Beziehung wird begründet durch Zusammenhänge. Ein Zusammenhang
wird durch ein Paar von Entitätenmengen ausgedrückt, z.B. (E_i, E_j).
Es gibt verschiedene Zusammenhangstypen:

- einfacher Zusammenhang (1)
- mehrfacher Zusammenhang (m)

Der Zusammenhangstyp einer Beziehung ist durch ein Paar von einfachen Zusammenhangstypen charakterisiert; aufgrund der Symmetrie
gibt es daher drei Zusammenhangstypen von Beziehungen: $1:1$, $1:m$
und $m:n$.

Der Zusammenhang von (E_i, E_j) gibt jeweils an, wieviele Entitäten
aus E_j jeder Entität aus E_i zugeordnet sind. Bei **einfachem Zusammenhang** ist genau eine oder keine Entität aus E_j jeder Entität aus
E_i zugeordnet. Bei **mehrfachem Zusammenhang** sind keine oder
mehrere Entitäten aus E_j jeder Entität aus E_i zugeordnet. (Abb. 14.3)

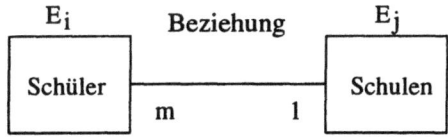

Abbildung 14.3: Mehrfacher Zusammenhang (E_j, E_i); einfacher Zusammenhang (E_i, E_j)

Jeder Schule ist über den mehrfachen Zusammenhang von (E_j, E_i)
mindestens ein Schüler zugeordnet. Der Zusammenhang von (E_j, E_i)

ist daher vom Typ **mehrfach**. Wenn wir weiters davon ausgehen, daß jeder Schüler nur einer Schule zugeordnet werden kann, so ist der Zusammenhangstyp von (E_i, E_j) **einfach**. Schreibt man zu den Entitäten E_i den Zusammenhangstyp des Zusammenhangs von (E_j, E_i) und zu der Entitätenmenge E_j den Zusammenhangstyp von (E_i, E_j), so erhalten wir eine Darstellung der Beziehung zwischen den Entitätenmengen 'Schüler' und 'Schulen' unter Angabe des Beziehungstyps: $m : 1$. Die Beziehung, die diesen Zusammenhang aufweist, wird 'Schulzugehörigkeit' genannt. Wird in der Originalversion des E-R-Modells der Name der Beziehung, welcher sich durch die Kombination der beiden Zusammenhangstypen ergibt, in einen Rhombus eingetragen, so erhalten wir eine graphische Darstellung einer Beziehung im E-R-Modell. Diese Darstellungen sind selbstsprechend (Abb. 14.4).

Abbildung 14.4: Schulzugehörigkeit

Beispiel einer 1 : 1 Beziehung:
Projekte können kollegial oder hierarchisch (bei Projektleiterorganisation) durchgeführt werden. Kollegial durchgeführte Projekte weisen keinen Projektleiter auf (Abb. 14.5).

Abbildung 14.5: Projekt

In der kommerziellen Datenverarbeitung überwiegen Attribute, die Wertebereiche mit festem Format aufweisen. Man spricht von **formatierter** Darstellung von Attributen. In der wissenschaftlichen Datenverarbeitung, aber auch in Büro- und Bibliothekssystemen sind unformatierte Beschreibungen eines Attributes häufig, die gewöhnlich einfach als 'Text' bezeichnet werden, da ihre innere Struktur nicht in dem gegebenen Zusammenhang von Interesse ist.

Beispiele:
1. Attribut: Buchinhalt
Wertebereich: Zeichenkette aus vorgegebenem Zeichensatz
$A = \{a, b, c, \ldots z, \ldots, !, \ldots A, B, \ldots\}$
Wert: "In dieser Arbeit wird ...".
2. Meßwerte:
15.6 23.9 28.1 ...

Auch Beziehungen können Attribute aufweisen. Attribute beschreiben also die Eigenschaften von Entitäten und Beziehungen. Entitäten übernehmen in Beziehungen zudem eine **Rolle**, d.i. eine Funktion der Entitäten in der Beschreibung von **Beziehungen**, in denen diese Entitäten verwendet werden (Abb. 14.6). Diese Rolle kann vom Attribut durchaus abweichen und stellt ein semantisches Beschreibungselement dar.

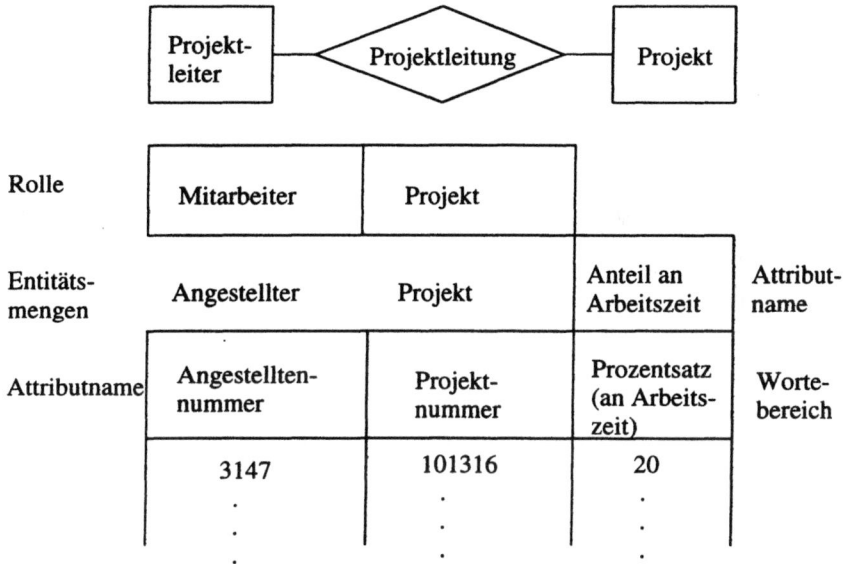

Abbildung 14.6: Projektleitung

Es wird gelegentlich Fälle geben, in denen die Entitäten einer Entitätenmenge nicht durch die Herkunft, sondern zusätzlich durch ihre Beziehungen zu Entitäten eines anderen Typs beschrieben werden. Ei-

ne wichtige Beziehung dieser Art ist die IS-A-Beziehung. Wir schreiben
A is a B und stellen dies, wenn *B* eine **Generalisierung** der Entitätenmenge *A* darstellt, bzw. *A* eine spezielle Form von *B* ist, graphisch wie üblich dar (Abb. 14.7).

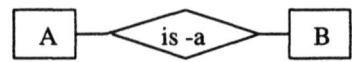

Abbildung 14.7: IS-A-Beziehung

Zum Beispiel läge eine Datenbank für Automobile vor. Die Entitätenmenge MARKE weise die Attribute HERSTELLER und MODELL auf. Eine Entitätenmenge AUTOS enthalte u.a. das Attribut SERIENNR. Wir können das Attribut SERIENNR. durchaus auch dann als Schlüssel heranziehen, wenn die Seriennummer für zwei Automobile unterschiedlicher Marken gleich ist. In diesem Fall benötigen wir eine Beziehung zwischen den Entitätenmengen AUTOS und MARKE. In diesem Fall ist jede Entität der Entitätenmenge AUTOS eindeutig bestimmt durch ihre Seriennummer SERIENNR. *und* das Attribut HERSTELLER der Entitätenmenge MARKE.

14.2 Entitäten- und Beziehungsrelationen

Werden Entitäten durch die Werte ihrer Primärschlüssel — eventuell ergänzt durch Attribute — repräsentiert, so sprechen wir von einer Entitätenrelation (Abb. 14.8).
Definition:
Eine Relation ist eine Teilmenge des kartesischen Produkts der Wertebereiche.[1] Jede Zeile ist daher Element einer Relation.
Beispiel:
Es gelte für die Wertebereiche
W1 = Angestelltennummer = {1,2,...,11921}
W2 = Vornamen = {Franz, Peter, Maria, ...}
W3 = Nachnamen ={Meier, Müller, Niedermüller, ...}

---

[1]Unter einem kartesischen Produkt zweier Mengen M_1 und M_2 verstehen wir die Menge aller Paare (m_i^1, m_j^2) mit $m_i^1 \in M_1$ und $m_j^2 \in M_2$. Ein kartesisches Produkt von n Mengen $M_1, M_2, \ldots, M_n$ umfaßt daher die Menge aller n-Tupel mit $m_{j_1}^1 \in M_1, m_{j_2}^2 \in M_2, ..., m_{j_n}^n \in M_n$.

W4 = Jahre = {0,1,2,...}.
Eine Relation ist dann eine Teilmenge des kartesischen Produkts

$$W1 \times W2 \times W3 \times W4.$$

Z.B. könnte das Tupel (2571, Peter, Meier, 28) ein Tupel einer solchen Relation sein.

Angestelltennummer	Name		Alter	Attribut
A-Nr.	Vorn.	Nachn.	Jahre	Wertebereich
2571	Peter	Meier	28	
2731	Max	Hall	32	
.	.	.	.	

Abbildung 14.8: Entitätenmenge: Angestellte

Beziehungen können gewöhnlich durch die Primärschlüssel ihrer Entitäten identifiziert werden. Rollennamen drücken die **semantische** Bedeutung der Werte in der Spalte aus. Die Wertebereichnamen und die Tupel bilden die Beziehungsrelation (Abb. 14.9).

	Beziehungsprimärschlüssel		Beziehungs-attribut
Entitätenmengenbezeichnung	Angestellte	Projekt	
Rolle	Projektleiter/in	Projekt	/
Entitätenattribute	Angestelltennr.	Projektnr.	Zeitanteil
Wertebereiche	Angestelltennr.	Projektnr.	Prozent
	3174	101316A	20
Relationale Sicht	2566	092784F	10
	.	.	.

Abbildung 14.9: Beziehung: Projekt

Unter der relationalen Sicht verstehen wir die semantisch ärmere Beziehung im Datenmodell relationaler Datenbanken. Sie beschränkt sich auf aussagefähig benannte Wertebereiche, die die Spaltenbezeichnungen darstellen.

Am Beispiel des Attributes der 'Projektnummer' sehen wir einen Schlüssel, der offenbar nicht aus einer einfachen Abzählung der auftretenden Entitäten gewonnen wurde. Vielmehr könnte der Schlüssel durch zusammengesetzte Vercodierung einzelner Attributwerte - wie dies z.B. oft bei Fahrgestellnummern von Automobilen der Fall ist - gewonnen worden sein. Derartige Schlüssel werden **sprechende** Schlüssel genannt und können durchaus auch Abzählungen enthalten. Andere Beispiele sprechender Schlüssel stellen die österreichische Matrikelnummer für Studenten und die österreichische Sozialversicherungsnummer dar. (Abb. 14.10)

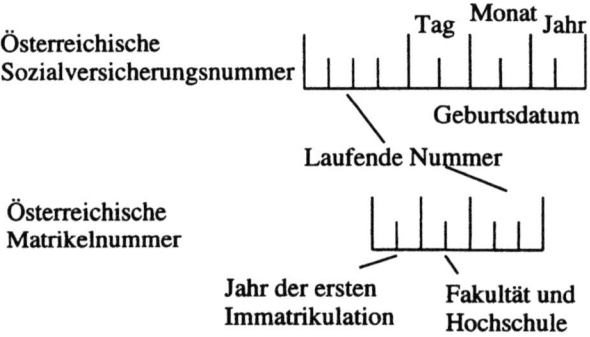

Abbildung 14.10: Matrikelnummer, Sozialversicherungsnummer

Wie wir bereits erwähnt haben, besteht ein Identifikationsschlüssel aus einem Attribut oder aus einer minimalen Anzahl von Attributen, die erlauben, jedes Relationstupel - ob Beziehung oder Entität bezeichnend - eindeutig zu bezeichnen. Eine **Datenbasis** besteht nun aus mehreren Relationen; eine **Datei** umfaßt gewöhnlich eine Relation. Unabhängig davon, ob nun eine Relation in die Datenbasis eines Datenbanksystems eingebracht werden soll, oder ob diese mittels ein oder mehrerer Dateien verfügbar gemacht werden soll, es gilt in jedem Fall, Redundanz durch mehrfache Speicherung derselben Daten zu vermeiden und gegebenenfalls eine 'sinnvolle' Zerlegung vorzunehmen.

Die geeignete Zerlegung von Relationen zur Vermeidung von Änderungsanomalien leistet der sogenannte **Normalisierungsprozeß**. In diesem Prozeß transformieren wir Relationen aus der unnormalisierten Form sukzessive in die 1., 2., 3. und manchmal noch 4. und 5. Normalform.

Übungsbeispiele

1. An der Universitätsbibliothek der WU Wien können Bücher entlehnt werden. Am Entlehnschein werden dabei Signatur, Verfasser, Titel, Erscheinungsort und Erscheinungsjahr des Buches, Datum der Entlehnung sowie Name, Adresse, und Bibliotheksausweisnummer des Entlehners vermerkt.

   Zeichnen Sie ein Entity-Relationship-Diagramm, zählen Sie alle Entitätenmengen, Beziehungen und ihre Attribute auf und geben Sie die Anzahl der Entitätenmengen, die Anzahl der Beziehungen und die der Attribute an.

2. In einem Lager werden zur Aufzeichnung der Entnahmen folgende "Entnahmescheine" verwendet:

Entnahmeschein		2.12.1990
für Auftrag Nr.	12	
Artikelnr.	Menge	Einheit
15	1	Stück
25	1	Karton
3	10	kg

   Zeichnen Sie ein Entity-Relationship-Diagramm, zählen Sie alle Entitätenmengen, Beziehungen und deren Attribute auf und geben Sie die Anzahl der Entitätenmengen, die Anzahl der Beziehungen und die Anzahl der Attribute an.

3. In einer kleinen Bäckerei werden Bestellungen mittels folgendem Bestellschein erfaßt:

Bestellschein		
Kunde: Ratlos Adresse: Berggasse Liefertermin: 1990/01/18		Bestelldatum: 1990/01/15
Bestellmenge	Einheit	Artikel
10	Stück	Semmeln
5	Stück	Kipferl
2	kg	Brot

Zeichnen Sie ein Entity-Relationship-Diagramm, zählen Sie alle Entitätenmengen, Beziehungen und deren Attribute auf und geben Sie die Anzahl der Entitätenmengen, die Anzahl der Beziehungen und die Anzahl der Attribute an.

4. Was wissen Sie über Beziehungen im ER-Modell?

   (a) Beziehungen sind immer Attribute von Entitäten
   (b) Beziehungen sind immer linear
   (c) keine Entität kann eine Beziehung mit sich selbst haben
   (d) Beziehungen können Attribute haben
   (e) eine unäre Beziehung stellt eine Beziehung einer Entitätenmenge mit sich selbst dar
   (f) Beziehungen dauern kaum länger als zwei Jahre

5. Gegeben sind die Entitäten Buch und Sachgebiet. Jedes Buch kann nur einem Sachgebiet zugeordnet werden, aber einem Sachgebiet können mehrere Bücher zugeordnet sein. Welche Aussagen über das zugehörige ER-Modell sind richtig?

   (a) Der Zusammenhangstyp von (Buch, Sachgebiet) ist mehrfach.
   (b) Der Zusammenhangstyp von (Buch, Sachgebiet) ist einfach.
   (c) Der Zusammenhangstyp von (Sachgebiet, Buch) ist einfach.
   (d) Der Zusammenhangstyp von (Sachgebiet, Buch) ist mehrfach.

Kapitel 15

Datennormalisierung und ihre Vorteile

Ziel:
Die Zerlegung von Relationen in Normalformen und der Zweck dieser Zerlegung sollen im Prinzip verstanden werden. Die Möglichkeit der Abfrage von Datenbanken mittels SQL soll in den Grundzügen vermittelt werden. Der Unterschied von formatierten und unformatierten Datenbanken soll klar gemacht werden.

Die Hauptvorteile, die korrekt normalisierte Datenbanken im Management-Informationssystem bieten, bestehen in folgenden Punkten:

- Entwicklung einer Strategie, um Relationen zu konstruieren und Schlüsselbegriffe auszuwählen,
- verbesserte Schnittstelle zum Endbenutzer,
- geringerer Aufwand bei der Hinzuführung und beim Löschen von Attributen und Sätzen,
- verbesserte Information über die wirtschaftliche Auslegung des physischen Datenbankdesigns,
- Möglichkeit der erleichterten Identifikation potentieller Probleme, die weitere Analysen und Dokumentationen erfordern.

Zusammenfassend kann daher aus der Perspektive des Endbenutzers gesagt werden, daß korrekt normalisierte Datenbanken den Kern von Informationssystemen darstellen und in solchen computerunterstützten Informationssystemen zu einer verbesserten Responsezeit und einer wesentlich leichter zu handhabenden Endbenutzerschnittstelle führen können. Dem Programmierer selbst bieten sich insbesondere **logische** und **physische** Datenunabhängigkeit. Datenbanken bieten zudem Zahlen und Fakten, die erst eine zielführende Unternehmensführung aufgrund genauerer und korrekter Information möglich machen. Datennormalisierung selbst besteht in einer Menge von Regeln und Techniken, die sich insbesondere mit der Identifikation von Attributen auseinandersetzen, die Kombination von Attributen in der Form von Relationen (Tabellen) erlauben und die Kombination von Relationen zu einer Datenbank gestatten ([Kudlich 1988], [Stucky, Schlageter 1983] u.a.).

Unter einem Attribut verstehen wir ein Datenelement, und unter einer Relation verstehen wir eine Gruppe von Attributen. Zum Beispiel könnte in der Relation STUDENT die Menge der Attribute aus folgenden Feldern bestehen:
STUDENTENNAME, STUDENTENADRESSE, GEBURTSDATUM, WOHNORT, MATRIKELNUMMER, etc.
Eine Vorlesungsdatenbank könnte z.B. folgende Attribute enthalten:
VORLESUNGSNUMMER, VORLESUNGSNAME, VORTRAGENDER, etc.
Normalisierungsabsicht besteht in dem Versuch, sogenannte Anomalien zu vermeiden. Zum Beispiel kennen wir **Einfügeanomalien**. Darunter verstehen wir, daß die Einfügung von einem Faktum über ein Attribut eine zusätzliche Einfügung eines Faktums über ein anderes Attribut erfordert. Unter einer **Löschanomalie** verstehen wir, daß Fakten über zwei Attribute verloren gehen, wenn man nur ein derartiges Attribut löscht. Einige Beispiele mögen diese Begriffe veranschaulichen. Stellen wir uns vor, daß in einer Studentendatenbank folgende Attribute in einer Tabellenzeile gruppiert wären:
STUDENTENNAME, MATRIKELNUMMER, STUDENTENADRESSE, VORLESUNGSNUMMER, VORLESUNGSNAME, VORLESUNGSVORTRAGENDER
Um nun Information über eine neue Vorlesung, die noch von keinem Studenten besucht werden kann, einzufügen, ist es notwendig einen fiktiven Studenten (den sog. *dummy*-Student) zu schaffen. Information über eine existierende Vorlesung würde hingegen verloren gehen, wenn alle Studenten, die diese eine eingeführte Vorlesung besuchen, gelöscht würden. Dies wäre z.B. der Fall, wenn man eine Vorlesung nur im Winter- oder Sommersemester besuchen würde. Ein anderes

Beispiel bietet die Gruppierung der Attribute
BESCHÄFTIGUNGSNUMMER, FACHGRUPPENNAME, FACH-
GRUPPENLEITER.
Wechselt der Fachgruppenleiter, dann müßte diese Information bei jedem in dieser Fachgruppe modifiziert werden. Dieses Problem kann eliminiert werden, indem man zwei Gruppen von Informationen bildet:
Gruppe 1: BESCHÄFTIGUNGSNUMMER, FACHGRUPPE
Gruppe 2: FACHGRUPPE, FACHGRUPPENLEITER.
Die Zerlegung von Relationen in kleinere Relationen ist eine der Techniken, um Modifikationsanomalien zu beseitigen oder zu vermindern. Man wäre zunächst geneigt zu glauben, daß Modifikationsanomalien eher selten und ungewöhnlich sind. Mit einiger Erfahrung stellt man allerdings fest, daß man dieses Problem sehr häufig antrifft.

15.1 1. Normalform

Definition:
Wir bezeichnen eine Relation als eine Relation in **1. Normalform**, wenn jedes Tupel der Relation je Komponente nur **einen Wert** aus dem Wertebereich des Attributs aufweist (Abb. 15.1 und Abb. 15.2).

Vorlesungen			Verantwortliche			Hörer			Bewert.
Vorl.Nr.	Vorl.Name	Hörs.	Vorn.	Nachn.	Nr.	Vorn.	Nachn.	Matr.Nr.	Note
3721	Informatik	HS1	130	Alan	Kurow	102	Fritz	Maier	8610826	2
3721	Informatik	HS1	130	Alan	Kurow	102	Fritz	Müller	8510721	5
3721	Informatik	HS1	130	Franz	Girke	108	Fritz	Maier	8610826	3
3721	Informatik	HS1	130	Franz	Girke	108	Fritz	Müller	8510721	4
3721	Informatik	HS1	130	Franz	Girke	108	Hans	Schuh	8610933	1
:	:	:	:	:	:	:	:	:	:

Abbildung 15.1: Lehrveranstaltungsteilnahme - in 1. Normalform

In unserem Beispiel einer Relation in 1. Normalform stellen wir erhebliche Redundanzen fest. Die Vortragendenattribute und die Lehrveranstaltungsattribute werden für jeden Teilnehmer in der Relation angeführt. Nun weist aber jede Lehrveranstaltung genau einen Vortragenden auf. Man könnte also beträchtlichen Speicherplatz sparen, wenn solche unnötig erscheinende Redundanzen vermieden würden. Zu diesem Zweck befassen wir uns anschließend mit Abhängigkeiten zwischen den Attributwerten.

Vorlesungen				Verantwortliche			Hörer			Bewert.
Vorl.Nr.	Vorl.Name	HS	HS-Gr.	Vorn.	Nachn.	Nr.	Vorn.	Nachn.	Matr.Nr.	Note
3721	Informatik	HS1	130	Alan	Kurow	102	Fritz	Maier,	8610826,	2
							Fritz	Müller	8510721	5
3721	Informatik	HS1	130	Franz	Girke	108	Fritz	Maier,	8610826,	3
							Fritz	Müller	8510721	4
							Hans	Schuh	8510933	1
⋮	⋮	⋮	⋮	⋮	⋮	⋮	⋮	⋮	⋮	⋮

Abbildung 15.2: Lehrveranstaltungsteilnahme - nicht in 1. Normalform (da 2 oder mehr Werte für ein Attribut unzulässig sind)

1. Funktionale Abhängigkeit:
Ein Attribut oder eine Attributskombination A_j wird als **funktional** abhängig von einem Attribut oder einer Attributskombination A_i der gleichen Relation R bezeichnet, wenn zu einem Wert von A_i höchstens ein Wert von A_j möglich ist. Wir schreiben auch $A_i \rightarrow A_j(R)$ oder einfach kurz $A_i \rightarrow A_j$.
Die Verantwortlichennummer identifiziert den Lehrveranstaltungsverantwortlichen eindeutig. Die Entität LV-Verantwortlicher besitzt noch das beschreibende Attribut LV-Verantwortlichenname, das sich seinerseits wieder in Vor- und Nachname unterteilt. Von jeder LV-Verantwortlicher-Nr. kann daher unmittelbar auf den Namen des LV-Verantwortlichen - also auf das Attribut LV-Verantw.-Name - geschlossen werden. Die Attribute LV-Verantw.-Vorname und -Nachname sind daher **funktional** abhängig von LV-Verantwortlicher-Nr (Abb. 15.3).

bestimmendes Attribut	funktional abhängiges Attribut
LV-Verantwortlicher-Nr $\rightarrow$	LV-Verantw.-Nachname
LV-Verantwortlicher-Nr $\rightarrow$	LV-Verantw.-Vorname

Abbildung 15.3: Funktionale Abhängigkeit

Offenbar ist funktionale Abhängigkeit nicht umkehrbar. Da mehrere Vorlesungsverantwortliche den gleichen Vor- bzw. Nachnamen haben können, ist es nicht zulässig, von Vor- bzw. Nachnamen auf die LV-Verantwortlichen-Nr. zu schließen. Der Begriff **funktionale Abhängigkeit** muß jedoch weiter gefaßt und auf den Fall mehrerer Attribute ausgedehnt werden. Z.B. sind in obigem Beispiel die Attribute LV-Verantw.-Vorname und LV-Verantw.-Nachname vom Attribut LV-

Verantw.-Nr. funktional abhängig. Nun kann jedoch auch das bestimmende Attribut in einer funktionalen Abhängigkeit aus einer Kombination von Attributen bestehen. Funktionale Abhängigkeit muß daher noch genauer spezifiziert werden.

2. Volle funktionale Abhängigkeit:
A_i bestehe aus einem oder mehr als einem Attribut. Ist nun A_j von A_i, jedoch nicht von einzelnen Teilen der Attributskombination A_i funktional abhängig, so ist A_j **voll (funktional)** abhängig.
Nehmen wir an, eine Vorlesung würde durch zwei Vortragende zusammen bestritten. Jeder von den beiden sei nun für seinen Teil der Vorlesung verantwortlich. Studenten könnten auch Teile der Vorlesung besuchen. Wir haben nun mehrere Verantwortliche je Vorlesung und gewöhnlich auch mehrere Studenten je Vorlesung. Da ein Vorlesungsverantwortlicher zugleich für mehrere Vorlesungen verantwortlich sein kann, ist die Bewertung nur durch das Attributetupel VORLESUNGSNR., VERANTWORTLICHENNR., MATRIKELNR. bestimmt. Als Primärschlüssel unserer Relation in 1.NF (Abb. 15.4) kommt nur obiges Attributetupel in Frage, da das Weglassen auch nur eines Attributes die Eindeutigkeit der Bestimmtheit **jedes** anderen Attributetupels der Relation verletzen würde. (Gäbe es z.B. nur genau einen Verantwortlichen je Vorlesung, so wäre dieser jedoch durch die Vorlesungsnr. mittelbar bestimmt, und das Tupel (Vorlesungsnr., Matrikelnr.) würde als Primärschlüssel genügen). Unter den gemachten Annahmen ist dieses Attributetupel auch minimal und daher als einziges in Frage kommendes derartiges Tupel Primärschlüssel. Allerdings sind viele Attribute nur von Teilen des Schlüssels abhängig: Die Vorlesungsattribute von den Vorlesungsnummern, die LV-Verantwortlichen-Attribute von den LV-Verantwortlichennummern und die Studentenattribute von den Matrikelnummern. Lediglich die Bewertung ist nur durch das Attributetupel unseres gewählten Primärschlüssels bestimmt. Es liegt daher in vielen Fällen keine volle funktionale Abhängigkeit vor, da viele Attribute von Teilen des Primärschlüssels funktional abhängig sind.

3. Transitive Abhängigkeit:
A_i, A_j und A_k seien untereinander verschiedene Attribute oder Attributskombinationen einer Relation, A_j sei kein Teiltupel von A_i und A_k kein Teiltupel von A_j. A_i sei der Schlüssel der Relation. Ist nun A_j von A_i und ist A_k von A_j funktional abhängig, d. h. es gilt: $A_i \to A_j$ *und* $A_j \to A_k$, so ist A_k **transitiv** abhängig von A_i (allerdings nur dann, wenn zugleich gilt $A_j \not\to A_i$ (d.h. A_i ist von A_j nicht funktional

abhängig).[1]
Bei der Überprüfung der Tabelle VORLESUNGSVERANSTALTUNGEN (Abb. 15.5) stellt man fest, daß die Hörsaalgröße nur von der Hörsaalbezeichnung und nicht von der Vorlesungsnummer funktional abhängig ist. D.h. es gilt für die Relation VORLESUNGSVERANSTALTUNGEN:

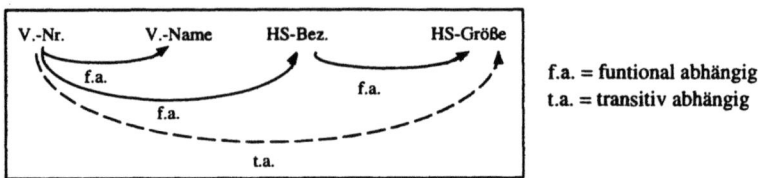

15.2 2. Normalform

Definition:
Eine Relation befindet sich in der 2. Normalform, wenn diese sich in der 1. Normalform befindet, und jedes nicht zum Schlüssel (=Identifikationsschlüssel) gehörende Attribut von diesem **voll funktional** abhängig ist.

Das folgende Beispiel ist zwar in der 1. Normalform, nicht jedoch in der 2. Normalform (Abb. 15.4).

Vorlesungen				Verantwortliche			Hörer			Bewert.
Vorl.Nr.	Vorl.Name	HS	HS-Gr.	Vorn.	Nachn.	Nr.	Vorn.	Nachn.	Matr.-Nr.	Note
3721	Informatik	HS1	130	Alan	Kurow	102	Fritz	Maier	8610826	2
3721	Informatik	HS1	130	Alan	Kurow	102	Fritz	Müller	8510721	5
3721	Informatik	HS1	130	Franz	Girke	108	Fritz	Maier	8610826	3
3721	Informatik	HS1	130	Franz	Girke	108	Fritz	Müller	8510721	4
3721	Informatik	HS1	130	Franz	Girke	108	Hans	Schuh	8610933	1
:	:	:	:	:	:	:	:	:	:	:

Abbildung 15.4: 1. Normalform: Lehrveranstaltungsteilnahme

Es gilt nun, den Primärschlüssel festzustellen. Der Primärschlüssel besteht aus dem Attributetupel (Vorlesungsnummer, Verantwortlichennummer, Matrikelnummer (abgekürzt: V.-Nr., Ver.-Nr., Matr.-Nr.)).

---

[1] Z.B. gilt für einen Studenten, wenn MNR die Matrikelnummer und SVNR die Sozialversicherungsnummer bezeichnen: MNR → SVNR → NAME, jedoch auch SVNR → MNR → NAME. Dabei ist NAME nicht von MNR transitiv abhängig.

Wir zerlegen nun die Relation in die folgenden vier Relationen, die
dann in 2. Normalform sind (Abb. 15.5, 15.6, 15.7 und 15.8). Diese
vier Relationen vermeiden Redundanz, weisen jedoch dieselbe Information wie die ursprüngliche Relation auf. Der Primärschlüssel der
Relation VORLESUNGSVERANSTALTUNGEN ist V.-Nr., der Relation VORLESUNGSVERANTWORTLICHE ist Ver.-Nr., der Relation VORLESUNGSTEILNAHME ist (V.-Nr., Ver.-Nr., Matr.-Nr.) und
der Relation HÖRER ist Matr.-Nr. Man bemerke, daß in die Relationen in 2. NF noch unbemerkt Anomalien eingebracht werden können.
Zum Beispiel könnte ein HS1 mit 250 Plätzen eingebracht werden, ohne daß dieser Widerspruch bemerkt werden müßte. Ein weiterer Zerlegungsschritt in die 3. NF erlaubt auch die Vermeidung derartiger
Anomalien.

V.-Nr.	V.-Name	Hörsaal Bez.	Größe
3721	Informatik	HS1	130
3722	Informatik	HS4	140
⋮	⋮	⋮	⋮

Abbildung 15.5: Vorlesungsveranstaltungen

Ver.-Nr.	Vorname	Nachname
102	Alan	Kurow
108	Franz	Girke
⋮	⋮	⋮

Abbildung 15.6: Vorlesungsverantwortliche

V.-Nr.	Ver.-Nr.	Matr.-Nr.	Bewertung
3721	102	8610826	2
3721	102	8610721	5
3721	108	8610826	3
3721	108	8610721	4
3721	108	8610933	1
⋮	⋮	⋮	⋮

Abbildung 15.7: Vorlesungsteilnahme

Matr.-Nr.	H.-Vorn.	H.-Nachn.
8610826	Fritz	Maier
8610721	Fritz	Müller
8610933	Hans	Schuh
⋮	⋮	⋮

Abbildung 15.8: Hörer

15.3 3. Normalform und höhere Normalformen

Definition:
Eine Relation ist in 3. Normalform, wenn sie in 2. Normalform ist und es **kein Attribut**, welches nicht Teil des Schlüssels ist, gibt, welches **transitiv vom Schlüssel** abhängt.

Um in unserer Zerlegung die 3. Normalform zu erhalten, müssen wir zunächst die Relation VORLESUNGSVERANSTALTUNGEN aufteilen in die Relationen VORLESUNGEN und HÖRSÄLE, da das Hörsaal-Attribut HÖRSAAL-GRÖßE transitiv abhängig vom Schlüssel V.-Nr. ist (Abb. 15.9 und 15.10).

V.-Nr.	V.-Name	Hörsaal-Bezeichnung
3721	Informatik	HS1
3722	Informatik	HS4
⋮	⋮	⋮

Abbildung 15.9: Vorlesungen

Hörsaal-Bezeichnung	Hörsaal-Größe
HS1	130
HS4	140
⋮	⋮

Abbildung 15.10: Hörsäle

Die dieserart gebildeten Relationen in 3. Normalform lassen sich gewöhnlich in vorhandenen Datenbanksystemen - vom PC bis zum Großrechner - speichern, die mit Hilfe sogenannter Abfragesprachen zu

späteren Zeitpunkten die gewünschte Information in beliebiger Zusammensetzung liefern können.
Neben funktionalen Abhängigkeiten kennen wir auch sogenannte **mehrwertige Abhängigkeiten**, die dem Wert eines Attributes X mehr als nur einen Wert eines anderen Attributes Y zuordnen können. (Jede funktionale Abhängigkeit (f.a.) ist auch eine (degenerierte) mehrwertige Abhängigkeit (mw.a.); jedoch gilt diese Aussage nicht umgekehrt.) Wir schreiben dann

$$X \twoheadrightarrow Y$$

und drücken damit aus, daß jedem Element von X eine Menge von Werten aus Y zugeordnet wird. Unter Berücksichtigung dieser Abhängigkeit wird eine 4. Normalform unterschieden, die erlaubt, unerwünschte Effekte zu vermeiden. Die *Boyce-Codd-Normalform* (BCNF) liegt zwischen 3. und 4. Normalform, da in der Anordnung

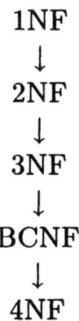

die 4. Normalform alle darüberliegenden Normalformen impliziert, jedoch nicht umgekehrt.
Erinnern wir uns daran, daß ein **Superschlüssel** in einer Relation funktional jedes Attribut einer Relation impliziert. Ein **Schlüsselkandidat** ist hingegen jener Superschlüssel, der eine minimale Anzahl von Attributen aufweist. Ein Schlüsselkandidat kann Teiltupel enthalten, die auch der Primärschlüssel enthält.
Definition:
Eine Relation befindet sich in *Boyce-Codd-Normalform (BCNF)*, wenn für jede funktionale Abhängigkeit eines Attributes A von einem Attribut(etupel) Y - d.h. für $Y \rightarrow A$ - gilt, daß Y ein Schlüsselkandidat ist, wenn A nicht zu Y gehört.
Es gelte z.B. für eine Relation R mit dem Attributetupel $(\underline{A}, \underline{B}, C)$ die funktionale Abhängigkeit $C \rightarrow A$. Die Relation ist in 3. Normalform,

da das Attributepaar A, B den Primärschlüssel darstellt, und somit A Teil des Primärschlüssels ist. Da jedoch C kein Schlüsselkandidat ist, befindet sich die Relation R nicht in *BCNF*.
In der Relation VORLESUNGSVERANSTALTUNGEN (Abb. 15.11) liegt keine *BCNF* vor, da zwar gilt

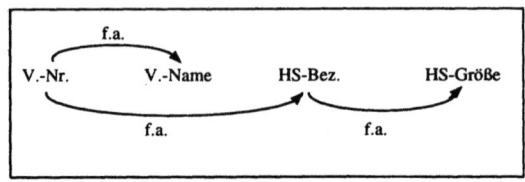

Abbildung 15.11: Relation VORLESUNGSVERANSTALTUNG

das Attribut HS-Bez. jedoch kein Schlüsselkandidat ist, (da V.-Nr. nicht von HS-Bez. funktional abhängig ist). Andererseits gelte für die Relation HÖRER (jeder Hörer habe eine Sozialversicherungsnummer, Abb. 15.12):

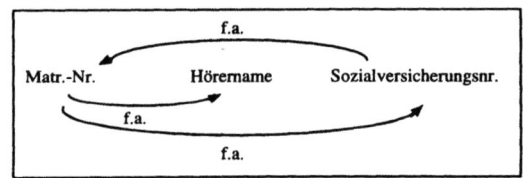

Abbildung 15.12: Relation HÖRER

Da Matr.-Nr. als Primärschlüssel gewählt wurde, ist Sozialversicherungsnr. Schlüsselkandidat und die Relation in *BCNF*. Die *BCNF* kommt also insbesondere dann zur Anwendung, wenn Relationen mehrere sich überlappende Schlüsselkandidaten aufweisen.

Das Konzept der 4. NF verlangt über unsere bisherigen Betrachtungen hinaus eine Beschäftigung mit Problemen, die aus sogenannten mehrwertigen Abhängigkeiten resultieren. Betrachten wir z.B. die Relation *INF*:
INF (<u>STUDNR</u>, <u>SPKENNTNISSE</u>, <u>HOBBIES</u>), die sich in *BCNF* befindet und den folgenden momentanen Datenbestand aufweise (Abb. 15.13):

ANGNR	SPKENNTNIS	HOBBIES
8550143	LATEIN	TENNIS
8550143	LATEIN	KLETTERN
8550143	ENGLISCH	TENNIS
8550143	ENGLISCH	KLETTERN
8651027	ENGLISCH	TENNIS
8651027	ENGLISCH	GOLF
8651027	LATEIN	TENNIS
8651027	LATEIN	GOLF

Abbildung 15.13: Momentaner Datenbestand

Diese Relation ist schwer zu pflegen, da die Hinzufügung eines neuen Hobbies die Hinzufügung von mehreren Zeilen - nach Anzahl der Kenntnisse - erfordern würde. Das Problem kommt zustande, da sowohl die mehrwertige Abhängigkeit ANGNR $\twoheadrightarrow$ SPKENNTNIS als auch die mehrwertige Abhängigkeit ANGNR $\twoheadrightarrow$ HOBBIES vorliegt. HOBBIES und SPKENNTNIS sind jeweils voneinander unabhängig. Eine wesentlich bessere Alternative besteht daher darin, die Relation INF in folgende zwei Relationen zu zerlegen:
SPRACHEN (ANGNR, SPKENNTNIS)
HOBBY (ANGNR, HOBBIES).
Die Hinzufügung eines Hobbies verlangt dann nur eine Einfügung in der Relation HOBBY.
Mehrwertige Abhängigkeiten kommen insbesondere dann vor, wenn Attribute in einer Relation nicht inhaltlich miteinander in Beziehung stehen (wie z.B. HOBBIES und SPKENNTNIS).

Definition:
Eine Relation ist in 4. NF, wenn die Menge Y von Attributen, welche die mehrwertige Abhängigkeit

$$Y \twoheadrightarrow X$$

bestimmt, ein Superschlüssel ist.
Mitunter sind mehrwertige Abhängigkeiten schwer zu erkennen. Sie liegen insbesondere dann vor, wenn wir ternäre Beziehungen haben, deren Daten in der Relation teilweise oder zur Gänze durch ein kartesisches Produkt von Wertebereichen der Attribute gebildet werden können. Denken wir z.B. an eine Relation $KBDB$ einer Konkurrenzbeobachtungsdatenbank mit
$KBDB$ (KONK, ORT, PROD).

Unsere Datenbank *KBDB* sehe folgendermaßen aus (Abb. 15.14):

KONK	ORT	PROD
ABC	WIEN	DRUCKER
ABC	GRAZ	DRUCKER
ABC	LINZ	DRUCKER
ABC	WIEN	PC
ABC	GRAZ	PC
ABC	LINZ	PC
MBI	WIEN	DRUCKER
MBI	GRAZ	DRUCKER
MBI	WIEN	PC
MBI	GRAZ	PC

Abbildung 15.14: Datenbank KBDB

Würde nun die Gesellschaft MBI eine Filiale in LINZ eröffnen, die ebenfalls die Produkte PC und DRUCKER verkaufen sollte, so müßten wir in die Relation die beiden Tupel
MBI LINZ PC
MBI LINZ DRUCKER
einfügen. Ein ähnliches Problem ergäbe sich bei Löschungen. In der 4. NF würden wir diese Relation in die beiden Relationen
PRODUKT (KONK, PROD)
FILIALE (KONK, ORT)
zerlegen, und eine Hinzufügung einer Filiale vom Konkurrenten MBI würde z. B. nur mehr die Hinzufügung des Tupels
MBI LINZ
in die Relation FILIALE erfordern.
Offenbar sind die Attributewerte von ORT, die in einer Kombination der Attributewerte von KONK und PROD vorkommen, unabhängig vom jeweiligen Wert des Attributes PROD. Besteht nun zwischen KONK und ORT eine mehrwertige Abhängigkeit bezüglich PROD, so besteht auch zwischen KONK und PROD eine mehrwertige Abhängigkeit bezüglich ORT. D.h. eine mehrwertige Abhängigkeit tritt immer paarweise auf und benötigt 3 Attribute.
Man beachte, daß eine solche Zerlegung der Relation *KBDB* z.B. dann nicht möglich wäre, wenn es einen inhaltlichen Zusammenhang zwischen den Attributen ORT und PROD gäbe; z.B. könnte das Unternehmen ABC beschließen, die Filialen in Wien zum Druckervertriebszentrum und die Filialen in Graz und Linz zu PC-Zentren zu machen. In diesem Falle wäre die Auflösung der Relation KBDB nicht

zweckmäßig.

Durch Hinzufügungen und Löschungen werden die Relationen einer Datenbank laufend auf dem letzten Stand gehalten. Bei der Implementation von Datenbanken werden allerdings Techniken und Konzepte für die Speicherung von Relationen verwendet, welche wir bei der Anwendungsprogrammierung ebenso benötigen. Einige grundlegende Konzepte haben wir im Kapitel 4 (Datenstrukturen und Datenorganisation) vorgestellt.

15.4 Datenbanksysteme

Softwaresysteme zur Speicherung und Verwaltung von Daten zum Zwecke des späteren Wiederaufsuchens dieser Daten nach Suchkriterien durch Programme und Endbenutzer nennt man Datenbanksysteme, wenn sie gewissen Anforderungen an ihre Konstruktion entsprechen. Gewöhnlich ist es möglich, Daten in Datenbanksystemen zu ändern (*update*), zu löschen (*delete*) und einzufügen (*add*). Wir unterscheiden zwei wesentliche Arten von Datenbanken, die im Sprachgebrauch gewöhnlich nur inhaltlich unterschieden werden:

- Nichtformatierte Datenbanken
- Formatierte Datenbanken.

Nichformatierte Datenbanken werden insbesondere im Bibliothekswesen, in der Verwaltung von großen Mengen von Wirtschaftsdaten und wissenschaftlichen Daten sowie in der Büroautomation verwendet. Sie dienen in erster Linie der Auskunftserteilung und dem Aufsuchen von Text bzw. Graphiken u.ä., ohne eine allzu tiefe Struktur aufzuweisen. Typisch für diesen Bereich sind Datenbanksysteme, die neben Titel, Autor, Verlag, Erscheinungsjahr etc. von Büchern auch deren gesamten Text speichern. Das Suchproblem in derartigen Datenbanken, gewöhnlich mit *information retrieval* bezeichnet, besteht im wesentlichen in dem Erkennen von Zusammenhängen zwischen Text- und Bildelementen und geforderten Inhalten, die einer Suche zugrundeliegen. Zum Beispiel könnte man in einer Gerichtsurteilsdatenbank nach allen Urteilen suchen, die sich auf PCs unter Verwendung des Betriebssystems UNIX bei eigenerstellter Software beziehen. Im Urteilstext sind diese Eigenschaften gewöhnlich nicht angemerkt, und ein mehr oder weniger 'intelligentes' Programm muß aus dem Urteilstext erkennen, ob das Urteil die geforderten Eigenschaften aufweist und daher in das Ergebnis der Suchanfrage einzubeziehen ist.

Anders ist die Situation bei **formatierten** Datenbanken. Formatierte Datenbanken sind die dominierende Erscheinungsform von Datenbanken in Unternehmen. Man findet formatierte Datenbanken auf Mikrocomputern, Minicomputern und Großrechnern. Das Konzept besteht im wesentlichen darin, alle für ein Unternehmen relevanten Daten nach einem Schema zentral zu verwalten. Im wesentlichen besteht ein Datenbanksystem aus der eigentlichen Datenbank, unter der wir die Gesamtheit aller für das Datenbanksystem relevanten Daten verstehen, und aus einem Datenbankmanagementsystem (DBMS), das die Verwaltung der Datenbank übernimmt und die Daten dem Benutzer in der gewünschten Form zur Verfügung stellt. Als Benutzer kommen in erster Linie Programmierer und sogenannte Endbenutzer, die nur Information in formatierter Form über spezielle Zusammenhänge erhalten wollen, in Frage. Beide Benutzertypen richten ihre Anfrage an eine Datenbank in einer sogenannten *query*-Sprache (QL). Es ist hierbei nicht nötig, daß sie den Gesamtdatenbestand kennen. Es genügt, wenn sie ein eingeschränktes Bild des Gesamtdatenbestandes der Datenbank haben, das für ihre Problemstellung ausreicht. Man spricht in diesem Zusammenhang von sogenannten *VIEWS*. Die Gesamtheit aller *VIEWS* der Benutzer wird als **externe Schemata** bezeichnet. Unter einem **konzeptionellen Schema** verstehen wir eine maschinen- und softwareunabhängige Beschreibung der gesamten Datenbank. Das **interne Schema** hingegen ist eine Beschreibung der physischen Datenbank. Diese Beschreibung ist in der Nähe der Maschinenebene angesiedelt und beschreibt Dinge wie Datenorganisation und Zugriffspfade. Ein formatiertes Datenbanksystem leistet daher in erster Linie eine Zusammenfassung der einzelnen Datenbestände des Unternehmens zu einem Gesamtdatenbestand derart, daß sowohl Programmierer als auch Endbenutzer auf diese Daten unter Verwendung ihres eingeschränkten Blickwinkels zugreifen können. Um aus dieser Vielzahl von Sichten eine gemeinsame Sicht zu machen, ist ein Spezialist erforderlich, der die Datenbankbeschreibung in einer geeigneten Sprache, der sogenannten **Datendefinitionssprache** (DDL) vornimmt. Dieser Spezialist ist der **Datenbankadministrator**. Er entwirft das sogenannte **Datenbankschema** und ist für die Pflege der Schemata und Abbildungen verantwortlich. (Abb. 15.15)

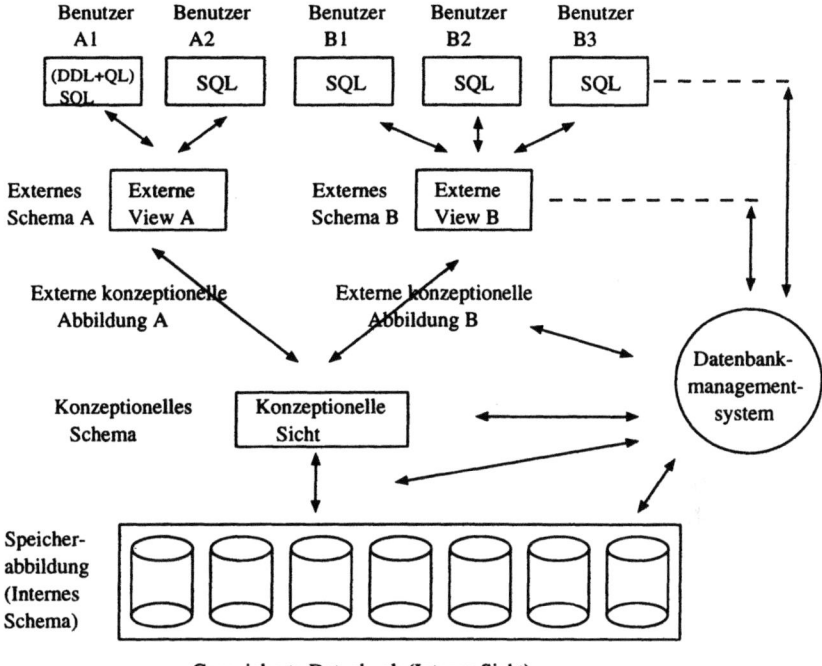

Abbildung 15.15: Datenbankschemata

Durch Verwendung einer Datenbank werden die eigentlichen rechnerischen Prozesse von der Verwaltung der Daten getrennt, wodurch eine Entlastung des Programmierers bzw. des Benutzers dieser Daten entsteht. Zudem wird hier quasi als Nebeneffekt noch die Speicherung von Duplikaten vermieden, d.h. es kommt zur **Redundanzvermeidung.** Die zentrale Verwaltung bewirkt, daß alle Benutzer auf die gleichen Daten zugreifen, und es daher nicht aus Gründen unterschiedlicher Aktualität der Daten zu unterschiedlichen Ergebnissen bei den Programmen kommt. Die Daten eines Datenbanksystems können in einer fast beliebigen, vom Benutzer gewünschten spezifischen Form relativ schnell zur Verfügung gestellt werden. Entscheidend für das Ausmaß der Flexibilität eines Datenbanksystems sind allerdings das verwendete Datenmodell und die verwendeten Speichertechniken. Durch die zentrale Speicherung aller Daten ist es möglich, die Korrektheit und Vollständigkeit der gespeicherten Daten leichter zu garantieren. Man

spricht von der Sicherung der **Integrität** der Datenbank.
Durch die Trennung von Programm und physischer Datenorganisation entsteht der Effekt einer **physischen Datenunabhängigkeit**. Neben der physischen Datenunabhängigkeit kennen wir noch die **logische Datenunabhängigkeit**. Unter logischer Datenunabhängigkeit verstehen wir, daß die Benutzer ihre spezifische Datensicht nicht ändern müssen, auch wenn sich die Gesamtdatensicht durch den Datenbankadministrator ändern sollte. Dies kann durch Hinzufügung neuer Benutzersichten und neuer Daten durchaus der Fall sein.
Um die Daten aus einer Unternehmensumgebung in ein Datenbanksystem einzuspeisen, ist es zweckmäßig, ein systematisches Verfahren zur Modellierung dieser eingeschränkten Umgebung des Unternehmens, deren Daten in einer Datenbank abgebildet werden sollen, zu verwenden. Das **Entitäten-Beziehungs-Modell (E-R-Modell)** ist eines der gebräuchlichsten **semantischen Datenmodelle**. In Datenbanken werden somit Objekte als auch Beziehungen zwischen Objekten gleichen und verschiedenen Typs gespeichert. Um die Gesamtstruktur des Unternehmens zu erfassen, ist es notwendig, alle Objekte mit Attributen und alle Beziehungen mit Attributen, mit denen EDV-unterstützt gearbeitet werden soll, zu erfassen. Die Beschreibung erfolgt im konzeptuellen Schema der Datenbank im Datenmodell derselben in einer implementierungsunabhängigen Form. Selbstverständlich muß hierbei eine Auswahl der relevanten Objekt- und Beziehungstypen erfolgen, um nicht unnötig Information zu erheben und zu speichern. Semantische Datenmodelle werden zur Modellierung beim Datenbankentwurf verwendet. Mit Hilfe eines semantischen Datenmodells werden dabei in der Regel externe Schemata erstellt, welche durch Transformation in ein konzeptuelles Schema überführt werden, das seinerseits auf die physische interne Ebene übersetzt werden muß. Das Entitäten-Beziehungsmodell, welches den semantischen Datenmodellen zugerechnet wird, kann zur Zeit im allgemeinen also nicht unmittelbar verwendet werden. Das aus diesem Modell resultierende Schema wird durch Transformation in eines der klassischen Datenmodelle zur Bildung des konzeptuellen Schemas überführt. Die wesentlichsten klassischen Datenmodelle sind das hierarchische, das netzwerkorientierte und das relationale Datenmodell. Hiervon ist das hierarchische das älteste und das relationale das jüngste. Am weitesten verbreitet zur Zeit dürften wohl hierarchische und netzwerkorientierte Datenbanken sein, wobei jedoch der Trend deutlich in Richtung relationaler Daten-

banken und Datenmodelle geht. Moderne Datenbanken wie DB/2 und
SQL/DS(IBM), INGRES, ORACLE u.a. verwenden das relationale
Datenmodell und werden daher auch als **relationale Datenbanken**
bezeichnet. Derartige Datenbanksysteme sind bereits auf Mikrorech-
nern, auf Minicomputern und auf Großrechnern zu finden. Die dominierende Abfragesprache (QL) ist die sogenannte *Structured Query
Language* (SQL).

15.5 Relationale Datenbanksysteme und relationale Query-Sprachen (SQL)

Relationale Datenbanksysteme verwenden das relationale Datenmodell. Das relationale Datenmodell modelliert ganz analog zum Entitäten-Beziehungsmodell in Tabellen, wobei jede Tabelle eine Relation darstellt, und die Spalten mit Attributnamen bzw. geeigneten
Bezeichnungen der Wertebereiche versehen sind. Jede Tabelle weist
einen Primärschlüssel auf, welcher erlaubt, die Zeilen einer Tabelle
voneinander zu unterscheiden. Es sind im Idealfall niemals zwei Zeilen
einer Tabelle gleich. Eine Datenbank in einem relationalen Datenbanksystem besteht aus einer Menge von Basistabellen. Ein Datenbanksystem kann selbst mehrere Datenbanken aufweisen. Die Benutzersicht,
welche einer eingeschränkten Sicht auf die Basistabellen einer Datenbank entspricht, wird als *View* bezeichnet. Die Relation heißt hierbei
im allgemeinen *Table*. Das Tupel einer Relation wird mit *Row* bezeichnet, und das Attribut wird mit *Column* bezeichnet.

Als Besonderheit weist die Datenbankabfragesprache SQL nicht nur
die Fähigkeit auf, Daten aus einer Datenbank zu extrahieren, sondern sie weist Sprachelemente auf, um Daten in einer Datenbank zu
löschen, neue Daten einzufügen und die Tabellen einer Datenbank bzw.
Views auf solche Tabellen zu definieren. Sie umfaßt daher neben der
eigentlichen *Query*-Sprache auch die Datendefinitionssprache (DDL).
Die Sprache SQL basiert auf dem Mengenkalkül und erlaubt, Zeilen
aus den Eintragungen in der Tabelle zu selektieren (**Selektion**), Spalten aus Tabellen auszuwählen (**Projektion**) und Tabellen miteinander
zu verknüpfen (**Verbund (join)**), um aus den verknüpften Tabellen
geeignete Zeilen auszuwählen. Aus den oben genannten Gründen ist es
zweckmäßig, die Tabellen so zu erstellen, daß sie sich in der 3. Normal-

form befinden. Manchmal reicht allerdings auch diese Form nicht aus, um unerwünschte Effekte zu vermeiden. Daher werden weitere Zerlegungsformen wie die *Boyce-Codd*-Normalform und die 4. Normalform unterschieden. In den meisten Fällen reicht allerdings die 3. Normalform, und es ist in der Praxis durchaus üblich, die 3. Normalform (in Ausnahmefällen auch die 2. Normalform) als Basis einer Zerlegung anzusehen.

Beispiele aus SQL:

Tabellendefinition:

CREATE TABLE Angestellter
    (Angestelltennummer CHAR(8) NOT NULL,
      Anstellungsdatum CHAR(7) NOT NULL,
      Anfangsgehalt DECIMAL(7.2) NOT NULL,
      Einsatzort CHAR(24) NOT NULL,
      Vorgesetzter CHAR(24))

Dieser *CREATE-TABLE*-Befehl erzeugt z.B. die Tabelle 'ANGESTELLTER' mit "*Angestelltennummer*" als Schlüsselattribut (Abb. 15.16).

Angestelltennummer	Anstellungsdatum	Anfangsgehalt	Einsatzort	Vorgesetzter
2807	Aug0176	10530	Linz	T. Wynette
0019	Sep1765	20980	Wien	W. Nelson
1908	Jun2183	22000	Salzburg	G. Jones
1007	Jan0166	10500	Wien	G. Jones
1108	Dez1580	20100	Graz	G. Jones
1507	Jul2086	12975	Linz	?
1807	Aug2184	11000	Bregenz	G. Jones
2106	Jul1979	9997	Wien	T. Wyette
0078	Feb2886	21065	Werfen	W. Nelson
1004	Aug2380	15300	Innsbruck	W. Jens

Abbildung 15.16: Angestellter

Das '?' steht für einen sogenannten NULL-Wert (d.i. ein nicht bekannter Wert). Die Einführung von NULL-Werten ist notwendig, wenn wir "keinen" Attributwert als Möglichkeit nicht ausschließen können.

DDL und Schema-Definition sind - wie zu sehen ist - in SQL integriert. Ein weiteres Beispiel bezieht sich auf die Generierung einer Tabelle 'KUNDE':

CREATE TABLE Kunde

(Kundennummer CHAR(9) NOT NULL,
Name CHAR(27),
Adresse CHAR(43),
Telephon DECIMAL(7),
Konto CHAR(6))

In Abb. 15.17 zeigen wir die Syntax des Selektions-Befehls, der in SQL zur Abfrage von Daten verwendet wird (vergl. das Kapitel über Syntaxdiagramme und Anhang A I für die weitgehend vollständige Syntax).

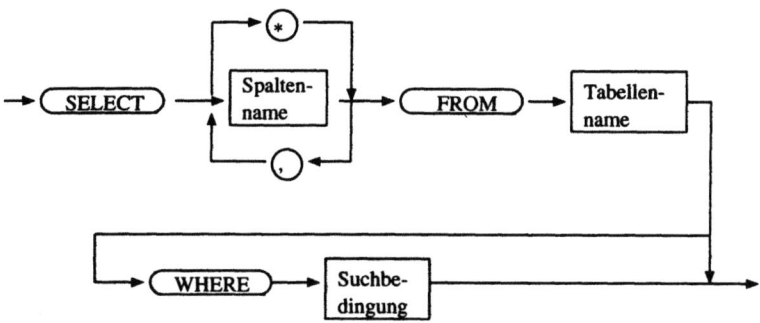

Abbildung 15.17: (Unvollständige) Syntax des Selektionsbefehls

Es folgen die Beispiel-Tabelle 'HÖRER' und die Beispiel-Tabelle 'FACHTEILNAHME' (Abb. 15.18 und Abb. 15.19).

Name	Geburtsjahr	Nationalität	Geschlecht
Fritz	1971	D	m
Franz	1970	D	m
Georg	1972	F	m
Anton	1971	CH	m
Sylvia	1972	F	w
Pete	1972	NL	m
Claudia	?	A	w

Abbildung 15.18: HÖRER

Name	Fach
Franz	Chemie
Anton	Mathematik
Georg	Chemie
Georg	Mathematik
Sylvia	Mathematik
Fritz	Mathematik
Claudia	Chemie
Sylvia	Chemie

Abbildung 15.19: FACHTEILNAHME

Der folgende SQL-Befehl (* steht für 'alle Spalten')

SELECT *
    FROM Fachteilnahme
    WHERE Fach = Chemie
liefert die SQL-Tabelle 'CHEMIE' (Abb. 15.20).

Name	Fach
Franz	Chemie
Georg	Chemie
Claudia	Chemie
Sylvia	Chemie

Abbildung 15.20: CHEMIE

Als nächstes Beispiel betrachten wir die SQL-Abfrage

SELECT Name, Geburtsjahr
    FROM Hörer
    WHERE Geschlecht = 'w'
Diese Abfrage liefert die SQL-Tabelle 'W.-HÖRER' (Abb. 15.21).

Name	Geburtsjahr
Sylvia	1972
Claudia	?

Abbildung 15.21: W.-HÖRER

Folgender SQL-Befehl liefert ein Beispiel eines *Joins*:

SELECT Name, Geburtsjahr, Fach
    FROM Hörer, Fachteilnahme

WHERE Name = Studentenname

ergibt als Resultat eine neue Tabelle (als Ergebnis eines sogenannten *Equijoins*, Abb. 15.22):

Name	Geburtsjahr	Fach
Fritz	1971	Mathematik
Franz	1970	Chemie
Georg	1972	Chemie
Georg	1972	Mathematik
Anton	1971	Mathematik
Sylvia	1972	Mathematik
Sylvia	1972	Chemie
Claudia	?	Chemie

Abbildung 15.22: Neue Tabelle

Beispiele einer m : n Beziehungsrelation im relationalen Datenmodell:

Die ersten zwei Tabellen sind Tabellen von Entitäten, welche durch eine Beziehungstabelle in einer $m:n$-Beziehung zueinander stehen (Abb. 15.23 und Abb. 15.24). Die dritte Tabelle ist eine Relation zur Darstellung der Beziehung KONTOFÜHRUNG (Abb. 15.25).

Kunde	Name	Adresse	Telephon
459701872	M. Robert	1090 Wien, Billrothstraße 7	7771430
570180760	J. C. Rieder	1010 Wien, Opernring 133	8417781
774182110	L. Lysol	1080 Wien, Gürtel 45	2916604
⋮	⋮	⋮	⋮

Abbildung 15.23: KUNDE

Konto	Eröffnungsdatum	Saldo	Zweigstelle
1901K	Jul2081	1000.00	Wien
1250JA	Aug1376	596.42	Linz
1742AR	Mar1271	10513.13	Graz
⋮	⋮	⋮	⋮

Abbildung 15.24: KONTO

Kunde	Konto
002334123	8809TR
002334123	8911OK
002349817	8911OK
002349820	9008GT
002349820	8809TR
⋮	⋮

Abbildung 15.25: KONTOFÜHRUNG

Zwei Tabellen von Entitäten, die (durch die Kontonummer) in einer 1 : 1 Beziehung oder in einer 1 : m Beziehung stehen, benötigen meist k e i n e Beziehungsrelation:

Die Relationen der Entitätenmengen erlauben nun, durch das Attribut 'KONTO' die Beziehung KONTOFÜHRUNG herzustellen, sofern diese binär und nicht $m : n$ ist (Abb. 15.26 und Abb. 15.27).

Kunde	Name	Adresse	Telephon	Konto
459701872	M. Robert	1090 Wien, Billrothstraße 7	7771430	1250JA
570180760	J. C. Rieder	1010 Wien, Opernring 133	8417781	16072
774182110	L. Lysol	1080 Wien, Gürtel 45	2916604	17011B
⋮	⋮	⋮	⋮	⋮

Abbildung 15.26: 1:1-Beziehung Kontoführung KUNDE

Konto	Eröffnungsdatum	Saldo	Zweigstelle
1901K	Jul2081	1000.00	Wien
1250JA	Aug1376	596.42	Linz
1742AR	Mar1271	10513.13	Graz
⋮	⋮	⋮	⋮

Abbildung 15.27: 1:1Beziehung Kontoführung KONTO

Ist die Beziehung vom Typ $1 : m$, so ist das der Beziehung folgende Attribut in genau jene Relationen der Entitätenrelationen aufzunehmen, welche die 1-Beziehung aufweist.

Wenn in obigem Beispiel jeder Kunde mehrere Konten führen könnte, je Konto jedoch nur ein Kunde Zugriff haben darf, so wäre das Attribut 'KUNDE' in der Kontentabelle vorzusehen. Wäre es hingegen nur möglich, je Kunde ein Konto zu führen, und könnten jedoch mehrere Kunden gemeinsam ein Konto führen, so wäre das Attribut 'KONTO' in der Kundentabelle vorzusehen. Ist die Beziehung vom Typ 1 : 1, so kann die Relation, in welcher ein Attribut zur Festlegung der Beziehung zu führen ist, beliebig aus beiden Relationen gewählt werden.

15.6 Netzwerk- und hierarchische Datenbanksysteme

Netzwerkdatenbanksysteme verwenden das sogenannte Netzwerkmodell. Entitäten werden hierbei als *Records*, und Entitätentypen als *Record*-Typen bezeichnet. Beziehungen werden als *Sets*, und Beziehungstypen als *Settypen* implementiert. Das Netzwerkdatenmodell weist im Vergleich zum relationalen Modell die wesentliche Einschränkung auf, daß nur binäre (1 : n)-Beziehungen unmittelbar modelliert werden können, und daher (m : n)-Beziehungen und nichtbinäre Beziehungen nicht unmittelbar modelliert, sondern durch Pseudoentitäten in der Modellierung realisiert werden müssen.

Noch restriktiver sind die Nebenbedingungen bei dem hierarchischen Datenmodell, das eigentlich nur hierarchische (1 : n)-Beziehungen vorsieht. Auch hier werden mit verschiedenen Hilfsmitteln diese einschränkenden Nebenbedingungen zwar umgangen, jedoch ist das resultierende konzeptuelle Modell aufgrund der Einbindung einer Vielzahl von Hilfestellungen nicht mehr so einfach zu handhaben wie im relationalen Fall.

Übungsbeispiele

1. Folgende Relation stellt die von den Mitarbeitern der EDV-Abteilung eines Unternehmens für einzelne Projekte aufgewendeten Arbeitsstunden dar. Dabei ist jeder Mitarbeiter eindeutig durch seine Mitarbeiternummer und jedes Projekt eindeutig durch seine Projektnummer beschrieben. Ist diese Relation in 3. Normalform?

Projektnr.	Projektname	Mitarbeiternr.	Mitarbeitername	Stunden
1	Lohnprogramm	1	Geyer-Schulz	20
1	Lohnprogramm	2	Taudes	10
1	Lohnprogramm	3	Matulka	20
2	Kostenrechnung	2	Taudes	30
2	Kostenrechnung	3	Matulka	30
3	Buchhaltung	1	Geyer-Schulz	10
4	Lagerverwaltung	1	Geyer-Schulz	10

2. Die Kennzeichen der Normalisierung von Datenbanken in Managementinformationssystemen sind:

   (a) verbesserte Schnittstelle zum Endbenutzer

   (b) nur geringfügig erhöhter Aufwand beim Hinzufügen von Attributen und Sätzen

   (c) geringerer Aufwand beim Löschen von Attributen und von Sätzen

   (d) verbesserte Responsezeit für den Endbenutzer

3. Häuptling Wehajot vom Stamm der Zwrtek ist nach der begeisterten Aufnahme des elektronischen Götterbuchs durch sein Volk so von der EDV begeistert, daß er Sie mit der Entwicklung einer weiteren Applikation für den Zumbitsu-Rechner beauftragt: die Verwaltung der Tempelschule soll mit Hilfe einer Datenbank in das Zwrtek-Stammesinformationssystem eingebunden werden. Bis jetzt wurden folgende Daten mühsam in Fels gemeißelt:

Name	Alter	Größe in Fuß	Kurs	Zeit	Ort
Bonzo	23	6	Lip Reading	vormittags	Tempelhof
R2D2	123	3	Basket Weaving	nachmittags	beim Marterpfahl
Lucky Luke	32	5	Advanced Shoe Tying	vormittags	Tempelhof
Lucky Luke	32	5	Basket Weaving	nachmittags	beim Marterpfahl
R2D2	123	3	Advanced Shoe Tying	vormittags	Tempelhof

Bringen Sie die Daten in die 3. Normalform, zeichnen Sie die Tupel jeder Relation und geben Sie an wieviele Tupel alle Relationen zusammen enthalten.

4. Welche der folgenden Aussagen über Normalformen ist (sind) richtig?

   (a) Eine Relation ist in 3. Normalform, wenn sie in 1. Normalform ist und jedes Attribut, welches nicht Teil des Primärschlüssels ist, transitiv vom Primärschlüssel abhängt.
   (b) Eine Relation ist in 1. Normalform, wenn jedes Tupel je Komponente nur einen Wert aus dem Wertebereich des Attributs aufweist.
   (c) Eine Relation ist in 2. Normalform, wenn sie in 1. Normalform ist und jedes nicht zum Primärschlüssel gehörige Attribut von diesem voll funktional abhängig ist.
   (d) Eine Relation ist in 1. Normalform, wenn jedes Attribut nur eine Komponente aus dem Tupel des Primärschlüssels aufweist.
   (e) Eine Relation ist in 3. Normalform, wenn sie in 2. Normalform ist und kein Attribut, welches nicht Teil des Primärschlüssels ist, transitiv vom Primärschlüssel abhängt.

5. Die Datenbank einer Scherzartikelhandlung enthält die Tabelle Lager, die im folgenden dargestellt ist:

Name	Farbe	Preis	Menge
Springfrosch	grün	80	25
Stinkfrosch	braun	60	20
Knallfrosch	grün	70	40
Klebeschlange	schwarz	115	30
Juckpulver	rot	60	50
Schleimblume	grün	120	34

   Erstellen Sie eine SQL-artige Abfrage, die Name und Menge aller Artikel des Lagers liefert, die grün oder schwarz sind und weniger als 120 Schilling kosten. Zeichnen Sie die Ergebnisrelation und geben Sie die Anzahl der Tupel dieser Relation an.

6. In Tabelle **Projekt** sind die Daten zu Projekten abgelegt.

   Projekt

Projektnr.	Projektname	Start	Ende	Leiter
1	EDV-Einführung	1.1.1988	2.2.1991	Geyer-Schulz
2	Personalentwicklung	1.5.1989	1.3.1991	Taudes
3	Lageroptimierung	1.1.1988	12.1.1991	Maier
4	Vertreterschulung	1.8.1988	11.2.1991	Müller
5	Verkaufsförderung	1.3.1989	25.11.1991	Müller

Erstellen Sie eine SQL-artige Abfrage, die als Ergebnis die Nummern und Namen aller Projekte erzeugt, die von den Mitarbeitern 'Maier' oder 'Müller' geleitet werden und zwischen dem 31.10.1990 und dem 10.2.1991 enden. Zeichnen Sie die Ergebnisrelation und geben Sie die Anzahl der Tupel der Ergebnisrelation an.

7. Die Datenbank einer kleinen Schreibwarenhandlung bestehe aus den Relationen **Artikel** und **Lieferanten**, die im folgenden dargestellt sind:

Artikel

Artikelnr	Artname	VPreis	ALieferantennr
1	Füllfeder	120.00	4
2	Bleistift	5.70	5
3	Filzstift	12.00	1
4	Füllfeder	350.00	7
5	Bleistift	7.90	1
6	Leuchstift	21.00	2
7	Kreide	27.00	3
8	Bleistift	3.20	10
9	Drehstift	97.00	5
10	Mine	10	8
11	Kugelschreiber	5.00	7
12	Feder	3.70	12
13	Bleistift	1.30	2
14	Folienstift	27.90	3

Lieferanten

LLieferantennr	Lieferant	Ort
1	Faber	Salzburg
2	IBA	Innsbruck
3	Castell	Wien
4	Parker	Graz
5	Hardthmuth AG	Wien
6	Mor	Linz
7	Schul GmbH	Klagenfurt
8	Pen	Villach
9	Xerox	Wien
10	Brevillier-Urban	Neunkirchen
11	Minolta	Salzburg
12	Stubai AG	Innsbruck

Erstellen Sie eine SQL-artige Abfrage, die als Ergebnis die Namen aller Bleistiftlieferanten erzeugt. Zeichnen Sie die Ergebnisrelation und geben Sie die Anzahl der Tupel der Ergebnisrelation an.

Kapitel 16

Datenmodellierung mit dem erweiterten E-R-Modell[1]

Ziel:
Die Studierenden sollen Methoden der Datenmodellierung am Beispiel des einfachen und erweiterten Entity-Relationship-Modells kennen und anwenden lernen. Weiters wird anhand der Transformation dieser Modelle in die Schemata des relationalen Datenbankmodells der Schritt vom Modell zur Implementierung beispielhaft dargestellt.

16.1 Einführung

Um für einen vorgegebenen Problembereich eine Datenbank zu entwerfen, bedarf es der Auseinandersetzung mit diesem Problembereich, um die Ziele der Problemlösung genau zu definieren. Von den Zielen ausgehend werden Problemlösungsalternativen entworfen und eine hievon ausgewählt. Aufgrund der gewonnenen zwar präziseren, jedoch noch ungenauen Problemvorstellungen ist es bei der kommerziellen Anwendung gewöhnlich sehr bald möglich, den betrachteten Bereich enger

---

[1] Wir folgen hier im wesentlichen der Symbolik von [Teorey et al. 1982], [Teorey et al. 1986] und [Teorey et al. 1989]. Einen etwas anderen Weg geht [Kudlich 1988].

abzugrenzen und die in diesen Lösungen vorkommenden unterscheidbaren Entitäten, sowie die Beziehungen dieser zueinander anzugeben.

Wir modellieren diese Beziehungen und Entitäten graphisch nach dem E-R-Modell und erweitern die Darstellungen im E-R-Modell, um die Überführung der Graphik in die Tabellen eines relationalen Modells in der dritten Normalform zu erleichtern. Folgende Vorgangsweise wird vorgeschlagen:

1. Analyse und Entwurf der Verarbeitungserfordernisse.
2. Entwurf eines erweiterten E-R-Modells (E-E-R-Modells).
3. Transformation des E-E-R-Modells in Tabellen (Relationen).
4. Normalisierung der Relationen.

Im erweiterten E-R-Modell unterscheiden wir drei Klassen von Objekten (vergl. Abb. 16.1).

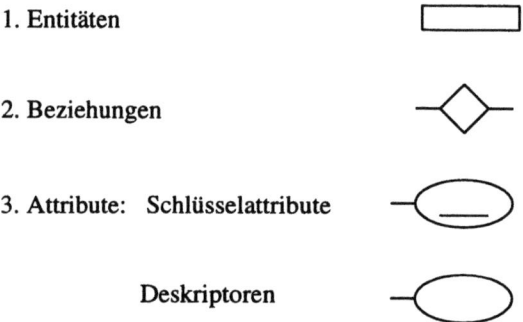

Abbildung 16.1: Klassen von Objekten im E-E-R-Modell

Aus datenbanktechnischen Gründen müssen allerdings bei Überführung eines E-R-Modells in eine relationale Datenbank zusätzliche Klassen von Objekten eingeführt werden. *View-Integration* erfordert die Einführung von Abstraktionskonzepten wie **Generalisierungshierarchie** und **Teilmengenhierarchie**-Definitionen.

Definition der Teilmengenhierarchie:
Entitätenmengen E_1 und E_2 seien **Teilmengen** einer Entitätenmenge E, wenn jedes Element von E_1 und E_2 immer gleichzeitig Element von E ist (Abb. 16.2):

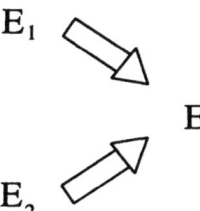

Abbildung 16.2: Teilmengenhierarchiedefinition

Eine Teilmengenhierarchie kann Teilmengen aufweisen, die sich überlappen. Im Gegensatz hiezu darf eine Generalisierungshierarchie keine sich überlappenden Teilmengen von Entitäten aufweisen.
Definition der Generalisierungshierarchie:
Eine Entitätenmenge E werde als **Generalisierung** der Entitätenmengen E_1, E_2, ..., E_n bezeichnet, wenn jedes Element von E auch ein Element in genau einer und nur einer Teilmenge E_1, E_2, ..., E_n ist. E werde auch **erzeugende** Entität genannt (Abb. 16.3).

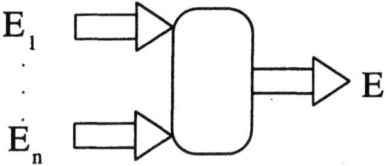

Abbildung 16.3: Definition der Generalisierungshierarchie

Generalisierung kommt typischerweise dann vor, wenn ein Attribut eine Entitätenmenge in disjunkte Teilmengen zu zerlegen imstande ist.
Beispiel:
Die Entitätenmenge UNIVERSITÄTSLEHRER (E) kann z.B. eine Generalisierung der Entitätenmengen OUNIVPROF (E_1) und AOUNIVPROF (E_2) sein. Die Beziehung zwischen der erzeugenden Entitätenmenge (E) und den erzeugten Entitätenmengen $(E_1, E_2, ..., E_n)$ ist eine IS-A-Beziehung. Beziehungen können folgende begriffliche Zusammenhänge darstellen:

1. unäre Beziehungen, d.s. Zusammenhänge von einer Entitäten-

menge mit sich selbst (Abb. 16.4),
2. binäre Beziehungen, d.i. der Zusammenhang zweier Entitätenmengen (Abb. 16.5) und
3. n-äre Beziehungen ($n \geq 3$): Unter einer ternären Beziehung ($n = 3$) verstehen wir den Zusammenhang von 3 Entitätenmengen (Abb. 16.6).

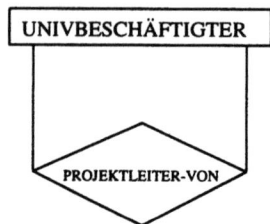

Abbildung 16.4: Unäre Beziehung

Abbildung 16.5: Binäre Beziehung

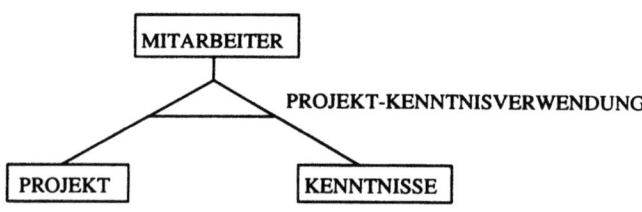

Abbildung 16.6: n-äre Beziehung ($n = 3$)

Neben dem **Grad** n einer Beziehung ($n \geq 1$), wobei jedoch die binären Beziehungen die größte Vorkommenshäufigkeit aufweisen, unterscheiden wir den Typ der **Konnektivität** einer Beziehung, welcher für jede Entitätenmenge 1 oder n sein kann. Wir zeichnen nun bei jeder n-ären Beziehung jene Ecke dunkel, welche einer n-Ecke entspricht. Eine 1 bei E_i bedeutet z. B., daß jedem Element einer Entitätenmenge in der Beziehung genau ein Element von E_i zugeordnet ist. Analog ist n zu interpretieren.

Beispiel:
Beim nachfolgenden Beispiel kann jeder Beschäftigte 1 oder mehrere Kenntnisse in 1 oder mehreren Projekten mit 1 oder mehreren Beschäftigten einbringen; d. h. jedes Schlüsselattribut der drei Entitätenmengen muß in das zusammengesetzte Schlüsselattribut der Beziehungsmenge PROJEKT-KENNTNIS eingebracht werden, und die funktionale Abhängigkeit (FA) in der ternären Beziehung ist vom Typ:

FA: BESCHNR, PROJNR, KENNTNISNR $\rightarrow \emptyset$ (leer),

d. h. es gibt kein vom Schlüssel funktional abhängiges Attribut (Abb. 16.7):

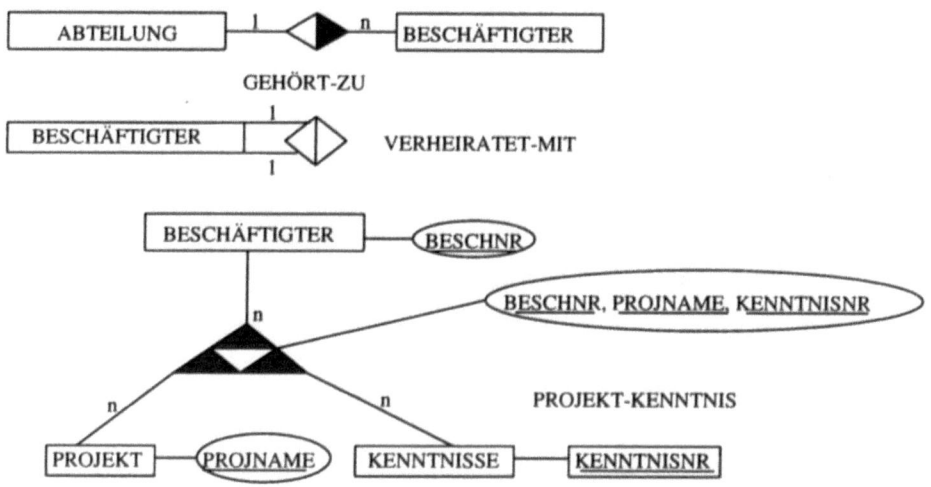

Abbildung 16.7: Darstellung von Beziehungen

Datenbanken können meist sogenannte NULL-Werte enthalten. NULL-Werte sind jedoch nicht gleich Null im numerischen Sinne, sondern bezeichnen keine Eintragung in die Tabelle. Um festzulegen, ob in einer Beziehung mindestens eine Entität vorhanden sein muß, oder auch keine Entität angegeben werden kann (z.B. durch NULL-Wert), kennzeichnen wir die graphische Verbindung in der Beziehung durch eine Null (0) (Abb. 16.8).

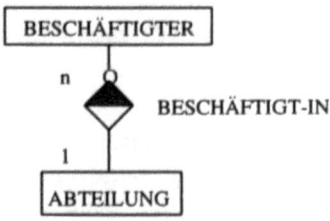

Abbildung 16.8: Eine einseitig optionale 1 : n Beziehung

Wir bezeichnen diese Typologie, ob eine Beziehung **zwingend** oder **optional** (durch 0 bezeichnet) zu einer Entitätenmenge ist, als **Elementbeziehungsklasse**. Zusammenfassend stellen wir fest, daß wir den **Grad**, die **Konnektivität** und die **Elementbeziehungsklasse** von Beziehungen unterscheiden (Abb. 16.9 und Abb. 16.10).

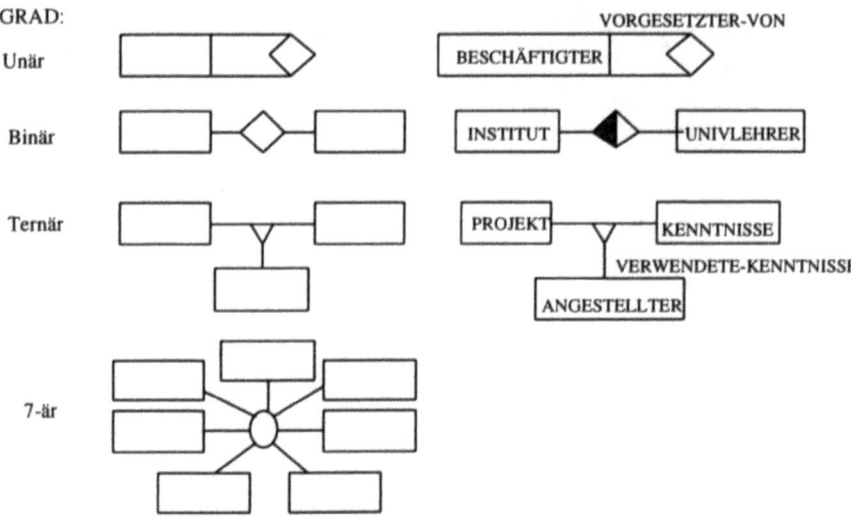

Abbildung 16.9: Beziehungstypen

Zuzüglich haben wir noch den Begriff der **Objektklassen** von Entitäten und Beziehungen eingeführt: **Generalisierungshierarchie** und **Teilmengenhierarchie**. **Generalisierungshierarchien** implizieren die Vereinigung disjunkter Entitätenmengen in der erzeugenden

Entitätenmenge. **Teilmengenhierarchie** impliziert dies nicht. Hervorgehoben werden soll, daß ternäre Beziehungen und Beziehungen von noch höherem Grad nach Möglichkeit vermieden werden sollen und meist auch können. Ternäre Beziehungen können **nicht** in binäre Beziehungen aufgelöst werden, wenn sie in 4. Normalform sind.

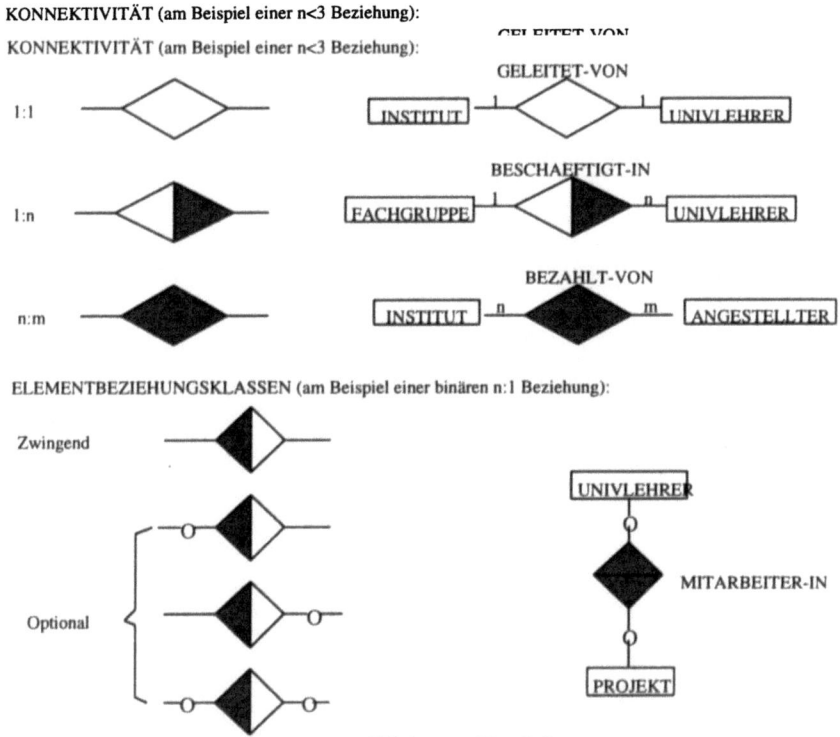

Abbildung 16.10: Weitere Beziehungstypen

Beispiel einer auflösbaren und einer nichtauflösbaren ternären Beziehung (Abb. 16.11):

Relationen hiezu (Abb. 16.12 und 16.13):

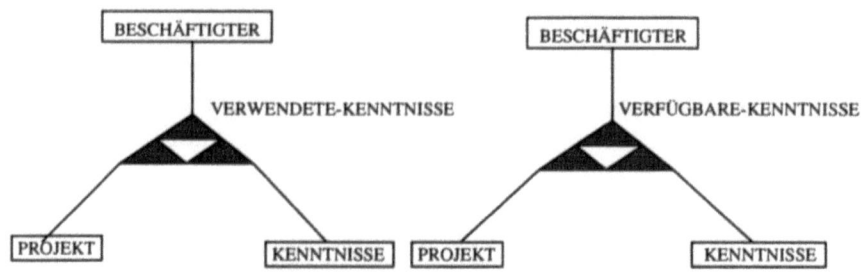

Abbildung 16.11: Ternäre Beziehungen

BESCHNR	KENNTNR	PROJNAME
147	26	VWLARB
147	26	STATIS
147	05	VWLARB
147	08	STATIS

Abbildung 16.12: VERWENDETE KENNTNISSE

BESCHNR	KENNTNR	PROJNAME
98	26	VWLARB
98	26	STATIS
98	05	VWLARB
98	05	STATIS

Abbildung 16.13: VERFÜGBARE KENNTNISSE

Die erste der beiden Relationen ist nicht zerlegbar in 4. Normalform, da zwischen den *mwa* (mehrwertige Abhängigkeit) ein Zusammenhang besteht. Die zweite Relation ist zerlegbar in die folgenden zwei binären Beziehungstabellen, die in 4. Normalform sind (Abb. 16.14 und 16.15), wenn alle Kenntnisse eines Angestellten in allen Projekten verwendet werden können, an denen der Beschäftigte mitwirkt (Abb. 16.16).

BESCHNR	KENNTNR
98	26
98	05

Abbildung 16.14: BESCH-KENNT

BESCHNR	PROJNAME
98	VWLARB
98	STATIS

Abbildung 16.15: BESCH-PROJ

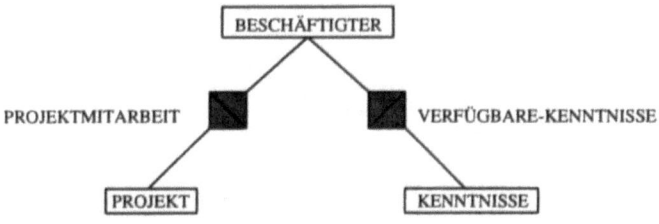

Abbildung 16.16: Zerlegung in 4. NF

Die oben dargestellten methodischen Hilfsmittel sollten in einer ersten Phase anschließend an die Anforderungsanalyse eingesetzt werden, um einen Entwurf im erweiterten E-R-Modell zu erhalten. Darauf basierend soll es möglich sein, in einer zweiten Phase in mehreren Schritten die Tabellen des relationalen Datenmodells zu erhalten, welche in einer dritten Phase endgültig normalisiert werden.

16.2 Erweitertes E-R-Modell (Phase 1)

In Phase 1 müssen wir uns in einem ersten Schritt zunächst entscheiden, was wir als Entität, als Attribut oder als Beziehung ausweisen. Das ist keineswegs klar. Fachgruppenzugehörigkeit kann z. B. ein Attribut der Entität BESCHÄFTIGTER sein. Wird jedoch eine Fachgruppe in einer Datenbank selbst mit Attributen wie 'Fachgruppenvorsitzende', 'Mitgliederzahl' etc. benötigt, so wird man die Entitätenmenge FACHGRUPPEN einführen und FACHGRUPPENZUGEHÖRIG-

KEIT als 1 : n-Beziehung. Wir wollen daher einige Unterstützungskriterien für derartige Entscheidungen in der ersten Phase geben:

- Entitäten sollten deskriptive Information aufweisen, Attribute im Gegensatz dazu nicht:
  Benötigen wir z.B. nur einen Schlüsselbegriff wie z.B. Fachgruppenname, so sollten wir Fachgruppenzugehörigkeit in der Entität BESCHÄFTIGTER als Attribut führen. Benötigen wir hingegen in den Anfragen Eigenschaften der Fachgruppe, so ist es zweckmäßig, eine Entitätenmenge FACHGRUPPEN und eine Beziehung FACHGRUPPENZUGEHÖRIGKEIT vorzusehen.
- Mehrwertige Attribute sollten als Entitätenmengen eingeführt werden: Kann zum Beispiel eine Entität der Menge BESCHÄFTIGTE gleichzeitig von mehr als einem Institut (z. B. halbtags) beschäftigt werden, so ist es zweckmäßig, eine Entität INSTITUT einzuführen - auch wenn nur das Schlüsselattribut verwendet wird - und die Institutszugehörigkeit mittels einer Beziehung zu modellieren.
- Ein Attribut, welches eine n : 1-Beziehung zu einer anderen Entität aufweist, sollte als Entität ausgewiesen werden:
  Zum Beispiel weist eine Fachgruppe mehrere Institute und ein Institut mehrere Beschäftigte auf. Da zwischen den Beschäftigten und den Instituten eine n : 1-Beziehung besteht, sollten die Beschäftigten als Entitätenmenge eingeführt werden, auch wenn diese keine eigenen Deskriptoren aufweisen sollten.
- Attribute sind jenen Entitäten zuzuordnen, die sie am **unmittelbarsten** beschreiben:
  Die Fachgruppenzugehörigkeit sollte ein Attribut des Institutes und nicht der Abteilungen eines Institutes oder der Beschäftigten desselben sein.
- Man vermeide die Bildung zusammengesetzter Schlüssel so weit als möglich:
  Bildet man eine Entitätenmenge mit einem zusammengesetzten Schlüssel, und die Attribute dieses Schlüssels sind Schlüssel für mehrere andere Objekttypen, dann bilde man diese Entitätenmengen mit einfachen Schlüsseln, und das zu implementierende ursprüngliche Objekt kann als Beziehung realisiert werden. Nur wenn der zusammengesetzte Schlüssel ein natürlicher Schlüssel und kein Objektschlüssel ist, dann sollte man diese Entitätenmenge auch bilden. Z. B. denke man an einen Satz der

Entität VORLESUNGSANMELDUNG. Der Schlüssel müßte zusammengesetzt aus MATRIKELNUMMER und VORLESUNGSNUMMER bestehen. Es wären in diesem Fall die zwei Entitätenmengen mit VORLESUNGEN und STUDENTEN mit den einfachen Schlüsseln VORLESUNGSNUMMER und MATRIKELNUMMER zu bilden, und die VORLESUNGSANMELDUNG wäre als Beziehung zu realisieren. Anders wäre dies z. B. bei Bildung des Schlüssels SOZIALVERSICHERUNGSNR, welcher aus einer 4-stelligen laufenden Nummer und dem Geburtsdatum besteht. Man würde mit dem Geburtsdatum und der 4-stelligen laufenden Nummer keine Entitätenmengen bilden, da diese zur Identifikation natürlich zusammengehören.

Praktisch ist diese Vorgangsweise bei dem Schritt zur Klassifikation der Entitäten natürlich interaktiv und durch wiederholte Ergänzungen und Korrekturen bis zur Erreichung der endgültigen Form bestimmt. In einem zweiten Schritt versucht man nun im Design die Generalisierungshierarchien und die Teilmengenhierarchien festzustellen. Sollten solche Hierarchien festgestellt werden, so sollte man die Attribute jeweils den unmittelbarst betroffenen Entitäten neu zuordnen. Z. B. habe die Entitätenmenge BÜCHER in einem Verlag die Attribute BUCHNR, BUCHNAME, EINSTANDSPREIS, VKFSPREIS, BUCHTYP, ALTERSKLASSE, WISSENSGEBIET, SCHULSTUFE. Die Entitätenmenge KINDERBÜCHER habe die Attribute BUCHNR, BUCHNAME, ALTERSKLASSE, LERNBEREICH, und die Entitätenmenge LEHRBÜCHER habe die Attribute BUCHNR, BUCHNAME, FACHBEREICH, SCHULTYP, SCHULSTUFE. In diesem Falle würden wir feststellen, daß die Entitätenmenge BÜCHER die generalisierende Entitätenmenge ist, und daher BÜCHER die Attribute BUCHNR, BUCHNAME, EINSTANDSPREIS, VERKFSPREIS, BUCHTYP aufweisen solle, und die Entitätenmenge KINDERBÜCHER die Attribute BUCHNR, ALTERSKLASSE, LERNBEREICH und die Entitätenmenge LEHRBÜCHER die Attribute BUCHNR, FACHBEREICH, SCHULTYP, SCHULSTUFE aufweisen sollte. Haben wir die Entitäten mit ihren Attributen definiert, so müssen wir uns in der Folge den **Beziehungen** zuwenden. Für jede Beziehung versuchen wir zunächst, den Grad (unär, binär, ternär, ...), die Konnektivität ($1:1$, $1:n$, $m:n$, ...) und die Elementsbeziehungsklassen (zwingend, optional) festzustellen. Folgende Richtlinien sollen in den Definitionen von Beziehungen helfen:

1. Redundante Beziehungen sollten eliminiert werden. Redundant sind Beziehungen allerdings nur dann, wenn diese zwischen denselben Entitätenmengen erklärt sind **und** dieselbe Bedeutung aufweisen. Eine komplexe Form der Redundanz ist die Redundanz durch transitive Beziehungen. Betrachten wir folgende transitive Beziehungen (Abb. 16.17):

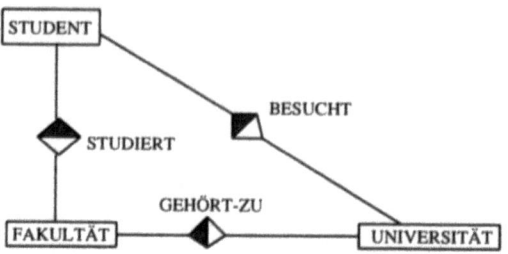

Abbildung 16.17: Transitive Beziehungen

In diesem Fall ist die Beziehung BESUCHT genau dann redundant, wenn jeder Student zwingend einer Fakultät zugewiesen wird und jede Fakultät zwingend zu einer Universität gehört.

2. Ternäre Beziehungen müssen sorgfältig definiert werden: Wir sollten ternäre Beziehungen erst dann definieren, wenn mehrere binäre Beziehungen nicht ausreichen, um die Beziehung auszudrücken.

3. Der nächste Schritt besteht in der Integration von Teilsichten. Wenngleich bei diesem Schritt noch sehr intuitiv vorgegangen wird, so sind durch die Erweiterung des E-R-Modells wesentliche Voraussetzungen für eine Integration erfüllt. Die Integration von alternativen Sichten und Teilsichten wird insbesondere dann erforderlich sein, wenn mehrere Personen in der Spezifikation der Anforderungen beteiligt sind. Die Integration erfordert das Aufsuchen von Homonymen und Synonymen sowie das Zusammenlegen von Beziehungen.

16.3 Die Überführung des E-E-R-Modells in Relationen (Phase 2)

Wir wollen vor Angabe der einzelnen Teilschritte an einem Beispiel jeweils die prinzipielle Methodik veranschaulichen (Abb. 16.18).

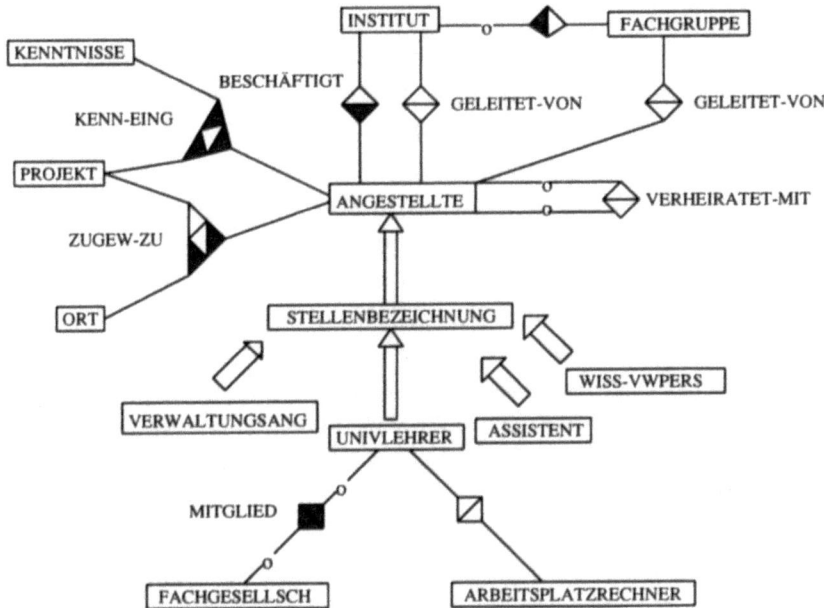

Abbildung 16.18: Die Universitätsprojektdatenbank im E-E-R-Diagramm

Als Beispiel einer möglichen Sichten- (*VIEW-*) Integration finden wir hier die Möglichkeit der Zusammenlegung zweier Sichten der Beschäftigten der Universität: durch die Entität ANGESTELLTE und durch die Entitätenmenge STELLENBEZEICHNUNG. In STELLENBEZEICHNUNG sehen wir die Stelle in ihrer Klassifikation mit den daraus resultierenden besonderen Beziehungen. In ANGESTELLTE ist die Sicht eine aus der grundsätzlichen personellen Situation.

In der Transformation von Beziehungen zu Relationen haben wir drei Fälle zu unterscheiden:

1. Entitätenrelationen, die dieselbe Information enthalten wie die ursprüngliche Entitätenmenge und keinen Fremdschlüssel für die Beziehungsdarstellung aufnehmen müssen:
   Diese einfachste Form von Transformationen läßt sich immer bei Entitäten mit binären Beziehungen vom Typ $m:n$, $1:n$ (auf der Seite des übergeordneten Teils), $1:1$ (auf nur einer Seite) ver-

wenden; weiters bei Entitätenmengen in unären $m : n$ Beziehungen, Entitätenmengen in n-ären ($n \geq 3$) Beziehungen, in einer Generalisierungshierarchie oder einer Teilmengenhierarchie.
2. Entitätenrelationen mit eingebettetem Fremdschlüssel für die übergeordnete Entität zur Darstellung der Beziehung:
Diese Form ist notwendig bei Entitätenmengen in binären Beziehungen bei Vorliegen einer $1 : m$ Beziehung bei der Entitätenmenge der (untergeordneten) m-Seite und bei einer Entitätenmenge bei einer $1 : 1$ Beziehung; weiters bei unären $1 : 1$ und $1 : n$ Beziehungen bei jeder Entität.
3. Beziehungsrelationen, die Fremdschlüssel aller in Beziehung stehenden Entitätenmengen enthalten:
Derartige Relationsbildungen sind erforderlich für alle binären und unären $m : n$ Beziehungen und alle n-ären ($n \geq 3$) Beziehungen.

Ein spezielles Problem moderner Datenbanksysteme stellt die Behandlung sogenannter NULL-Werte dar. NULL-Werte sind nicht Null ($\emptyset$) im numerischen Sinne, sondern sie bezeichnen 'keine Eintragung' in der Tabelle. Sie verlangen eine besondere Behandlung. NULL-Werte sind nur erlaubt für Fremdschlüssel in Entitätenrelationen mit optionaler Beziehung. Ist die durch Fremdschlüssel ausgedrückte Beziehung zwingend, so dürfen keine NULL-Werte vorkommen.
Beispiele:
Entitätenmengen mit (einer) binärer (-en) Beziehung(en):

a) Die Beziehung ist $1 : 1$ und zwingend (Abb. 16.19):

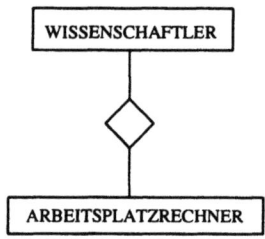

Abbildung 16.19: Binäre und zwingende Beziehung

Jeder Wissenschaftler hat genau einen Arbeitsplatzrechner, und jeder Arbeitsplatzrechner ist nur einem Wissenschaftler zugeordnet.

Relationsdefinitionen:
WISSENSCHAFTLER (<u>ANGNR</u>, ..., WISSRENR)
WISSENSCHAFTSRECHNER (<u>WISSRENR</u>, ...)
NULL-Wert für WISSRENR ist in der Relation WISSENSCHAFTLER nicht erlaubt. (Natürlich kann die Beziehung auch durch die Aufnahme des Attributes ANGNR in der Relation WISSENSCHAFTSRECHNER ausgedrückt werden.)

b) 1 : 1 Beziehung und zweiseitig optional (Abb. 16.20):

Abbildung 16.20: Binäre und zweiseitig optionale Beziehung

Jedes Projekt hat höchstens einen Leiter. Jedes Projekt muß jedoch nicht unbedingt einen Leiter haben. Wissenschaftler müssen nicht Projektleiter sein.

Relationsdefinitionen:
PROJEKT (<u>PROJNR</u>, ..., LEIT-ANGNR)
WISSANG (<u>ANGNR</u>, ...)
NULL-Werte sind in der Relation PROJEKT erlaubt. (Auch hier kann die Beziehung durch Aufnahme des Attributes PROJNR in der Relation WISSANG ausgedrückt werden.)

c) 1 : n Beziehungen mit optionaler 1-Seite (Abb. 16.21):

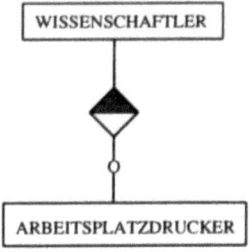

Abbildung 16.21: Binäre und einseitig optionale Beziehung (auf 1-Seite)

Alle Arbeitsplatzdrucker sind Wissenschaftlern zugeordnet; jedoch haben nicht alle Wissenschaftler unbedingt einen Arbeitsplatzdrucker; manche Arbeitsplatzdrucker dienen mehreren Wissenschaftlern.

Relationsdefinition:
WISSENSCHAFTLER (<u>ANGNR</u>, ..., ADRUCKERNR)
ARBEITSPLATZDRUCKER (<u>ADRUCKERNR</u>, ...)
NULL-Werte sind in der Relation WISSENSCHAFTLER erlaubt.

1 : n-Beziehungen können auf der n-Seite oder der 1-Seite zwingend oder optional sein.

d) 1 : n-Beziehung mit optionaler n-Seite (Abb. 16.22):
Jeder Wissenschaftler ist genau in einem Institut angestellt. Jedes Institut kann mehrere Wissenschaftler aufweisen. Ein Institut kann jedoch auch ohne Wissenschaftler vorkommen.

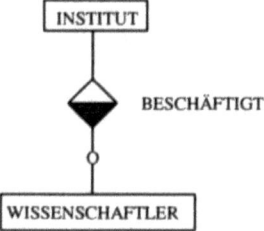

Abbildung 16.22: Einseitig optionale binäre 1 : n-Beziehung (auf n-Seite)

Relationsdefinition:
INSTITUT (<u>INSTNR</u>, ...)
WISSENSCHAFTLER (<u>ANGNR</u>, ..., INSTNR)
NULL-Werte werden in der Relation WISSENSCHAFTLER nicht erlaubt.

e) Beidseitig optionale n : 1-Beziehung (Abb. 16.23):
Jeder Universitätsprofessor muß nicht unbedingt Assistenten zugeordnet haben, die mit ihm arbeiten. Auch Assistenten müssen nicht unbedingt einem Universitätsprofessor zugeordnet sein.

Relationsdefinition:
UNIVPROF (<u>ANGNR</u>, ...)
ASSISTENT (<u>ANGNR</u>, ..., UNIVPROF-ANGNR)
NULL-Werte sind in ASS-ANGNR in der Relation ASSISTENT erlaubt.

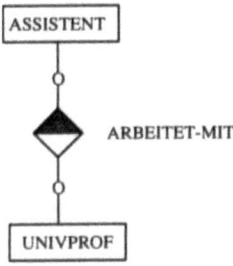

Abbildung 16.23: Beidseitig optionale $n : 1$-Beziehung

In allen $1 : n$ Fällen muß der Fremdschlüssel auf der n-Seite aufscheinen. Es spielt auf der n-Seite keine Rolle, ob diese optional oder zwingend ist. Sehr wohl spielt es für die NULL-Werte jedoch eine Rolle, ob die 1-Seite optional oder zwingend ist (s. o.). Bei einer $m : n$ Beziehung benötigen wir eine Beziehungsrelation mit den Primärschlüsseln beider Entitätenrelationen als zusammengesetzte Schlüssel. Ob die Beziehung optional oder zwingend ist, spielt keine Rolle, da eine Beziehungsrelation erforderlich ist, die nur dann eine Zeile für ein Primärschlüsselpaar enthält, wenn ein solches vorhanden ist.

f) Zweiseitig optionale $n : m$-Beziehung (Abb. 16.24):

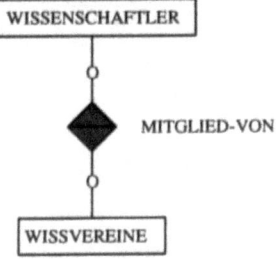

Abbildung 16.24: Zweiseitig optionale binäre $n : m$-Beziehung

Jede wissenschaftliche Vereinigung kann viele Wissenschafter als Mitglieder haben; jeder Wissenschafter kann Mitglied vieler wissenschaftlicher Vereine sein.
Relationsdefinition:
WISSVEREIN (VEREINSNR, ...)
WISSENSCHAFTLER (ANGNR, ...)
MITGLIED-VON (VEREINSNR, ANGNR,...)

g) Bei **unären** Beziehungen wollen wir zunächst 1 : 1-Beziehungen betrachten. Der Fremdschlüssel wird aus dem Definitionsbereich des Schlüssels genommen aber anders bezeichnet.
Beispiele:
Jeder Tourenfahrer habe genau einen Partner aus der Tourenfahrergruppe (Abb. 16.25).

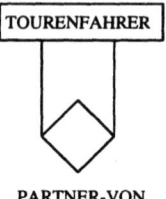

Abbildung 16.25: Unäre Beziehung

Relationsdefinition:
PARTNER-VON(<u>FAHRNR</u>, ..., PART-FAHRNR)
Jede/r Beschäftigte kann mit einem/er Beschäftigten verheiratet sein (Abb. 16.26).

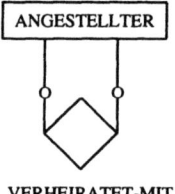

Abbildung 16.26: Zweiseitig optionale, unäre Beziehung

Relationsdefinition:
ANGESTELLTER (<u>ANGNR</u>, ... , VERHANGNR)
Sind unäre Beziehungen vom Typ 1 : n vorhanden, so erfordert dies einen Fremdschlüssel sowohl bei zwingender als auch bei optionaler Beziehung (eventuell mit NULL-Werten erlaubt).
Beispiele:
Unäre 1 : n-Beziehungen (Abb. 16.27 und 16.28).
Universitätsassistenten arbeiten in Pojektgruppen mit. Jede Projektgruppe habe einen Gruppenleiter aus dem Bereiche der Universitätsassistenten.

Abbildung 16.27: Unäre 1 : n-Beziehung (einseitig optional)

Relationsdefinition:
UNIVASSISTENT (<u>ANGNR</u>, ..., GRULEI-ANGNR)
NULL-Werte sind im Fremdschlüssel erlaubt.

Abbildung 16.28: Unäre zwingende 1 : n-Beziehung

Jeder Universitätsassistent betreue einen anderen Universitätsassistenten. Ein Universitätsassistent kann aber durch mehrere Universitätsassistenten betreut werden.
Relationsdefinition:
UNIVASSISTENT (<u>ANGNR</u>, ..., BETREU-ANGNR)
NULL-Werte in BETREU-ANGNR sind in UNIVASSISTENT nicht erlaubt.
Ist die Beziehung bei unären Beziehungen vom Typ $m : n$, so muß eine Beziehungsrelation eingeführt werden.
Beispiel: (Abb. 16.29)

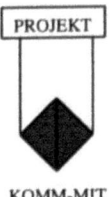

Abbildung 16.29: Unäre $m : n$-Beziehung

Ein Projekt kann Kommunikation mit anderen Projekten erfor-

derlich machen.
Relationsdefinition:
PROJEKT (<u>PROJ-NR</u>, ...)
KOMM-MIT (<u>PROJ-NR</u>, <u>KOMM-PROJ-NR</u>)
Ob die Beziehung optional oder zwingend ist, spielt hiebei natürlich keine Rolle.

h) Bei m Entitätenmengen und einer m-ären Beziehung ($m > 2$) hat man $(m + 1)$ mögliche Konnektivitätsgrade: entweder haben alle m-Seiten die Konnektivität 1, oder wir haben $1, 2, \ldots, i$ Entitätenmenge(n) mit Konnektivität m ($i = 1, 2, \ldots, m$). Wir untersuchen m-äre Beziehungen hier am Beispiel einer ternären Beziehung. Bei allen m-ären Beziehungen wird die Beziehung durch eine Beziehungsrelation, die zumindest alle Primärschlüssel der beteiligten Entitätenmengen enthält, realisiert. Je nach Konnektivität ist jedoch die Bedeutung der Schlüssel verschieden. Dies sei an einer $m_1 : m_2 : m_3$-Beziehung illustriert (Abb. 16.30).

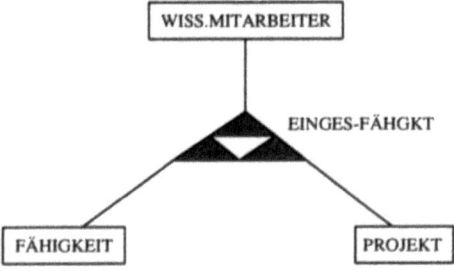

Abbildung 16.30: Ternäre $m_1 : m_2 : m_3$-Beziehung ($m_i > 1$)

Wissenschaftliche Universitätsmitarbeiter setzen eine Vielzahl von Fähigkeiten in jedem Projekt, in welchem sie mitarbeiten, ein.
Relationsdefinition:
FÄHIGKEIT (<u>FÄHKT-NR</u>, ...)
WISS-MITARBEITER (<u>ANG-NR</u>, ...)
PROJEKT (<u>PROJEKT</u>, ...)
EINGES-FÄHIGKEIT (<u>ANG-NR</u>,<u>FÄHKT-NR</u>, <u>PROJEKT</u>)
Funktionale Abhängigkeit:
ANG-NR, FÄHKT-NR, PROJEKT $\rightarrow \emptyset$, (d. h. alle Attribute bilden den Schlüssel; Abb. 16.31).

ANG-NR	FÄHKT-NR	PROJEKT
1013	A16	DATENBANK
1016	A16	UNIX
2012	A16	DATENBANK
2012	A16	UNIX
3418	B13	INGRES
3418	B13	ORACLE
1013	C18	UNIX
2960	C18	UNIX
1016	L10	DATENBANK
3418	L10	LAN
3088	L10	DATENBANK
3088	L10	LAN

Abbildung 16.31: Ternäre Beziehung

i) $m : n : 1$-Beziehung (Abb. 16.32):

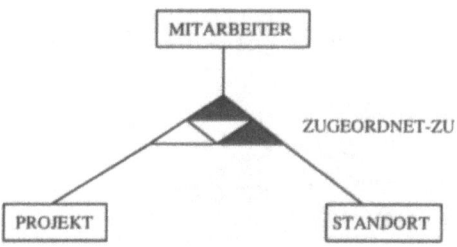

Abbildung 16.32: Ternäre $1 : n : m$-Beziehung

Mitarbeiter können Projekten zugeordnet sein. Sie können je Firmenstandort jedoch nur an einem Projekt teilnehmen.

Relationsdefinition:
MITARBEITER (<u>ANGNR</u>, ...)
PROJEKT (<u>PROJEKTNR</u>, ...)
STANDORT (<u>ORTSNAME</u>, ...)
ZUGEORDNET-ZU (<u>ANGNR</u>, <u>ORTSNAME</u>, PROJEKTNR)
Funktionale Abhängigkeit:
ANGNR, ORTSNAME → PROJEKTNR (Abb. 16.33).

ANGNR	ORTSNAME	PROJEKTNR
1012	TULLN	DB2
1012	WIEN	DB2
2318	GRAZ	UNIX
2318	WIEN	INGRES
4072	TULLN	ORACLE
6071	GRAZ	LAN
6071	TULLN	WAN

Abbildung 16.33: Ternäre $1 : m : n$-Beziehung

j) $m : 1 : 1$-Beziehung (Abb. 16.34):

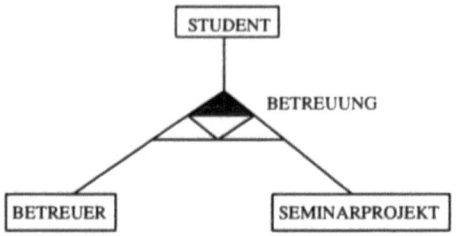

Abbildung 16.34: Ternäre $1 : 1 : m$-Beziehung

Studenten arbeiten an Seminararbeiten unter der Anleitung von Betreuern. Kein Betreuer darf einen Studenten zugleich an mehr als einer Seminararbeit betreuen. Kein Student arbeitet an irgendeinem Projekt unter der Anleitung von mehr als einem Betreuer.

Relationsdefinition:
STUDENT (<u>STUDNR</u>)
SEMINARPROJEKT (<u>PROJEKTNR</u>, ...)
BETREUER (<u>ANGNR</u>, ...)
BETREUUNG (<u>BETR-ANGNR</u>, <u>STUDNR</u>, PROJEKTNR)
Funktionale Abhängigkeit:
STUDNR, BETR-ANGNR → PROJEKTNR
STUDNR, PROJEKTNR → BETR-ANGNR
Beispielrelation: (Abb. 16.35)

STUDNR	BETR-ANGNR	PROJEKTNR
10012	4031	UNIX
10012	4052	LAN
30086	4052	DB2
30086	6821	INGRES
50092	6821	ORACLE
50092	8926	DB2
80128	6325	UNIX

Abbildung 16.35: Beziehungsrelation

k) $1 : 1 : 1$-Beziehung (Abb. 16.36):
Relationsdefinition:
A (<u>ANR</u>, ...)
B (<u>BNR</u>, ...)
C (<u>CNR</u>, ...)
BEZHG (<u>ANR</u>, <u>BNR</u>, CNR)

Funktionale Abhängigkeiten:
ANR, BNR → CNR
CNR, BNR → ANR
ANR, CNR → BNR

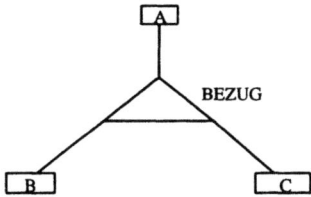

Abbildung 16.36: Ternäre 1 : 1 : 1-Beziehung

Generalisierungs- und Teilmengen-Hierarchien

Jede Generalisierungshierarchie resultiert in disjunkten Teilmengen und wird durch eine Partitionierung der ursprünglichen Entitätenmengen durch unterschiedliche Werte eines gemeinsamen Attributes erzeugt.
Beispiel: (Abb. 16.37)

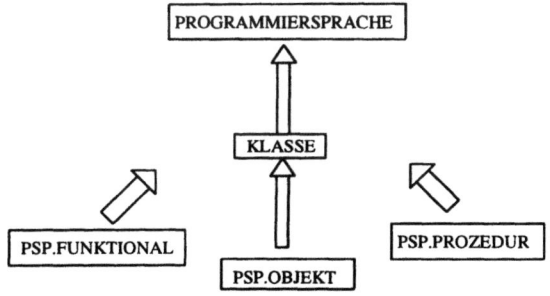

Abbildung 16.37: Generalisierungshierarchie

Unterschiedliche Typen von Compilern für Programmiersprachen werden durch Werte eines gemeinsamen Attributes KLASSE zur Gruppierung eines Typs partitioniert.

Relationsdefinition:
PROGRAMMIERSPRACHE (<u>COMPNR</u>, KLASSE, < gemeinsame Attribute aller Teile >)^2
PSP-FUNKTIONAL (<u>COMPNR</u>, < spezielle Attribute >)
PSP-OBJEKTE (<u>COMPNR</u>, < spezielle Attribute >)
PSP-PROZEDUR (<u>COMPNR</u>, < spezielle Attribute >)

Dies impliziert jedoch, daß es ein Attribut zur Partitionierung der ursprünglichen Relation gibt. Gibt es kein derartiges Attribut, so muß eines eingeführt werden.

Bei Teilmengenbeziehungen kann es sich um disjunkte und überlappende Teilmengen handeln. Jede Teilmengenrelation enthält den ursprünglichen Schlüssel und alle für die Teilmengen spezifischen Attribute. Unterschiede ergeben sich allerdings bei den Integritätsbedingungen. Sind die Teilmengen überlappend, so ist beim Entfernen besonderes Augenmerk darauf zu legen, daß das zu entfernende Element aus der ursprünglichen Menge auch in allen Teilmengen, in denen dieses Element vorkommt, entfernt wird. Ebenso ist beim Einfügen darauf zu achten, daß vor dem Einfügen eines neuen Tupels in die Teilmenge auch in der ursprünglichen Menge notfalls ein derartiges Element einzufügen ist. Bei einem Nicht-Schlüssel-Attribut wird nur die ursprüngliche Menge und eine Teilmenge, bei einem Schlüssel-Attribut die ursprüngliche Menge und eine bzw. mehrere Teilmengen betroffen (Abb. 16.38).

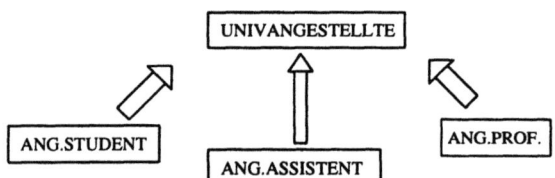

Abbildung 16.38: Teilmengenhierarchie

Die Teilmengen können hier überlappend sein, da Studenten als Mitarbeiter durchaus Assistenten oder Professoren sein können.

---

^{2}Durch < ... > beschreiben wir den formalen fehlenden Teil an dieser Position metasprachlich mit ....

Relationsdefinition:
UNIVANGESTELLTE (SOZVERSNR, gemeinsame Attribute)
ANG-STUDENT (SOZVERSNR, spezielle Attribute) usw.

Zusammenfassend können wir also folgende Schritte unterscheiden:

1. Transformiere jede Entitätenmenge in eine Relation.
2. Gibt es eine 1 : m-Beziehung, so ist es meist zweckmäßig, den Schlüssel der anderen Entitätenmengen auf der m-Seite (Kinder) hinzuzufügen und keine Beziehungsrelation zu bilden.
   Bei 1 : 1-Beziehungen kann man den Schlüssel bei einer beliebigen Relation hinzufügen.
3. Jede Entität aus einer Generalisierungs- und Teilmengenhierarchie wird in eine Relation verwandelt. Jede Relation enthält als Schlüssel den Schlüssel der erzeugenden Entitätenmenge. Die erzeugende Entität enthält die allen Teilmengen gemeinsamen Attribute, und die Teilmengen enthalten die spezifischen Attribute. (Eine andere Möglichkeit wäre die Vereinigung in eine Relation unter Zulassung von Null-Werten.)
4. Transformiere jede binäre oder unäre $m : n$-Beziehung in eine Beziehungsrelation mit den Schlüsseln der Entitäten und den Attributen der Beziehung.
5. Transformiere jede n-äre ($n > 2$) Beziehung in eine Beziehungsrelation unter Verwendung der angegebenen Regeln.

Beispiel einer Transformation:

KENNTNISSE	INSTITUT	FACHGRUPPE	PROJEKT
KENNTNIS-NR	INST-NR	FABT-NR	PROJ-NAME

ANGESTELLTER	ZUGEW-ZU	ORT	ANG-LEITUNG
ANG-NR	ANG-NR, ORT-NAME	ORT-NAME	ANG-NR

ANG-UNIV-LEHRER	ANG-ASSISTENT	ANG-WISS-VW	MITGLIED
ANG-NR	ANG-NR	ANG-NR	FGE-NR, ANG-NR

FACHGES	ARBEITSPL-RECHNER	KENN-EING	
FGE-NR	AR-NR	ANG-NR, PROJ-NAME, KENNTNIS-NR	

Abbildung 16.39: Transformation des EER-Programms einer Universitätsprojektdatenbank (siehe Abb. vorne) Relationen

Die Transformation von Entitäten und von Beziehungen in Relationen:

Entitäten in Relationen:

FACHGRUPPE (GRU-NR, ..., FLEITER-ANG-NR)
INSTITUT (INST-NR, GRU-NR, RAUM-NR, TEL-NR, ..., ILEITER-ANG-NR)
ANGESTELLTE (ANG-NR, ANG-NAME, STELLEN-BEZEICHNG, ..., INST-NR, GATTE-ANG-NR, AR-NR)
KENNTNISSE (KENNTNIS-NR, ...)
PROJEKT (PROJ-NAME, ...)
ORT (ORT-NAME, ...)
ANG-LEITER (ANG-NR, ...)
ANG-UNIVLEHRER (ANG-NR, ...)
ANG-ASSISTENT (ANG-NR, ...)
ANG-WISSVW (ANG-NR, ...)
ARBEITSPLATZRECHNER (AR-NR, ...)
FACHGES (FGE-NR, ...)

Binäre oder unäre Beziehungen in Relationen:

MITGLIED (FGE-NR, ANG-NR)

Ternäre (oder n-äre) Beziehungen in Relationen:

KENN-EING (ANG-NR, KENNTNIS-NR, PROJ-NAME)
ZUGEW-ZU (ANG-NR, ORT-NAME)

16.4 Die Normalisierung der Relationen (Die Phase 3)

Normalisierung sollte weitgehend im Bereich der Entitätenrelationen gegeben sein, wenn das E-E-R-Modell richtig erstellt worden ist, d. h. wenn die Attribute bei den richtigen Entitäten sind. Die Normalisierung wird nach Analyse der funktionalen Abhängigkeiten (FA) des E-E-R-Programms realisiert. Primäre FA stellen die Abhängigkeiten zwischen den Schlüsseln von Entitäten dar. Sekundäre FA andererseits stellen Abhängigkeiten zwischen den Datenelementen einer Entität dar (interne Abhängigkeit der Entitätenattribute) (Abb. 16.40).

	Konnektivität	Primäre FA
Binär:	1 : 1	Schlüssel (1A) → Schlüssel (1B) und umgekehrt
	1 : 1 (opt.)	s. vorangehende Zeile
	1 (opt.) : 1 (opt.)	s. vorangehende Zeile
	1 : m	Schlüssel (m) → Schlüssel (1)
	1 (opt.) : m	s. vorangehende Zeile
	m : n	Zusammengesetzter Schlüssel → 0
Unär:	1 : 1	Schlüssel (1A) → Schlüssel (1B) und umgekehrt
	1 (opt.) : 1 (opt.)	s. vorangehende Zeile
	1 (opt.) : m	Schlüssel (m) → Schlüssel (1)
	1 : m	s. vorangehende Zeile
	m : n	zusammengesetzter Schlüssel → 0
Ternär:	1 : 1 : 1	Schlüssel (A) Schlüssel (B) → Schlüssel (C)
		Schlüssel (A) Schlüssel (C) → Schlüssel (B)
		Schlüssel (B) Schlüssel (C) → Schlüssel (A)
	1 : 1 : m	Schlüssel (1A) Schlüssel (m) → Schlüssel (1B)
		Schlüssel (1B) Schlüssel (m) → Schlüssel (1A)
	1 : m : n	Schlüssel (mA) Schlüssel (nB) → Schlüssel (1C)
	m : n : k	Zusammengesetzter Schlüssel → 0
Generalisierungshierarchie:		Nur sekundäre FA
Teilmengenhierarchie:		Nur sekundäre FA

Abbildung 16.40: Primäre funktionale Abhängigkeiten (FA) aus dem E-E-R-Modell

Um die 4. Normalform zu erhalten, müssen neben sekundären FA auch mehrwertige Abhängigkeiten (MWA) aufgesucht werden. Nun können bekannte Algorithmen angewandt werden, um den gewünschten Normalisierungsgrad zu erreichen. Auf diese wird hier nicht näher eingegangen. Redundante Relationen und Redundanzen in den Relationen können ebenso eliminiert werden. Auch der Verbund (*Join*) von existierenden Relationen kann Relationen ersetzen. Die tatsächliche Elimination ist jedoch auch eine Frage der Effizienz.
Beispiel:
Wir wenden nun die bekannten Regeln zur Ermittlung von Abhängigkeiten an und erhalten folgende **primäre FA:**

1) ABT-NR → LEITER-ANG-NR
2) LEITER-ANG-NR → FABT-NR
3) INST-NR → FABT-NR
4) INST-NR → LEITER-ANG-NR
5) LEITER-ANG-NR → INST-NR
6) ANG-NR → INST-NR
7) ANG-NR → STELLENBEZEICHNUNG
8) ANG-NR → GATTE-ANG-NR
9) GATTE-ANG-NR → ANG-NR

10) ANG-NR → AR-NR
11) AR-NR → ANG-NR
12) ANG-NR, KENNTNIS-NR, PROJ-NAME → 0
13) ANG-NR, ORT-NAME → PROJ-NAME
14) ANG-NR, AR-NR → 0

Als **sekundäre FA** erhalten wir:

1) INST-NR → INST-NAME
2) INST-NR → RAUM-NR
3) RAUM-NR → TEL-NR
4) ANG-NR → ANG-NAME

Lediglich die Institutsrelation ist infolge der transitiven FA

$$\text{INST-NR} \to \text{RAUM-NR} \to \text{TEL-NR}$$

zu zerlegen. Durch Aufschlüsselung der Institutsrelation in die Relation RAUM (RAUM-NR, TEL-NR) und durch Löschen des Attributes TEL-NR in die Institutsrelation wird dieser Konflikt gelöst. Da keine Relation Teil einer anderen oder einer *Join*-Relation ist, sind wir bei der gewünschten NF angelangt.

Wir erhalten somit schließlich folgende normalisierte Relationen:

1) FACHABTEILUNG (FABT-NR, LEITER-ANG-NR, ...)
2) INSTITUT (INST-NR, INST-NAME, RAUM-NR, ..., FABT-NR, LEITER-ANG-NR)
3) ANGESTELLTE (ANG-NR, ANG-NAME, STELLENBEZEICHNG, ..., INST-NR, GATTE-ANG-NR, AR-NR)
4) KENNTNISSE (KENNTNIS-NR, ...)
5) PROJEKT (PROJ-NAME, ...)
6) ORT (ORT-NAME, ...)
15) ZUGEW-ZU (ANG-NR, ORT-NAME)
16) RAUM (RAUM-NR, TEL-NR)

Für die Nummern 7) bis 14) vergleiche oben.

Übungsbeispiele

1. Welche Beziehungstypen werden unterschieden? Beschreiben Sie diese kurz!

2. Was sind NULL-Werte in modernen Datenbanksystemen? Wann sind sie erlaubt?

3. Was ist eine Teilmengen- und was ist eine Generalisierungshierachie? Beschreiben Sie die Unterschiede!

4. Stellen Sie folgenden Sachverhalt unter Verwendung der Symbolik von Teorey dar!

    In einer Schneiderei werden an einem Arbeitsplatz an Jeansjacken Applikationen angenäht. Alle Applikationen sind Jeansjacken zugeordnet, jedoch haben nicht alle Jeansjacken Applikationen; manche Applikationen werden auf mehrere Jeansjacken aufgenäht.

5. Stellen Sie folgenden Sachverhalt graphisch dar: Ein Investor beabsichtigt den Bau eines Wohnhauses und vergibt die Baulose an 9 unterschiedliche Professionistenteams, die in der Zeit des Auftrages nur von diesem angeleitet werden und nur auf seiner Baustelle arbeiten.

Kapitel 17

Eine hypothetische Maschine: Die Turingmaschine

Ziel:

Die LeserInnen werden mit den Grundlagen der Turingmaschine vertraut gemacht. Ihr Aufbau und ihre Funktionsweise werden beschrieben und beispielhaft erläutert. Nach dem Studium dieses Kapitels soll es möglich sein, einfache Turingmaschinen zu verstehen, um sie selbständig entwerfen und analysieren zu können.

17.1 Einleitung

Mit der Turing-Maschine wird die aufgezeigte Problematik der Notwendigkeit einer Unterscheidung zwischen logarithmischen und uniformen Zeitkomplexitätskriterien reduziert auf die Notwendigkeit der Verwendung lediglich eines einzigen Komplexitätskriteriums. Der Grund hiefür liegt in der Einfachheit der Arbeitsweise dieser Maschine. So kann beispielsweise die Addition in dieser Maschine nicht mehr einfach durch eine Operation durchgeführt werden, sondern bedarf einer Reihe von Operationen. Die Turing-Maschine weist jedoch ein nach beiden Seiten unendliches Band als (externen) Speicher auf und verfügt deshalb über mehr Speichervorrat als jeder reale Computer. Ein Programm entspricht einer Turingmaschine. Es gibt keine Maschine mehr, die universell programmiert wird.

17.2 Die deterministische Turingmaschine

Eine Turing-Maschine stellt analog zu realen Maschinen Information in Form von Daten mit einem fest definierten Zeichensatz mit endlich vielen Zeichen dar. Wir bezeichnen diesen Zeichensatz mit $S = \{s_1, s_2, \ldots, s_n\}$, wobei s_1 das Leerzeichen $\flat$ darstellt.

Jede Speicherzelle einer Turingmaschine kann nur 1 Symbol aus S enthalten. Enthält die Speicherzelle s_1, so sagen wir, die Zelle sei **leer**.
Jede Problemstellung ist mit Hilfe dieses Zeichensatzes derart vercodiert, daß er eine fortlaufende Kette von Zeichen bildet, die **kein** Leerzeichen enthält.

Beispiel:
$S = \{\flat, 1, 0, \times\}$
Problem: Addition der zwei Binärzahlen 101 und 100
Vercodierung: $101 \times 100 (= a)$
Diese vercodierte Problemstellung a wird auf einem **Band** gespeichert, welches beidseitig unendlich viele Zellen aufweist:

...	$\flat$	$\flat$	$\flat$	$\flat$	1	0	1	$\times$	1	0	0	$\flat$	$\flat$	$\flat$	...

Beginnt nun die Maschine zu arbeiten, so liest sie vom Band(speicher) ein Zeichen und transformiert es durch Verarbeitung (in eine vorübergehende Informationsdarstellung). Man nennt diesen Schritt einen **Zyklus**. Dieser Schritt wird in Abhängigkeit von der Information am Band wiederholt.
Es gibt nun zwei Möglichkeiten:

1. Die Maschine hält nach einer Anzahl von Zyklen mit einem Stoppbefehl. Auf dem Band befindet sich dann eine Informationsdarstellung b. Wir sagen dann, die Maschine sei **anwendbar** auf das Problem a.

2. Ein Haltebefehl wird niemals erreicht, und die Maschine hält nicht. Diese Maschine ist dann **nicht anwendbar** auf das Problem a.

Wir sagen, eine Maschine **löse eine gegebene Klasse von Problemen**, wenn sie **anwendbar** auf **jedes** Problem dieser Klasse ist. (Z.B. wenn unsere Maschine jedes Additionsproblem von Binärzahlen in obiger Vercodierung löst, dann ist sie anwendbar auf diese Klasse von Additionsproblemen.)

Eine Turingmaschine kann je Maschinenbefehl nur eine Bandzelle lesen. Jeder Verarbeitungszyklus ändert nur das gelesene Symbol s_i in ein Symbol s_j; (z.B. 1 in 0). Gilt $i = j$, so enthält die Zelle weiterhin dasselbe Symbol. Weiters kann eine Turingmaschine nicht irgendeine Stelle am Bandspeicher ansprechen. Vielmehr kann sie die Adresse nur jeweils entweder um 1 erhöhen, um 1 reduzieren oder beibehalten. Da keine festen Adressen vorgesehen sind, heißt dies, daß die Maschine nur eine der benachbarten Zellen der Zelle mit der eben verarbeiteten Information oder diese Zelle selbst wieder lesen kann. Daher können wir uns bei der Adressierung auf folgende drei Adressen beschränken:

- R - lese den Inhalt der Zelle rechts von der zuvor gelesenen
- L - lese den Inhalt der Zelle links von der zuvor gelesenen
- S - lese nochmals den Inhalt derselben Zelle

Die uns bisher bekannte einfache Maschine kennt nun verschiedene Befehle wie z.B. die Addition, die Subtraktion etc., welche den Zustand unseres Rechenwerks derart ändern, daß eben diese Operation durchgeführt wird. Analog kann sich die Verarbeitungseinheit der Turingmaschine, die sogenannte **logische Einheit** α, ebenso in einem speziellen Zustand q_h zur Verarbeitung des gelesenen Bandsymbols **befinden**. Die Menge der Zustände Q, in denen sich die Maschine befinden kann, weist endlich viele Elemente auf und werde folgendermaßen bezeichnet:
$$Q = \{q_0, q_1, q_2, \ldots, q_n\}$$
Die logische Einheit α hat zwei Eingabekanäle:

- einen Kanal für das gelesene Bandsymbol s_i,
- einen weiteren Kanal zur Übermittlung der Information, in welchem Zustand sich die Maschine befindet (q_h).

Die logische Einheit α reagiert nun durch Ausgabe eines Bandsymbols auf das gelesene Feld (z.B. durch Angabe von $0, 1$, oder $\not{b}$), Angabe der Adresse des nächsten zu lesenden Bandfeldes (R, L oder S) und Angabe, wie das nächste Bandsymbol verarbeitet werden soll durch Festlegung des Folgezustandes qQ.

Wir können das Verhalten einer solchen Maschine daher vollständig durch eine sogenannte Funktionstabelle beschreiben. Diese Tabelle enthält am linken Zeilenrand die Bandsymbole, am oberen Spaltenrand die Zustände der Maschine und in den Tabellenfeldern die vollständige durch drei Komponenten beschriebene Information über (Ausgabezeichen) (Adressierungsinformation) (neuer Zustand).

Zum Beispiel gelte für die Anzahl der Verarbeitungszustände Q:

$$Q = \{q_0, q_1, q_2, q_3\}$$

und für die zulässigen Bandsymbole gelte: $S = \{\not{b}, \times, |\}$

Die Tabelle zur Beschreibung der (speziellen) Turingmaschine (Funktionstabelle) habe nun folgendes Aussehen (Abb. 17.1):

	q_0	q_1	q_2	q_3
$\not{b}$	$\not{b}Rq_0$	$\not{b}Rq_0$	$|Sq_1$	$\not{b}Sq_3$
$\times$	$\not{b}Sq_3$	$\times Lq_1$	$\times Rq_2$	$\times Sq_3$
$|$	$\not{b}Rq_2$	$|Lq_1$	$|Rq_2$	$|Sq_3$

Abbildung 17.1: Funktionstabelle der Turingmaschine

Die letzte Spalte ändert weder Zustand noch Bandsymbol; wir nennen q_3 daher den **Haltezustand**. Weiters gibt es einen ausgezeichneten Zustand, in dem die Maschine ihre Arbeit beginnt: den **Anfangszustand** (meist q_0).

Untersuchen wir nun das Verhalten der Maschine auf folgende Eingabe, wenn der Anfangszustand der Maschine q_0 sei:

| $\not{b}$ | $|$ | $\times$ | $|$ | $\not{b}$ |

q_0 anfängliche Stellung des Schreib-/Lesekopfes

Die Maschine stehe auf dem am weitesten links stehenden Zeichen $|$

der Zeichenfolge | × |. Auf das Eingabesymbol | reagiert die Maschine, wenn sie sich in einem inneren Zustand q_0 befindet, mit

$$♭Rq_2$$

d.h. sie löscht das Bandfeld, sodaß es nunmehr leer ist (d.h. das Leerzeichen enthält), legt als nächstes zu lesendes Feld das rechts vom eben gelesenen Feld liegende fest (z.B. durch Vorrücken des Bandes um 1 Feld nach links unter dem Schreib-/Lesemechanismus) und ändert ihren inneren Zustand (der die nächste auszuführende Operation bestimmt) auf q_2; die Anfangssituation vor der nächsten Operation sieht folgendermaßen aus:

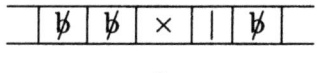

q_2

Die Reaktion der Maschine finden wir in der Funktionstabelle mit $×Rq_2$; d.h. die Maschine gibt × aus, rückt mit dem Schreib-/Lesemechanismus auf dem Band um ein Feld nach rechts und bleibt intern in demselben Verarbeitungszustand q_2:

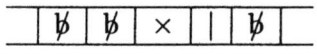

q_2

Analog reagiert die Maschine im Zustand q_2 auf das Eingabezeichen |; sie schreibt | auf das Band, stellt den Schreib-/Lesemechanismus auf das nächste Bandfeld und bleibt im Zustand q_2:

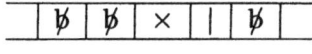

q_2

Nun allerdings verhält sich die Maschine nach $|Sq_1$, d.h. sie schreibt | auf das leere Feld, verändert die Stellung des Bandes nicht und geht jedoch in den Zustand q_1 über:

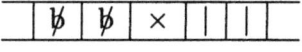

q_1

Die folgenden Schritte beschreiben wir in etwas verkürzter Form graphisch:

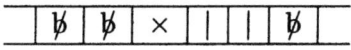

q_1

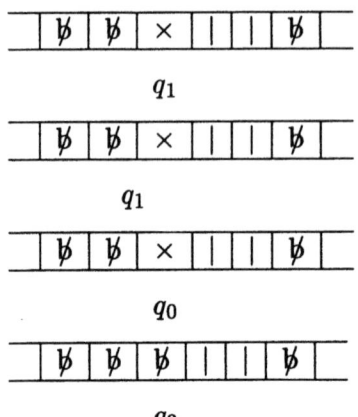

Nachdem wir das Verhalten der Turingmaschine mit obiger Funktionstabelle an diesem einfachen Beispiel untersucht haben, würden wir vielleicht vermuten, daß diese Maschine eine Addition durchführt, indem sie zwei Ketten von |-Zeichen aneinanderhängt. Wir untersuchen das Verhalten der Maschine nun an einem etwas komplexeren Beispiel.

Betrachten wir das Verhalten einer Turingmaschine mit obiger Funktionstabelle an folgender Eingabezeichenkette, wenn wieder das am weitesten links stehende Zeichen, welches ungleich dem Leerzeichen ist, zuerst gelesen werden soll, und die Maschine sich im Anfangszustand q_0 befindet:

Ausgangssituation:

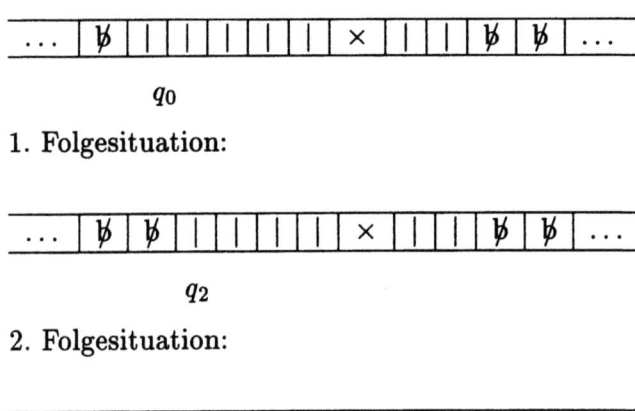

1. Folgesituation:

2. Folgesituation:

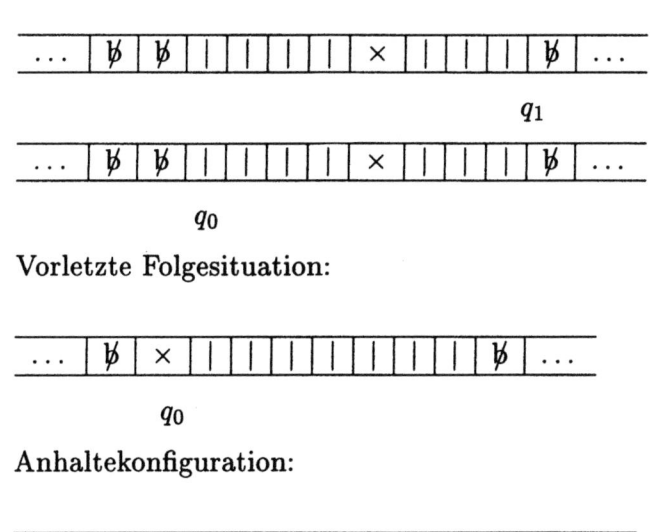

q_0

Vorletzte Folgesituation:

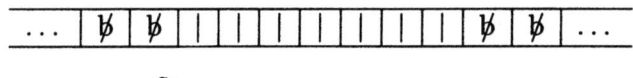

q_0

Anhaltekonfiguration:

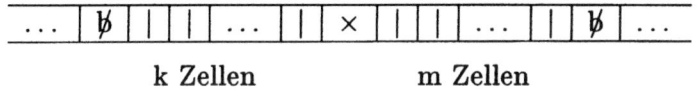

q_0

Da die Turingmaschine den Haltezustand erreicht, sagen wir, sie sei auf Problemstellungen der Form

$$||\cdots|| \times |||\cdots|$$

anwendbar. Tatsächlich addiert sie die beiden Zeichenketten durch Aneinanderhängen. Der Zeitaufwand, den wir hiezu benötigt haben, beträgt bei der Addition von k und m mit der Eingabe

|♭|||⋯|||×|||⋯|||♭|

k Zellen   m Zellen

$$k \times (k + m + 2)$$

Zyklen, um das Zeichen | an der rechten Eingabezeichenkette anzuhängen,

$$k \times (k + m + 1)$$

Zyklen, um den Schreib-/Lesemechanismus wieder auf das am weitesten links stehende Eingabesymbol zurückzustellen und zusätzlich 1 Zyklus zum Übergang in den Haltezustand q_3.

Also benötigen wir zur Ausführung der Operation $k + m$ mit einem Eingabeumfang von $(k + m + 1)$, der die Problemgröße n bezeichnet, eine Ausführungszeit von

$$2k^2 + 2km + 3k + 1$$

Wählen wir die **Vercodierung** der Problemstellung zur Eingabe derart, daß das Minimum von k und m links steht, so erhalten wir für die Ausführungszeit

$$min\{k, m\} \times (2k + 2m + 3) + 1$$

Zusätzlich zu unserem Speicherbedarf für die vercodierte Problemstellung benötigen wir keinen weiteren Speicher.
Eine Turingmaschine können wir uns daher als eine Maschine mit einem in Zellen unterteilten Ein-/Ausgabeband, welches unendlich lang ist, und von einem Schreib-/Lesekopf zellenweise gelesen und beschrieben werden kann, vorstellen. Das Band kann nach dem Schreiben jeweils höchstens um eine Zelle nach links oder nach rechts verschoben oder unter dem Schreib-/Lesekopf festgehalten werden. Die Menge der auf dem Band vorkommenden Symbole ist endlich, und wir nennen dieselbe das zulässige **Bandalphabet** S. Intern befindet sich die Maschine in einem Zustand q aus der endlichen Menge aller möglichen Zustände Q. Der sogenannte Anfangszustand $q_0 \in Q$ ist jener Zustand, in dem die Maschine beginnt, eine in der Menge der zulässigen Inputvercodierungszeichen $\sum (S - \sum = \emptyset)$ - welche das Leerzeichen nicht enthält - vercodierte Problemstellung zu lösen. Die Maschine hält in mindestens einem sogenannten Endzustand $q_j Q$ (siehe Abb. 17.2).

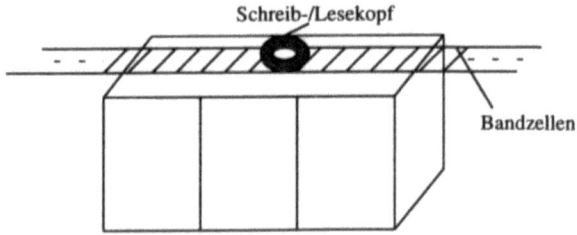

Abbildung 17.2: Turingmaschine

In einer speziellen Klasse von Problemen, den sogenannten **Entscheidungsproblemen** sind zwei Endzustände q_j und q_n vorgesehen; hält die Maschine mit q_j, so entspricht dies einem bejahenden Ergebnis, hält sie mit q_n, so ist das Ergebnis verneinend. Fragestellungen derartiger Entscheidungsprobleme könnten etwa sein: 'Ist ein beliebiger Weg der Länge $\leq v$ zwischen n Städten vorhanden?' oder 'Gibt es eine vorgegebene Mittelallokation mit $\leq C$ Kosten?' Die korrekte Beantwortung von Entscheidungsproblemen ist gewöhnlich ebenso aufwendig wie die Beantwortung der Fragestellung des Optimierungsproblemes oder eines anderen Problemes, welches in eine entscheidungsproblemorientierte Problemstellung umformuliert wurde.

Wir wollen z.B. für ein Rundreiseproblem feststellen, ob eine Rundreise optimal im Sinne der Ermittlung des kürzesten Rundreiseweges zwischen n Orten sei. Unser DTM-Programm sei nur in der Lage festzustellen, ob es eine Rundreise der Länge $\leq v$ gäbe. Durch Addition der kürzesten und der längsten Wege von jedem Ort zu jedem anderen, erhalten wir eine untere Schranke a und eine obere Schranke b für die mögliche Länge des kürzesten Rundreiseweges. Wir versuchen nun, mit

$$m = a + \lceil (b-a)/2 \rceil$$

den Wert von v zu erraten; ($\lceil b \rceil$ bezeichne die nächstgrößere ganze Zahl zu b, falls b selbst nicht ganz ist. Beispiel: $\lceil 1.1 \rceil = 2$, $\lceil -3.4 \rceil = -3$, $\lceil 3 \rceil = 3$). Hält die DTM mit q_j, so ermitteln wir $a + \lceil (m-a)/2 \rceil$ als neue Intervallmitte usw. Wie man zeigen kann, finden wir auf diese Art und Weise nach höchstens $0(\log \lceil b-a \rceil / \log 2)$ Antworten den gesuchten minimalen Rundreiseweg. Da nun die Entfernungen aller Orte zu allen anderen die vercodierte Länge n haben ($>$ Problemgröße), hat die Angabe der $\lceil \log_2(b-a) \rceil$ Suchpunkte ebenfalls jeweils höchstens die Länge n und die Zeitkomplexität $T(n)$ zur Feststellung, ob der Rundreiseweg kleiner oder größer als ein vorgegebener Wert ist. Der Aufwand des Entscheidungsproblems ist daher höchstens $O(\lceil \log_2 |b-a| \rceil) T_{(n)}$.

Eine Turingmaschine reagiert **eindeutig** auf jedes Paar (q_i, s_j) durch Übergang in einen neuen Zustand q_k, Schreiben eines zulässigen Zeichens s_h aus S auf das Band und Bewegen des Bandes auf das nächste zu lesende Bandfeld, welches höchstens ein benachbartes Feld sein kann. Wir nennen diese Maschine daher auch eine **deterministische Turingmaschine (DTM)** und können jede Operation folgendermaßen anschreiben:

$$(q_i, s_j) \rightarrow (q_k R s_h).$$

Der Zeitaufwand $T(n)$, den eine DTM benötigt, um eine vercodierte Problemstellung x der Länge n zu lösen, ist definiert als die **maximale** Anzahl von Zyklen, die die DTM bei Problemstellungen der Größe n

benötigt:

$T_{DTM}(n) = max\{m|$ es gibt eine Problemstellung x der Größe n, für die die DTM in m Zyklen anhält$\}$.

Ein derartiges DTM-Programm heißt **DTM-Programm mit polynomialem Zeitverhalten**, wenn ein Polynom (unter einem Polynom $p_k(n)$ verstehen wir eine Funktion der Form $a_0 + a_i n + a_2 n^2 + \cdots + a_k n^k$, wobei a_i Konstante darstellen; Beispiele: $3.1 + 2.5n + 3.6n^2$ oder $1.1 - n^4 + 6.6n^5$ sind Polynome (der dritten bzw. fünften Ordnung)) $p(n)$ existiert, für das gilt $T(n) \leq p(n)$ für alle Werte von n.

Eine wichtige Klasse von Entscheidungs-(Ja-Nein-)Problemen ist nun die Klasse aller Probleme P, für die es ein DTM-Programm gibt, das diese Probleme in polynomialer Zeit löst. (Man beachte, daß bei diesem JA-NEIN-Entscheidungsproblem durch Vertauschen der Haltezustände auch das Komplementärproblem in derselben Zeit gelöst werden kann!)

17.3 Die nichtdeterministische Turingmaschine und ihre Problemlösungskraft

Betrachten wir eine Turingmaschine, die nur JA-NEIN-Fragestellungen zu lösen hat. Eine derartige Turingmaschine, die auf ein Paar (q_j, S_i) auf mehr als eine Art reagieren kann - ohne eine Präferenz festgelegt zu haben -, wird eine nichtdeterministische Turingmaschine (NDTM) genannt. Wir können nichtdeterministische Turingmaschinen auch für reine Akzeptanzfragestellungen der Art: 'Weist eine Eingabezeichenfolge w eine vorgegebene Eigenschaft auf?' verwenden. Hiebei muß dazu nicht unbedingt die Antwort 'Nein' erfolgen, wenn dies nicht der Fall ist. Weist w jedoch die vorgegebene Eigenschaft auf, so **akzeptiert** die NDTM die Eingabe. Die NDTM funktioniert dieserart als **Akzeptor**. Es sei nun T eine NDTM. Für jede akzeptierte Folge von Eingabezeichen der Länge n gibt es zumindest eine Folge von Zyklen, die zu einem Endzustand führt. Für jede akzeptierte Folge von Eingabezeichen betrachten wir nur die kürzeste Folge von Zyklen, die zum Akzept führt. Die maximale Anzahl von Schritten, die in einer derartigen Folge von Zyklen notwendig ist, um eine Folge von Eingabezeichen der Länge n zu akzeptieren, wird mit $t(n)$ bezeichnet, und man sagt, daß T von der Zeitkomplexität $t(n)$ ist. Ähnlich wie bei einer DTM unterscheiden wir nun eine Klasse von Problemen, die von einer NDTM in polynomialer Zeit akzeptiert werden. Diese Klasse von Problemen wird als die Klasse von Problemen **NP** bezeichnet. Eine gewöhnliche DTM ist trivialerweise eine NDTM, sodaß klar ist, daß **NP** $\supseteq$ **P**. Die Frage, ob P eine echte Teilmenge von NP sei, ist noch offen. In einer DTM bezeichnet $t(n)$ die Zeit, die die Maschine benötigt, um einen Input mit JA-Zustand zu akzeptieren oder mit einem NEIN-Zustand abzulehnen. In jedem Falle hält die Maschine, und die Zeitkomplexität beträgt $t(n)$. In einer NDTM wird nur verlangt, daß eine Eingabezeichenfolge der Länge n im ungünstigsten Falle mindestens mit der Zeit $t(n)$ akzeptiert werden kann. Handelt es sich jedoch um eine Eingabezeichenfolge, die nicht akzeptiert wird, so gibt es keine Schranke für die Verarbeitungszeit.

Der Umstand, daß eine NDTM in einem Zyklus unter Umständen eine nicht näher bestimmte Wahl aus mehreren Reaktionsmöglichkeiten treffen kann, kann als parallele Verarbeitungsmöglichkeit interpretiert werden. Wir würden dann erwarten, daß eine Maschine, die parallele Verarbeitungsschritte zuläßt, schneller ist als eine Maschine, die dies nicht tut. Tatsächlich kann jedes Problem, das von einer NDTM in polynomialer Zeit gelöst wird, auch von einer DTM gelöst werden. Man kann eine NDTM durch eine DTM simulieren. Es ist jedoch noch nicht gelungen, diese Simulation so vornehmen zu lassen, daß wir bei einer Zeitkomplexität von $t(n)$ für die Simulation immer weniger als $t(n)b^{t(n)}$ Zeit für eine Konstante $b > 1$ brauchen. Andererseits ist es noch nicht gelungen nachzuweisen, daß ein derartiges Simulationsprogramm einer DTM für eine NDTM nicht existiert. Damit ist auch nicht klar, ob die Klasse von Problemen **P** eine echte Teilmenge der Klasse **NP** ist.

Eine besondere Stellung in der Welt der schwer lösbaren Probleme nimmt die Klasse der **NP**-vollständigen Probleme ein. Grob gesprochen wird ein Problem als **NP**-vollständig bezeichnet, wenn es in **NP** ist und zumindestens genau so schwer zu lösen ist, als jedes andere Problem in **NP**. D.h., wenn man zeigen kann, daß es zu **P** gehört, dann würde auch jedes andere **NP**-vollständige Problem zu **P** gehören. Seit Beginn der Forschung über **NP**-vollständige Probleme hat man sehr viele Probleme aus der Graphentheorie, der Zahlentheorie, der Algebra, der Netzwerktheorie, im Operations Research, im Datenbank- und Graphikbereich gefunden, die **NP**-vollständig sind.

Übungsbeispiele

1. Was ist eine Turingmaschine?

    (a) Ein Motorrad für unbefestigtes Gelände
    (b) Ein zweimotoriges Freizeitsportgerät
    (c) Ein Gedankenmodell eines Rechenautomaten
    (d) Die im Datenschutzgesetz vorgesehene Alarmglocke eines Rechenzentrums

2. Eine deterministische Turingmaschine hat die Zustände z_1, z_2, kann die Zeichen 0, 1 lesen und schreiben und hat folgende Übergangstabelle:

	z_1	z_2
0	$0, R, z_2$	$1, Rz_1$
1	$1Lz_1$	$0Rz_2$

    Die hier interessanten Bandstellen werden mit den Zahlen 10, 11, 12, 13, 14 bezeichnet und enthalten die Zeichen 0, 0, 1, 0, 0. Der Schreib/Lese-Zeiger der Maschine steht auf 12, der Anfangszustand ist z_1. Simulieren Sie 4 Verarbeitungszyklen der Maschine. Zeichnen Sie den Zustand des Bandes nach dem vierten Schritt und geben Sie an, auf welcher Bandstelle der Schreib/Lese-Zeiger nach dem vierten Schritt steht.

3. Was versteht man unter der von einer Turingmaschine akzeptierten Sprache?

4. Schreiben Sie ein Programm für eine Turingmaschine mit binärem Alphabet, welches das Muster 0 1 0 an einer beliebigen Stelle auf dem Band erkennt.

5. Schreiben Sie ein Programm für eine Turingmaschine mit binärem Alphabet, welches eine beliebige Anzahl von Einsern, die auf dem Band von einer Null gefolgt werden (z.B. die Eingabe 1 1 1 0), an einer beliebigen Stelle auf dem Band erkennt.

6. Wonach oder nach wem sind die Turingmaschinen benannt?

    (a) Nach Turin (oberitalienische Industriestadt)

(b) Nach Thüringen (deutsches Bundesland)
(c) Nach ihrem Erfinder Alan M. Turing (1912-1954)
(d) Nach den Touring-Motorrädern im Sport

Kapitel 18

Die Grenzen der Lösbarkeit von Problemen mit Computern

Ziel:
A priori scheinen Computer ein derart mächtiges Instrument zu sein, das imstande ist, jedes algorithmische Problem zu lösen. Die LeserInnen sollen verstehen, daß es sehr wohl Probleme gibt, deren Lösung einen exorbitant hohen Betriebsmittelverbrauch verursacht (z.B. Probleme, die prinzipiell mit Computern nicht lösbar sind). Dieses Kapitel ist der zweiten Kategorie von Problemen gewidmet und stellt eine Einführung in die Theorie der Berechenbarkeit dar. Insbesondere wird gezeigt, daß nicht jede Funktion auf den ganzen Zahlen durch ein Programm berechnet werden kann. Weiters wird das Stoppproblem als spezielles unlösbares Problem vorgestellt.

18.1 Einführung

Die Grenzen der Leistungsfähigkeit von Computern sind zunächst einmal durch den Betriebsmittelbedarf festgesetzt. Beispielsweise ist das Problem der Festlegung der optimalen Auslieferungsroute bei gleichzeitiger Optimierung der Unterbringung der Ware auf der Ladefläche bei einer Großbäckerei mit z.B. 60 LKW und 1800 zu beliefernden

Stellen zwar im Prinzip durchaus lösbar, jedoch ist dieses Problem praktisch nicht rechenbar, da die mit den bekannten Algorithmen erforderliche Rechenzeit nicht abgewartet werden könnte.
Derartige, durch ihren Betriebsmittelverbrauch praktisch nur für relativ kleine Probleme einsetzbare Algorithmen zur Problemlösung lösen im Prinzip auch große Probleme und stellen damit keine prinzipiellen Lösbarkeitsgrenzen dar. Die Fragen 'Wo sind die Grenzen der Lösbarkeit durch Computer?' und 'Welche Probleme, die sehr schwer lösbar sind, können Computer dennoch lösen?' sind noch zu beantworten.

18.2 Maschinell unlösbare Probleme

Die Theorie der Berechnung beschäftigt sich u.a. auch mit der Frage: 'Welche Berechnungen können durch eine (abstrakte) Maschine ausgeführt werden, wenn Beschränkungen praktischer Natur wie Rechenzeit und Speicherbedarf wegfallen?' Die wesentlichen Ergebnisse dieser Theorie lagen interessanterweise zehn Jahre vor dem Beginn der Computeraera (ca. 1940) bereits in großen Teilen vor. In dieser Theorie werden gewöhnlich nur Berechnungen mit positiven ganzen Zahlen betrachtet. Berücksichtigt man, daß jede Zahl - sei es bei der Ein- oder Ausgabe - in ihrer Dezimalform als ganze Zahl gesehen werden kann, so stellt diese Vereinfachung keine wesentliche Beschränkung dar. Wenngleich die Nachweise der maschinellen Unlösbarkeit von Problemen gewöhnlich mit Turingmaschinen geführt werden, beschränken wir uns aus Gründen der Anschaulichkeit auf die algorithmische Darstellung und verzichten auf eine strenge formale Ableitung. Wir gehen auch davon aus, daß alle numerischen Variablen ganzzahlig sind, und verwenden Struktogramme für die Darstellung unserer Programme. Betrachten wir nun die Funktion G mit zwei Argumenten (siehe Abb.18.1).

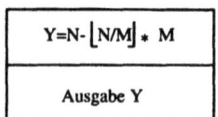

Abbildung 18.1: Die Funktion $G(N, M)$

Die Funktion $g(n, m)$ berechnet den Rest von n mod m für jedes positive Paar von Werten (n, m). (Wir erinnern daran, daß wir mit n mod m den Rest der ganzzahligen Division $[n/m]$ verstehen; z.B. gilt 7 mod 3 ist gleich 1 und 9 mod 5 ist gleich 4). Diese Funktion G hat nun zwei Eingabevariable und eine Ausgabevariable. Es ist praktisch, es nur mit Funktionen zu tun zu haben, die genau eine Ausgabevariable und eine Eingabevariable aufweisen. Ein Verfahren, welches uns erlaubt, k positive ganzzahlige Eingabewerte $x_1, x_2, \ldots, x_k$ eindeutig derart in einen positiven ganzzahligen Eingabewert X zu verwandeln, daß die k Eingabewerte wieder daraus gewonnen werden können, ist das sogenannte **Gödel-Numerierungs-Schema**:
Ordne jedem k-Tupel $(x_1, x_2, \ldots, x_k)$ von natürlichen Zahlen die Zahl $X = <x_1, x_2, \ldots, x_k> = p_1^{x_1} p_2^{x_2} \ldots p_k^{x_k}$ zu, wobei p_i die i-te Primzahl bezeichne ($p_1 = 2, p_2 = 3, p_3 = 5$ usw.). Jede Funktion $f(x_1, x_2, \ldots, x_k)$, die ein algorithmisches Ergebnis liefert, kann zu einer Funktion $f1$ geändert werden, die die Gödel-Zahl X genauso verarbeitet. ($f1$ unterscheidet sich von f nur durch die Entcodierung der Gödelzahl in die k Größen $(x_1, x_2, \ldots, x_k)$ vor Verarbeitung.) Die Funktion $G1$ entspreche einer Funktion G, verschlüssle aber, da wir nur zwei Eingabewerte n und m haben, diese in der Form $X = 2^n 3^m$. Wollten wir nun mit n und m den Wert der Funktion G berechnen, so würde die Funktion $G1$, welche dieselbe Berechnung wie G - jedoch nach Entschlüsselung der Gödelzahl - ausführt, folgendermaßen aussehen (siehe Abb. 18.2).

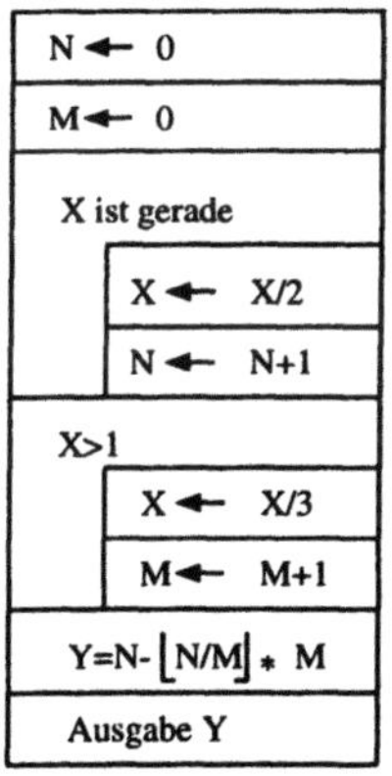

```
N ← 0
M ← 0
X ist gerade
    X ← X/2
    N ← N+1
X > 1
    X ← X/3
    M ← M+1
Y = N - ⌊N/M⌋ * M
Ausgabe Y
```

Abbildung 18.2: $G1(X)$

Statt $G1(X)$ könnten wir, um die Anzahl der Eingabewerte zu zeigen, auch $G1(<N, M>)$ schreiben. Diese Notation wird in der Folge verwendet werden.

Nun kommen wir zur ersten eigentlichen Frage dieses Abschnitts: Kann jede Funktion, die eine positive und ganze Zahl sowohl als Eingabe- als auch als Ausgabewert aufweist, durch ein Programm berechnet werden?

Die Antwort lautet: **Nein.**

Dies ist leicht zu zeigen, u.zw. indem wir nachweisen, daß die Menge aller Programme nicht ausreicht, um diese Aufgabe zu lösen.

Jedes Programm wird unter Verwendung von endlich vielen Zeichen in einer Programmiersprache oder im Maschinencode (nur 2 Zeichen) niedergeschrieben. Jedes Programm ist von endlicher Länge und weist daher endlich viele Zeichen auf. Führen wir daher auf der verwendeten Zeichenmenge eine Sortierordnung (z.B. 0 < 1) ein, so können wir alle Programme gleicher Größe sortieren. Reihen wir die sortierten Programme nach der Länge 1, 2, ... in dieser Reihenfolge aneinander, so können wir sie durchnumerieren, da ihre Reihenfolge bei gleicher Größe durch die Sortierordnung definiert ist:

$$P_1, P_2, P_3, \ldots$$

Wir können nun zeigen, daß die gesuchte Menge von Funktionen nicht mehr abgezählt werden kann, obwohl die Menge aller Programme abzählbar ist.

Nehmen wir zum Beispiel an, P_i sei das i-te Programm in der Sortierreihenfolge. Wir definieren nun ein Programm Z wie folgt (siehe Abb. 18.3):

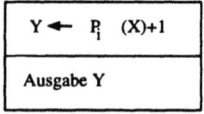

Abbildung 18.3: $Z(<X, i>)$

Z ist offenbar eine Funktion mit den geforderten Eigenschaften: Ein- und Ausgabewerte sind positiv und ganzzahlig. Trotzdem unterscheidet sich $Z(<X, i>)$ von allen Programmen $P_i (i = 1, 2, \ldots)$. Also erhalten wir einen Widerspruch zur Annahme, daß die Menge der betrachteten Funktionen abzählbar sei. Da die Menge der Programme

P_i abzählbar ist, kann diese nicht alle Funktionen, die positive und ganzzahlige Ein- und Ausgabewerte haben, umfassen.

Diese Erkenntnis ist nicht sehr zufriedenstellend, da dieses Resultat kein unlösbares Problem ausdrücklich anzugeben gestattet, sondern den Nachweis erlaubt, daß es Funktionen gibt, für die man kein Programm angeben kann. Wir zeigen nun, daß es auch möglich ist, Probleme, die unlösbar sind, explizit anzugeben.

Nehmen wir zum Beispiel an, daß unter unseren Programmen $P_i (i = 1, 2, \ldots)$ ein sehr nützliches Programm D sei, das für einen beliebigen Eingabewert q feststellen könne, ob irgendein Programm P_j mit Eingabewert q auch tatsächlich endliche Laufzeit aufweise und zu einem Ende komme (siehe Abb. 18.4).

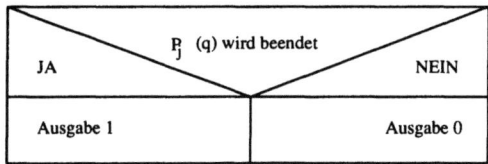

Abbildung 18.4: $D(<j, q>)$

Kommentar: Unterprogramm, welches das Programm P_j untersucht, ob $P_j(q)$ beendet wird.

Das Programm D wird als Entscheidungsprogramm für das Halteproblem von Programmen P_j bezeichnet. Wir zeigen nun durch die Herleitung eines Widerspruchs aus der Annahme, daß D tatsächlich existiere, daß es D nicht geben kann.

Betrachten wir folgendes Programm (siehe Abb. 18.5).

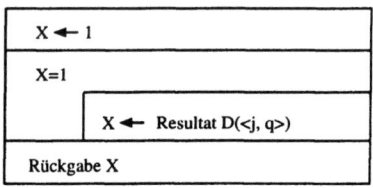

Abbildung 18.5: $H(X)$

Ist D ein zulässiges Programm, so ist es auch H. Ist jedoch H zulässig, so muß es ein Programm P_s aus der Menge aller Programme geben, welches H entspricht. Betrachten wir nun die Durchführung von $D(<s,s>)$. Offenbar erhalten wir nach Definition:

$$D(<s,s>) = \begin{cases} 1 & \text{wenn } P_s(s) \text{ anhält,} \\ 0 & \text{wenn } P_s(s) \text{ nicht anhält.} \end{cases}$$

Gilt nun $D(<s,s>) = 1$, dann hält offenbar H nicht an. Das heißt jedoch, daß $P_s(s)$ nicht anhält. Wenn jedoch $P_s(s)$ nicht anhält, muß D definitionsgemäß 0 ergeben und H anhalten - ein Widerspruch. Andererseits, gilt $D(<s,s>) = 0$, so hält $H(s)$ und ergibt s. Das heißt also, $P_s(s)$ hält und $D(<s,s>) = 1$ - wiederum ein Widerspruch.

Da D für eine Eingabe $<s,s>$ nicht die korrekte Antwort ermitteln kann, können wir folgende Behauptung formulieren:

Es gibt kein Programm, das für ein beliebiges Programm P mit Eingabe X entscheiden kann, ob $P(X)$ anhält.

Ganz ähnlich ist es möglich, die maschinelle Nicht-Lösbarkeit anderer Probleme zu zeigen. U.a. zählt hiezu die Frage, ob zwei beliebige Programme P_i und P_j äquivalent in dem Sinne sind, daß diese jeweils denselben Ausgabewert für alle zulässigen Eingabewerte liefern.

Anhang A

Grundbegriffe der Graphentheorie

Unter einem Graph können wir uns eine zeichnerische Konstruktion vorstellen, in der Punkte, sogenannte **Knoten**, mit spezifizierten Geraden, den **Kanten**, verbunden werden (Abb. A.1).

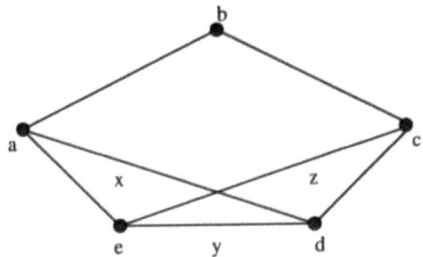

Abbildung A.1: Beispiel eines Graphen

In obigem Beispiel haben wir die **Kanten** x, z, y und noch drei weitere, nicht näher benannte Kanten. Diese Kanten verbinden die **Knoten** a, b, c, d, e. Wir sehen also, daß das Konzept eines Graphen nicht allzu schwer zu verstehen ist, und schreiten zu exakteren Definitionen. Wir betrachten im übrigen hier generell nur Graphen **ohne** Mehrfachkanten und Schlingen (= schlichte Graphen) mit endlich vielen Knoten.
Definition:
Ein Graph G besteht also aus einer endlichen, nicht leeren Menge V

von p Knoten zusammen mit einer gewissen Menge X von q zweiwertigen Teilmengen von V.

Jedes **ungeordnete Paar** ($x \epsilon X$ und $x = \{u, v\}$) von Knoten ist eine Kante von G. Man sagt, x **verbindet** u und v. Da die Knoten u und v unmittelbar verbunden sind, sagt man, die Knoten seien **benachbart**. Der Knoten u und die Kante x **inzidieren einander**. Inzidieren verschiedene Kanten mit demselben Knoten, so heißen sie benachbart. In obigem Beispiel sind x und y, sowie z und y jeweils benachbarte Kanten. x und z sind hingegen nicht benachbart.

Es gelte
$V = \{v_0, v_1, \ldots, v_p\}$,
$X = \{x_1, x_2, \ldots, x_q\}$,
$G = (V, X)$
ist ein Graph.

Oben haben wir angegeben, daß wir Knoten in Zukunft mit v bezeichnen und indizieren, und Kanten mit x bezeichnen und indizieren. V und X bezeichnen die Knoten- bzw. die Kantenmengen. Das Paar bestehend aus V und X ist dann ein Graph.

Unter der **Kantenfolge** eines Graphen verstehen wir eine alternierende Folge von Ecken und Kanten $v_0, x_1, v_1, \ldots, v_{n-1}, x_n, v_n$, die mit v_0 beginnt und mit v_n endet, und in der jede Kante mit den beiden verschiedenen Ecken inzidiert, die in der Folge unmittelbar neben ihr stehen. Eine Kantenfolge heißt dann **geschlossen**, wenn $v_0 = v_n$ gilt. Eine Kantenfolge heißt **offen**, wenn sie nicht geschlossen ist. Eine Kantenfolge heißt **Weg**, wenn alle Ecken verschieden sind, und gilt $n \leq 3$, und liegt ein geschlossener Weg vor, so heißt die Kantenfolge ein **Kreis**.

Definitionen:
Ein Graph heißt **zusammenhängend**, wenn je zwei Ecken durch einen Weg verbunden sind. Ein maximal zusammenhängender Teilgraph von G heißt **Zusammenhangskomponente** von G. Die Länge einer Kantenfolge entspricht der Anzahl der in ihr vorkommenden Kanten. Ein **gerichteter** Graph ist ein Graph, bei dem jede Kante einen Anfangsknoten und einen Endknoten aufweist. Man schreibt daher eine Kante mit dem Anfangsknoten a und dem Endknoten b auch als (a, b).

Im Gegensatz zu einem **ungerichteten** Graphen weist also eine Kante eines gerichteten Graphen eine Richtung auf. Man spricht daher häufig nicht einfach von Kanten, sondern anstatt dessen von **Pfeilen**.

Definition eines gerichteten Graphen oder Digraphen:
Ein **gerichteter Graph** oder **Digraph** besteht aus einer endlichen, nichtleeren Menge V von Ecken, zusammen mit einer Menge X von geordneten Paaren verschiedener Ecken. Die Elemente von X werden (gerichtete) Kanten genannt. Wir schreiben die Kanten auch als geordnete Paare (u,v). Es gilt $u,v \epsilon V$; u heißt **Anfangsknoten** und v **Endknoten** des **Pfeils**.

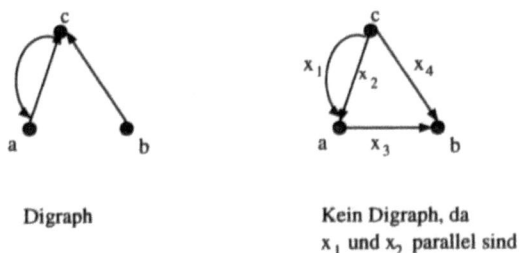

Digraph   Kein Digraph, da
                 x_1 und x_2 parallel sind

Abbildung A.2: Beispiel eines Digraphen

$V = \{a, b, c\}$
$X = \{(a, c), (c, a), (b, c)\}$

Definition der Erreichbarkeit:
Ein Knoten b eines Digraphen $D = (V, X)$ heißt von einem Knoten $a \epsilon V$ aus erreichbar, wenn es in D eine Pfeilfolge und damit einen **Weg** mit dem Anfangsknoten a und dem Endknoten b gibt. a und b heißen miteinander verbunden, wenn in G_D eine Kantenfolge und damit eine Kette mit den Endknoten a und b existiert. Ein **Weg** ist eine Kantenfolge von jeweils benachbarten Kanten, deren Knoten durchwegs verschieden sind. Entspricht der erste Knoten dem letzten Knoten, so nennen wir den Weg **geschlossen**, und die Kantenfolge wird **Kreis** genannt. Bei einem Digraphen muß in der Kantenfolge jeweils der Anfangsknoten der folgenden Kante mit dem Endknoten der vorausgehenden Kante übereinstimmen. Ein geschlossener Weg eines gerichteten Graphen heißt **Zyklus**. G_D ist der ungerichtete Graph, der aus D gebildet werden kann, indem man die 'Richtung' aufhebt und zwei Kanten zwischen den gleichen Knoten, die nun keine entgegengesetzte Orientierung mehr aufweisen, zu einer einzigen Kante zusammenfaßt.

Bemerkung:
Zweckmäßigerweise vereinbaren wir, daß ein Knoten a von sich selbst

aus 'erreichbar' und mit sich selbst 'verbunden' sei. Einen von einem Knoten a eines Digraphen aus erreichbaren Knoten nennen wir manchmal auch **Nachfolger** im weiteren Sinne von a, und analog einen Knoten, von dem a aus erreichbar ist, nennen wir **Vorgänger** im weiteren Sinne von a. Die Menge aller von einem Knoten a eines Digraphen $D = (V, X)$ aus erreichbaren Knoten von D bezeichnen wir im folgenden mit $R(a)$; für die Menge aller Knoten von D, von denen aus a erreichbar ist, führen wir das Symbol $\bar{R}(a)$ ein, insbesondere gilt $a \epsilon R(a)$, $a \epsilon \bar{R}(a)$. Entsprechend legen wir für $V' \subseteq V$ die Mengen
$$R(V') = \{a \epsilon V | a \epsilon R(a'), a' \epsilon V'\} = \bigcup_{a' \epsilon V'} R(a')$$
$$\bar{R}(V') = \{a \epsilon V | a \epsilon \bar{R}(a'), a' \epsilon V'\} = \bigcup_{a' \epsilon V'} \bar{R}(a') \text{ fest.}$$

Definition:
Ein ungerichteter oder gerichteter Graph G mit der Kanten- bzw. Pfeilmenge X wird **transitiv** genannt, wenn für je drei verschiedene Knoten a, b, c, von G aus $(a, b,)$, $(b, c,) \epsilon X$ (bzw. $\{a, b,\}, \{b, c,\} \epsilon X$) auch $(a, c,) \epsilon X$ (bzw. $\{a, c,\} \epsilon X$) folgt.

Ein vollständiger gerichteter oder ungerichteter Graph ist stets transitiv. Ein vollständiger gerichteter Graph ist transitiv und symmetrisch, d.h. mit $(a, b,) \epsilon X$ ist auch $(b, a,) \epsilon X$.

Definition:
Die **transitive Hülle** eines ungerichteten oder gerichteten Graphen (V, X) ist der transitive Graph (V, X') mit der kleinstmöglichen Kanten- bzw. Pfeilmenge $X' \subseteq X$, sodaß (V, X') ein transitiver Graph ist (Abb. A.3).

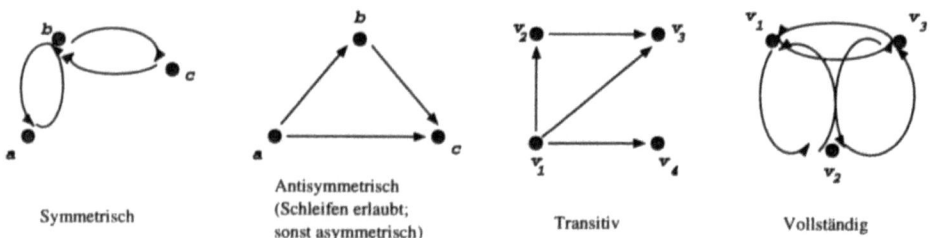

Abbildung A.3: Beispiele von Graphen

Bei ungerichteten und gerichteten Graphen, die weder parallele Kanten bzw. Pfeile noch Schlingen besitzen, können wir bei einer endlichen Knotenmenge und einer endlichen Kantenmenge, die wir voraussetzen, bei ungerichteten Graphen nur höchstens $\binom{n}{2}$ d.i. $\frac{n(n-1)}{2}$ Kanten, bzw. bei einem gerichteten Graphen höchstens $n(n-1)$ Pfeile haben (Abb. A.4; ein Graph werde indiziert genannt, wenn seine Knoten indiziert sind).

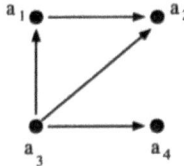

Abbildung A.4: Beispiel eines indizierten Graphen

Definition:
Ein Knoten g eines gerichteten Graphen G, von dem höchstens Kanten weggehen, und zu dem keine Kanten hinführen, heißt **Quelle**; ein Knoten s, zu dem höchstens Kanten hinführen, aber von dem keine Kanten weggehen, heißt **Senke** von G. Führen weder Kanten hin noch weg, so heißt der Knoten **isoliert**.
In obigem Beispiel ist a_3 eine Quelle, und a_2 als auch a_4 heißen Senken des Graphen.

Definition:
Eine Knotenmenge $B \subseteq V$ eines Digraphen $D = (V, X)$ heißt **Basis** von D, wenn gilt
(1) $R(B) = V$
(2) Es existiert kein $B' \subset B$ mit $R(B') = V$; (d.h. B ist die "kleinste" Teilmenge von V, die $R(B) = V$ erfüllt.)

Definition:
Eine Knotenmenge $A \subseteq V$ eines Digraphen $D = (V, X)$ heißt **Antibasis** von D, wenn gilt
(1) $\bar{R}(A) = V$
(2) Es existiert kein $A' \subset A$ mit $\bar{R}(A') = V$.
$B = \{a_1, a_6\}$ ist eine Basis von D; $A_1 = \{a_4\}$ und $A_2 = \{a_5\}$ sind Antibasen von D (Abb. A.5).

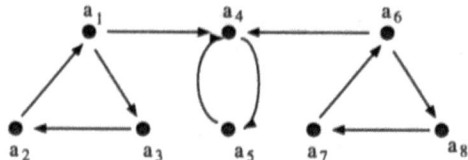

Abbildung A.5: Basis und Antibasis

Man kann folgende Behauptungen beweisen:
Jeder Digraph besitzt (mindestens) **eine** Basis und **eine** Antibasis. Alle Basen B (Antibasen A) eines Digraphen haben die gleiche Mächtigkeit, sie sind also Teilmengen von V von minimaler Mächtigkeit, die gleichzeitig $R(B) = V$ (bzw. $\bar{R}(A) = V$) erfüllen.

Jede Basis (Antibasis) eines Digraphen D enthält sämtliche **Quellen** (**Senken**) von D. Ein Digraph D ohne Zyklen (zyklenfreier Digraph) besitzt genau eine Basis (Antibasis), die aus allen Quellen (Senken) von D besteht.

Definition:
Ein Digraph D heißt **stark zusammenhängend**, wenn für je zwei Knoten a und b von D sowohl a von b aus, als auch b von a aus erreichbar ist. D wird **schwach zusammenhängend** oder **kantenweise zusammenhängend** genannt, wenn je zwei Knoten von D miteinander verbunden sind.[1]

Bemerkung:
Entsprechend kann man die starken und die schwachen Zusammenhangskomponenten eines Digraphen D definieren. Zwei Knoten a und b von D liegen in einer **starken (schwachen) Zusammenhangskomponente**, wenn a von b aus und b von a aus erreichbar (a und b miteinander verbunden) sind (Abb. A.6).

Schwache Zusammenhangskomponenten: D_1, D_2.
Starke Zusammenhangskomponenten: $\{a_1, a_2\}; \{a_3\}; \{a_4\}; \{a_5\}; D_2$.

---

[1] Zwei Knoten sind miteinander verbunden, wenn in G_D ein Weg existiert mit den beiden Knoten als Anfangs- und Endknoten.

Abbildung A.6: Starke bzw. schwache Zusammenhangskomponenten des Graphen D mit den Teilgraphen D_1 und D_2

Definition:
Seien $D = (V, X)$ ein Digraph und $F(a)$ die Menge aller Pfeilfolgen von D mit dem Endknoten $a \epsilon V$, dann heißt die Größe

$$\rho(a) \begin{cases} \text{Maximale Länge einer Pfeilfolge in } F(a) \ (\neq \text{ leer}) \\ 0 \ (F(a) \text{ ist leer}) \end{cases}$$

Vorwärtsrang oder kurz **Rang** des Knotens a:

Bemerkung:
Liegt ein Knoten in einem Zyklus, so habe er den Rang ∞. Für die Ränge der Knoten des unten dargestellten Digraphen gilt $\rho(a_1) = 1$, $\rho(a_2) = 2$, $\rho(a_6) = 0$, $\rho(a_4) = \rho(a_5) = \rho(a_3) = \infty$ (Abb. A.7).

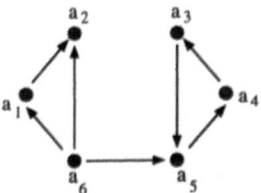

Abbildung A.7: Der Rang eines Knotens

Aus der Definition folgen die Behauptungen:

- Der Rang eines Knotens in einem Digraphen mit n Knoten ist entweder höchstens gleich $n - 1$ oder gleich ∞.

- Ist ein Knoten a in einem Zyklus enthalten, so haben wir $\rho(a) = \infty$. (a' muß jedoch nicht in einem Zyklus enthalten sein, damit $\rho(a') = \infty$ gilt!)
- Ist ein Digraph D zyklenfrei, dann ist der Rang jedes Knotens von D endlich.

Definition:
Seien $D = (V, X)$ ein Digraph und $F'(a)$ die Menge aller Pfeilfolgen von D mit dem Anfangsknoten $a \epsilon V$, dann heißt

$$\sigma(a) \begin{cases} \text{Maximale Länge einer Pfeilfolge in } F'(a) \ (\neq \text{ leer}) \\ 0 \ (F'(a) \text{ ist leer}) \end{cases}$$

Rückwärtsrang des Knotens a:
Für den obigen Digraphen gilt $\sigma(a_1) = 1$, $\sigma(a_2) = 0$, $\sigma(a_3) = \sigma(a_4) = \sigma(a_5) = \sigma(a_6) = \infty$.
Obige Bemerkungen gelten auch für den Rückwärtsrang. Ein Knoten a mit $\rho(a) = \sigma(a) = \infty$ muß nicht notwendig einem Zyklus angehören; dies wird z.B. durch den Knoten a_4 des folgenden Digraphen gezeigt (Abb. A.8).

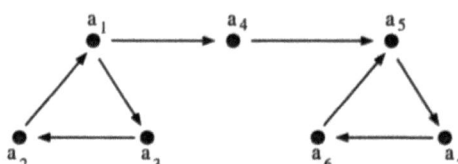

Abbildung A.8: Zyklenfreier Digraph

Zyklenfreie Digraphen erlauben eine spezielle Numerierung der Knoten nach wachsenden Knotenrängen, die **topologische Sortierung** genannt wird.
Die topologische Sortierung der Knoten eines zyklenfreien Digraphen ist nun folgendermaßen erklärt:
Definition:
Eine Sortierung der Knoten eines zyklenfreien Digraphen $D = (V, X)$ mit $V = \{a_1, \ldots, a_n\}$ nach deren Rang heißt **topologische Knotensortierung** oder kurz **topologische Sortierung** von D (Abb. A.9).

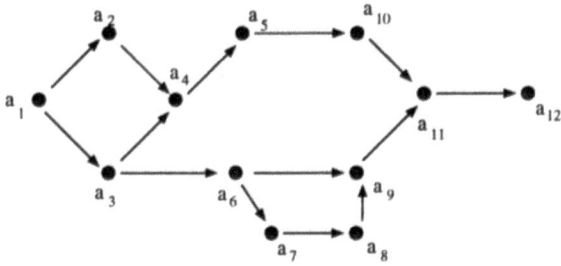

Abbildung A.9: Digraph

Bemerkung:
Topologische Sortierung muß nicht eindeutig sein, da Knoten gleichen Ranges untereinander beliebig angeordnet werden können (Abb. A.10).

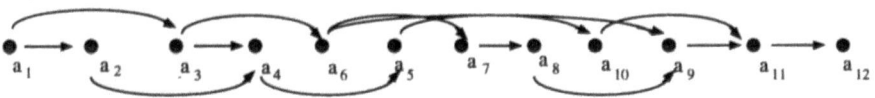

Abbildung A.10: Topologisches Sortieren von D nach dem Rang

$\rho(A_1) = 0$
$\rho(A_2) = \rho(A_3) = 1$
$\rho(A_4) = \rho(A_6) = 2$
$\rho(A_5) = \rho(A_7) = 3$
$\rho(A_{10}) = \rho(A_8) = 4$
$\rho(A_9) = 5$
$\rho(A_{11}) = 6$
$\rho(A_{12}) = 7$

Bemerkung:
Es ist oft zweckmäßig, die Knoten eines zyklenfreien Digraphen neu in topologischer Sortierordnung zu indizieren, da für einen Knoten a mit endlichem Rang bei Indizierung nach aufsteigendem Rang in dem topologisch sortierten indizierten zyklenfreien Digraph D jeder Knoten eine kleinere Knotennummer als jeder seiner Nachfolger, und eine größere Knotennummer als jeder seiner Vorgänger hat. Sei D ein topologisch sortierter und in Sortierordnung indizierter zyklenfreier Digraph mit der Knotenmenge $\{a_1, \ldots, a_n\}$, dann sind a_1 eine Quelle und a_n eine

Senke von D. Damit ist insbesondere die Existenz mindestens einer Quelle und mindestens einer Senke eines zyklenfreien Digraphen sichergestellt (da jeder Knoten endlichen Rang hat!).
Es gilt folgender Satz:
In einem zyklenfreien Digraphen ist jeder Knoten von einer Quelle aus erreichbar, und entsprechend ist von jedem Knoten aus eine Senke erreichbar.
Definition:
Ein zyklenfreier Digraph mit genau einer Quelle und genau einer Senke heißt **Netzwerk**.
Obiger Satz, angewandt auf Netzwerke, spielt in der Netzplantechnik eine große Rolle: In einem Netzwerk mit der Quelle q und der Senke s existiert für jeden von q verschiedenen Knoten a ein Weg von q nach a, und für jeden von s verschiedenen Knoten b ein Weg von b nach s.

Bäume

Definition von ungerichteten Bäumen:
Ein zusammenhängender Graph, der keinen Kreis enthält (kreisloser Graph), heißt **Baum**. Ein kreisloser Graph mit k Zusammenhangskomponenten wird **Wald mit k Bäumen** genannt.
Bemerkung: Ein Knoten a eines Baumes B, der mit nur höchstens einem Knoten verbunden ist, wird als Endknoten oder **Blatt** von B bezeichnet. Die folgende Abbildung zeigt einen Wald mit den beiden Bäumen B_1 und B_2; $a_1, \ldots, a_5$ sind die Blätter des Baumes B_1 (Abb. A.11).

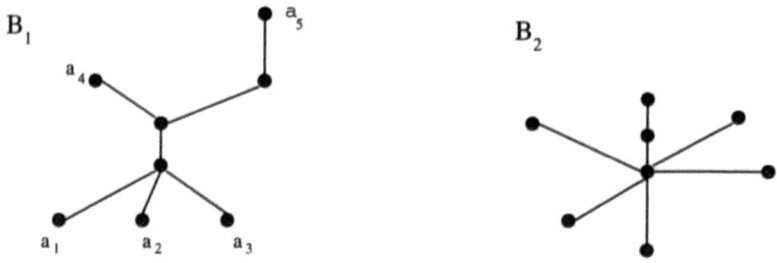

Abbildung A.11: Beispiele ungerichteter Bäume

Satz:
Ein Graph G ist genau dann ein Baum, wenn für je zwei verschiedene Knoten von G genau eine diese beiden Knoten verbindende Kette existiert.

Bemerkung:
Durch das Entfernen einer Kante aus einem Baum entsteht ein nicht zusammenhängender Graph. Ein Baum enthält also keinen echten Teilgraph, der alle Knoten von B umfaßt und zusammenhängend ist.

Satz:
Ein Baum mit n Knoten enthält genau $n-1$ Kanten.

Bemerkung:
Ein Wald mit k Bäumen und n Knoten enthält genau $n-k$ Kanten.

Definition:
Ein Digraph $D = (V, X)$ heißt **gerichteter Baum** mit der **Wurzel** $r \epsilon V$, wenn der D zugeordnete Graph G_D ein Baum und $\{r\}$ Basis von D ist. Ein Digraph mit k schwachen Zusammenhangskomponenten wird gerichteter **Wald** mit k Bäumen genannt, wenn jede schwache Zusammenhangskomponente ein gerichteter Baum ist.

Bemerkung:

- Die - eindeutig festgelegte - Wurzel r eines gerichteten Baumes B ist die einzige Quelle von B.
- Eine Senke eines gerichteten Baumes B nennen wir in Analogie auch Endknoten oder Blatt von B. Ein Weg in B, dessen Endknoten gleichzeitig Endknoten von B ist, heißt **Ast** von B. (D.h. nicht unbedingt von der Wurzel r.)
- Ein gerichteter Wald mit k Bäumen und n Knoten besitzt genau $n-k$ Pfeile.

Definition:
Ein gerichteter Baum, von dessen sämtlichen Knoten höchstens m Kanten wegführen, heißt m-ärer Baum, (für $m = 2$ spricht man vom Binärbaum). Führen genau m Kanten von jedem Knoten mit Ausnahme der tiefsten Ebene, den sogenannten Blattknoten, weg, so spricht man von einem vollständig besetzten m-ären Baum (Abb. A.12).
(3) und (2) stellen gerichtete Bäume jeweils mit der Wurzel v_1 dar. (3) ist ein Binärbaum. Der Digraph von (1) ist dagegen kein gerichteter Baum. (2) besitzt die Endknoten (= Blattknoten) v_4, v_5, v_6, v_7. (v_1, v_2, v_5) und (v_2, v_3, v_4) sind Äste von (2). Die Endknoten von (3) sind v_6, v_8, v_9, v_{10}, v_{11}, v_{12}. (v_2, v_5, v_9) ist z.B. ein Ast von (3).

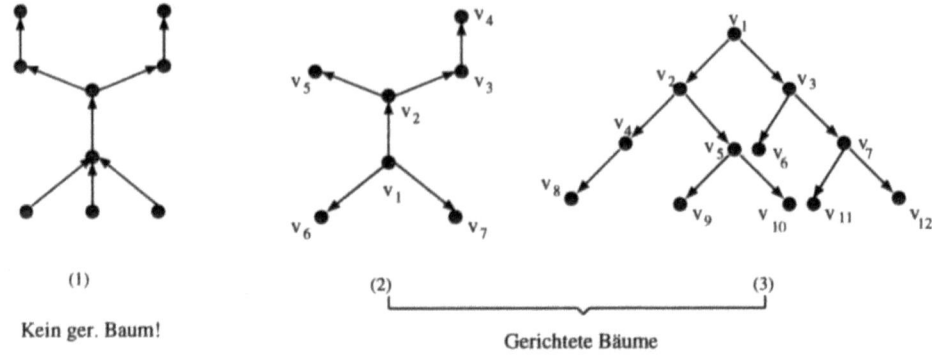

Abbildung A.12: Beispiele für gerichtete Bäume

Digraphen und Matrizen

Wir werden im folgenden stets annehmen, daß der jeweils betrachtete Digraph $D = (V, X)$ n Knoten besitze, und die Knoten nach einer festen Vorschrift durchnumeriert seien, sodaß $V = \{v_1, \ldots, v_n\}$ ist. Für die Indexmenge gelte also: I=$\{1, \ldots, n\}$.

Adjazenzmatrizen:

Definition:

Die einem Digraphen $D = (V, X)$ zugeordnete $n \times n$ Matrix $A(D)$ mit den Elementen

$$a_{i,j} = \begin{cases} 1 \text{ wenn} & (v_i, v_j) \epsilon X \\ 0 & \text{sonst} \end{cases}$$

heißt Adjazenzmatrix von D.

Bemerkung:

Man kann auch einem beliebigen gerichteten Graphen D mit der Knotenmenge $V = \{v_1, \ldots, v_n\}$ eine Adjazenzmatrix $A(D) = (a_{ij})_{n \times n}$ gemäß a_{ij} = Anzahl der Pfeile (v_i, v_j) zuordnen (Abb. A.13).[2]

---

[2]Nach [Langefors 1973], S. 282.

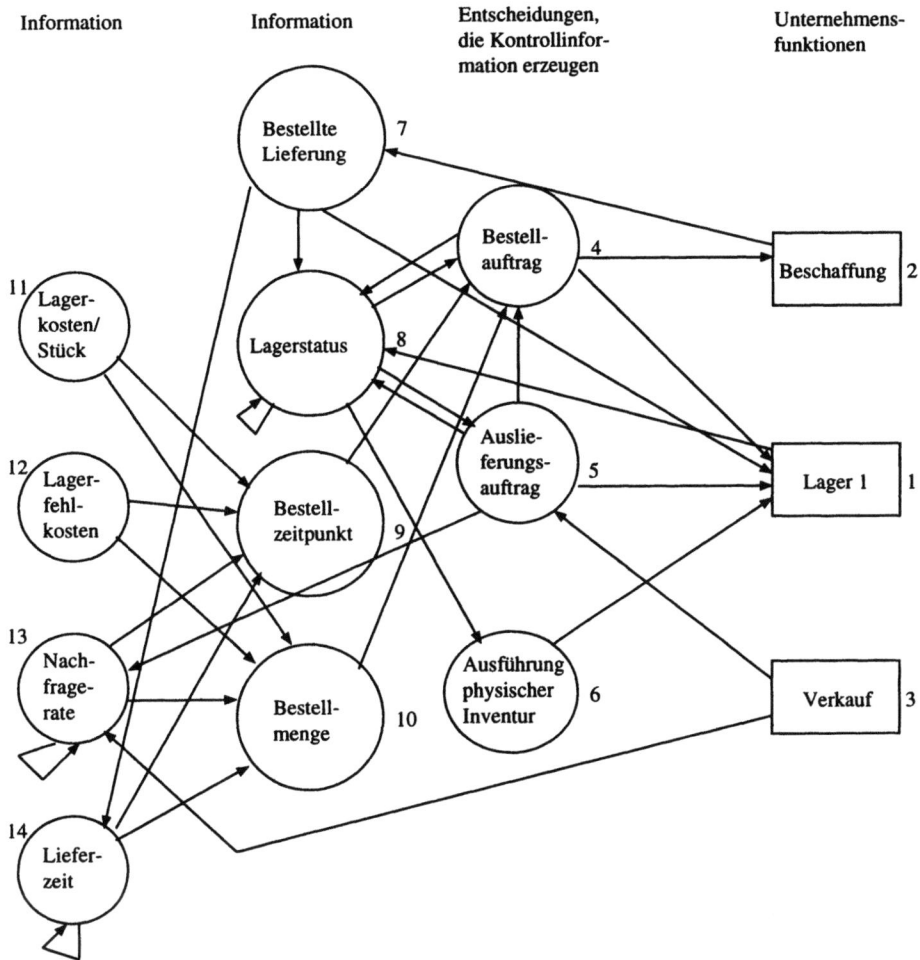

Abbildung A.13: Beispiel einer Darstellung des Informationsflusses

Adjazenzmatrix eines Informationssystems für den Informationsfluß (nach obigem Bild; Abb. A.14).

- Die Adjazenzmatrix eines Digraphen D ist bei vorgegebener Knotennumerierung eindeutig festgelegt. Einer Umnumerierung der Knoten von D entspricht das Vertauschen von Zeilen und der zugehörigen Spalten (d.h. Spalten gleicher Nummer) von $A(D)$.
- Da unser Digraph D keine Schlingen besitzt, besteht die Haupt-

diagonale der Adjazenzmatrix $A(D)$ eines Digraphen aus lauter Nullen. Ist v_i eine Quelle von D, so enthält die i-te Spalte - und im Falle einer Senke v_j von D die j-te Zeile von $A(D)$ - nur Nullen (Abb. A.15).

Von	Nach													
	1	2	3	4	5	6	7	8	9	10	11	12	13	14
1								1						
2						1								
3				1								1		
4	1	1												1
5	1			1				1				1		
6	1													
7	1							1						1
8				1	1	1		(1)						
9				1										
10				1										
11									1	1				
12									1	1				
13									1	1		(1)		
14									1	1				(1)

Abbildung A.14: Adjazenzmatrix

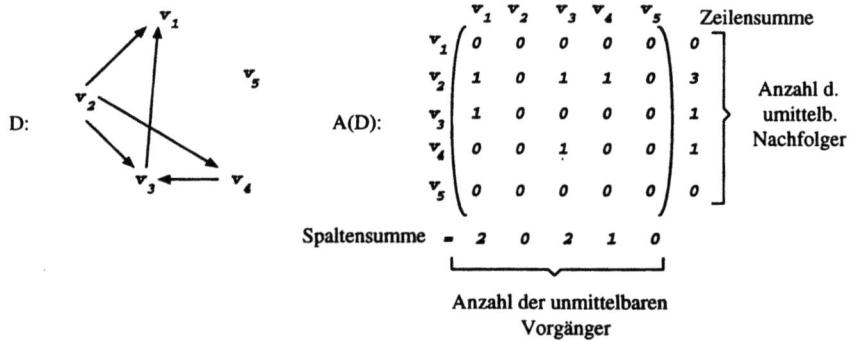

Abbildung A.15: Adjazenzmatrix eines Digraphen

Ein gerichteter Graph und seine Adjazenzmatrix:
Sei D ein Digraph mit der Adjazenzmatrix $A(D)$, dann gilt:

D	symmetrisch	⇔	$a_{ij} = a_{ji}$
D	antisymmetrisch	⇔	$a_{ij}a_{ji} = 0$
D	vollständig	⇔	$a_{ij} = 1$ für $i \neq j$
D	transitiv	⇔	aus $a_{ij} = a_{jk} = 1$ für $i \neq k$ folgt $a_{ik} = 1$

für $i, j, k \epsilon \{1, 2, \ldots, n\}$

Bemerkung:
Die Adjazenzmatrix eines topologisch sortierten Digraphen kann immer in eine obere Dreiecksmatrix umindiziert werden (Abb. A.16).

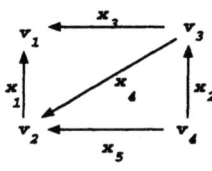

Adjazenzmatrix:

$$A(D) = \begin{pmatrix} 0 & 0 & 0 & 0 \\ 1 & 0 & 0 & 0 \\ 1 & 1 & 0 & 0 \\ 0 & 1 & 1 & 0 \end{pmatrix}$$

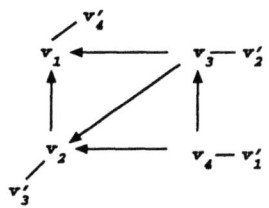

Indiziert nach topologischer Sortierung
Adjazenzmatrix nach Umindizierung:

Abbildung A.16: Umindizierung

Potenzen der Adjazenzmatrix:
Die Elemente der s−ten Potenz A^s der Matrix A bezeichnen wir mit $a_{ij}^{(s)}$ ($i, j \epsilon \{1, 2, \ldots, n\}$; $s \epsilon |\mathbb{N}|$), $a_{ij}^{(2)}$ ist als Skalarprodukt der i−ten Zeile mit der j−ten Spalte von A, also

$$a_{ij}^{(2)} = \sum_{k=1}^{n} a_{ik} a_{kj}$$

und gerade gleich der Anzahl der von v_i nach v_j führenden Pfeilfolgen von D mit der Pfeilzahl 2.

Satz:
Sei A die Adjazenzmatrix eines Digraphen D, dann ist das Element $a_{ij}^{(s)}$ der Matrix A^s gleich der Anzahl der von v_i nach v_j führenden verschiedenen Pfeilfolgen von D mit der Pfeilzahl s ($i, j \epsilon \{1, 2, \ldots, n\}$; $s \epsilon |\mathbb{N}|$)

(Abb. A.17 und Abb. A.18).
Beispiele:

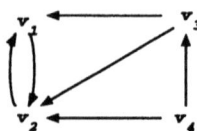

Abbildung A.17: Gerichteter Graph mit Zyklus

$$A^1 = \begin{pmatrix} 0100 \\ 1000 \\ 1100 \\ 0110 \end{pmatrix} ; \quad A^2 = \begin{pmatrix} 1000 \\ 0100 \\ 1100 \\ 2100 \end{pmatrix} ; \quad A^3 = \begin{pmatrix} 0100 \\ 1000 \\ 1100 \\ 1200 \end{pmatrix} ; \quad A^4 = \begin{pmatrix} 1000 \\ 0100 \\ 1100 \\ 2100 \end{pmatrix}$$

(A^2 und A^4 sind alternierend, d.h. es existiert ein Zyklus!)

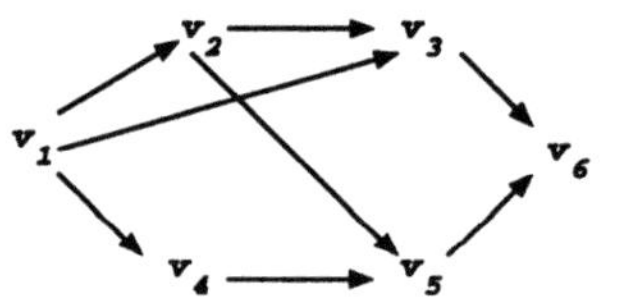

$$A = \begin{pmatrix} 0 & 1 & 1 & 1 & 0 & 0 \\ 0 & 0 & 1 & 0 & 1 & 0 \\ 0 & 0 & 0 & 0 & 0 & 1 \\ 0 & 0 & 0 & 0 & 1 & 0 \\ 0 & 0 & 0 & 0 & 0 & 1 \\ 0 & 0 & 0 & 0 & 0 & 0 \end{pmatrix}$$

Abbildung A.18: Gerichteter Graph ohne Zyklus

$$A^2 = \begin{pmatrix} 001021 \\ 000002 \\ 000000 \\ 000001 \\ 000000 \\ 000000 \end{pmatrix} \times A = \begin{pmatrix} 011100 \\ 001010 \\ 000001 \\ 000010 \\ 000001 \\ 000000 \end{pmatrix} = A^3 = \begin{pmatrix} 000003 \\ 000000 \\ 000000 \\ 000000 \\ 000000 \\ 000000 \end{pmatrix} ; \quad A^4 = 0$$

(0 bezeichne eine entsprechend dimensionierte Matrix mit lauter Nullen.)
Die Erreichbarkeitsmatrix eines Digraphen:
Definition:
Die einem Digraphen $D = (V, X)$ zugeordnete $n \times n$–Matrix $R(D)$

mit den Elementen
$$r_{ij} = \begin{cases} 1 & v_j \epsilon R(v_i) \\ 0 & \text{sonst} \end{cases} \quad (i,j \epsilon \{1,2,\ldots,n\})$$

heißt **Erreichbarkeitsmatrix** von D.
Beispiel:[3]

$$A = \begin{pmatrix} 1\ 0\ 0 \\ 1\ 1\ 0 \\ 1\ 0\ 1 \end{pmatrix}; \quad B = \begin{pmatrix} 0\ 1\ 0 \\ 1\ 0\ 1 \\ 1\ 0\ 0 \end{pmatrix}; \quad A \vee B = \begin{pmatrix} 1\ 1\ 0 \\ 1\ 1\ 1 \\ 1\ 0\ 1 \end{pmatrix}; \quad A \vee . \wedge B = \begin{pmatrix} 0\ 1\ 0 \\ 1\ 1\ 1 \\ 1\ 1\ 0 \end{pmatrix}$$

$$B \vee . \wedge B = \begin{pmatrix} 1\ 0\ 1 \\ 1\ 1\ 0 \\ 0\ 1\ 0 \end{pmatrix}$$

Bestimmung der Erreichbarkeitsmatrix
W_{ij} = Weg **minimaler** Pfeilzahl von v_i nach v_j. $z(W_{ij})$ = Pfeilzahl von W_{ij}.

$$d_{ij} = \begin{cases} 0 & \text{für } i = j \\ z(W_{ij}) & \text{für } v_j \epsilon R(v_i) \\ \infty & \text{für } v_j \epsilon R(v_i) \end{cases}$$

Wir definieren nun die Matrix $R_s(D)$ mit den Elementen

$$r_{ij}^s = \begin{cases} 1 & \text{für } v_j \epsilon R(v_i) \text{ mit } d_{ij} \leq s \\ 0 & \text{sonst} \end{cases}$$

Weiters gelte $R_0(D) = I$.
Satz:
Es gelte
$$B_s = I + A + A^2 + \ldots + A^s (s \epsilon |\mathrm{N}|).$$

Dann gilt $b_{ij}^s > 0$ **genau dann,**
wenn $v_j \epsilon R(v_i)$ und $d_{ij} \leq s$.

---
[3] $A \vee B$ bezeichnet die komponentenweise Verknüpfung der Matrizen A und B mit der logischen Funktion $\vee$, wobei 1 für 'wahr' und 0 für 'falsch' stehe. $A \vee . \wedge B$ bezeichnet eine Art Matrixmultiplikation der Matrizen A und B, bei welcher die Addition durch die logische Operation $\vee$ (oder) und die Multiplikation durch die logische Operation $\wedge$ (und) ersetzt wird. 1 und 0 werden wieder als Wahrheitswerte interpretiert ($1 \leftrightarrow$ wahr und $0 \leftrightarrow$ falsch).

Sonst gilt $b_{ij}^s = 0 (i,j \epsilon \{1,2,\ldots,n\})$.
(I bezeichne die Einheitsmatrix.)
Die Korrektheit dieser Behauptung folgt unmittelbar aus dem obigen Satz über Adjazenzmatrizen.
Satz:
Sei q die kleinste Zahl $s\epsilon|\mathbb{N}|$ mit $R_s = R_{s+1}$. Es gilt dann $R = R_q$.
Die Korrektheit dieser Behauptung können sich die LeserInnen leicht selbst überlegen.
Adjazenzmatrix der transitiven Hülle D^t eines Graphen D:

$$A(D^t) = R(D) - I.$$

Starke Zusammenhangskomponenten können aus der Matrix $R^x = R(D) \times R^T(D)$ ($\times$ = komponentenweise Multiplikation) bestimmt werden, da

$$r_{ij}^x = r_{ij} r_{ji};$$

r_{ij}^x ist aber genau dann 1, wenn $v_i \epsilon R(v_j)$ und $v_j \epsilon R(v_i)$, also beide in derselben starken Zusammenhangskomponente liegen.
Beispiel (Abb. A.19):

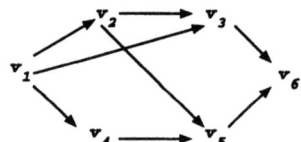

Abbildung A.19: Gerichteter Graph

$$B_0 = \begin{pmatrix} 100000 \\ 010000 \\ 001000 \\ 000100 \\ 000010 \\ 000001 \end{pmatrix} ; \; B_1 = \begin{pmatrix} 111100 \\ 011010 \\ 001001 \\ 000110 \\ 000011 \\ 000001 \end{pmatrix} ; \; B_2 = \begin{pmatrix} 111111 \\ 011011 \\ 001001 \\ 000111 \\ 000011 \\ 000001 \end{pmatrix} ; \; B_3 = \begin{pmatrix} 111111 \\ 011011 \\ 001001 \\ 000111 \\ 000011 \\ 000001 \end{pmatrix}$$

$B_0 = I$
$B_1 = I + A$
$B_2 = I + A + A^2$
$B_3 = I + A + A^2 + A^3$
$B_4 = B_3$.

Beispiel (Abb. A.20):

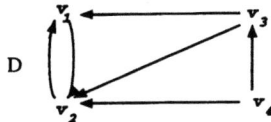 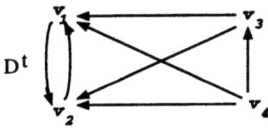

Abbildung A.20: Gerichteter Graph

$$B_1 = \begin{pmatrix} 1100 \\ 1100 \\ 1110 \\ 0111 \end{pmatrix}; \quad B_2 = \begin{pmatrix} 1100 \\ 1100 \\ 1110 \\ 1111 \end{pmatrix}; \quad B_3 = \begin{pmatrix} 1100 \\ 1100 \\ 1110 \\ 1111 \end{pmatrix} = B_2!$$

Also:

$$A(D^t) = \begin{pmatrix} 0100 \\ 1000 \\ 1100 \\ 1110 \end{pmatrix}; \quad R^x = \begin{pmatrix} 1100 \\ 1100 \\ 0010 \\ 0001 \end{pmatrix}$$

Anhang B

Lösungen der Beispiele

Kapitel 3: Die Codierung und Darstellung von Daten in Speichern

1. Lösung: 1492
   $342 \times 3 = 1026$; die nächstgrößere Zweierpotenz ist $2^{11} = 2048$, es sind also 11 Bit zur Abspeicherung eines Zeichens nötig. $693/11 = 63$ Zeichen pro SupaMerk-Speichereinheit; $23498/63 = 372.98$, daher müssen 373 Speichereinheiten gekauft werden: $373 \times 4 = 1492$ Muscheln sind zu zahlen.

2. Lösung: b

3. Lösung: 5 Stunden, 3 Minuten und 14 Sekunden
   $4712_{16} = 4 \times 16^3 + 7 \times 16^2 + 1 \times 16^1 + 2 * 16^0 = 18194\ Sekunden$ = 303 Minuten und 14 Sekunden = 5 Stunden, 3 Minuten und 14 Sekunden.

4. Lösung: 16
   Die Symbole 0-9 und A-F.

5. Lösung: 75
   117 / 16 = 7 Rest 5
   7 / 16 = 0 Rest 7
   Die Reste von unten nach oben gelesen ergibt 75.

6. Lösung: 6

Die Binärzahl ist 100111101, wie das Divisionsrestverfahren ergibt:

Division	Rest
317 : 2 = 158	1
158	0
79	1
39	1
19	1
9	1
4	0
2	0
1	1
0	

7. Lösung: 8

$$F4_{16} = (15 \times 16^1 + 4)_{10} = 244_{10}$$

F4 ist dezimal gleich 244; mit dem Divisionsrestverfahren erhalten wir die Biärzahl:

Division	Rest
244 : 2 = 122	0
122	0
61	1
30	0
15	1
7	1
3	1
1	1
0	

Die Binärzahl ist (von unten nach oben lesen) gleich 11110100 (wie auch durch direkte Übersetzung von $F4$ geprüft werden kann: F ist binär 1111, 4 ist binär 0100). Diese Zahl hat 8 Stellen.

8. Lösung: 9

$$FAD_{16} = 4013$$

FAD ist dezimal gleich 4013; mit dem Divisionsrestverfahren erhalten wir die Binärzahl: 111110101101. Diese Zahl hat 9 Zeichen "1".

9. Lösung: b
   $2^5 = 32$, aber Null muß auch gespeichert werden; die größte Binärzahl mit fünf Stellen ist $11111_2 = 31_{10}$.

10. Lösung: b
    $4 \times 8 = 32$ Bit, 8 Bit pro Byte.

Kapitel 4: Datenspeicher

1. Lösung: b

2. Lösung: a

3. Lösung: c
   Es wird ein 12 Bit-Code verwendet; es müssen immer zwei Nullen zwischen zwei Mustern sein

4. Lösung: a

5. Lösung: b, a, e, d, c

6. Lösung: 20480000
   5 * 1024 = 5120
   5120 * 10 = 51200 Byte/Spur
   51200 * 40 Spuren = 2 048 000 pro Oberfläche
   10 Oberflächen → 20 480 000 Byte

7. Lösung: a

8. Lösung: b

9. Lösung: a, d

10. Lösung: a, c, e

11. Lösung: b, c, d, e

12. Lösung: c

13. Lösung: c
    Es müssen durchschnittlich 400 Sätze gelesen werden, pro Satz der Indexdatei sind $400/(128/(28+4)) = 100$ Zugriffe nötig, die 20 Sekunden dauern.

14. Lösung: b, d, e

Kapitel 5: Datenstrukturen und Datenorganisation

1. Lösung: 1, 11, 15

2. Lösung: c

   LIFO: nur das jeweils zuletzt angefügte Element ist bei der nächsten Entnahme zugänglich.

3. Lösung: 2, 12

   Da 4 *push*-Operationen 5 *pop*-Operationen gegenüberstehen, bleiben im Stack nur zwei Elemente vom Anfang übrig: 2 und 12.

4. Lösung: 69

   Zu den Nachfolgern des Knotens *j* zählen alle Knoten außer *j*. Die Summe der Werte der Nachfolgerknoten ist 69.

5. Lösung: 4

Kapitel 6: Die Entwicklung einer Problemlösung

1. Lösung: 3

2. Lösung: 120

   Das Programm berechnet die Faktorielle f einer Zahl n.

3. Lösung: a, b, c

4. Lösung: 216

5. Lösung: 28

   Die Schleife wird 7 mal durchlaufen, die Summe ist $7 + 6 + 5 + 4 + 3 + 2 + 1 = 28$.

Kapitel 7: Die Korrektheit von imperativen Programmen

1. Lösung:

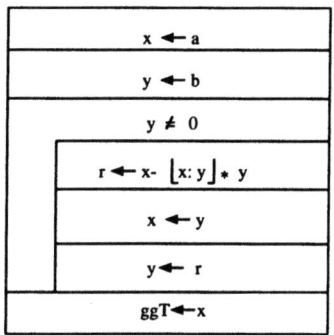

Abbildung B.1: Struktogramm für ggT

2. Lösung:
   Bleibt dem Leser überlassen.
3. Lösung:
   siehe [Goldschlager, Lister 1990], S. 133 ff.
4. Lösung:
   siehe [Goldschlager, Lister 1990], S. 133 ff.
5. Lösung:
   siehe [Goldschlager, Lister 1990], S. 133 ff.
6. Lösung:
   Bleibt dem Leser überlassen.
7. Lösung:
   Bleibt dem Leser überlassen.
8. Lösung:
   Das *Nimm-Spiel* (Abb. B.2):

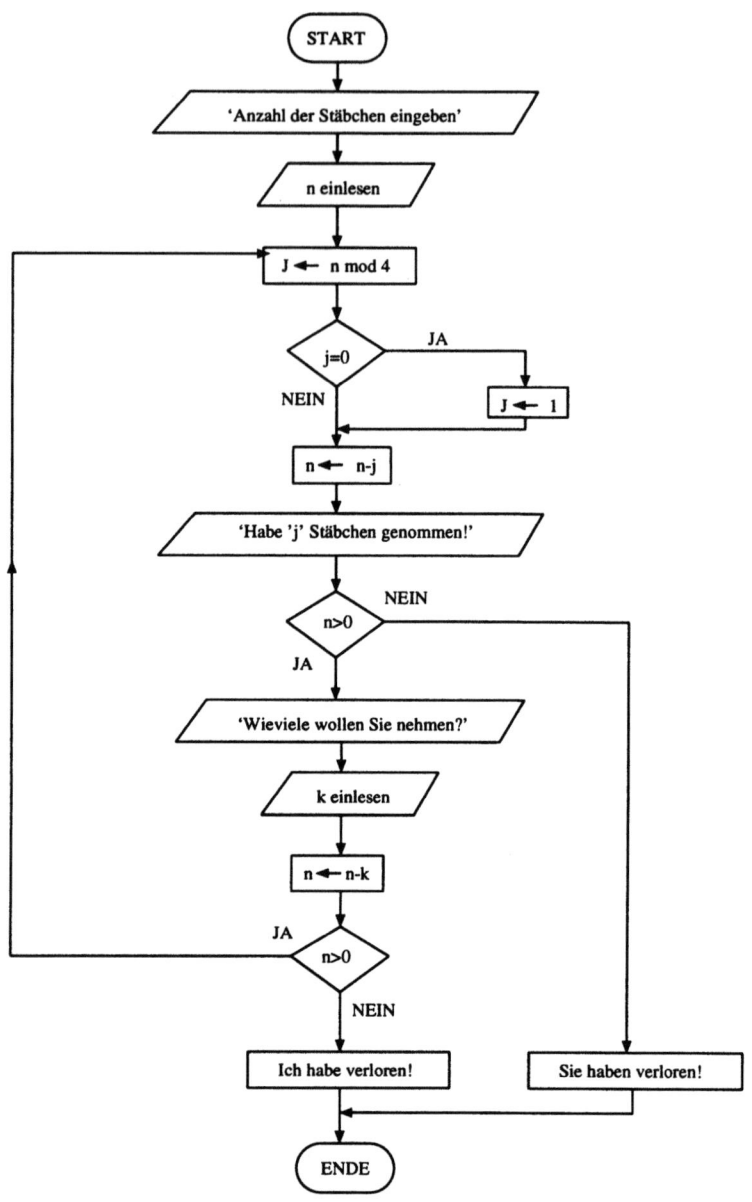

Abbildung B.2: Nimm-Spiel-Flußdiagramm

9. <u>Lösung:</u> (Abb. B.3)

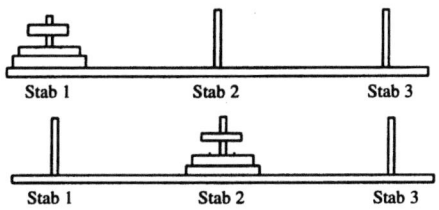

Abbildung B.3: Türme von Hanoi

Das nachfolgende Bild veranschaulicht zwei Beispiele zur optimalen (redundanzfreien) Vorgangsweise durch Handsimulation (Abb.B.4).

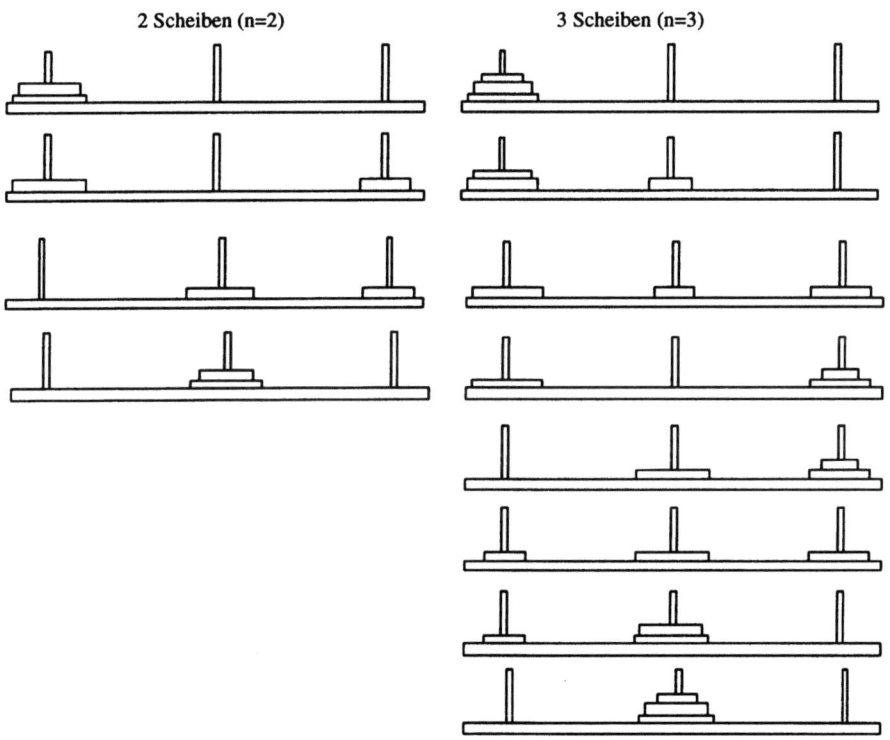

Abbildung B.4: Hanoi-Handsimulation

Das nachfolgende Bild veranschaulicht die Vorgangsweise des rekursiven Lösungsalgorithmus (Abb. B.5).

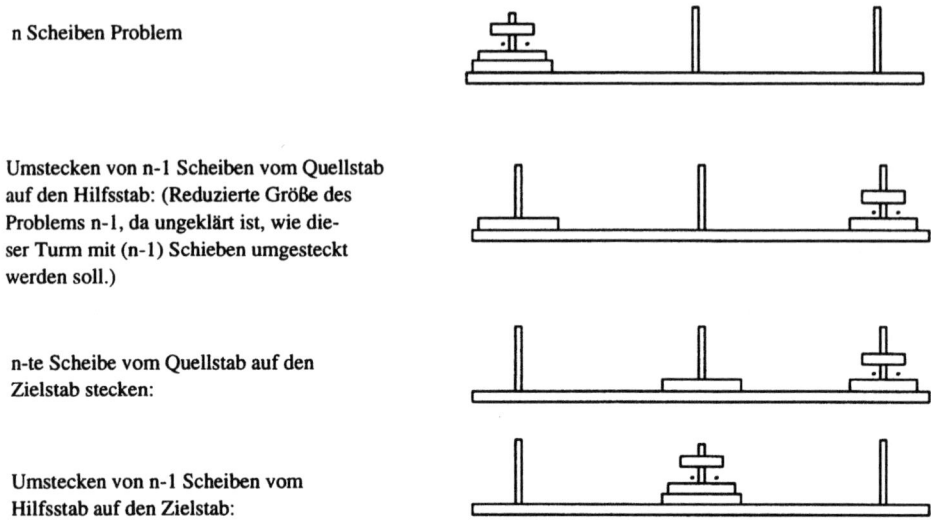

n Scheiben Problem

Umstecken von n-1 Scheiben vom Quellstab auf den Hilfsstab: (Reduzierte Größe des Problems n-1, da ungeklärt ist, wie dieser Turm mit (n-1) Scheiben umgesteckt werden soll.)

n-te Scheibe vom Quellstab auf den Zielstab stecken:

Umstecken von n-1 Scheiben vom Hilfsstab auf den Zielstab:

Abbildung B.5: Rekursiver Lösungsalgorithmus

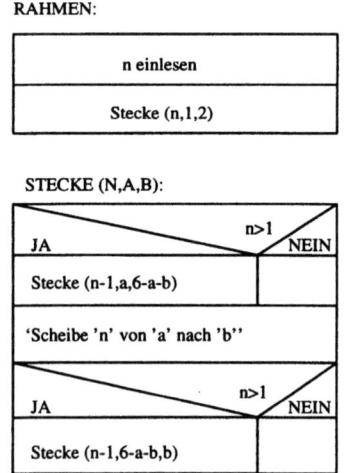

Abbildung B.6: Hanoi-Struktogramm

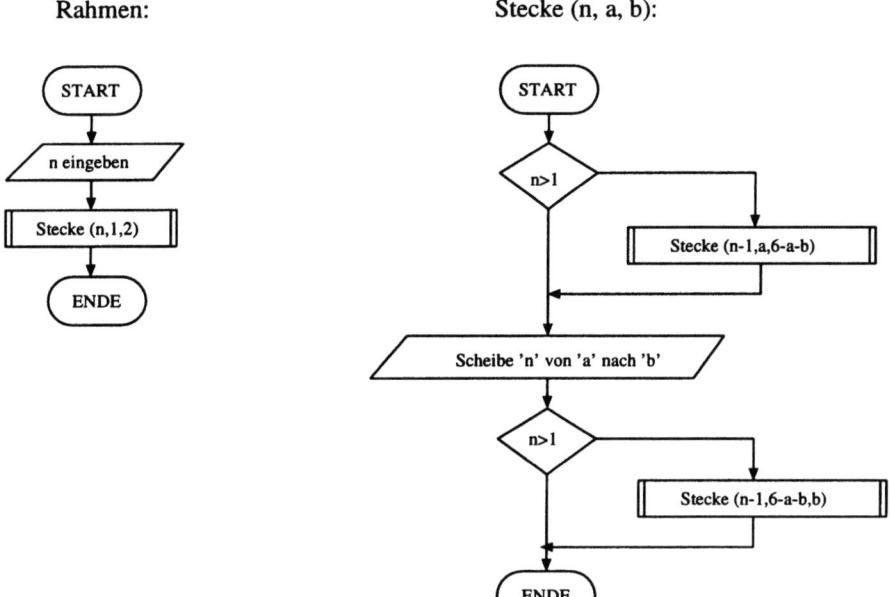

Abbildung B.7: Hanoi-Flußdiagramm

Kapitel 8: Der Aufbau von elektronischen Datenverarbeitungsanlagen

1. Lösung: 195, Ausgabe: 1, 2

    Schreiben wir das Programm auf und dazu für jede Anweisung, wie oft sie aufgeführt wird; multiplizieren mit der entsprechenden Ausführungszeit ergibt summiert die gesamte Ausführungszeit:

	READ		I	20	20
	STORE	LIMIT	I	9	9
LOOP	LOAD	ZAEHL	II	9	18
	ADD	EINS	II	10	20
	STORE	ZAEHL	II	9	18
	WRITE		II	30	60
	LOAD	LIMIT	II	9	18
	SUB	ZAHL	II	8	16
	BGZERO	LOOP	II	7	14
	HLT		I	2	2
					195

2. Lösung: Ausgabe = 7

Nach Zeile 7 ist der Inhalt des Akkumulators = 5. Nicht ausgeführt werden Zeilen 9, 10, 11. Der Inhalt des Akkumulators für jeden Befehl:

1	A	DS	0	
2	B	DS	0	
3		READ		2
4		STORE	A	2
5		READ		7
6		STORE	B	7
7		SUB	A	5
8		BGZERO	MAX	5
9		LOAD	A	
10		WRITE		
11		HLT		
12	MAX	LOAD	B	7
13		WRITE		7
14		HLT		7

3. <u>Lösung</u>: Ausgabe = 4

Nicht ausgeführt werden die Zeilen 12-14.

4. <u>Lösung</u>: 15

Die Veränderung der Speicherzellen während des Programmablaufs ist:

S	N
0	0
5	5
9	4
12	3
14	2
15	1
	0

Nach dem letzten Schleifendurchlauf enthält der Akkumulator den Wert 15. Dieser Wert wird ausgegeben. Das Programm berechnet die Summe der Zahlen von Eins bis zum gegebenen n.

5. <u>Lösung</u>: 11

S	N
0	0
3	1
8	2
21	3
44	4

Das Programm liest Zahlen ein, bis Null eingegeben wird. Dabei wird N für jede eingegebene Zahl um Eins erhöht. Dann berechnet es den Mittelwert der eingegebenen Zahlen, indem es S in den Akkumulator lädt und durch N dividiert. Der Inhalt des Akkumulators nach der Division wird ausgegeben.

6. Lösung: 13

   Es werden 13 Anweisungen ausgeführt, wobei der Akkumulator von 5 auf 0 heruntergezählt wird. Die Zahl Null wird ausgegeben.

7. Lösung: d

8. Lösung: c

   Das Steuerwerk liest einen Befehl in codierter Form aus dem Speicher. Der Befehl wird im Befehlsregister gespeichert. Die Abarbeitung des Befehls beginnt, indem das Steuerwerk in Übereinstimmung mit dem Befehl im Befehlsregister der Reihe nach entsprechende Signale an Rechenwerk und Speicherwerk sendet.

9. Lösung: a, d

10. Lösung: c

Kapitel 9: Der Betriebsmittelverbrauch von algorithmischen Problemlösungen

1. Lösung: b

   Bei der Ermittlung des Betriebmittelverbrauches von algorithmischen Problemlösungen versucht man die Laufzeit T und den Speicherbedarf S als eine Funktion der Problemgröße anzugeben: $T(n)$ und $S(n)$. Unter der Problemgröße n versteht man bei Such- und Sortierproblemen zB die Anzahl der Karteiblätter der elektronischen Kartei, in der gesucht bzw die sortiert werden soll.

2. Lösung: b, d

   Lineare Zeitkomplexität ist geringer als quadratische, da bei linearer Zeitkomplexität die Laufzeit so schnell wie die Problemgröße wächst, daher ist Aussage (b) richtig. Die Laufzeit des anfangs angenommenen Algorithmus steigt bei einer Verdreifachung der Problemgröße auf das neunfache, daher ist Aussage (d) richtig.

3. Lösung: c

Die Mikroanalyse dient zur Ermittlung der effektiven Laufzeit eines Algorithmus auf einer konkreten EDV-Anlage. Wir können die effektive Laufzeit durch Abfassung eines Maschinenprogrammes und die Mikroanalyse ermitteln, wenn uns die Ausführungszeiten für jeden Maschinenbefehl bekannt sind.

Kapitel 10: Systemsoftware: Betriebssystem, Übersetzer und Dienstprogramme

1. Lösung: a, b

2. Lösung: e

3. Lösung: c, e

   Die Antworten c und e sind richtig, die anderen Antworten sind Verwirrungen aus den Aussagen im Buch: Ein Pascal-Compiler übersetzt Pascal-Programme, nicht Backus-Naur-Formen. Cobol ist eine Programmiersprache, kein Betriebssystem. Prolog ist eine Programmiersprache, kein Syntaxdiagramm.

4. Lösung: 10

   $\langle Ausdruck \rangle$
   $\rightarrow$ ($\langle Funktion \rangle$ $\langle Ausdruck \rangle$ $\langle Ausdruck \rangle$)
   $\rightarrow$ ($\langle Funktion \rangle$ ($\langle Funktion \rangle$ $\langle Ausdruck \rangle$ $\langle Ausdruck \rangle$) $\langle Ausdruck \rangle$)
   $\rightarrow$ (* ($\langle Funktion \rangle$ $\langle Ausdruck \rangle$ $\langle Ausdruck \rangle$) $\langle Ausdruck \rangle$)
   $\rightarrow$ (* (+ $\langle Ausdruck \rangle$ $\langle Ausdruck \rangle$) $\langle Ausdruck \rangle$)
   $\rightarrow$ (* (+ $\langle Variable \rangle$ $\langle Ausdruck \rangle$) $\langle Ausdruck \rangle$)
   $\rightarrow$ (* (+ x $\langle Ausdruck \rangle$) $\langle Ausdruck \rangle$)
   $\rightarrow$ (* (+ x $\langle Konstante \rangle$) $\langle Ausdruck \rangle$)
   $\rightarrow$ (* (+ x 1) $\langle Ausdruck \rangle$)
   $\rightarrow$ (* (+ x 1) $\langle Konstante \rangle$)
   $\rightarrow$ (* (+ x 1) 9)

   Das sind 10 Ableitungsschritte.

5. Lösung: 10

⟨Ausdruck⟩ → (⟨Ausdruck⟩ ⟨Ausdruck⟩ ⟨Funktion⟩))
        → ((⟨Ausdruck⟩ ⟨Ausdruck⟩ ⟨Funktion⟩)
            ⟨Ausdruck⟩ ⟨Funktion⟩)
        → ((⟨Variable⟩ ⟨Ausdruck⟩ ⟨Funktion⟩)
            ⟨Ausdruck⟩ ⟨Funktion⟩)
        → ((x ⟨Ausdruck⟩⟨Funktion⟩) ⟨Ausdruck⟩
            ⟨Funktion⟩)
        → ((x ⟨Variable⟩ ⟨Funktion⟩) ⟨Ausdruck⟩
            ⟨Funktion⟩)
        → ((x y ⟨Funktion⟩) ⟨Ausdruck⟩ ⟨Funktion⟩)
        → ((x y −) ⟨Ausdruck⟩ ⟨Funktion⟩)
        → ((x y −) ⟨Variable⟩ ⟨Funktion⟩)
        → ((x y −) y ⟨Funktion⟩)
        → ((x y −) y /)

Das sind 10 Ableitungsschritte.

6. Lösung: 8

⟨S⟩ → ⟨O⟩ ⟨V⟩ ⟨O⟩
    → ⟨A⟩ ⟨H⟩ ⟨V⟩ ⟨O⟩
    → grosse ⟨H⟩ ⟨V⟩ ⟨O⟩
    → grosse katzen ⟨V⟩ ⟨O⟩
    → grosse katzen beissen ⟨O⟩
    → grosse katzen beissen ⟨A⟩ ⟨H⟩
    → grosse katzen beissen kleine ⟨H⟩
    → grosse katzen beissen kleine hunde

Das sind 8 Ableitungsschritte.

7. Lösung: 9

⟨S⟩ → ⟨O⟩ ⟨P⟩
    → ⟨A⟩ ⟨H⟩ ⟨P⟩
    → viele ⟨H⟩ ⟨P⟨
    → viele froesche ⟨P⟩
    → viele froesche ⟨V⟩ ⟨W⟩
    → viele froesche quaken ⟨W⟩
    → viele froesche quaken ⟨N⟩ ⟨H⟩
    → viele froesche quaken im ⟨H⟩
    → viele froesche quaken im teich

Das sind 9 Ableitungsschritte.

8. Lösung: 8

Es sind 8 Substitutionen nötig, um den Satz aus den Grammatikregeln abzuleiten:

$$\begin{aligned}
\langle Satz \rangle &\to \langle Subj \rangle\, \langle Praed \rangle \\
&\to \langle Hw \rangle\, \langle Praed \rangle \\
&\to enten\, \langle Praed \rangle \\
&\to enten\, \langle Zw \rangle\, \langle Oe \rangle \\
&\to enten\, schwimmen\, \langle Oe \rangle \\
&\to enten\, schwimmen\, \langle Pp \rangle\, \langle Hw \rangle \\
&\to enten\, schwimmen\, im\, \langle Hw \rangle \\
&\to enten\, schwimmen\, im\, teich
\end{aligned}$$

9. **Lösung: 8**

Acht Substitutionen sind nötig, um den Ausdruck aus den Grammatikregeln abzuleiten.

$$\begin{aligned}
\langle Satz \rangle &\to \langle Ob \rangle\, \langle Praed \rangle \\
&\to \langle Art \rangle\, \langle Hw \rangle\, \langle Praed \rangle \\
&\to die\, \langle Hw \rangle\, \langle Praed \rangle \\
&\to die\, froesche\, \langle Praed \rangle \\
&\to die\, froesche\, \langle Zw \rangle\, \langle Ob \rangle \\
&\to die\, froesche\, fangen\, \langle Ob \rangle \\
&\to die\, froesche\, fangen\, \langle Hw \rangle \\
&\to die\, froesche\, fangen\, fliegen
\end{aligned}$$

10. **Lösung:**

Bleibt dem Leser überlassen.

Kapitel 11: Anwendungssoftware: Informationssysteme

1. Lösung: c

2. Lösung: c

Kapitel 12: Nichtsequentielle Parallele Verarbeitung

1. Lösung: a

   SISD - Single-Instruction-Single-Datapath-Machine

SIMD - Single-Instruction-Multiple-Datapath-Machine
MIMD - Multiple-Instruction-Multiple-Datapath-Machine

2. Lösung: 2357

3. Lösung: d
   (a) ist offensichtlicher Unsinn, bei (b) und (c) ist das Gegenteil wahr.

Kapitel 14: Kommerzielle Datenmodelle und Datenbanken

1. Lösung: 2, 1, 9

   Entität Entlehner: Name, Adresse, Bibliotheksausweisnummer
   Beziehung entlehnt: Datum
   Entität Buch: Signatur, Verfasser, Titel, Erscheinungsort, Erscheinungsjahr

2. Lösung: 2, 1, 5
   2 Entitäten
   1 Beziehung
   Attribute:
   Auftrag: Nr.
   Artikel: Nr., Einheit
   Entnahme: Datum, Menge

3. Lösung: 2, 1, 7

4. Lösung: d, e

5. Lösung: b, d

Kapitel 15: Datennormalisierung und ihre Vorteile

1. Lösung: Nein.
   Projektnummer → Projektname
   Mitarbeiternummer → Mitarbeitername

Primärschlüssel ist Projektnummer, Mitarbeiternummer

2. Lösung: a, c, d

   (b) ist Unsinn, geringerer Aufwand auch hier.

3. Lösung: 11

   Die Relationen sind "Schüler", "besucht" und "Kurs" mit jeweils 3, 5 bzw. 3 Tupel.

4. Lösung: b, c, e

   Die richtigen Antworten sind (b), (c), und (e), die anderen Antworten sind Verwirrungen aus den im Buch enthaltenen Definitionen.

5. Lösung: 3

   Die Abfrage lautet:

   Select Name, Menge
   from Lager
   where (Farbe = 'grün' or Farbe = 'schwarz') and Preis < 120;

   Die Ergebnistabelle ist:

Name	Menge
Springfrosch	25
Klebeschlange	40
Knallfrosch	40

   Das sind 3 Tupel (Zeilen der Tabelle).

6. Lösung: 1

   Select Projektnummer, Projektname
   from Projekt
   where (Leiter = "Maier" or Leiter = "Müller")
   and Ende $\geq$ 31. 10. 1990 and
   Ende $\leq$ 10. 2. 1991

   | 3 | Lageroptimierung |

7. Lösung: 4

   select Lieferant from Artikel, Lieferanten
   where ALieferantennr = LLieferantennr and Artname = 'Bleistift';

| Hardtmuth AG |
| Faber |
| Brevillier Urban |
| IBA |

Kapitel 16: Datenmodellierung mit dem erweiterten ER-Modell

1. Lösung:
   Grad: Beschreibt den begrifflichen Zusammenhang von Entitaetenmengen
   aa) unäre Beziehungen, d.s. Zusammenhänge von einer Entitätenmenge mit sich selbst.
   ab) binäre Beziehungen, d.i. der Zusammenhang zweier Entitätenmengen
   ac) n-äre Beziehungen ($n >= 3$): Unter einer ternären Beziehung (n=3) verstehen wir den Zusammenhang von 3 Entitaetenmengen
   Konnektivität: kann 1 oder n sein. Eine 1 bedeutet, daß jedem Element einer Entitätenmenge in der Beziehung genau ein Element zugeordnet ist. Analog n.
   Elementbeziehungsklasse: Eine Beziehung kann zwingend oder optional zu einer Entitätenmenge sein, diese Typologie wird als Elementbeziehungsklasse bezeichnet.

2. Lösung:
   NULL-Werte sind nicht Null im numerischen Sinne, sondern bezeichnen "keine Eintragung" in der Tabelle. Sie sind nur für Fremdschlüssel in Entitätenrelationen mit optionaler Beziehung erlaubt.

3. Lösung:
   Teilmengenhierachie: Entitätenmenge E1 und E2 seien Teilmengen einer Entitätenmenge E, wenn jedes Element von E1 und E2 immer gleichzeitig Element von E ist. Eine Teilmengenhierachie kann Teilmengen aufweisen, die sich überlappen. Generalisierungshierachie: Eine Entitätenmenge E werde als Generalisierung der Entitätenmengen E1, E2 ..., En bezeichnet, wenn jedes Element von E auch Element in genau einer und nur einer Teilmenge E1, E2,..., En ist.

Unterschied: Eine Generalisierungshierachie kann im Gegensatz zur Teilmengenhierachie nie sich überlappende Teilmengen haben. Generalisierungshierachien implizieren die Vereinigung disjunkter Entitätenmengen in der erzeugenden Entitätenmenge. Teilmengenhierachie impliziert dies nicht.

4. Lösung:

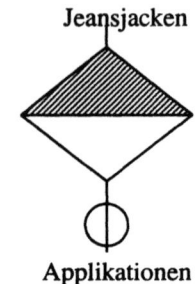

5. Lösung:

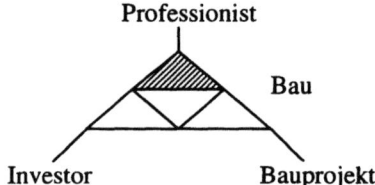

Kapitel 17: Die Turingmaschine

1. Lösung: c

2. Lösung: 14

    Das Band ist nun ...0, 0, 0, 0, 0....

3. Lösung:

    Die Menge der Eingabeworte, die die TM veranlassen, in den Endzustand überzugehen.

4. Lösung:

5. Lösung:

state	input	action	state
q_0	1	$\rightarrow$	q_0
q_0	0	$\rightarrow$	q_1
q_1	1	$\rightarrow$	q_2
q_2	0	halt.	

state	input	action	state
q_0	0	$\rightarrow$	q_0
q_0	1	$\rightarrow$	q_1
q_1	1	$\rightarrow$	q_1
q_1	0	halt.	

6. Lösung: c

Literatur- und Quellenverzeichnis

[Abramson 1963] Abramson, N.: Information Theory and Coding, New York: McGraw Hill.
[Adleman 1994] Adleman, L.: Molecular Computation of Solutions to Combinatorial Problems, in: Science 266, pp. 1021-1024 (Nov. 11).
[Albert und Ottmann 1986] Albert, J. und Ottmann, Th.: Automaten, Sprachen und Maschinen für Anwender, Mannheim: BI-Wissenschaftsverlag, Reihe Informatik: 38.
[Aura 1995] Aura, T.: 'Invisible Communication', EET 1995, technical report, Helsinki Univ. of Technology, Finland, Nov. 1995.
[Bartee 1972] Bartee, T. C.: Digital Computer Fundamentals, Tokio: McGraw-Hill Kogakusha Ltd.
[Beaver 1995] Beaver, D.: A Universal Molecular Computer, Penn State University Tech Report CSE-95-001.
[Bender 1996] Bender, W. et al.: 'Techniques for Data Hiding', IBM Systems J., Bd. 35, Nr. 3 und 4, S. 313-336.
[Berra et al. 1989] Berra, P. B. et al.: The Impact of Optics on Data and Knowledge Base Systems, in: IEEE Transactions on Knowledge and Data Engineering, Bd. 1, Nr. 1, März 1989, S. 111-132.
[Biermann 1990] Biermann, Allen W.: Great Ideas in Computer Science, Cambridge, MA & London: MIT-Press.
[Blocher, W. 1998] Blocher, Walter: Stand der Diskussion zum Thema 'Digitale Signaturen' in Österreich und International, Referat anläßlich der ADV-Generalversammlung am 5. Mai 1998 in Wien.
[Boneh et al.] Boneh, D., Dunworth, C., Lipton, R. and Sgall, J.: On Computational Power of DNA, to appear.
[Chen 1976] Chen, P. P.: The Entity Relationship Model, in: ACM

Trans. Database Systems, Bd. 1, Nr. 1, S. 9-36.

[Cleary, Witten 1984] Cleary, J. G. and Witten, I. H.: A Comparison of Enumerative and Adaptive Codes, in: IEEE Trans. Inf. Theory, IT-30, Nr. 2, S. 306-315.

[Codd 1973] Codd, E. F.: A relational model for large shared databanks, in: Comm. ACM, Bd. 13, Nr. 6, S. 377-387.

[Conn, Parodi, Taylor 1990] Conn, A. P., Parodi, J. H. u. Taylor, M.: 'The Place of Biometrics in a User Authentication Taxonomy', Proc. 13th Nat'l Computer Security Conf., Nat'l Inst. Standards and Technology/Nat'l Computer Security Center, Gaithersburg, Md.

[Cormak, Horspool 1984] Cormak, G. V. and Horspool, R. N.: Algorithms for adaptive Huffman Codes, Inf. Proc, Lett. 18, Nr. 3, S. 159-166.

[Cox et al. 1996] Cox, I. et al.: 'A Secure, Robust Watermark for Multimedia', Proc. First Int'l Workshop Information Hiding, Lecture Notes in Computer Science Nr. 1, 174, Springer-Verlag, Berlin, S. 185-206.

[Date 1987] Date, C. J.: A Guide to the SQL-Standard, Reading, Ma.: Addison-Wesley Publishing Comp.

[de Ru, Eloff 1997] de Ru, Willem G. u. Eloff, Jan H. P.: Enhanced Password Authentication through Fuzzy Logic, IEEE Expert, 0885-9000/97, November, Dezember, S. 38-45.

[Deutsch 1985] Deutsch, D.: Quantum Theory, the Church-Turing Principle and the Universal Quantum Computer, Proc. R. Soc. Lond., Vol. A400, pp. 73-90.

[Duncan 1990] Duncan, R.: A Survey of Parallel Computer Architectures, in: Computer, Bd. 23, Nr. 2 (Feb. 1990).

[Ebrahim 1992] Ebrahim, Z.: A Brief Tutorial on ATM, in: Draft, 5. März 1992 (publiziert im Internet, Datei *atm-tutorial* vom Gopher apnic.net).

[El Gamal, T. 1985] El Gamal, T.: A Public Key Cryptosystem and a Signature Scheme Based on Discrete Logarithms, in: IEEE Transactions on Information Theory, July 1985.

[Enslow 1987] Enslow, P. H.: What is a 'distributed' data processing system? in: Gagski, D. D., et al.: Tutorial Computer Architecture, Washington, D.C.: IEEE Computer Society Press.

[F. I. P. S. P. 1991] Federal Information Processing Standards Publication, Digital Signature Standard, Draft, National Institute of

Standards and Technology, August 19.

[F. I. P. S. P. 1992] Federal Information Processing Standards Publication, Secure Hash Standard, Draft, National Institute of Standards and Technology, January 22.

[Feynman 1982] Feynman, R.: Simulating Physics with Computers, in: International Journal of Theoretical Physics, Vol. 21, nos. 6/7, pp. 467-488.

[Flynn 1966] Flynn, M. J.: Very High Speed Computing Systems, Proc. of the IEEE, 54 (Dez. 1966).

[Gabor 1969] Gabor, D.: Associative holographic memories, in: IBM Res. J., Bd. 13, S. 156-159 (März 1969).

[Gallager 1978] Gallager, R. G.: Variations on a theme by Huffman, in: IEEE Trans. Inf. Theory, IT-24, Nr. 6, S. 668-674.

[Goldschlager, Lister 1990] Goldschlager, L., Lister, A.: Informatik: Eine moderne Einführung, München: Carl Hanser Verlag.

[Hansen 1992] Hansen, H. R.: Wirtschaftsinformatik I. Einführung in die betriebliche Datenverarbeitung, 6. Auflage, Stuttgart: Gustav Fischer Verlag.

[Held 1984] Held, G.: Data of Compression: Techniques and Applications, New York: Wiley.

[Janko, Feurer 1985] Janko, W. H. und Feurer, R.: Diskussionspapier Nr. 13/85, Eine Fallstudie zur Beurteilung der sprachlichen Eignung der Programmiersprachen BASIC, PASCAL, APL, APL2, LISP und PROLOG zur Programmierung regelbasierter Systeme, Universität Karlsruhe.

[Janko, Taudes 1992a] Janko, W. H. und Taudes, A.: Veränderungen der Hard- und Softwaretechnologie und ihre Auswirkungen auf die Informationsverarbeitungsmärkte, in: Wirtschaftsinformatik, Bd. 34, Nr. 5, S. 481-493 (Okt. 92).

[Janko, Taudes 1992b] Janko, W. H. und Taudes, A.: Analyse der bestimmenden Faktoren für die Veränderungen der Informationsverarbeitungsmärkte, in: Wirtschaftsinformatik, Bd. 34, Nr. 6, S. 616-623 (Dez. 92).

[Janko, Taudes, Frisch 1993] Janko, W. H., Taudes, A. und Frisch, W.: Die Auswirkungen offener Systeme auf die Organisation der Technologiemärkte - eine transaktionskostenorientierte Analyse, in: Offene Systeme, Heft 2, S. 16-22.

[Johnson, Jajodia 1998] Johnson, Neil F. u. Jajodia, Sushil: Exploring Steganography: Seeing the Unseen, IEEE 0018-9162/98, S. 26-34.

[Jobusch, Oldehoeft 1989] Jobusch, D. L. u. Oldehoeft, A. E.: 'A Survey of Password Mechanisms: Weaknesses and Potential Improvements, Part 1', Computers & Security, Bd. 8, S. 587-604.

[Kantor 1994] Kantor, A.: The Undiscovered Country, in: PC-Magazine (15. März).

[Knuth 1973] Knuth, D.: The Art of Computer Programming, Bd. 3, Sorting and Searching, Reading, Mass.: Addison Wesley.

[Knuth 1972] Knuth, D.: The Art of Computer Programming, Bd. 1, Reading, Mass.: Addison Wesley.

[Koch, Rindfrey, Zhao 1994] Koch, E., Rindfrey, J. u. Zhao, J.: 'Copyright Protection for Multimedia Data', Proc. Int'l Conf. Digital Media and Electronic Publishing, Leeds, UK.

[Kudlich 1988] Kudlich, H.: Datenbank-Design, Wien: Springer-Verlag.

[Lambert, Ropiequet 1986] Lambert, S. u. Ropiequet, S. (Eds.): The New Papyrus, The current and future state of the art, Redmond: Microsoft Press.

[Langdon 1984] Langdon, G. G.: An Introduction to Arithmetic Coding, in: IBM J. Res. Dev., Bd. 28, Nr. 2, S. 135-149.

[Langdon, Rissanen 1981] Langdon, G. G. and Rissanen, J.: Compression of black-white-images with arithmetic coding, in: IEEE Trans. Commun. COM 29, Nr. 6, S. 858-867.

[Langefors 1973] Langefors, B.: Theoretical Analysis of Information Systems, Philadelphia, P.A.: Auerbach Publ. Inc.

[Langefors, Sundgren 1975] Langefors, B., Sundgren, B.: Information System Architecture, New York.

[Lee 1989] Lee, K.: Automatic Speech Recognition: The Development of the Sphinx System, Boston, M.A.: Kluwer Academic Publishers.

[Lipton] Lipton, R.: Using DNA to solve NP-Complete Problems, in: Science, to appear.

[Markel, Davis 1979] Markel, J. D. und Davis, D.: Text-Independent Speaker Recognition from a Large Linguistically Unconstrained Time-Spaced Data Base, in: IEEE Transactions, Bd. ASSP-27, Nr. 1, S. 74-82.

[Maurer 1977] Maurer, H.: Theoretische Grundlagen der Programmiersprachen, Mannheim: BI-Wissenschaftsverlag.

[Meyer 94] Meyer, C.: Kraftmeier: Apples Power Macintosh im ersten Test, in: CT Magazin f. Computertechnik, Heft 4, April.

[Nolan 1979] Nolan, R. L.: Managing the crisis in data processing, in: Harvard Business Review, S. 115-126 (Herbst 1993).

[Obaidat 1993] Obaidat, M. S.: 'A Methodology for Improving Computer Access Security', Computers & Security, Bd. 12, S. 657-662.

[Pfitzmann 1996] Pfitzmann, B.: 'Information Hiding Terminology', Proc. First Int'l Workshop Information Hiding, Lecture Notes in Computer Science Nr. 1, 174, Springer-Verlag, Berlin, S. 347-356.

[Pfleeger 1993] Pfleeger, C. P.: Security in Computing, Prentice-Hall, Upper Saddle River, N. J.

[Reif 1995] Reif, J.: Parallel Molecular Computation, in: SPAA 95, to appear.

[Rembold 1990] Rembold, U. (Hrsg.): Einführung in die Informatik für Naturwissenschaftler und Ingenieure, München: Carl Hanser Verlag.

[Rissanen, Langdon 1979] Rissanen, J. and Langdon, G. G.: Arithmetic Coding, in: IBM J. Res. Dev., Bd. 23, Nr. 2, S. 149-162.

[Rivest, R. L./ Shamir, A./ Adelman, L. 1978] Rivest, R. L., Shamir, A. and Adelman, L.: A Method for Obtaining Digital Signatures and Public-Key Cryptosystems, in: Communications of the ACM, February.

[Saito et al. 1987] Saito, A. et al.: High Storage Density, Optical Discs using Pit-Edge-Recording on Pd-Te-Se Bin Film, in: Proceedings OSA Top. Meet. Opt. Data Storage, Bd. 10, Stateline Nv, S. 64-67 (März 1987).

[Schneier 1993] Schneier, Bruce: Digital Signatures. in: Byte, November 1993, pp. 309-312.

[Schnorr 1991] Schnorr, C. P.: Efficient Signature Generation for Smart Cards, in: Journal of Cryptology, vol. 4, no. 3, pp. 161-174.

[Shaughnessy 1987] Shaughnessey, D. O.: Speech Communication: Human and Machine, Reading, M.A.: Addison Wesley Longman, Inc.

[Skillicorn 1988] Skillicorn, D. B.: A Taxonomy of Computer Architectures, Computer, Bd. 21, Nr. 11 (Nov. 1988).

[Smith] Smith, W.: DNA Computers in Vitro and Vivo, unpubl. manuscript.

[Smith 1997] Smith, Richard E.: Internet Cryptology, Reading, M.A.: Addison Wesley Longman, Inc.

[Strebel 94] Strebel, J.: ATM im LAN und WAN: Neue Lösungen im

Netzwerk, in: Computerwelt, Nr. 41/94 (26. Oktober 1994).

[Stucky, Schlageter 1983] Stucky, W., Schlageter, G.: Datenbanksysteme (Konzepte und Modelle), Stuttgart: Teubner.

[Tanenbaum 1991] Tanenbaum, A. S., Computer Networks, Englewood Cliffs, NJ.: Prentice Hall.

[Teorey et al. 1982] Teorey, T. J. and Fry, J.: Design of Database Structures, Englewood Cliffs, N.J.: Prentice Hall.

[Teorey et al. 1986] Teorey, T. J., Young, D. and Fry, J. P.: A Logical Design Methodology for Relational Databases Using an Extended Entity-Relationship Model, ACM, Comp. Surveys, Bd. 18, Nr. 2, S. 197 - 222.

[Teorey et al. 1989] Teorey, T. J., Wei, G., Bolton, D. L. und ACM, Comp. Surveys, Bd. 18, Nr. 2, S. 197 - 222.

[Teorey et al. 1989] Teorey, T. J., Wei, G., Bolton, D. L. und Koenig, J. A.: ER Model Clustering as an Aid for User Communication and Documentation in Database Design, Comm. ACM, Bd. 32, Nr. 9, S. 975-987.

[Wayner 1996] Wayner, P., Disappearing Cryptography, AP Professional, Chestnut Hill, Mass.

[Xia, Boncelet, Arce 1997] Xia, X-G, Boncelet, C. G. u. Arce, G. R.: 'A Multiresolution Watermark for Digital Images', IEEE Int'l Conf. Image Processing, IEEE Press, Piscataway, N. J.

Index

'Public-key'-Verfahren, 329

Abstraktionsebene, 259, 260, 287, 288
Adjazenzmatrix, 434–437, 440
Algorithmus, 175, 179–182, 185, 186, 189, 190, 192, 193, 195, 197, 200, 202–204, 214, 215, 243, 245–248, 251, 252, 295, 301–303, 308, 453, 454
Alphabet, 267, 268, 270
Amplitudenwerte, 51
Anfangsknoten, 163, 164, 424, 425, 430
Anfangszustand, 406, 408, 410
Anordnungspermutation, 246, 247
Anweisung, 187, 188, 197, 254, 275, 286
Anwendungsprogrammierer, 60, 61
Anwendungsschicht, 317
Arbeitsanweisungen, 180–182
Arbeitsplatzdrucker, 388
Arbeitsplatzrechner, 49, 89, 306, 386
Architektur, 61, 306, 307
Array, 109
Asymmetrische Verschlusselungsverfahren, 329
Attribut, 156, 171, 336–338, 341, 342, 344, 348, 350–352, 354–356, 363, 368, 369, 371, 375, 377, 381, 382, 396
Attributetupel, 351, 352, 355
Attributskombination, 350, 351
Auftragssteuersprache, 262, 263
Aufzeichnung, 47, 48, 51, 114, 133, 141, 142, 145, 146, 345
Aufzeichnungsdichte, 115, 147, 148
Aufzeichnungsmedium, 127, 143
Ausgabewert, 420, 422
Ausgangschip, 97
Authentisierung, 328

Bandeinheiten, 114–116
Bandfeld, 407
Bandsymbol, 405, 406
Basismaterial, 97
Basiszeichen, 270
Baud, 224, 311
Baum, 164–166, 173, 433
Befehlsregister, 212, 213, 453
Befehlszahlregister, 241
Benchmark, 230
Betriebsart, 257
Betriebsmittel, 253, 254, 260, 263
Betriebssystem, 60, 109, 255, 256, 259, 263
Betriebssystemkern, 259, 260

Beziehung, 53, 180, 181, 295, 339, 340, 342, 344, 346, 357, 367–369, 375–378, 381–384, 386–395, 397, 457, 459
Beziehungsrelation, 343, 367, 389, 391, 397
Bildungsgesetze, 269
Bit, 23, 25, 26, 29, 40, 42, 43, 45, 49, 63, 75, 99, 101, 104, 109, 112, 119, 128, 131, 132, 147, 156, 224, 240, 251, 445
Block, 81, 95, 110, 112, 114, 152
bps, 311
Bridge, 322
Byte, 27, 43, 44, 63, 67, 101, 104, 107, 114, 126, 210

Cache, 232
Cache-Speicher, 225
CD-R- und CD-RW-Platten, 136
CD-ROM-Platte, 40, 43, 119, 121–126, 151
check point, 316
Chip, 90, 91, 99, 146
Client/Server, 310
CMOS-Technologie, 91, 92, 94
Code, 28, 34, 40–43, 119, 124, 125, 445
Codierung, 21, 22, 202, 219, 443
Computer-Netzwerk, 309
connection-oriented service, 317
connectionless service, 317
Controller, 106, 107

Datagramm, 318
date link layer, 315
Datei, 116, 153, 159, 160, 170, 171, 262

Datenbank, 342, 348, 358–363, 370–374, 381
Datenbanksystem, 54, 360, 362, 363
Datendurchsatz, 107–109, 141
Datenelement, 127, 158, 159, 348
Datenkompression, 31
Datenmodell, 335, 344, 361–363
Datensicherheit, 106, 107, 111
Datenstruktur, 155–157, 160, 167, 287, 288
DES, 329
Design, 59, 97, 98, 161, 190, 195, 200, 229, 292, 383, 468
Dezimalzahl, 41, 45, 62
Dialogbetrieb, 257, 258, 262, 276
Dichte, 28, 82, 121, 148, 225
Dienste, 317
Dienstelemente, 318
digitale Signatur, 328
Digitale Signaturen, 325
Digitale Unterschriften, 327
Digraph, 428–436
Diode, 85
Diskette, 104, 153
Distanz, 90, 93, 288, 305
DTM-Programm, 411, 412
DVD-Platten, 137
DVD-RAM, 137
DVD-ROM, 137

E-R-Modell, 339, 374, 381, 398
Eingabezeichen, 268, 407, 412
email, 321
Emulation, 265
Endbenutzer, 3, 359, 360, 370
Endknoten, 163, 164, 424, 425, 429, 432, 433
Energieebene, 79–83, 95

Entscheidungsdiagramm, 186, 188, 192
Entwurf, 54, 91, 98, 99, 116, 153, 184, 209, 274, 281, 282, 374, 381
Erkennung, 56, 57, 59, 306
Expertensysteme, 288, 289
Exponent, 45

Feldeffekttransistor, 94
Filter, 52
Flash-Speicher, 101, 102, 146, 150
Flip-Flop, 75
Fluidikrechner, 234
frame, 315
ftp-server, 321
Funktionstabelle, 406–408

Genauigkeit, 46, 121
Geschwindigkeit, 57, 65, 68, 79, 90, 112, 115, 145, 146, 228, 229, 255
Gigabyte, 102, 105, 113–117, 151
Gitter, 305
Glasmaske, 97
Gleitpunktzahl, 45
Grammatik, 57, 59, 272, 274, 277–280
Graph, 162–164, 305, 423, 424, 426, 427, 432, 433, 436, 438

Halbduplex, 314
Halbleiterspeicher, 4, 66, 67, 99, 101, 146, 150
Haltezustand, 409
Hanoi, 206, 297, 449
Hauptwelle, 53
header, 313

Hertz, 53
Hologramm, 142, 143, 145
Holographie, 142
Holospeicher, 142–145, 150
Host, 311

IMP, 311
Indexdatei, 153, 171, 445
Indikator, 300, 301
Induktionsbehauptung, 200, 201
Input, 53, 75, 413
Instanz, 317
Instruktion, 225, 227
Integration, 384, 385
Internet, 319

Job, 153, 255–257

Kantenfolge, 424, 425
Klasse, 117, 141, 244, 275, 285, 287, 405, 410, 412, 413
Knoten, 162–167, 173, 244, 305, 424–435, 446
Knotenmenge, 426, 427, 431, 434
Kollisionsfunktionen, 169
Komplement, 76, 77, 211
Kontrolldaten, 109
Korrektheitsbeweise, 195
Korrekturbit, 41
Korrekturen, 176, 177, 383
Kristall, 82

Laserstrahl, 123, 124, 128, 129, 133
Laufwerk, 109–111
Laufzeit, 208, 244, 245, 247–249, 252, 421, 453, 454

Mach, 266
Magnet, 72, 129, 132

Magnetisierung, 48, 72, 114, 127, 128, 131, 147–149
Magnetplatte, 119, 147, 152, 228
Mantisse, 44–46
Maschinenbefehl, 215, 226, 249, 283, 405, 454
Maschinencode, 98, 253, 254, 420
Masterplatte, 123, 125
Mehrprogrammbetrieb, 256–258
Membran, 47
MHz, 227–229
Minidisk, 135
Modem, 310
Molekulare Berechnung, 235
Muster, 27, 28, 58, 59, 143, 414

Nachfolger, 159, 160, 164, 173
native mode, 265
Netzwerkarchitektur, 314
NOR-Funktion, 86, 88
Normalform, 349, 350, 352–355, 363, 364, 371, 374, 379, 380, 399
NOT-Funktion, 88
NULL-Wert, 364, 387
Nur-Lesespeicher, 99, 100

Objektprogramm, 254
Objektstrahl, 143
Objektwelle, 142
offenes System, 314
Operand, 218
Output, 53, 87

Packungsdichte, 89, 92, 99, 102, 135, 147, 148
Paket, 311
Palmtop, 264
Parameterisierung, 53, 55
PCM-Vercodierung, 51

Pfad, 34, 146, 164
Pfeile, 157, 244, 426, 427
PGP, 330
Phasenwechseltechnologie, 133, 135, 146, 150
Phonem, 54
Photographie, 142
physical layer, 315
Pipeline, 225
Plattenarray, 106, 107
Platteneinheit, 102, 150
Plattenlaufwerk, 107
Plattenoberflache, 153
Plattenspeicher, 102, 118, 146, 147, 228, 229
Platzbedarf, 92, 94, 161
presentation layer, 316
primitives, 318
Problemebene, 285, 289
Problemlosung, 290
Produktion, 66, 91, 95, 98
Programmierer, 161, 175, 176, 202, 285, 288, 348, 360
Programmiersprache, 105, 176, 179, 180, 202, 254, 263, 268, 274–277, 285, 288, 420
Programmierung, 4, 202, 215, 244, 254, 274–277, 282, 288–290
Projekt, 340, 343, 369, 387, 391, 393, 394
Protokoll, 313
Prozessor, 90, 106, 225–229, 255, 256, 260, 291–295, 298–301, 303–307
Prozessorgeschwindigkeit, 227–229

Pufferspeicher, 117, 225, 227–229

Quantenberechnungsmodell, 236
Quantifizierungsebene, 48, 49
Quelle, 431–433, 436

Rahmen, 315
RAID-Ebene, 107–110
Realzeitbetrieb, 257, 258
Rechenwerk, 211, 212, 224, 241, 453
Register, 77, 78, 152, 227, 228, 241
Relais, 74, 75, 78, 79, 88
Relation, 155, 156, 162, 163, 196, 199, 200, 338, 342–344, 348–358, 363, 367, 369–371, 380, 387, 388, 396, 397, 400
Reorganisation, 160, 171
Repeater, 322
Resonanzwellen, 53
Ressourcen, 4, 60, 61, 255, 259
Router, 323
RSA-Algorithmus, 329
Ruhestrom, 100
Rundreiseweg, 411

Schaltkreis, 48, 71, 75, 86–88, 91
Schichten, 313
Schlange, 162
Schleife, 199–202, 286, 446
Schlussel, 153
Schnittstelle, 313
Schreibleistung, 106
Schreiboperation, 109–111
Sektor, 40, 104, 126, 131, 153
Semaphor, 300, 301

Senke, 432, 433, 436
session layer, 316
Silizium, 81, 82, 93, 95–97, 99
Siliziumkristall, 82, 83
Siliziumoxyd, 96, 97
Simplex, 314
Simulation, 53, 413
Sitzung, 316
Sohnknoten, 165–167
SPECint92, 230
Speicher, 27, 42, 58, 61, 65–67, 75, 78, 101, 103, 117, 120, 127, 145, 146, 150, 156, 158, 162, 209–211, 216, 227, 229, 262, 303, 403
Speicheradresse, 168, 169, 171, 218
Speichereinheit, 41, 61
Speichermedium, 48, 102, 106, 116, 262
Speicherplatz, 27, 109, 168, 169, 216, 243, 349
Speicherwerk, 208, 212, 224, 241, 453
Speicherzelle, 66, 75, 209, 215, 219, 237, 404
Spooling, 258
Sprache, 50, 52, 54, 55, 57–61, 255, 267–270, 274, 275, 278, 279, 285, 287, 288, 360, 363
Spracherkennung, 55, 56, 58
Sprachmuster, 58, 306
Sprechererkennung, 55, 56
Sprungbefehl, 213
SSL, 330
Stapel, 152, 161
Stapelbetrieb, 257, 262

Stapelverarbeitung, 257, 258
Start-Stop-Verfahren, 114
statistisches Multiplexing, 324
Stellenwert, 25, 26, 44, 76
Steuerwerk, 212, 213, 241, 453
Stichprobe, 48, 49
Stimme, 53
Strahl, 123, 131
Stromverbrauch, 91, 92, 94
Struktogramm, 188, 189, 191–193, 202, 245, 447, 450
Subnet, 311
Summanden, 76
Symmetrische Verschlusselungsverfahren, 329
Synchronisierung, 316
Syntax, 175, 267, 268, 285, 287, 365
Systemzustand, 75

Teiltabelle, 244
Testen, 91, 176, 202
threading, 267
Tiefen, 123
Ton, 46–48, 51, 52, 55, 60, 121
Tongenerator, 53
Tonressourcen, 50, 60, 61
Transistor, 85, 86, 91, 92, 94, 97
Transparenz, 316
transport layer, 315
Tupel, 337, 339, 342, 343, 349, 351, 363, 370–372, 419, 458
Turingmaschine, 403–406, 408–412, 414

Ummagnetisierung, 127, 128
Unterprogramm, 188, 283–286
Unterschrift, 326
unzuverlassige Dienste, 318

Urheberschaft, 326

Verarbeitungseinheit, 225, 405
verbindungsorientierte Dienste, 317
verbindungsunabhangige Dienste, 317
Vercodierung, 4, 21, 22, 27, 28, 31, 34, 35, 50, 51, 58, 125, 156, 344, 405
Verifikation, 56, 288, 289
Verkettung, 158–160
Verzweigung, 187, 188, 213, 263
Vibration, 46
Vierergruppe, 26
virtuelle Kommunikation, 313
VLSI-Technologie, 78, 91, 99
Vokabularien, 57, 59
Vokaltraktes, 53
Vollduplex, 314
Vorzeichen, 45

Wahrheitswert, 70
Wald, 432, 433
Welle, 49, 51, 52, 142
Wellenform, 51, 58
Wertemenge, 337, 338
Wissensabstraktion, 288–290
Workplace OS, 266
WORM-Platten, 120, 126, 127
Wortmuster, 56
Wurzel, 164, 166, 173, 433
Wurzelknoten, 163–166

Zahlensystem, 23, 24, 46, 76
Zeigerfeld, 160
Zeitscheibe, 256–258
Zentraleinheit, 224, 241, 257, 276
Zertifizierstellen, 332
Zugriffsgeschwindigkeit, 119, 120, 128, 131, 135, 151, 171

Zusammenhangskomponente, 433, 440
Zusammenhangstyp, 339, 340, 346
zuverlassige Dienste, 317
Zyklen, 227, 404, 412, 428
Zykluszeit, 227, 228

M. Schader, S. Kuhlins
Programmieren in C++
Einführung in den Sprachstandard
5., neubearb. Aufl. 1998. XII, 386 S. 31 Abb., 9 Tab. (Objekttechnologie) Brosch. **DM 49,80**; öS 364,-; sFr 46,- ISBN 3-540-63776-1

Im vorliegenden Buch werden Klassen und abgeleitete Klassen, spezielle Konstruktoren, überladene Operatoren, Laufzeit-Typinformationen, Namensbereiche, parametrisierte Funktionen und Klassen sowie die Ausnahmebehandlung besprochen. Alle Sprachkonstrukte werden detailliert beschrieben und an Beispielen verdeutlicht. An die Kapitel schließt sich jeweils eine Reihe von Übungsaufgaben an, deren Lösungen im WWW und per Ftp erhältlich sind.

M. Schader
Objektorientierte Datenbanken
Die C++-Anbindung des ODMG-Standards
1997. X, 219 S. 29 Abb. (Objekttechnologie) Brosch. **DM 38,-**; öS 278,-; sFr 35,- ISBN 3-540-61918-6

M. Schader, L. Schmidt-Thieme
Java
Einführung in die objektorientierte Programmierung
1998. VVII, 544 S. 54 Abb. mit CD-ROM. (Objekttechnologie) Brosch. **DM 68,-**; öS 497,-; sFr 62,- ISBN 3-540-63770-2

Klassen, Objekte, Interfaces und Pakete werden in den ersten Kapiteln behandelt. Weitere Kapitel befassen sich mit Applets und Benutzeroberflächen, der Ausnahmebehandlung, der Threadprogrammierung, mit Client-Server-Implementierung und dem Aufruf entfernter Methoden. Alle Sprachkonstrukte und die verwendeten Klassen der Java-Standardbibliothek werden an Beispielen verdeutlicht.

Preisänderungen vorbehalten.

P. Mertens, F. Bodendorf, W. König, A. Picot, M. Schumann
Grundzüge der Wirtschaftsinformatik
5., neubearb. Aufl. 1998. XII, 230 S. 79 Abb. Brosch. **DM 26,-**; öS 190,-; sFr 24,- ISBN 3-540-63752-4

Das Buch vermittelt dem Anfänger wichtiges Grundlagenwissen in den Bereichen Hardware, Software, Vernetzung, Datenbanken, Systementwicklung und Informationsmanagement.

A. Jaros-Sturhahn, K. Schachtner
Business-Computing
Arbeiten mit MS-Office und Internet
1998. XIV, 397 S. 276 Abb. Brosch. **DM 45,-**; öS 329,-; sFr 41,50 ISBN 3-540-64184-X

Das vorliegende Lehrbuch bietet Studenten und Praktikern eine kompakte Einführung in die Office-Programme Word, Access, Excel und Powerpoint und die Möglichkeiten der Internet-Nutzung.

G. Disterer
Studienarbeiten schreiben
Diplom-, Seminar- und Hausarbeiten in den Wirtschaftswissenschaften
1998. VIII, 168 S. 9 Abb. Brosch. **DM 29,80**; öS 218,-; sFr 27,50 ISBN 3-540-64407-5

Dieses Buch hilft Studenten und Studentinnen, Studienarbeiten erfolgreich zu schreiben. Es gibt detailliert Auskunft über die qualitativen und formalen Anforderungen, die gestellt werden. Anforderungen werden auf diese Weise transparent und verständlich. Das Buch vermittelt klare Handlungsanleitungen für das Anfertigen von Studienarbeiten.

Springer-Verlag, Postfach 14 02 01, D-14302 Berlin, Fax 0 30 / 827 87 - 3 01/4 48 e-mail: orders@springer.de

MIX
Papier aus verantwortungsvollen Quellen
Paper from responsible sources
FSC® C105338

If you have any concerns about our products,
you can contact us on
ProductSafety@springernature.com

In case Publisher is established outside the EU,
the EU authorized representative is:
Springer Nature Customer Service Center GmbH
Europaplatz 3, 69115 Heidelberg, Germany

Printed by Libri Plureos GmbH
in Hamburg, Germany